HUMAN DESIGN

einfach erklärt

Originaltitel: Understanding Human Design

Hierophant Publishing, 8301 Broadway, Suite 219 San Antonio, TX 78209-888-800-4240

Karen Curry Parker:
Human Design – einfach erklärt

info@kamphausen.media
Projektbetreuung: Amelie Lammers

Umschlaggestaltung: Christiane Kurschildgen
Lektorat: Jaqueline Nehrkorn
Autorenfoto: © Mindy Harmon
Satz: Wilfried Klei, Layout nach Jane Hagaman
Druck & Verarbeitung:
Jelgavas Tipografija, Lettland

www.kamphausen.media

2. Auflage 2023

Bibliografische Information der Deutschen Nationalbibliothek

Die Deutsche Nationalbibliothek verzeichnet diese
Publikation in der Deutschen Nationalbibliografie;
detaillierte bibliografische Daten sind im Internet
über **https://dnb.de** abrufbar.

ISBN Printausgabe: 978-3-95883-611-2
ISBN E-Book: 978-3-95883-612-9

KAREN CURRY PARKER

HUMAN DESIGN
einfach erklärt

Entschlüssle deinen Lebensplan

Lüchow

Für meine Kinder Keegan, Kat, Karson,
Kassidy und Ayelet, die immer die
Leitsterne in meinem Leben waren.
Und für Aaron, der mich immer daran
erinnert, größer zu träumen.
Wie kann ein Mädchen
nur so viel Glück haben?

Vorwort

Hast du dich jemals gefragt, was dich von den anderen Menschen unterscheidet? Human Design, eine Synthese aus alter Weisheit und moderner Wissenschaft, kann dir helfen, die Schönheit und Kraft dessen zu verstehen, wer du wirklich bist.

Ich begegnete Human Design zum ersten Mal im Jahr 2001, als mein Mann ein Human Design Chart aus Sedona (Arizona) mitbrachte, wo er ein persönliches Reading erhalten hatte. Ich war von dem Life Chart so begeistert, dass ich wusste, dass ich alles darüber lernen wollte. Ich überredete meinen Mann sofort, mit unseren vier Kindern von unserem komfortablen Vorstadthaus in Texas nach Sedona zu ziehen, wo ich hoffte, mehr über Human Design zu erfahren.

Der Zufall wollte es so, dass sich das Büro von Human Design America direkt gegenüber der Praxis unseres Kinderarztes in Sedona befand. Ich erkannte sofort das Bild der Human Design Körpergrafik an der Bürotür und ging hinein, um mehr Informationen zu erhalten. Als ich hereinkam, schrieb die Inhaberin des Büros, Mary Ann Winiger, gerade eine Stellenanzeige für eine Bürohilfe, und sie fragte mich, ob ich den Job gerne hätte. Überwältigt sagte ich Ja und fing sofort an. Durch meine Arbeit bei Human Design America hatte ich leichten Zugang zu allen damals verfügbaren Informationen und ich hatte die Möglichkeit, bei dem Gründer des Systems, Ra Uru Hu, zu lernen.

Ich gebe zu, dass ich mich anfangs mit dem esoterischen Ursprung von Human Design unwohl fühlte. Ich bin in den Südstaaten aufgewachsen und mein ehemaliger Schwiegervater war methodistischer Pfarrer. Astrologie und andere „Hokuspokus"-Tricks galten als Teufelswerk und ich war sehr nervös, diese Methoden bei mir selbst oder bei meinen Klienten im Life Coaching anzuwenden. Aber das System erwies sich als unheimlich zutreffend.

Ich glaube, dass die meisten Menschen Hilfe und Unterstützung deshalb suchen, weil sie in irgendeinem Bereich ihres Lebens Probleme haben – in ihrer Karriere, in ihren Beziehungen, in ihrer Gesundheit, in ihrer kreativen Entfaltung oder in ihrem Gefühl, spirituell mit dem Leben verbunden zu sein. Ich verstand intuitiv, dass Human Design Antworten für Menschen bietet, die Probleme haben, aber ich fühlte mich nicht wohl dabei, dieses Wissen zu teilen, bis ich es in meinem eigenen Leben angewandt und ausprobiert hatte. Nachdem ich es an mir selbst erprobt und wunderbare Ergebnisse erzielt hatte, begann ich, Life Charts für alle Menschen in meinem Leben zu erstellen, auch für meine Kunden. Zu dieser Zeit wendete ich bei meinen Kunden häufig die Emotional Freedom Technique (EFT) an, vor allem, wenn sie sich blockiert fühlten. Zu meiner Überraschung verschaffte mir das Human Design Chart so unglaubliche Einblicke in die energetischen Wurzeln der Blockaden meiner Kunden und in ihre Persönlichkeitsmerkmale, dass ich ihr Leben in viel kürzerer Zeit drastisch verbessern konnte.

Je mehr ich mich mit Human Design beschäftigte, desto mehr wurde mir klar, dass es trotz seiner unglaublichen Vorteile nicht einfach war, das System an andere weiterzugeben. Es ist mit einem komplexen und esoterischen Vokabular beladen, das viele Neulinge verwirrt. Das Human Design System ist zwar sehr vielschichtig und ich lerne auch nach zwölf Jahren Erfahrung immer noch dazu, aber es gibt einige grundlegende Elemente, die ziemlich einfach zu verstehen und anzuwenden sind. Deshalb wollte ich dieses Buch schreiben – um dir ein wunderbares System an die Hand zu geben, das nicht nur mir und meiner Familie, sondern auch Hunderten meiner Kunden geholfen hat. Ich hoffe, du schließt dich mir auf dieser Reise der Selbsterkenntnis und der positiven Veränderung an.

Danksagungen

An diesem Buch habe ich dreizehn Jahre lang gearbeitet. Es umfasst mein gesammeltes kognitives Verständnis, ebenso wie meinen Erfahrungsschatz, den ich bei der Entdeckung meines wahren Selbst angesammelt habe. Ohne die Liebe und Unterstützung meiner Familie, die immer noch hofft, dass ich eines Tages einen „richtigen" Job mache, hätte ich diese Reise nicht durchstehen können.

Ich danke Kyle Curry, meinem Ex-Mann und guten Freund, dafür, dass er geduldig all die verschiedenen Teile meines schriftstellerischen Schaffens zu einem Ganzen zusammengefügt hat. Ich will ihm auch dafür danken, dass er mir immer den Raum gegeben hat, diese Informationen auf eine kraftvolle und wirkungsvolle Weise zu teilen. Ohne meinen Lehrer, Ra Uru Hu, gäbe es all dieses Wissen heute nicht auf der Welt. Ra war bestenfalls ein zögerlicher Mystiker. Aber trotz seines Zögerns und seiner Kämpfe teilte er das Human Design System, weil er keine andere Wahl hatte. Ra machte uns auf unseren Beitrag zur Evolution der Menschheit aufmerkam und zeigte uns, dass unsere größte Macht in tiefer Selbstliebe liegt. All das Wissen habe ich an meinen Schülern ausprobiert, die mir im Laufe der Jahre mehr beigebracht haben, als ich ihnen je beibringen konnte. Deshalb danke ich auch meinen Schülern für ihren Eifer, Human Design mit der Welt zu teilen und dafür, dass sie mich als Mentorin anerkannt haben. Es ist mir eine große Ehre.

Meine Lektorinnen Allison Jacob und Susie Pitzen haben, wenn man sich die vielen Markierungen auf dem lektorierten Manuskript ansieht, ein gutes Stück ihres Lebens damit verbracht, aus diesem riesigen Haufen komplexer Daten eine kohärente Anleitung zur Selbstfindung zu machen. Vielen Dank für eure Geduld und Ausdauer!

Und zu guter Letzt möchte ich mich bei meinem Partner Aaron Parker und meinen fünf Kindern bedanken, die immer an mich geglaubt und mich inspiriert haben, weiterzumachen.

Einführung

Es ist mir eine Ehre, dich dabei zu unterstützen, deine Lebensaufgabe zu entdecken, dich selbst zu verstehen, deine Beziehungen zu verbessern, die für dich passende Arbeit zu finden und sogar gesünder zu werden – und das ganz einfach und ohne zu verleugnen, wer du bist! Human Design gibt dir die Informationen, die du brauchst, um ein freudvolles und bewusstes Leben zu führen und um Kraft und Fülle zu finden, damit du erblühen kannst, egal, was um dich herum passiert. In den letzten dreizehn Jahren habe ich Tausende von Human Design Charts erstellt und mehr als tausend Readings durchgeführt – immer mit ähnlich kraftvollen Ergebnissen. Und nun möchte ich dir dieses unglaubliche System vorstellen.

Human Design hilft Menschen dabei, sich selbst zu lieben, ihr Selbstwertgefühl zu verbessern, authentisch zu leben und bewusst, überlegt und mutig zu handeln. Mit Human Design lernst du, deine Energie richtig einzusetzen, damit du dich nicht überfordert, verzweifelt und ausgebrannt fühlst. Human Design zeigt dir, wie du Dinge wahrnimmst und verarbeitest (Hinweis: Es ist okay, dabei nicht immer logisch vorzugehen), und es lehrt dich, deine Gefühle zu ehren und auszudrücken, damit du nie wieder Opfer von emotionalem Schmerz und Leid wirst.

Human Design ist eine relativ neue Wissenschaft der Selbstfindung und eine Synthese aus Astrologie, I Ging, Kabbala, Chakrenlehre und Quantenphysik. Robert Alan Krakower empfing das gesamte System während einer mystischen Erfahrung auf Ibiza (Spanien) vom 3. bis 11. Januar 1987. Eine Stimme sagte ihm, dass dieses System entscheidend dazu beitragen würde, den Menschen auf dem Planeten zu helfen, lebenswichtige Bewusstseinsveränderungen für die Evolution der Menschheit anzustoßen.

Krakower ging aus dieser Erfahrung als veränderter Mann hervor und bald darauf änderte er seinen Namen in Ra Uru Hu.

Ra wurde gesagt, dass er zwar einer der wenigen Menschen sei, die die Informationen über Human Design wissentlich erhalten hatten, dass die Energie des Systems aber an uns alle weitergegeben worden sei und dass sie der gesamten Menschheit gehörte. Er war bestenfalls ein widerwilliger Bote und Mystiker, aber er verbrachte den Rest seines Lebens damit, das Human Design System zu verbreiten. Sein Mut hat den Menschen geholfen zu erkennen, wer sie wirklich sind, wozu sie hier sind und wie sie ein authentisches und erfülltes Leben führen können.

Human Design ist keine Religion. Es spielt keine Rolle, ob du aus einem christlichen, jüdischen, buddhistischen oder metaphysischen Umfeld kommst. Dein Human Design zu kennen, hilft dir dabei zu verstehen, wie du auf einfache und erfüllende Weise zur besten Version von dir selbst findest.

Obwohl das Human Design System sehr komplex ist und es Jahre dauern kann, zu lernen, wie man selbst eine Körpergrafik erstellt, sind die Ideen hinter dem System eigentlich ganz einfach. Dein persönliches Human Design Chart, das aus deinen Geburtsdaten berechnet wird, gibt dir sehr spezifische Informationen über deine Persönlichkeitsmerkmale, deine Gesundheit, deine persönliche Psychologie, deine Talente, deine Weisheit und deine Schwachstellen. Sobald du die einzigartige Energie entdeckst, die du selbst erzeugst, und in der Lage bist, zwischen ihr und der Energie, die du von deiner Umwelt aufnimmst, zu unterscheiden, kannst du sofort damit beginnen, kraftvolle Entscheidungen zu treffen, die dir dabei helfen, ein Leben zu gestalten, das im Einklang mit dem steht, wer du wirklich bist.

Im Laufe der einzelnen Kapitel dieses Buches zeige ich dir, wie du die erforderliche Kompetenz entwickeln kannst, um das – für dich – richtige Leben zu verwirklichen. In Teil 1 behandeln wir die Grundlagen des Human Design – was es ist und wie du dein Chart lesen kannst, um dein Leben ab dem ersten Tag an zu verändern. In Teil 2 befassen wir uns mit Typen, Zentren und Profilen. Das sind die drei wichtigsten Aspekte des Human Design. In Teil 3 gehen wir tiefer und beschäftigen uns mit Toren, Schaltkreisen und Kanälen – dem Kern deiner Persönlichkeit. Und in Teil 4 fügen wir alles zusammen und gehen mit dieser neuen Perspektive in die Welt hinaus.

Human Design ist nicht dazu da, dich zu verändern. Es gibt dir einfach die Werkzeuge an die Hand, mit denen du ein tieferes Verständnis für deine Gaben, deine Weisheit, deinen Antrieb und deine Schwachstellen erlangst, um dich von alten, selbstzerstörerischen

Denkmustern und dem Urteil anderer zu befreien. Es gibt dir eine neue Perspektive, damit du die Schönheit und Großartigkeit dessen, wer du wirklich bist, sehen kannst.

Wenn du dich selbst verstehst, kannst du Entscheidungen für dein Leben treffen, die mit deiner wahren Natur im Einklang sind. Wenn du dich mit deiner wahren Natur beschäftigst, wird dein Leben zu einem viel leichteren Ritt. Und wenn du deinen Alltag mit mehr Leichtigkeit beschreitest, kannst du die Schönheit deines wahren Selbst ausleben! Es hängt alles miteinander zusammen.

Eine meiner Lieblingserfolgsgeschichten mit Human Design stammt von einem Mann, der in seinem Job eine wirklich harte Zeit durchmachte. Er arbeitete für ein internationales Unternehmen und war gerade degradiert worden, weil er einige Projekte nicht zu Ende gebracht hatte. Nachdem wir sein Human Design Chart erstellt hatten, stellten wir fest, dass er zwar die Energie hatte, neue Dinge anzufangen, aber nicht, sie zu Ende zu bringen. Projektmanagement war also die schlechteste Rolle, die ihm zugewiesen werden konnte! Und doch war das sein Job.

Als mein Kunde seine wahre Natur erkannte, bat er darum, vom Management zur Planung und Projektierung zu wechseln. Schon bald stellte er fest, dass die Arbeit in einem Job, der seiner wahren Natur entsprach, pure Freude war. Und bis heute, Jahre später, macht er die Arbeit, die er liebt, und wird dafür sehr gut bezahlt!

Ich hoffe, dass die Informationen in deinem Human Design Chart dich befreien werden und dass dieses Buch dir die Informationen und das Selbstvertrauen gibt, ein Leben ohne Limitierungen zu führen und deinen perfekten Platz im Puzzle der Menschheit zu finden.

Um zu beginnen, hol dir dein kostenloses Life Chart unter **www.quantumalignment-system.com**. Dann mach dich bereit für die Reise deines Lebens!

Teil Eins

Die Grundlagen des Human Designs

Kapitel 1

Durch dein Chart navigieren

Viele meiner Schüler:innen fragen mich: „Hilft dir das Wissen über dein Human Design, mehr Geld zu verdienen, gesünder zu werden und bessere Beziehungen zu haben?"

Die Antwort ist ja. Mehr oder weniger. Was Human Design uns verspricht, ist anders als andere Versprechen, die du vielleicht schon gehört hast. Was ich versprechen kann: Wir sind nicht alle gleich geschaffen. Human Design zeigt uns, dass es fünf Energietypen gibt: den Manifestor, den Generator, den Manifestierenden Generator, den Projektor und den Reflektor. Jeder Energietyp hat seine eigene Art und Weise, Dinge zu erschaffen und Entscheidungen zu treffen. Das heißt aber nicht, dass wir nicht alle das gleiche Potenzial für Reichtum, Gesundheit, gute Beziehungen und Glück haben. Jeder von uns ist einzigartig und deshalb definiert jeder von uns Reichtum, Gesundheit, gute Beziehungen und Glück anders.

Die Basis schaffen

Einige von uns sind für großen finanziellen Reichtum geschaffen und wünschen sich diesen auch wirklich; andere fühlen sich fabelhaft reich, wenn sie die Freiheit haben, Zeit mit ihren Lieben zu verbringen. Einige von uns wollen unbedingt eine erfüllende Arbeit finden; andere wollen überhaupt nicht arbeiten. Einige von uns sind Sportler, andere sind Intellektuelle. Einige von uns sind von Natur aus echte Draufgänger, andere sind einfach zur richtigen Zeit am richtigen Ort. Alle diese Dinge sind in Ordnung. Sie sind lediglich Variationen dessen, was es bedeuten kann, „erfolgreich" zu sein. Während die traditionellen Wege zum Erfolg für die einen Menschen sehr gut funktionieren mögen, funktionieren diese Regeln für einige von uns wiederum nicht. Da die Gesellschaft und unsere Konditionierung einen starken Einfluss auf uns haben, fühlt sich unsere persönliche Definition von Erfolg nach den Maßstäben der Gesellschaft oft eher faul, schwach, dumm oder sogar lächerlich an. Was im schlimmsten Falle daraus folgt, sind Frustration, Verbitterung, Burn-out und Erschöpfung.

Überleg doch mal: Wenn wir alle unterschiedlich sind, ergibt eine Einheitslösung für ein glückliches, erfolgreiches Leben keinen Sinn. Alle Menschen sind gleich wertvoll und wichtig. Aber jeder von uns hat seinen eigenen energetischen Bauplan und einen individuellen Stil, um im Leben erfolgreich zu sein. Was für den einen funktioniert, gilt nicht unbedingt auch für den anderen.

Der Kampf darum, sich in die Gesellschaft einzufügen und deren Definition von „richtig“ und „erfolgreich“ anzunehmen, hat in Wirklichkeit nur mit Energie zu tun. Wie wir uns selbst sehen, die Regeln und Werte der Gesellschaft und die Art und Weise, wie wir auf das Leben reagieren, werden alle von unserem eigenen Energiefeld und dem größeren kollektiven Energiefeld bestimmt. Das Human Design Chart ist dein persönlicher elektrischer Schaltplan. Es zeigt dir, welche Energie dir konstant zur Verfügung steht und welche Energien du aus deiner Umgebung aufnimmst.

Wenn du weißt, wer du bist und wie dein persönliches Energiefeld funktioniert, entdeckst du deine innere Autorität, die dir hilft, dich im kollektiven Energiefeld zurechtzufinden. Vielleicht stellst du fest, dass du mit bestimmten Überzeugungen und Energien übereinstimmst, die der Gesellschaft wichtig sind, aber in anderen Bereichen weichst du von den Erwartungen der Gesellschaft ab.

Wenn du nach gesellschaftlicher Definition keinen „großen Erfolg“ hast, sind dem aktuellen Konsens im Bereich der Persönlichkeitsentwicklung dafür unterbewusste Überzeugungen, Traumata oder Probleme mit deinem „Erfolgs“-Mindset ausschlaggebend. Dem widerspreche ich nicht: Deine Überzeugungen, deine Erfahrungen und deine Einstellung können deinen Erfolg beeinflussen. Aber was uns wirklich daran hindert, das Leben zu leben, das wir lieben, ist oft ein grundlegendes Missverständnis darüber, was wirklich richtig für uns ist.

Anstatt das Leben anzunehmen, das für uns richtig ist, versuchen wir, mit verschiedenen Manifestationstechniken und -werkzeugen die „Grenzen“ wegzusprengen, die uns vielleicht davon abhalten, etwas zu erschaffen, das von vornherein nicht wünschenswert für uns war.

Die Idee, loszulassen und zuzulassen, dass unser Leben uns dort hinführt, wohin es will, kann anfangs beängstigend sein. Die meisten von uns wachsen auf, ohne zu wissen, wer sie wirklich sind. Unsere Energiefelder werden von unserem Umfeld beeinflusst und wir wissen nicht immer, was unsere persönliche Wahrheit ist und was uns nur als Wahrheit verkauft wurde. Wir verlieren oft den Kontakt zu unserem authentischen Selbst. Wir machen uns Sorgen, dass wir vielleicht dazu verdammt sind, pleite oder einsam zu sein, wenn wir unserer inneren Autorität die Kontrolle überlassen. Wir trauen unserer inneren Führung nicht und ringen mit der Vorstellung, die Kontrolle über uns selbst zu haben. Wenn wir ein Leben geführt haben, das „nicht so erfolgreich" war, kann es sogar sein, dass wir uns einreden, wir seien Versager oder des Reichtums nicht würdig. Mach dir keine Sorgen. Niemand ist von Natur aus oder energetisch dazu verdammt, zu leiden oder zu versagen.

Eine der größten Schmerzquellen im Leben ist die Diskrepanz zwischen dem Selbst, für das du dich hältst, und deinem authentischen Selbst. Je größer der Abstand zwischen den beiden ist, desto größer sind die Unstimmigkeit und der Schmerz. Dieser Schmerz ist keine Funktionsstörung oder „Krankheit"; es ist einfach dein authentisches Selbst, das dir sagt, dass es hier mehr für dich gibt, als du erkennst, dass die Dinge vielleicht nicht so sind, wie dein Verstand sie erwartet hat – in Wirklichkeit sind sie wahrscheinlich viel, viel besser.

Je mehr du über dich selbst erfährst, desto mehr Freiheit hast du, dein Leben so zu gestalten, dass es mit dem übereinstimmt, was für dich richtig ist. Beginnen wir also mit einem Blick auf dein Human Design Chart. Wenn du dein Chart noch nicht bereitgelegt hast, kannst du es dir jetzt auf der Webseite holen:

https://www.quantumaligmentsystem.com

In deinem Chart zurechtfinden

Jedes Human Design Chart besteht aus drei Aspekten: 1) der Körpergrafik, 2) dem Geburtshoroskop und 3) den Merkmalen (Abbildung 1). Wir werden jeden Aspekt im Detail behandeln, aber zuerst wollen wir uns das Chart als Ganzes ansehen. An was erinnern dich die Formen und das Layout? Wenn du dir das Human Design Chart genau ansiehst, kannst du vielleicht einige visuelle Hinweise auf die Weisheiten erkennen, die hinter Human Design liegen. Zum Beispiel sehen die geometrischen Formen (Zentren genannt) den sieben Chakren sehr ähnlich (Abbildung 2).

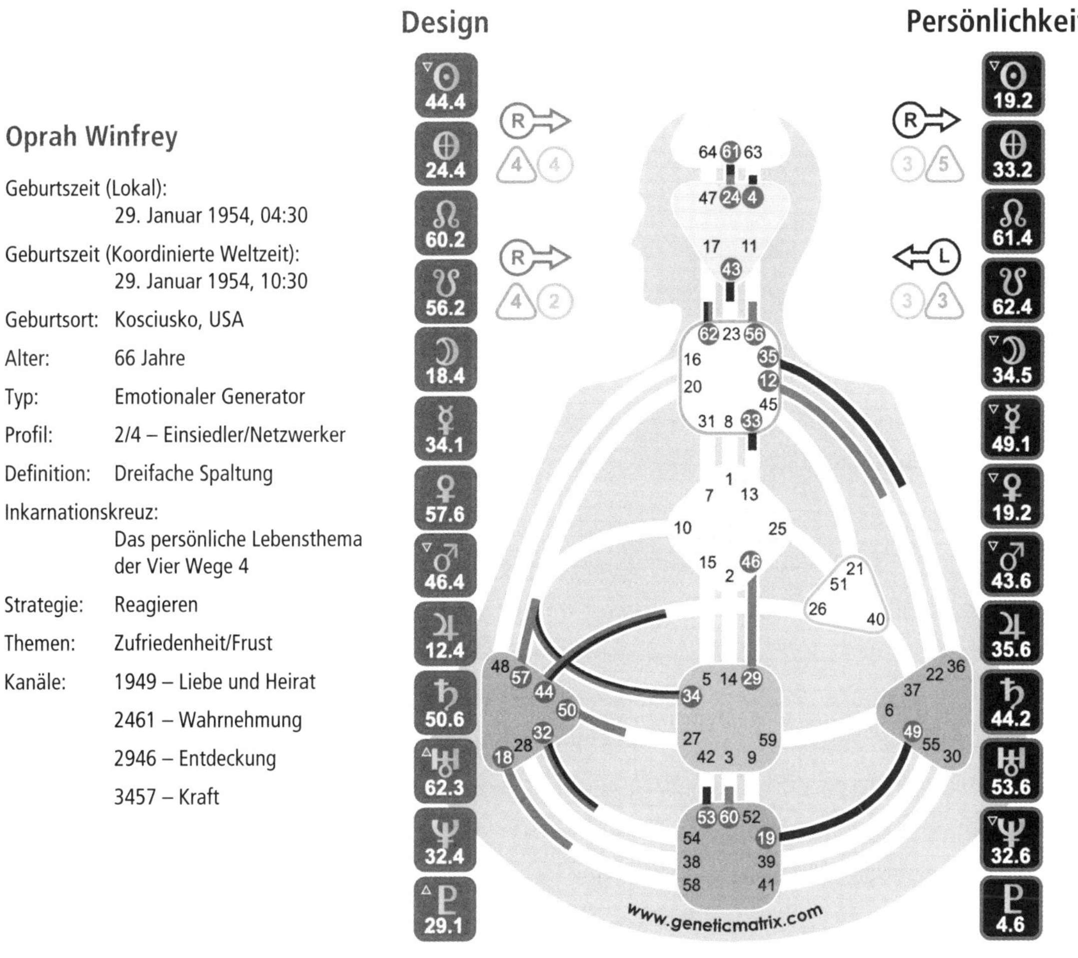

Abb. 1: Ein Beispiel für eine Human Design Körpergrafik

Wenn du die Körpergrafik auf den Kopf stellst, sieht sie dem Baum des Lebens aus der Kabbala sehr ähnlich (Abbildung 3).

Oder du erkennst die 64 Zahlen auf dem Chart. Diese Zahlen, die Tore genannt werden, entsprechen den 64 Hexagrammen aus dem I Ging. Im I Ging besteht ein Hexagramm aus sechs übereinander liegenden horizontalen Linien (Abbildung 4), wobei jede Linie entweder Yang (eine ununterbrochene oder durchgezogene Linie) oder Yin (unterbrochen, eine offene Linie mit einer Lücke in der Mitte) entspricht.

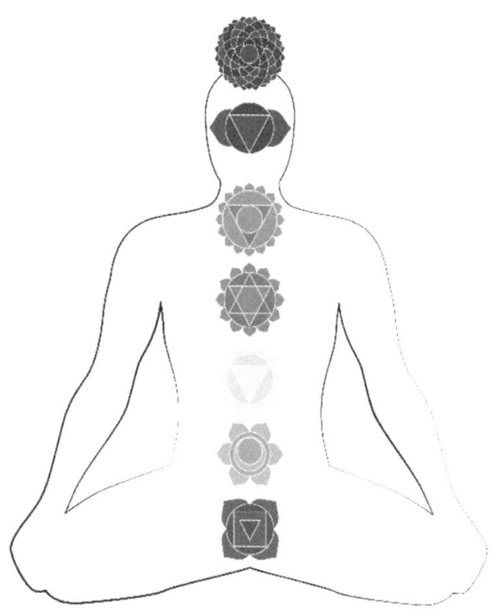

Abb. 2: Die neun Zentren im Human Design sind den sieben Chakren ähnlich

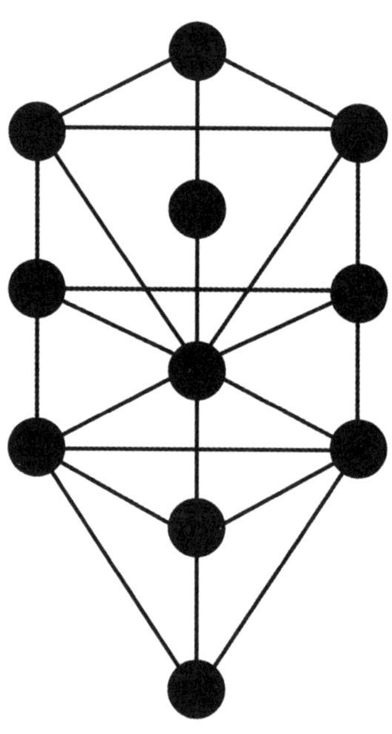

Abb. 3: Die ungefähre Form des Human Design Chart ähnelt dem Baum des Lebens aus der Kabbala

Obwohl du Teile dieser alten Weisheitslehren im Chart erkennen kannst, ist Human Design etwas Neues und Einzigartiges, ein brandneues Werkzeug, um Menschen auf eine brandneue Weise zu helfen.

Es ist wichtig zu erkennen, dass es sich bei den einzelnen Bestandteilen der Körpergrafik wirklich nur um Teile handelt. Um dir das Kennenlernen des Systems zu erleichtern, müssen wir das Life Chart erst einmal Stück für Stück auseinandernehmen und jeden Teil einzeln behandeln. Wenn du aber erst einmal weißt, wie das gesamte Chart aufgebaut ist und wie du es lesen kannst, offenbart sich die „Geschichte“ oder die persönliche Energiekarte, wenn du alle Teile zusammensetzt.

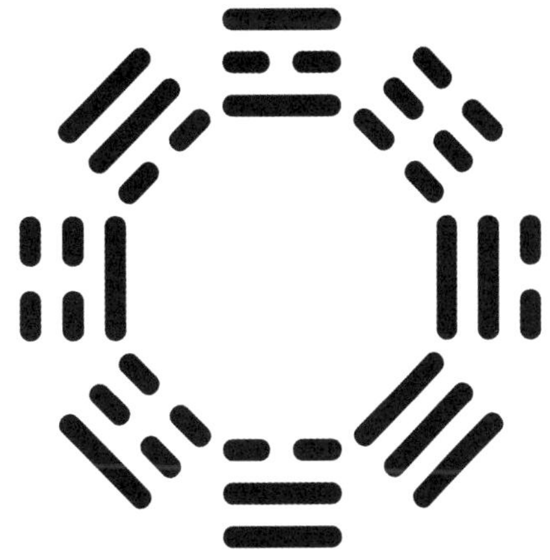

Abb. 4: Die 64 Tore im Human Design entsprechen den Hexagrammen im I Ging

Diese Synthese ist der Schlüssel zum Verständnis des Human Design und jedes einzelnen Charts. Im Grunde ist Human Design ein Werkzeug, das uns die Potenziale und Möglichkeiten der menschlichen Evolution auf der persönlichen, der Beziehungs- und der kollektiven Ebene lehrt. Die wahre Schönheit des Human Design liegt in der Vereinigung all seiner einzigartigen esoterischen Komponenten.

Das Life Chart ist eigentlich eine Synthese aus mehreren Teilen, die zusammen einen Überblick über den jeweiligen Menschen geben. Einige der einzelnen Bestandteile des Charts haben Energien, die sich ähneln, sich aber auf einer subtilen Ebene unterscheiden. Bitte habe Verständnis dafür, dass wir, wenn du die einzelnen Teile kennenlernst, bis zu einem gewissen Grad Teile aus dem Zusammenhang reißen. Jedes Teil ist wichtig, aber der volle Ausdruck jedes Teils hängt davon ab, was sonst noch in deinem individuellen Life Chart steht.

Wenn du schon einmal versucht hast, ein Puzzle zu vervollständigen, weißt du, dass jedes einzelne Teil entscheidend für den Gesamteindruck des Bildes ist. Human Design zeigt uns, dass die gesamte Menschheit wie ein riesiges göttliches Puzzle ist und jeder Mensch ein darin enthaltenes einzigartiges Puzzleteil ist. Wenn du dein volles Potenzial nicht zum Ausdruck bringst, verlierst oder vernachlässigst du deinen Teil des Puzzles. Das größte Geschenk, das du der Welt machen kannst, ist, voll und ganz du selbst zu sein.

Schauen wir uns nun die drei Hauptbestandteile deines Human Design Charts – die Körpergrafik, das Geburtshoroskop und die Merkmale – etwas genauer an.

Die Körpergrafik

Wenn du dein Human Design Chart erhältst, siehst du eine Reihe von Zahlen und Planetensymbolen neben einem Dreieck, das aus allen möglichen Linien, geometrischen Formen, Farben und dem Profil einer Person besteht. Dieses Dreieck, die sogenannte Körpergrafik, ist die visuelle Zusammenstellung aller Zahlen und schriftlichen Informationen in deinem Chart. Die Körpergrafik ist im Grunde genommen eine „Landkarte" deiner einzigartigen energetischen Beschaffenheit.

Die neun Zentren

Das Erste, was dir vielleicht auffällt, wenn du dein Chart betrachtest, sind die neun geometrischen Formen. Diese Formen stehen für die neun Zentren und ihre Funktion ist ähnlich wie die der sieben Chakren. Jedes Zentrum ist dafür verantwortlich, eine bestimmte Energiefrequenz zu leiten und zu verwalten, und es steht in Verbindung mit einem bestimmten Thema in unserem Leben (Abbildung 5).

Die neun Zentren und ihre Themen sind:

- Krone: Inspiration
- Ajna: Verstand und Überzeugungen
- Kehle: Kommunikation und Handlung
- Selbst: Identität, Liebe und Richtung im Leben
- Herz: Willenskraft und (Selbst-)Wert
- Emotional: Gefühle
- Wurzel: Antriebskraft und Adrenalin
- Sakral: Lebenskraft und Ausdauer
- Milz: Überleben, Intuition, Immunsystem und Timing

Als Nächstes fällt dir vielleicht auf, dass einige der Zentren in deinem Chart weiß sind, während andere eingefärbt sind. Die weißen Zentren sind undefiniert oder offen. Die eingefärbten Zentren sind definiert.

Definierte Zentren

Wenn ein Zentrum eingefärbt ist, ist es „definiert“. Definierte Zentren stehen für die Energie, die du beständig in die Welt hinaussendest, und für die wahren Aspekte deiner Persönlichkeit, unabhängig von allen anderen Faktoren in deinem Leben.

Es kann regnen, Merkur kann rückläufig sein, Mars kann aus dem Sonnensystem verschwinden, aber deine Definition (die eingefärbten Teile deines Charts) bleibt immer die gleiche. Sie ergibt sich aus der Position der Tore und Planeten zum Zeitpunkt deiner Geburt.

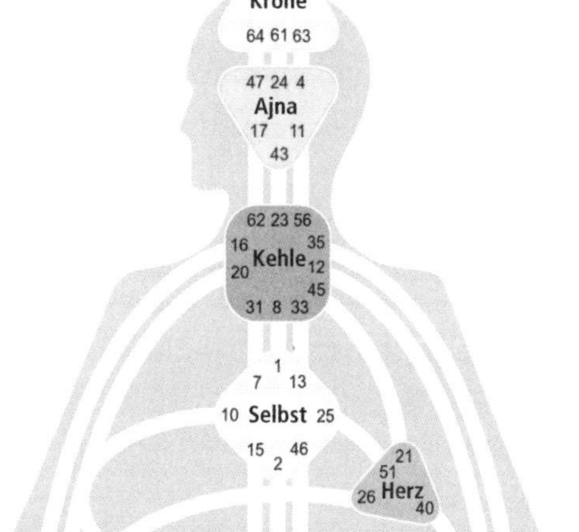

Abb. 5: Die neun Energiezentren werden durch die geometrischen Formen dargestellt

Wie du lernen wirst, haben definierte Zentren ihre eigenen Herausforderungen, aber insgesamt sind sie viel einfacher zu handhaben als offene Zentren und deren manchmal traumatische Erfahrungen. Grundsätzlich ist es ratsam, deine Human Design Strategie zu kennen und zu leben (siehe Kapitel 3). Das befähigt dich, die für dich richtigen Entscheidungen zu treffen.

Offene Zentren

Wenn ein Zentrum weiß ist, dann ist es undefiniert oder offen. Offene Zentren nehmen Energie und Informationen aus der Welt um dich herum auf und verstärken sie. Die Energie in offenen Zentren ist unbeständig, denn sie ändert sich je nachdem, mit wem du zusammen bist. Sie kann sich auch intensiver anfühlen als die Energie in definierten Zentren, weil sie in Wellen kommt und sich ständig verändert.

Es passiert sehr leicht, dass du die Energie in deinen offenen Zentren für deine eigene hältst, und manchmal versuchst du, einen Aspekt deiner Persönlichkeit zu „korrigieren“, ohne zu erkennen, dass dein Verhalten von äußeren Faktoren abhängt. Achte darauf, wo sich deine offenen Zentren befinden. Das sind die Orte, an denen du potenziell am meisten Schmerz empfindest, bis du verstehst, wie deine Energie funktioniert. Aber diese offenen Zentren bergen auch das Potenzial für deine größte Weisheit. Bevor ich mir meines Human Design und meiner undefinierten Energien bewusst wurde, arbeitete ich als Krankenschwester und war die ganze Zeit erschöpft. Ich war sehr schnell ausgebrannt, weil die emotionale Intensität überwältigend war und ich sie wie ein Schwamm aufgesaugt habe. Nun, da ich das Wissen um mein Human Design nutze, habe ich verstanden, dass ich ein offenes Emotional-Zentrum habe. Und ich bin jetzt in der Lage, all diese emotionalen Informationen durch mich hindurchfließen zulassen. Ich halte sie nicht fest und mache sie mir zu eigen, und so brenne ich nicht aus.

Motor-Zentren

Es gibt vier Zentren in der Körpergrafik, die wir als Motoren betrachten: das Sakral-Zentrum, das Herz-Zentrum, das Wurzel-Zentrum und das Emotional-Zentrum, welches beim Solarplexus zu verorten ist. Die Motoren bestimmen, welche Art von Energie du hast.

- Sakral-Zentrum: Dies ist die Energie für Arbeit, Vitalität und Sexualität. Sie ist dauerhaft im Fluss, ohne Pause oder Unterbrechung.
- Herz-Zentrum: Hier befindet sich die Willenskraft in deinem Chart. Die Willenskraft im Human Design ist die Energie, die in kurzen Zeiträumen materielle Ressourcen und Durchhaltevermögen erzeugt. Sie ist eine Energie, die Zyklen der Ruhe benötigt.
- Wurzel-Zentrum: Dein Antrieb befindet sich im Wurzel-Zentrum. Das ist die Energie, die dich in Schüben (an/aus) mit Adrenalin versorgt.
- Emotional-Zentrum: Hier befindet sich deine emotionale Energie. Emotionale Energie durchläuft den Kreislauf von (innerer) Integration und (äußerem) Ausdruck, und deine Stimmung unterliegt Schwankungen. Wenn das Gefühl stimmt, steht Handlungsenergie bereit.

Druck-Zentren

Es gibt zwei Druck-Zentren: das Kronen-Zentrum und das Wurzel-Zentrum. Die Druck-Zentren im Chart helfen dir zu verstehen, welche Art von Druck du in deinem Leben spürst, und geben dir neue Möglichkeiten, mit dem Druck umzugehen, damit du Stress abbauen und entspanntere Entscheidungen treffen kannst.

- Kronen-Zentrum: Dies kann eine Quelle für mentalen Druck sein. Wenn deine Krone offen oder undefiniert ist, kann es sein, dass du Druck verspürst, Dinge zu verstehen, oder dass du immer das Gefühl hast, die Antworten auf deine Fragen finden zu müssen.
- Wurzel-Zentrum: Dies ist das Zentrum für deinen Antrieb. Wenn das Wurzel-Zentrum offen oder undefiniert ist, kann es sein, dass du unter Druck stehst, Dinge zu erledigen, um dich „frei“ zu fühlen. Manchmal führt das dazu, dass du überstürzte Entscheidungen triffst, um Druck oder Stress zu vermeiden.

Energien in einer Gruppe

Die Schönheit der definierten und undefinierten Zentren liegt in der Tatsache, dass wir alle, jeder für sich, nur Teile eines größeren Ganzen sind. Wir sind alle vollständig definiert, wenn wir zusammen sind. Jeder von uns bringt Teile mit, die uns alle energetisch vereinen und uns die Möglichkeit geben, die gesamte menschliche Erfahrung auszudrücken.

Das spürst du, wenn du in ein Restaurant oder ein Café gehst. Die Designs der Kunden und des Personals verschmelzen zu einer großen Aura. Das ist gut zu wissen, wenn bestimmte Energien, z. B. die Energie für Konzentration, in deinem Chart nicht konstant sind. Wenn du dich dann in die Aura anderer Menschen einklinkst, stellst du vielleicht fest, dass die Energie für Konzentration durch die Anwesenheit anderer für dich verstärkt wird – du kannst neue und hilfreiche Strategien entwickeln, um bei der Sache zu bleiben, wenn du einen Konzentrationsschub brauchst.

Kanäle

Du kannst erkennen, dass die neun Zentren durch viele Linien miteinander verbunden sind (Abbildung 6). Diese Linien werden Kanäle genannt, und es gibt zweiunddreißig davon. Die Farbe des Kanals verrät dir etwas über einen Aspekt deiner Persönlichkeit:

- **Schwarze** Kanäle beinhalten Persönlichkeitsmerkmale, die du bewusst wahrnimmst.
- **Rote** Kanäle beinhalten Persönlichkeitsmerkmale, derer du dir nicht bewusst bist.
- Die **karierten** Kanäle stehen für die besonderen Persönlichkeitsaspekte, die sowohl bewusst als auch unbewusst definiert sind.

- **Weiße** Kanäle weisen auf offene Tore hin. Du nimmst immer die Energie beider Tore aus deiner Umgebung auf und wie sie sich durch dich ausdrückt, hängt von deiner Umgebung ab.

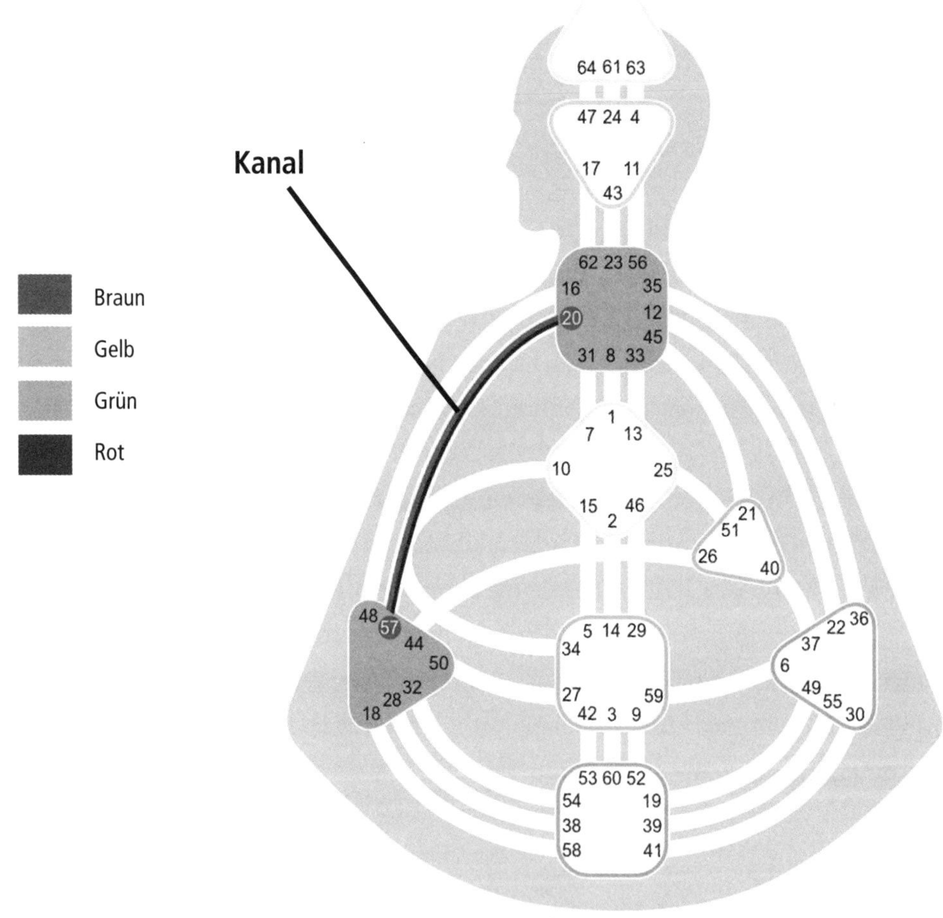

Abb. 6: Ein Kanal verbindet zwei Tore miteinander

Tore

Am Ende jedes Kanals befindet sich ein nummeriertes Tor, und der Kanal wird anhand der beiden jeweiligen Tornummern benannt. Wir könnten zum Beispiel vom Kanal 34/20 sprechen, dem Kanal des Charismas, der das Tor 34, das Tor der Macht, mit dem Tor 20, dem Tor der Verwandlung, verbindet. Die 64 Tore stimmen mit den 64 Hexagrammen des I Ging überein. Jedes definierte Tor in deinem Chart verleiht deiner Persönlichkeit eine andere „Würze". Wir werden hier nur kurz auf die Tore eingehen, aber wenn du ausführlich wissen willst, was die einzelnen Tore bedeuten und wie sie mit deinem Chart und deiner Persönlichkeit zusammenhängen, lies bitte Kapitel 6.

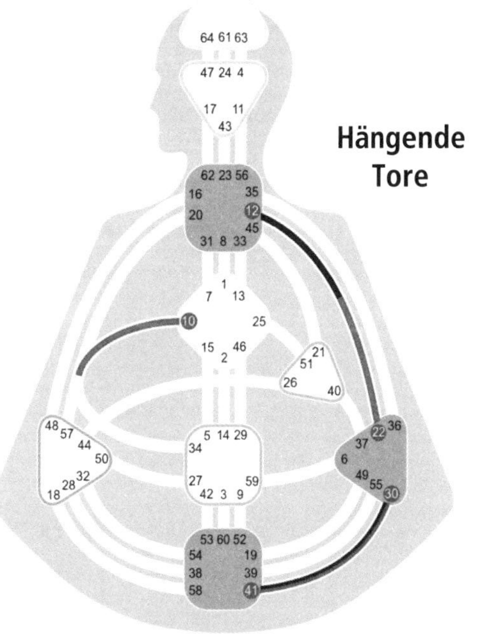

Abb. 7: Wenn nur ein Tor in einem Kanal definiert ist, nennt man das definierte Tor ein alleinstehendes Tor

Alleinstehende oder „hängende" Tore

Durch eine durchgängig eingefärbte Linie werden die Zentren an beiden Enden des Kanals definiert (eingefärbt). Ein offenes (weißes) Zentrum hat keine vollständig eingefärbten Linien, die mit ihm verbunden sind. Ist nur eines von zwei Toren in einem Kanal definiert, nennt man es ein „alleinstehendes Tor" (Abbildung 7).

Eine Person mit einem alleinstehenden Tor wird immer von Menschen angezogen, die die andere Hälfte des Kanals haben. Das nennt man elektromagnetische Anziehung.

Definition

Die Definition des Charts bezieht sich auf die eingefärbten Kanäle zwischen den Zentren. Eine einzelne Definition ist vorhanden, wenn alle eingefärbten oder definierten Zentren miteinander verbunden sind (Abbildung 8).

Eine gespaltene Definition liegt dann vor, wenn es zwei Gruppierungen von definierten Energiezentren gibt, deren Zentren zwar innerhalb der Gruppe verbunden sind, nicht aber beide Gruppen miteinander (Abbildung 9).

Die Dreifache Spaltung bedeutet, dass es drei Gruppierungen von definierten Energiezentren gibt, die nicht miteinander verbunden sind (Abbildung 10).

Vierfache Spaltung bedeutet, dass es vier Gruppierungen von definierten Energiezentren gibt, die nicht miteinander verbunden sind (Abbildung 11).

Eine Energiespaltung kann bewirken, dass du sehr unterschiedliche Persönlichkeitsaspekte in dir selbst wahrnimmst. Mit diesem Chart (Abb. 9) hast du zum Beispiel das Gefühl, dass du einen sehr starken Verstand hast und dich „in Gedanken verlieren" kannst, aber dass du auch einen „geerdeten" und bodenständigen Persönlichkeitsanteil hast.

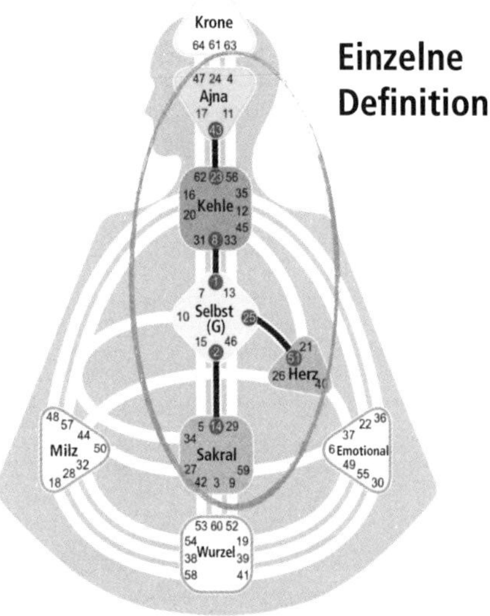

Abb. 8: Einzelne Definition bedeutet, dass alle definierten Zentren miteinander verbunden sind

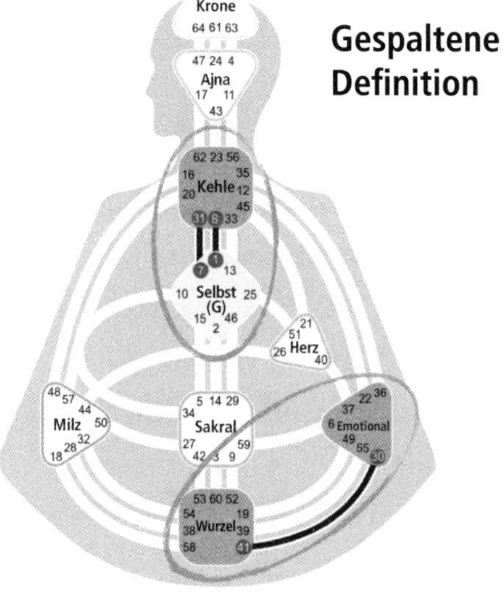

Abb. 9: Gespaltene Definition bedeutet, dass es zwei Gruppen von definierten Zentren gibt

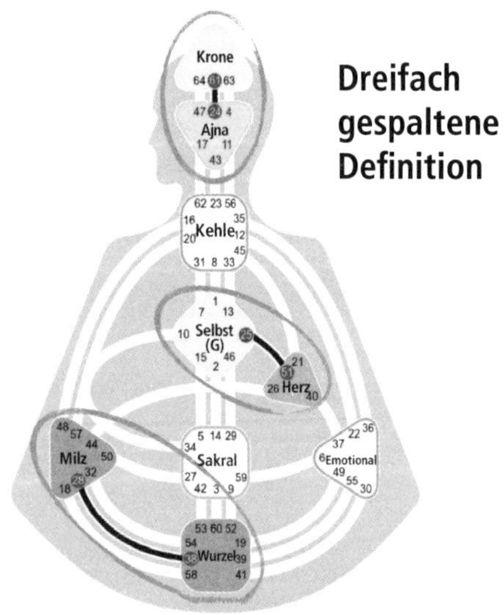

Abb. 10: Dreifache Spaltung bedeutet, dass es drei Gruppen von definierten Zentren gibt

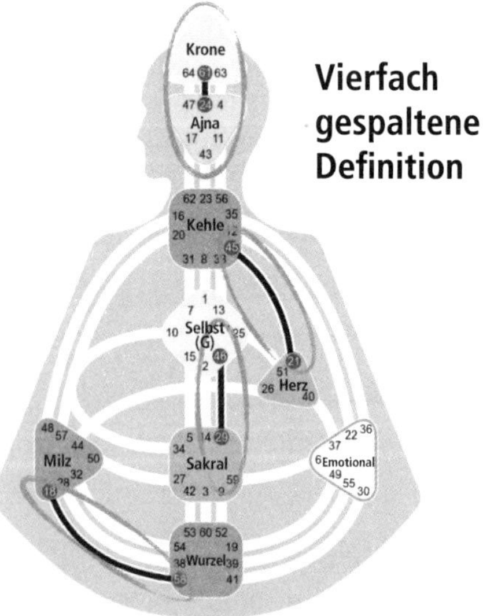

Abb. 11: Vierfache Spaltung bedeutet, dass es vier Gruppen von definierten Zentren gibt

Wir fühlen uns oft zu Partnern hingezogen, die mit ihren Kanälen unsere Spaltungen „überbrücken". Wenn wir mit dieser Person zusammen sind, fühlen wir uns „ganz" oder so, als wären alle Teile von uns vereint, und das ist auch tatsächlich so.

Das Geburtshoroskop

Gehen wir nun von der menschlichen Figur zur Liste mit den Zahlen und Planetensymbolen über. Auf der linken Seite des Charts oder auf beiden Seiten der Körpergrafik (je nachdem, von welchem Rechner dein Human Design Chart stammt) siehst du eine Reihe von roten und schwarzen Zahlen und Planetensymbolen (Abbildung 12). Dies ist dein Geburtshoroskop. Dein Geburtshoroskop steht fest; es ändert sich im Laufe deines Lebens nicht.

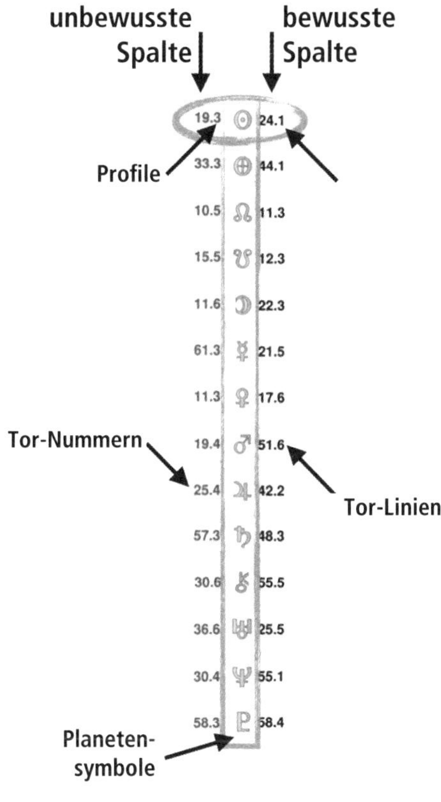

Abb. 12: Ein einfaches Geburtshoroskop

Deine unbewusste Persönlichkeit

Deine unbewusste Persönlichkeit wird durch die roten Elemente in deinem Geburtshoroskop definiert – das sind Aspekte deiner Persönlichkeit, die beständig, aber unbewusst sind, was bedeutet, dass du nicht sehr viel Kontrolle über diese Teile deiner Persönlichkeit hast. Normalerweise werden wir uns mit zunehmendem Alter unserer unbewussten Persönlichkeit immer bewusster. Auch deine Familie und die Menschen, die du liebst, kennen normalerweise die unbewussten Elemente deiner Persönlichkeit.

Das Datum in Rot ist dein unbewusster Geburtstag. Der unbewusste Geburtstag liegt etwa 88 astrologische Grade vom Zeitpunkt deiner Geburt entfernt, das sind ungefähr drei Monate vor der Geburt. Er fällt mit einem großen Entwicklungsschub des Gehirns in der Großhirnrinde zusammen, während das Baby im Mutterleib ist. Genaueres dazu erfährst du im Kapitel „Die sechs Linien verstehen", Seite 125.

Deine bewusste Persönlichkeit

Die schwarzen Elemente im Horoskop sind Aspekte deiner Persönlichkeit, die du bewusst wahrnimmst und bis zu einem gewissen Grad auch kontrollieren kannst.

Das Geburtsdatum in Schwarz ist dein tatsächlicher Geburtstag, dein bewusster Geburtstag genannt (im europäischen Format wird der Geburtstag in [Tag/Monat/Jahr] angegeben, im amerikanischen Format in [Monat/Tag/Jahr]). Diese Seite gibt deine bewusste Persönlichkeit wieder.

Tore

Die großen Zahlen, die entweder rot oder schwarz dargestellt sind, sind Tore (Abbildung 13). Es gibt 64 davon, die in der Körpergrafik dargestellt sind. Mehr über die Bedeutung der Tore erfährst du in Kapitel 6.

Linien

Du wirst sehen, dass neben jedem Tor eine kleinere Zahl steht, die wie eine Dezimalstelle aussieht (Abbildung 14). Das ist eine Linie. Diese sind von eins bis sechs nummeriert.

Die Linien sind in jedem Chart andere und nicht jedes Chart hat alle sechs Linien.

Die Linien hängen von der Position der Planeten zum Zeitpunkt der Geburt ab.

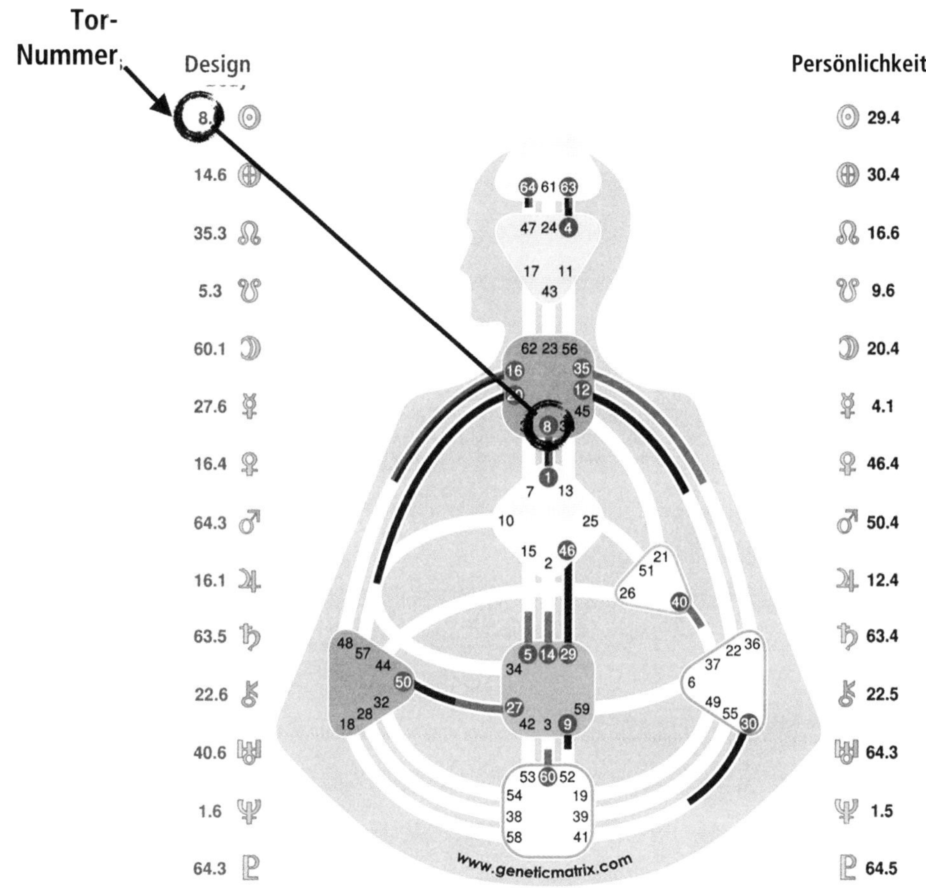

Abb. 13: Das Tor erscheint im Geburtshoroskop und in der Körpergrafik

Linien sind wie Sekunden, wenn wir die Zeit messen. Folgende Archetypen sind den sechs Linien zugeordnet:

- Linie 1: Forscher
- Linie 2: Naturtalent
- Linie 3: Abenteurer
- Linie 4: Netzwerker
- Linie 5: Held
- Linie 6: Rollenvorbild

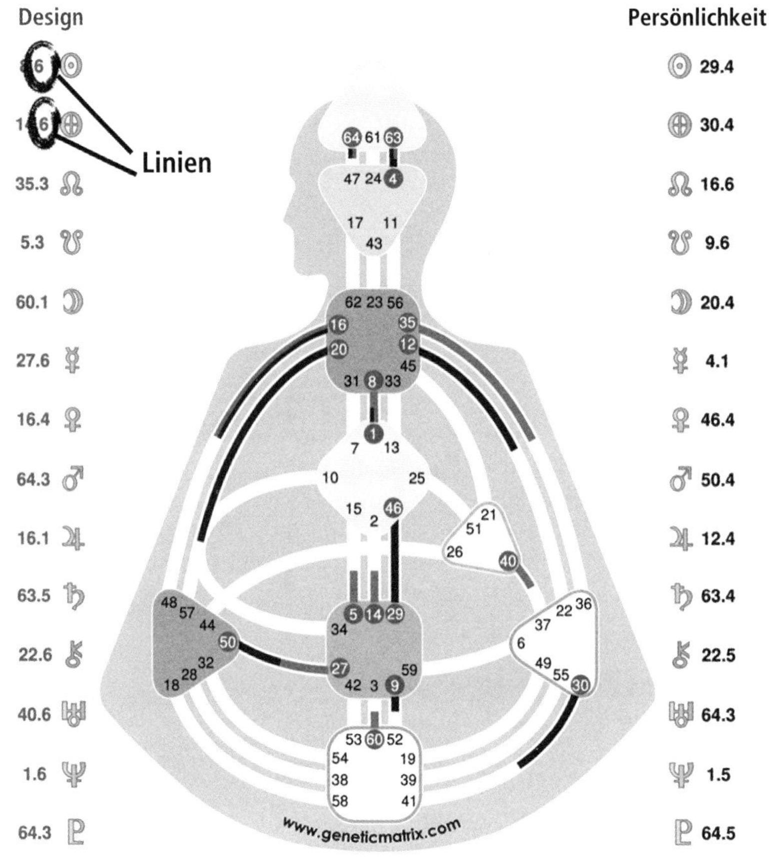

Abb. 14: Die Linien

In der Körpergrafik können die Linien nicht abgelesen werden. Was die Linien bedeuten, kann durch ein Human Design Reading aufgedeckt werden.

Profile

Dein Profil wird durch die Linien in deinem bewussten und unbewussten Sonnenzeichen bestimmt (Abbildung 15).

Jeder Mensch kommt mit einem speziellen Profil und einer Bestimmung auf die Welt. Die Profile geben Aufschluss über die wichtigsten Lebensthemen, denen du begegnen wirst, und sie veranschaulichen, wie deine Persönlichkeit mit der Welt interagiert, wenn du dabei bist, deine Bestimmung zu erfüllen. Dein Profil kann als eine Erklärung deines bewussten und unbewussten Archetyps und der mit ihnen verbundenen Themen betrachtet

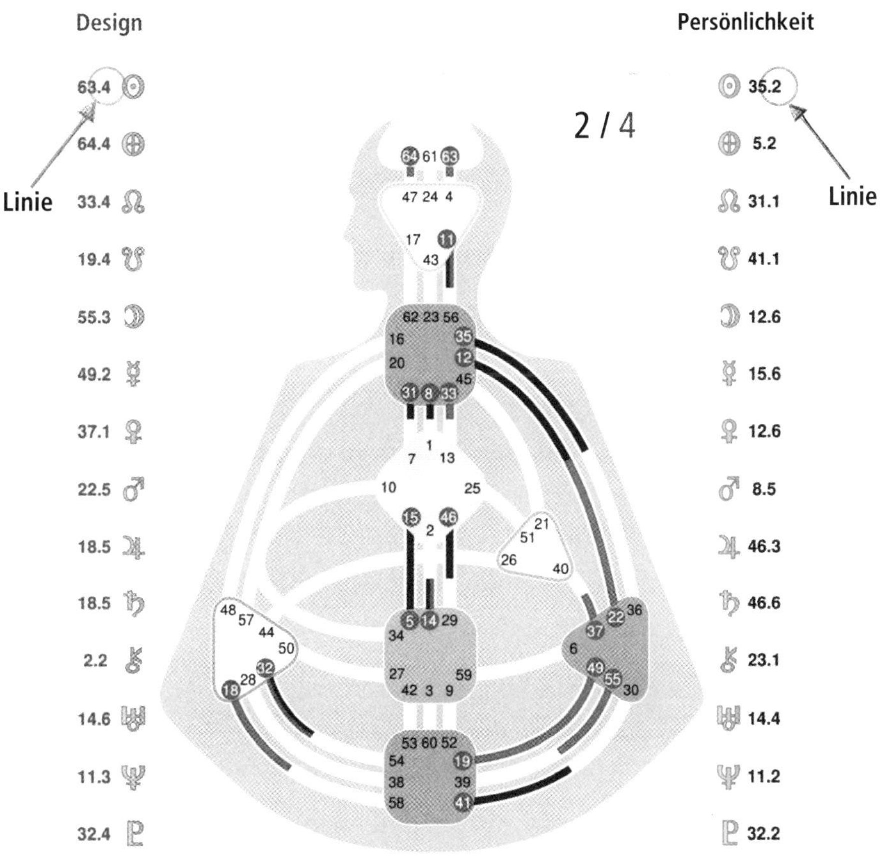

Abb. 15: Dein Profil wird durch die ersten beiden kleinen Zahlen in deinem Geburtshoroskop bestimmt

werden. Auch wenn sich die meisten Menschen der Themen ihrer unbewussten Profillinie bewusst sind, können sie nicht steuern, wie sie sich zeigen.

Die zwölf Profile setzen sich aus zwei Torlinien (die bewusste Linie gefolgt von der unbewussten Linie) zusammen:

- 1/3 Forscher/Abenteurer
- 1/4 Forscher/Netzwerker
- 2/4 Naturtalent/Netzwerker
- 2/5 Naturtalent/Held
- 3/5 Abenteurer/Held
- 3/6 Abenteurer/Rollenvorbild
- 4/6 Netzwerker/Rollenvorbild

- 4/1 Netzwerker/Forscher
- 5/1 Held/Forscher
- 5/2 Held/Naturtalent
- 6/2 Rollenvorbild/Naturtalent
- 6/3 Rollenvorbild/Abenteurer

Wir werden in Kapitel 5 mehr über die Profile erfahren.

Die Planetensymbole

Die Planetensymbole in deinem Chart geben Aufschluss über die astrologische Position der Energien zum Zeitpunkt deiner Geburt. In dieser Liste sind alle Planeten aufgeführt, beginnend mit der Position der Sonne und endend mit der Position von Pluto (Abbildung 16).

Plantensymbole

☉	Sonne
⊕	Erde
☊	Nordknoten
☋	Südknoten
☽	Mond
☿	Mercuty
♀	Venus
♂	Mars
♃	Jupiter
♄	Saturn
⚷	Kiron
♅	Uranus
♆	Neptun
♇	Pluto

Abb. 16: Die Symbole der Planeten und ihre Namen

Inkarnationskreuz

Der letzte Teil des Charts ist das Inkarnationskreuz. Das Inkarnationskreuz ist die Summe der Energien, die deine bewussten und unbewussten Sonnen- und Erdzeichen ausmachen – die oberen vier schwarzen und roten Zahlen in deinem Geburtshoroskop (Abbildung 17).

Diese vier Energien machen zusammen etwa 70 Prozent deiner Persönlichkeit aus. Das Inkarnationskreuz ist im Grunde die Lebensaufgabe eines Menschen. Es zeigt uns, wer er ist, was ihn antreibt, seine Schwächen, seine Defizite und schließlich sein Schicksal, wenn wir so wollen.

Die Bedeutung jedes Kreuzes ist eine Kombination aus den vier Torenergien, aus denen es besteht. Die Torenergie in der bewussten Sonne – die schwarze Zahl oben rechts – ist die wichtigste der vier. Alle anderen Energien in deinem Kreuz und in deinem gesamten Horoskop werden durch die bewusste Energie des Sonnentors ausgedrückt. Im Laufe eines Jahres wandert die Sonne durch alle 64 Tore.

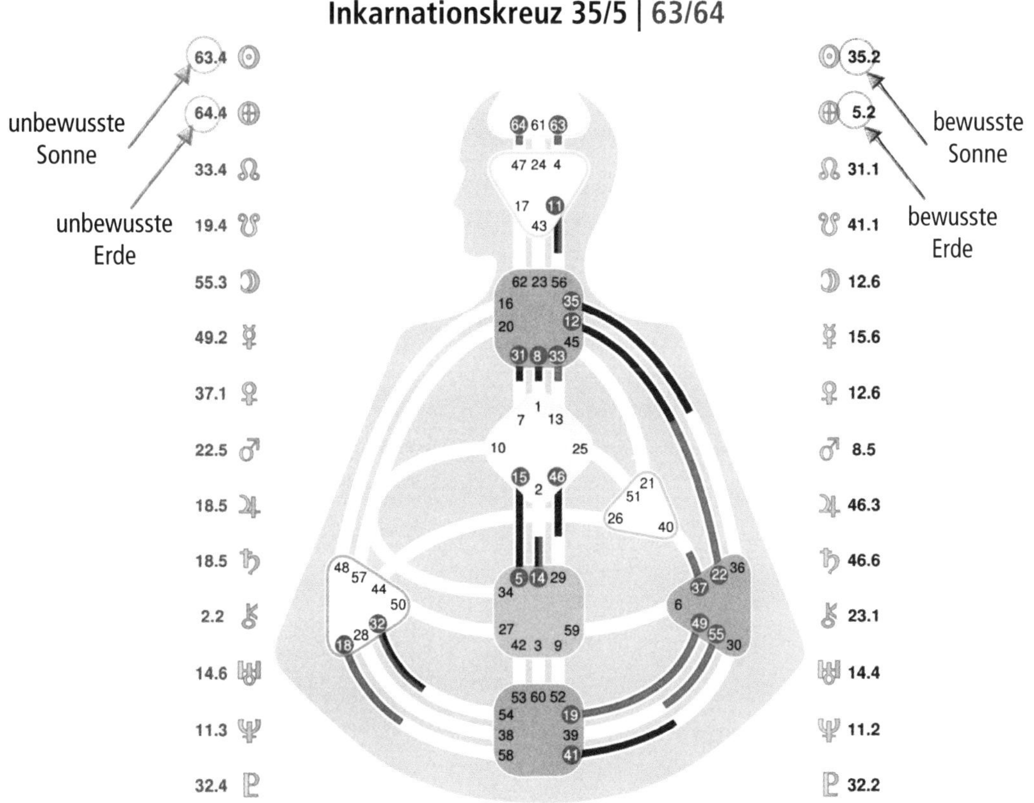

Abb. 17: Dein Inkarnationskreuz setzt sich aus deinen Sonnen- und Erdzeichen zusammen

Es gibt 192 mögliche Kombinationen des Inkarnationskreuzes, von denen jede ein Spiegelbild der Sonnen- und Erdtransite ist. (Anmerkung des Verlags: Einen Planetentransit oder Planetendurchgang nennt man das Vorüberziehen eines Planeten vor der Sonne von einem beobachtenden Standort aus. Der vorüberziehende Planet erscheint dabei als schwarzes Scheibchen.) Das Inkarnationskreuz gibt uns viel mehr Informationen als ein bloßes Sonnenzeichen in der Astrologie. Es bietet eine tiefere Erklärung für den Weg einer Seele und ihrer Reise innerhalb des Lebens.

Den Namen deines Inkarnationskreuzes findest du normalerweise in der unteren Hälfte deines Human Design Charts. Wir haben hier nicht den Platz, um alle 192 möglichen Kombinationen zu behandeln, aber du kannst über jedes der vier Tore lesen, aus denen dein Kreuz besteht, und daraus deine eigene Geschichte über deinen Lebensweg weben.

Die Merkmale

Am unteren Rand deines Charts oder daneben, siehst du einen Abschnitt der die wichtigsten Aspekte deines Charts zusammenfasst. Die Merkmale sagen dir

- deinen Typ und deine einzigartige Strategie,
- deine Autorität – ob du spontan bist oder ob du Zeit brauchst, um gute Entscheidungen zu treffen – und
- dein Nicht-Selbst Thema – welche Emotion dich am meisten herausfordert im Leben (Du kannst dir sicher sein, dass du sehr viel angenehmere Erfahrungen mit deinem Nicht-Selbst Thema machen wirst, wenn du so lebst, wie du wirklich bist).

Dein Typ

Der einfachste und schnellste Weg, um von Human Design zu profitieren, ist, deinen Typ zu verstehen und deiner Strategie zu folgen. Die fünf Typen sind: der Manifestor, der Manifestierende Generator, der Generator, der Projektor und der Reflektor. Du findest deinen Typ im Human Design Chart in den Merkmalen.

Jeder der fünf Energietypen hat eine einzigartige Strategie, um Entscheidungen zu treffen und mit der Welt zu interagieren. Wenn du deinen Typ verstehst, kannst du Vertrauen in dich und deine Fähigkeit entwickeln, die richtigen Entscheidungen für dein Leben zu treffen.

Deine Strategie

Deine Strategie hängt von deinem Typ ab und ist wahrscheinlich die wichtigste Information, die du durch dein Human Design Chart erhältst. Sie gibt dir erhebliches Wissen darüber, wie du die richtigen Entscheidungen für dich triffst und wie du erkennst, wann du auf dem richtigen Weg bist.

Wenn du deiner Strategie folgst, kannst du die für dich richtigen Situationen und Momente erleben, während das Nichtbefolgen deiner Strategie auf lange Sicht die Situationen und Momente in dein Leben bringen wird, die nicht von Vorteil für dich sind. Folge deiner Strategie und du wirst den Weg zur wahrhaftigen Erfüllung (deines Schicksals) finden.

Weil es Monate oder Jahre an Übung bedarf, bis du deiner Strategie effektiv folgst, kann dich ein Coaching durch ein:en Human Design Expert:in auf diesem Weg unterstützen, da er oder sie dir Feedback geben und dich ermutigen kann.

Autorität

Obwohl die Entscheidungsfindung direkt mit deiner Strategie verbunden ist, beeinflusst deine Autorität die Art und Weise, wie du deiner Strategie folgst. Die von dir definierten Zentren legen deine Autorität fest. Sie hängt aber auch von deinem Typ und deiner Definition ab, zumal nicht alle Zentren eine eigene Autorität mit sich bringen.

Wie du Entscheidungen triffst, hängt außerdem von deinen Lebensumständen und deiner Zufriedenheit ab. Erhältst du ein Human Design Reading, lernst du die schmerzhaften Muster und Verhaltensweisen zu verstehen, die dich davon abhalten, das Wunder zu sein, das du eigentlich bist. Mit dem Verständnis für deine alten Muster beginnst du zu heilen und verwandelst diese Energien in eine tiefe Quelle der Weisheit. Je mehr du dich von deinen alten Mustern löst, desto effektiver kann deine natürliche Entscheidungsweisheit (deine Autorität) wirken. Dann kannst du anfangen, mit deiner Autorität und deiner Strategie bessere Entscheidungen für dein Leben zu treffen.

Es ist sehr wichtig zu wissen, dass deine Autorität deine Strategie nicht ersetzt oder überschreibt – sie macht den Einsatz deiner Strategie nur wirkungsvoller, damit deine Entscheidungen noch besser im Einklang mit der Gesamtenergie deines Charts sind.

Es gibt sechs unterschiedliche Autoritäten:

- Sakrale Autorität
- Milz-Autorität
- Emotionale Autorität
- Ego-Autorität
- Selbst-Autorität
- Mentale Autorität

Einige Autoritäten haben einen starken Einfluss, andere sind subtiler und erfordern, wenn überhaupt, keine großen Veränderungen in deiner Strategie. Wir werden in Kapitel 3 näher auf die Autoritäten eingehen.

Nicht-Selbst Thema

Jeder Human Design-Typ hat ein Nicht-Selbst Thema. Dieses Thema ist einfach ein Teil des Lebens eines Menschen und bringt sowohl Herausforderungen als auch Wachstumspotenzial mit sich. Entweder erlebst du die Emotion deines Themas selbst oder du erlebst sie durch die anderen Menschen in deinem Umfeld, die auf dein Verhalten reagieren.

Wenn dein Nicht-Selbst Thema sehr präsent in deinem Leben ist, ist das meist ein Zeichen dafür, dass du dir selbst nicht treu bleibst. Ein Beispiel: Das Nicht-Selbst Thema der Generatoren ist Frustration. Generatoren, die ihrer Strategie folgen, warten auf Dinge, die in ihrer äußeren Realität auftauchen, um dann auf diese zu reagieren. Wenn du ein Generator bist und Dinge in deinem Leben erzwingst, ohne abzuwarten, ob sie die Richtigen für dich sind, wirst du höchstwahrscheinlich sehr frustriert sein, weil die Dinge nicht so laufen, wie du es dir erhofft hattest.

Es ist immer gut, einen Schritt zurückzutreten und dein Leben anzuschauen, wenn du dein Nicht-Selbst Thema sehr stark spürst. Wenn du deiner Human Design Strategie folgst, wird dein Nicht-Selbst Thema weniger spürbar. Du nimmst es vielleicht hier und da wahr, aber es wird nicht zu einem brüllenden Monster, das dich Tag und Nacht verfolgt.

Zusammenfassung

Die einzelnen Teile deines Human Design Charts – die Körpergrafik, das Geburtshoroskop und die Merkmale – sind alle für sich genommen wichtig und geben Einblicke in die Persönlichkeit. Wenn du alle Teile und deren Rollen, die sie in deinem Leben spielen, verstehst, entwickelst du einen Blick auf das große Ganze und ein tieferes Verständnis für deine wahre Natur.

Vergiss nicht, dass jeder kleine Teil des Charts ein Stück von etwas Größerem ist. Wir müssen das Chart zwar auseinandernehmen, um alle wichtigen Aspekte zu verstehen, aber die wahre Schönheit des Charts liegt in der Synthese aller Bestandteile. Die wahre Geschichte darüber, wer du wirklich bist, wird erst erzählt, wenn alle Teile zusammenkommen.

Die nächsten Abschnitte dieses Buches sollen dir ein praktischer Leitfaden sein, der dir hilft, dein wahres Selbst zu erkennen, und dir konkrete Übungen und Strategien an die Hand geben, mit denen du das annehmen kannst, was für dich und dein Leben richtig ist. Gehe die einzelnen Teile des Charts durch und mache die Übungen, die sich auf dein Human Design Chart beziehen. Das ist ein Prozess, der ein wenig Zeit in Anspruch nehmen kann. Viele Menschen nehmen sich gerne einen Teil des Charts vor, an dem sie jeweils eine Woche lang arbeiten. Diese Übungen sollen dich dabei unterstützen, dich mit deinem authentischen Selbst auf eine neue und kraftvolle Weise zu verbinden und in Zeiten des Wandels stabil zu bleiben.

Teil Zwei

Typen, Zentren und Profile

Wie du an den unterschiedlichen Teilen des Charts sehen kannst, kann Human Design ziemlich komplex erscheinen. Und trotz der Vielzahl seiner Teile und Komponenten lässt sich der abstrakte Prozess des Erwachens zu deinem wahren Selbst sehr einfach verwirklichen. Lebe deine Human Design Strategie entsprechend deinem Energietyp und du wirst auf kluge und einfache Weise entdecken, wer du wahrhaftig bist.

Um diese Wahrheit zu entdecken, musst du zuerst wissen, welcher Energietyp du bist. Das ist das Thema von Kapitel 2. Sobald du deinen Typ kennst, folgst du lediglich deiner einzigartigen Strategie.

In Kapitel 3 werden wir uns ansehen, wie dein Typ bestimmt wird – nämlich durch die neun Energiezentren. Wenn du mehr über die Zentren erfährst, bekommst du ein tieferes Verständnis dafür, wie du funktionierst, welche alten energetischen Muster dich blockieren und worin du in diesem Leben Meisterschaft erlangen sollst.

Wir alle entwickeln uns auf unterschiedliche Weise. In Kapitel 4 befassen wir uns mit den zwölf Profilen im Human Design. Jedes Profil steht für eine einzigartige Art der Wahrnehmung, die beeinflusst, wie du die Welt erlebst.

Um ein klareres Bild davon zu bekommen, wer du wirklich bist, musst du damit beginnen, deinen Typ, deine Zentren und dein Profil zu verstehen. Schon diese drei grundlegenden Teile des Human Design Puzzles geben dir einen enormen Einblick in das, was du mit der Welt teilen willst.

Los geht's!

Kapitel 2

Die fünf Energietypen

Vielleicht bist du wie die meisten Menschen bis hierhin „ganz gut" durchs Leben gekommen. Vielleicht hattest du etwas Erfolg. Einige Dinge in deinem Leben haben sich bewährt. Du spürst, dass mehr möglich wäre, aber du weißt einfach nicht, wie du das, was du in dir spürst, voll aktivieren kannst.

Die Wahrheit ist, dass die meisten von uns nicht dazu erzogen werden, ihr ganzes ihnen innewohnendes Potenzial und all ihre Kraft wirklich zu entfalten. Vielmehr werden die meisten von uns dazu erzogen, das Gegenteil von dem zu tun, was für sie richtig ist. Uns wird beigebracht, in die Welt hinauszugehen und Dinge ins Rollen zu bringen. Das funktioniert zwar bei manchen Menschen, aber bei den meisten von uns führt diese Art von Vorgehen nur dazu, dass wir frustriert, verbittert oder enttäuscht sind, weil wir nicht das erreicht haben, wofür wir uns so sehr angestrengt haben.

Wir alle sind mächtige Schöpfer. Aber um auf kraftvolle Weise etwas zu erschaffen, musst du wissen, wie du funktionierst. Dein Human Design Typ zeigt dir genau, wie du auf eine ermächtigende, erfüllende, kraftvolle, erfolgreiche und aufregende Weise erschaffst.

Da dein Typ eine der einfachsten und wichtigsten Möglichkeiten ist, von Human Design zu profitieren, fangen wir mit diesem Aspekt deines Charts an. Wie du in der Auflistung und dem Diagramm unten (Abbildung 18) sehen kannst, sind die meisten von uns Generatoren. Es gibt einige Projektoren, wenige Manifestoren und die Reflektoren sind sehr selten.

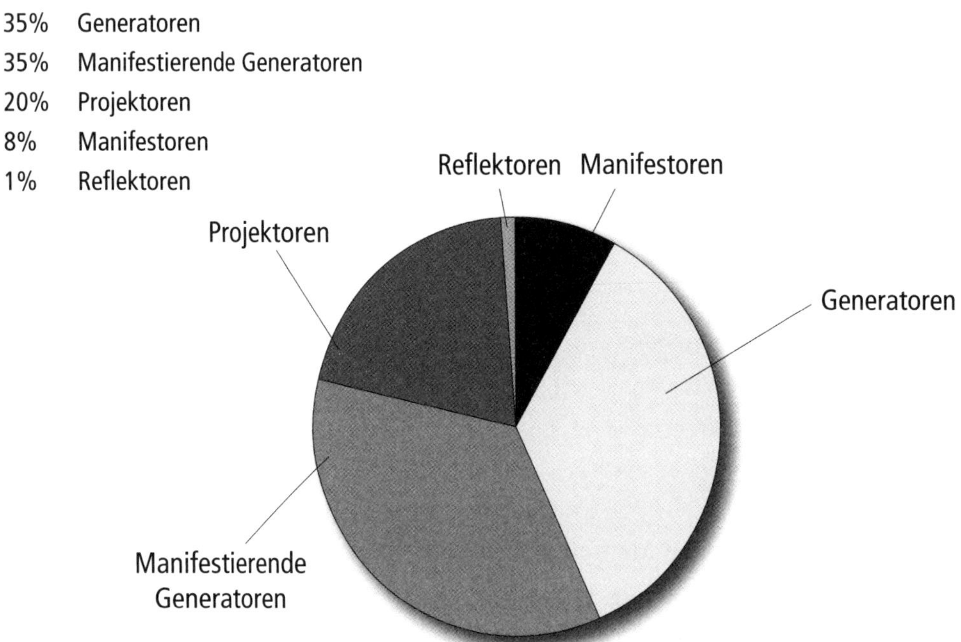

Abb. 18: 70 Prozent der Bevölkerung bestehen aus Generatoren und Manifestierenden Generatoren

Auf der Webseite **www.quantumalignmentsystem.com/reader-resources** findest du Videos in englischer Sprache zu jedem der fünf Energietypen. Über die Einstellungen im Video kannst du dir bei Bedarf deutsche Untertitel hinzuschalten.

Der Manifestor

Video zum Manifestor:
www.quantumalignmentsystem.com/reader-resources

Der Manifestor

Stärken	*Schwächen*
• kraftvoll, angetrieben	• wütend, reizbar
• mächtig, einflussreich	• egoistisch
• erfolgreich	• Einzelkämpfer
• impulsiv	• ungeduldig
• mysteriös	• missverständlich

Kraftvoll, einflussreich, mächtig, impulsiv und geheimnisvoll – Manifestoren sind einer der seltensten Typen im Human Design System und machen nur acht Prozent der Bevölkerung aus.

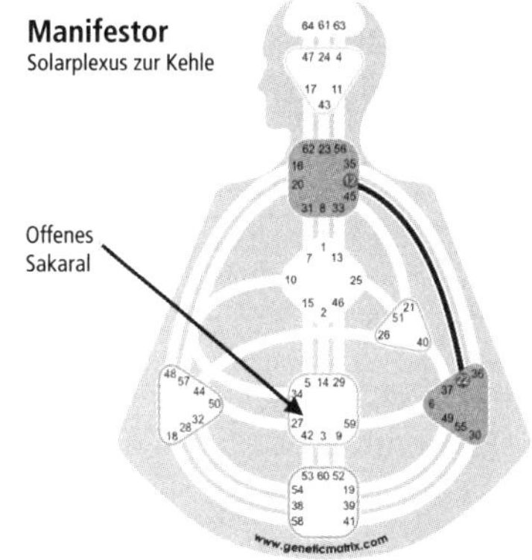

Abb. 19: Ein Manifestor hat einen definierten Kanal vom Kehl-Zentrum direkt zu einem oder mehreren Motor-Zentren – in diesem Fall dem Solarplexus

Das Chart des Manifestors

Abgesehen davon, dass dein Typ im Abschnitt „Die Merkmale deines Charts“ aufgeführt ist, kannst du daran erkennen, dass du ein Manifestor bist:

- Du hast einen definierten Kanal, der vom Kehl-Zentrum direkt zu einem oder mehreren Motor-Zentren führt.
- Du hast ein offenes Sakral-Zentrum (siehe Abbildungen 19–21).

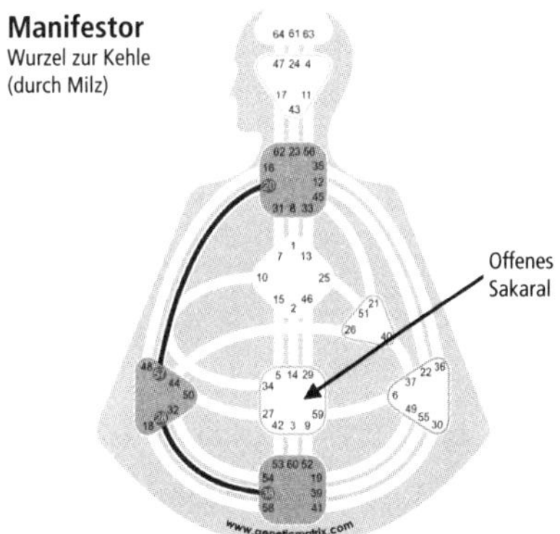

Abb. 20: Ein Manifestor mit einer definierten Kehle zum Sakral

Wenn ein Motor direkt mit dem Kehl-Zentrum verbunden ist, gibt er einer Person die Energie, Dinge (wie Gespräche oder sogar Geschäfte) von sich aus zu beginnen, ohne auf diese zu warten. Im Gegensatz zu den meisten von uns, die auf eine Gelegenheit oder Einladung warten müssen.

Ein Manifestor manifestiert ständig in seinem Kopf. Wenn ein Manifestor eine Idee hat, setzt er sie einfach um. Und er kann es normalerweise ziemlich gut. Ein Manifestor ist als einziger Typ die pure, kraftvolle Energie.

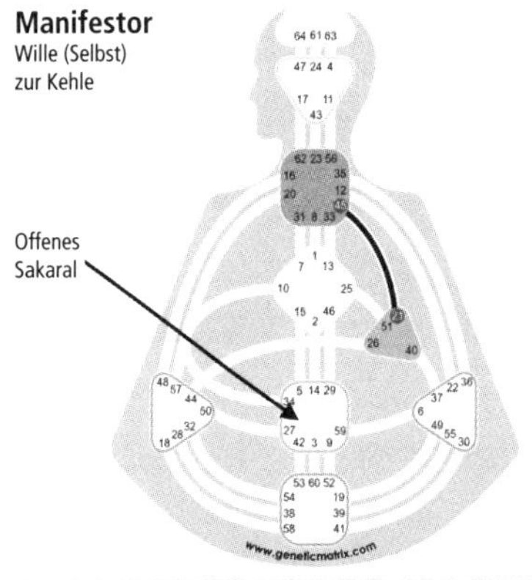

Abb. 21: Ein Manifestor mit einer definierten Kehle zum Herzen

Insgeheim sind wir alle darauf konditioniert zu glauben, dass wir Manifestoren sind. Schon als kleine Kinder wird uns gesagt, wir sollen „es einfach tun“ und „anfangen und etwas bewirken“. Für die meisten von uns wird das zu einer frustrierenden Erfahrung, die nie wirklich die Früchte trägt, die wir uns eigentlich wünschen.

Trotz der enormen Startenergie ist ein Manifestor nicht in der Lage, dauerhaft zu arbeiten. Ein normaler Job von Montag bis Freitag, acht Stunden am Tag, ist für einen Manifestor sehr anstrengend und die meisten Manifestoren fühlen sich bei dieser Art von Arbeit überfordert oder werden sogar wütend.

Weil einzig und allein Manifestoren tatsächlich einfach Dinge tun können, ohne zu warten, kann deren Energie andere Menschen ein wenig verunsichern – vor allem, wenn sie ihre eigene Energie nicht verstehen. Wenn ein Manifestor spricht oder den Raum betritt, spüren die meisten Menschen seine Energie – er hat eine beeindruckende Ausstrahlung und eine ebenso kraftvolle Stimme – aber niemand weiß wirklich, was ein Manifestor tun wird. Das erzeugt eine geheimnisvolle Aura und kann manchmal nervös machen.

Weil Manifestoren Aktionen initiieren können, brauchen sie nicht unbedingt andere, um etwas zu erreichen. Ein Manifestor gerät in eine Art „Manifestations-Groove" und erschafft einfach im Einklang mit seiner kraftvollen, kreativen Energie.

Manifestoren können oft Schwierigkeiten haben, verständlich zu kommunizieren. Da sie so energiegeladen und zielstrebig sind, kann ein Manifestor in Aktion einem Hochgeschwindigkeitszug ähneln, der auf sein Ziel zusteuert. Aber was Manifestoren manchmal nicht bemerken, ist, dass an den Bahnhöfen entlang des Weges Menschen warten, die einsteigen wollen, aber der Zug hält nicht an. Die Menschen, die auf den Zug warten, sind entweder wütend oder fühlen sich übergangen; sie sind verwirrt und frustriert. Wenn sie in die gleiche Richtung fahren, warum kann der Manifestor nicht einmal kurz anhalten, damit sie sich gemeinsam auf den Weg machen können? Am Ende geben sie vielleicht auf und nehmen einen anderen Zug.

Der Manifestor hingegen sieht nicht, wo das Problem liegt. Hat er sein Ziel nicht mit großer Effizienz und Geschwindigkeit erreicht? Warum versuchen andere, seinen Prozess zu kontrollieren? Du kannst dir vorstellen, wie diese beiden Perspektiven – die eine kooperativ, die andere individualistisch und ergebnisorientiert – in einigen Punkten aufeinanderprallen können.

Die Strategie des Manifestors: Informieren

Die Strategie des Manifestors ist, andere über sein Handeln zu informieren. Ein mächtiger Manifestor kann die Auswirkungen seiner Energie abmildern, damit sie ihm und den anderen Menschen dient, indem er registriert, welche Menschen von seinen Handlungen betroffen sein werden, und ihnen dann sagt, was sie zu erwarten haben.

Zu informieren ist für Manifestoren nicht selbstverständlich, und sie können sich von ihrer Umgebung kontrolliert oder manipuliert fühlen. Manifestoren sind nicht hier, um sich sagen zu lassen, was sie tun sollen. Die meisten Manifestoren erzählen anderen nicht, was sie tun, weil sie schon sehr früh gelernt haben, dass andere versuchen, sie aufzuhalten oder ihnen zu sagen, dass das, was sie tun wollen, nicht möglich ist.

Aber Manifestoren, die verstehen, dass das Informieren ihre Beziehungen verbessert und Widerstände beseitigen kann, werden Unterstützung ihrer Kraft und kreativen Energie erfahren. Es ist wichtig, dass sich Manifestoren bewusst machen, dass sie nur, weil sie andere informieren, nicht mit etwas aufhören oder etwas verändern müssen. Sie lassen die Menschen nur wissen, was diese zu erwarten haben.

Und genauso, wie sich andere gesehen fühlen, wenn ein Manifestor seine Pläne mit ihnen teilt, werden sich auch Manifestoren wertgeschätzt und respektiert fühlen, wenn andere sie über das, was passiert, informieren. Wenn du einen Manifestor oder eine Manifestorin liebst, erzähle ihm oder ihr, was du tust. Das hilft ihnen beim Erschaffen und nimmt ihnen etwas von ihrer natürlichen Wut.

Besonderheit: Leistungsdruck

Kurzfristig kann ein Manifestor die Energie des Sakral-Zentrums verstärken und mehr Arbeit leisten als der Durchschnittsmensch. Aber weil Manifestoren keine dauerhafte Schaffenskraft haben, lässt der anfängliche Energieschub irgendwann nach und andere können über eine scheinbare Faulheit verärgert sein.

Denk daran, dass Manifestoren nicht hier sind, um zu arbeiten, sondern um zu initiieren. Nur weil Manifestoren Aktivitäten einleiten oder beginnen können, darf man nicht davon ausgehen, dass ein Manifestor lange arbeiten kann, sei es körperlich oder seien es allgemeine Dinge des täglichen Lebens.

Die Gesundheit des Manifestors

Manifestoren brauchen Pausen und Zeit, um überschüssige Energie aus ihrem System zu entladen. Das kann sie wie Faulpelze und Einzelgänger aussehen lassen. Aber das Bedürfnis, sich zurückzuziehen und auszuruhen, ist für die Erhaltung der Gesundheit des Manifestors unerlässlich.

Es ist nicht ungewöhnlich, dass Manifestoren mit Schlaflosigkeit oder nächtlichen Wachphasen kämpfen. Weil Manifestoren keine definiertes Sakral-Zentrum haben, sind sie nicht darauf ausgelegt, eine sakrale Energie am Ende des Tages „erschöpft" zu haben, und müssen sich hinlegen und entspannen, bevor sie einschlafen können. Das bedeutet, dass Manifestoren einen gesunden Schlaf bekommen, wenn sie ins Bett gehen, bevor sie müde sind. Wenn eine nicht-sakrale Person wartet, bis sie erschöpft ist, um schlafen zu gehen, kann die Schlafqualität sehr darunter leiden.

Außerdem schlafen Manifestoren besser alleine. Kindern, die Manifestoren sind, geht es in der Regel besser, wenn sie ihr eigenes Zimmer und ihr eigenes Bett haben. Die Vorstellung, allein zu schlafen, kann zunächst ungewöhnlich sein, aber das ist kein persönliches Problem. Die Zeit, in der sie alleine schlafen, hilft den Manifestoren, die externe sakrale Energie loszulassen, die sie den ganzen Tag über aufgenommen und verstärkt haben. Manifestoren schlafen besser, fühlen sich besser und sind gesünder, wenn sie die Möglichkeit haben, ihre eigene Energie wiederherzustellen. Und sie werden es auf ihre eigene Weise tun. So wurden sie erschaffen.

Elternschaft für Manifestor-Kinder

Das Manifestor-Kind stellt eine interessante Herausforderung für Eltern dar. Es ist ein Kind, das energetisch so angelegt ist, dass es Herausforderungen meistert und von Natur aus selbstbestimmt ist. Viele Manifestor-Kinder wachsen mit der Erfahrung auf, dass sie ihre Kraft zurückfahren oder heimlich tun müssen, was sie wollen. Zu informieren fühlt sich daher für einen Manifestor nicht nur unnatürlich an, sondern kann auch beängstigend wirken. Er hat Angst davor, dass er dann nicht tun kann, was er will, oder dass er für sein machtvolles Auftreten bestraft wird.

Die meisten Eltern haben direkt das Gefühl, dass dieses Kind viele Regeln braucht. Nicht, weil sie eigensinnig oder gefühllos wären, sondern weil das Manifestor-Kind Dinge tut, die den Eltern gefährlich oder beängstigend erscheinen könnten. Ein Manifestor-Kind schaut zum Beispiel raus und sieht, dass es ein schöner Tag ist. Es sieht die Straße hinunter und bemerkt den schönen Wald am Ende der Straße. Da dieses Kind dazu bestimmt ist, seinen Impulsen zu folgen, ohne zu warten, geht es zum Hintertor hinaus, die Straße hinunter und genießt den Wald für den Nachmittag (oder vielleicht auch länger).

Tatsächlich ist das Manifestor-Kind dazu gemacht, dass es gut tagelang im Wald bleiben kann, wenn es das will. Aber das kann sicherlich eine beängstigende Erfahrung für die Eltern sein. Eine natürliche Reaktion wäre es, mehr Kontrolle als sonst über das Kind auszuüben, um es zu schützen.

Wenn dein Kind ein Manifestor ist, bringe ihm von Anfang an bei, dich zu informieren. Dieser Prozess kann einige Zeit dauern, aber er wird deinem Kind ein Leben lang nützen. Es ist normal, dass du als Elternteil auf Widerstand stößt, wenn du Manifestoren (oder überhaupt allen Kindern) sagst, was sie tun sollen. Stattdessen sollten Eltern diese Kinder ermächtigen, Entscheidungen zu treffen, die nicht mit ihrer Initiativkraft konkurrieren.

Wenn Eltern dem Manifestor-Kind eine Haltung beibringen, dass Konflikte in Win-Win-Situationen münden, lernt das Kind, dass seine Eltern und andere ihm helfen wollen, seine Bedürfnisse zu erfüllen. Dadurch ist das Manifestor-Kind offener dafür, sich mitzuteilen und tief mit seiner eigenen Kraft verbunden zu bleiben.

Affirmationen für den Manifestor

- Ich bin ein mächtiges Wesen. Ich muss auf nichts warten, um meine Macht auszuüben.
- Ich registriere, welche Menschen von meinen Handlungen betroffen sind, und informiere sie über mein Handeln. Sie müssen nicht gut finden, was ich tue, und ihr Widerstand bedeutet auch nicht, dass ich meine Aktionen einstellen muss.
- Meine Handlungen geben anderen etwas, auf das sie reagieren können. Indem ich anderen Dinge gebe, auf die sie reagieren können, nehme ich meinen Platz in der natürlichen Ordnung der Schöpfung ein.
- Ich ziehe immer die richtigen Leute an, die meinen kreativen Fluss unterstützen.

Der Generator

Video zum Generator:
www.quantumalignmentsystem.com/reader-resources

Der Generator

Stärken	*Schwächen*
• kraftvoll	• oft frustriert
• Meister auf seinem Gebiet	• gibt zu früh auf
• Durchhaltevermögen	• „Aller Anfang ist schwer“
• selbstbewusst	• erfährt immer wieder Stillstand und Festgefahrenheit

Abgesehen davon, dass dein Typ im Abschnitt „Die Merkmale deines Charts“ aufgeführt ist, kannst du daran erkennen, dass du ein Generator bist:

- Du hast ein definiertes Sakral-Zentrum.
- Du hast keine Verbindung zwischen einem Motor-Zentrum und der Kehle (siehe Abb. 22 und 23).

Das Chart des Generators

Der Generator hat eine starke, konstant fließende Energie und ist der einzige Typ, der zum Arbeiten, wie es von der Gesellschaft verstanden wird, bestimmt ist. Aber er muss die richtige Arbeit und die richtigen Lebenssituationen finden, um sich glücklich zu fühlen. Wenn ein Generator die für ihn richtige Arbeit macht, schaltet sich sein Sakralmotor ein und liefert ihm eine kraftvolle Energiequelle.

Generatoren fühlen sich frustriert, wenn sie nicht die für sie richtige Arbeit und den richtigen Ausdruck für ihre Lebensenergie finden. Und dennoch ist Frustration ein natürlicher Teil des Generatorlebens und Generatoren müssen die Energie hinter der Frustration verstehen, um neue Dinge anzuziehen, auf die sie reagieren können.

Im Grunde ist der Generator darauf ausgelegt, ein glückliches und erfülltes Leben zu führen, wenn er sich dem Fluss des Lebens einfach überlässt, anstatt es selbst zu steuern.

Die Merkmale deines Charts

Typ: Generator (Alchemist)

Innere Autorität:
Sakrale Autorität

Profil: 4/6 – Netzwerker/Vorbild

Definition: Gespalten (16)

Themen: Zufriedenheit/Frust

Strategie: Reagieren

Inkarnationskreuz:
Das persönliche Lebensthema der Spannung 3

Kanäle: 1156 – Neugier
2838 – Kämpfen
4253 – Reifung
4764 – Abstraktion
0463 – Logik

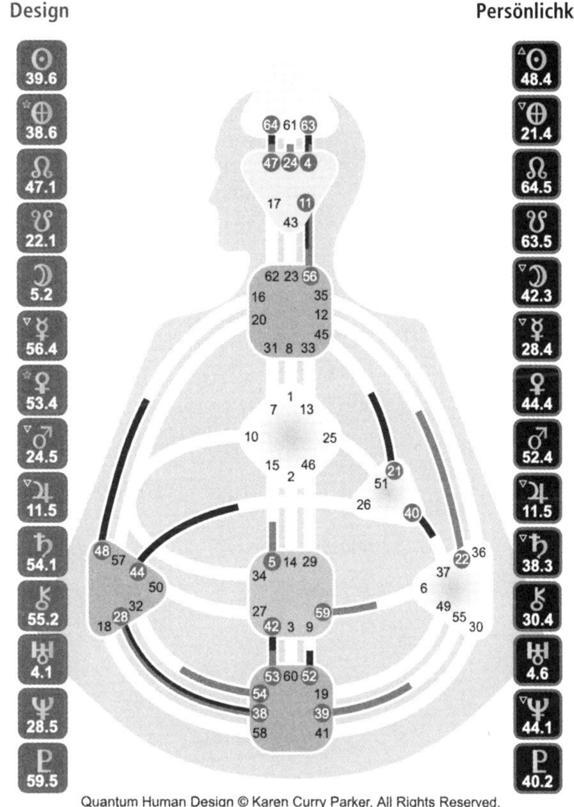

Abb. 22: Ein Generator hat ein definiertes Sakral-Zentrum und keine Verbindung zwischen Kehle und Motorzentren

Generatoren und alle Typen, die auf etwas warten müssen, tun gut daran, eine Intention zu setzen und dann auf das bestätigende Zeichen in ihrer äußeren Realität zu warten, dass es an der Zeit ist, zu handeln.

Die Angst des Generators, des „Machers", ist, dass das Leben an ihm vorbeizieht, wenn er nicht aktiv wird. Aber die Energie des Generators funktioniert genau so, dass er innehält und wartet und plötzlich etwas auftaucht. Generatoren tanzen immer mit dem Leben und reagieren darauf.

Die Merkmale deines Charts

Typ: Generator (Alchemist)

Innere Autorität:
Sakrale Autorität

Profil: 2/4 – Einsiedler/Netzwerker

Definition: Gespalten (2, 16, 25, 34, 57)

Strategie: Reagieren

Themen: Zufriedenheit/Frust

Inkarnationskreuz:
Das persönliche Lebensthema der Vier Wege 1

Kanäle: 1333 – Der verlorene Sohn
2644 – Vertrauen
2750 – Die Gehirnwelle
2838 – Kämpfen

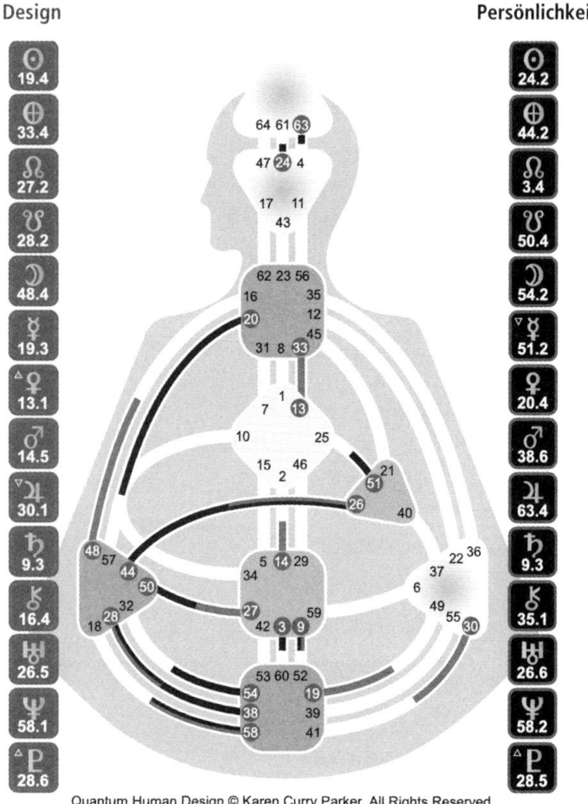

Abb. 23: Ein zweites Beispiel für ein Generator Chart

Die Strategie des Generators: Reagiere auf das Leben und erkenne dich selbst

Es gibt zwei Strategien, die Generatoren anwenden können, um ihre Schwächen auszugleichen.

Auf das Leben reagieren

Weil der Hauptmotor des Generators das Sakral-Zentrum ist, das keine Initiativkraft besitzt, ist die Strategie des Generators, mit der Reaktion zu warten.

Der Generator wird sich unter Druck gesetzt fühlen, zu initiieren und die Sache durchzuziehen, aber in Wirklichkeit liegt seine Stärke nur im Durchziehen, nicht in der Initiierung. Initiieren ist etwas für Manifestoren.

Die meisten Generatoren empfinden das Leben als sehr frustrierend, wenn sie versuchen, etwas zu initiieren. Der typische Generator hat eine Idee, malt sich die Umsetzung aus und geht dann in die Welt, um die Idee zu verwirklichen. So werden Generatoren erzogen. Ihnen wird gesagt, sie sollen „es einfach tun" oder „es in die Hand nehmen."

Überleg mal: 70 Prozent der Bevölkerung werden dazu erzogen, „einfach loszugehen und anzufangen", und sind frustriert, weil es nicht funktioniert. Es ist kein Geheimnis, warum sich so viele von uns festgefahren fühlen und in Jobs und Leben gefangen sind, die sich nicht gut anfühlen. Wenn ein Generator etwas zu initiieren versucht, bekommt er nicht das, was er will, und vergeudet eine Menge Energie für eine Arbeit oder Unternehmung, die ihn nur ausbrennt und frustriert zurücklässt.

Da Generatoren über einen konstanten Energiefluss verfügen, können sie im Grunde genommen zu „Sklaven" ihres Lebens werden, wenn sie nicht warten, um zu reagieren. Wir leben in einer generierten Welt. Generatoren sind diejenigen, die die ganze „Arbeit" machen (oder zumindest sollte es so sein).

Wenn Generatoren lernen, zu reagieren, statt zu initiieren, dann können sie die Arbeit tun, die sie lieben, und ihre Energie auf eine Weise freisetzen, die sich die meisten Generatoren nicht einmal vorstellen können. Zu warten kann sich sehr unnatürlich anfühlen. Aber der Generator, der wartet und dann auf die richtige Gelegenheit reagiert, kann ein Leben lang die Arbeit tun, die er liebt – oder bis etwas noch Besseres auftaucht, auf das er reagieren kann.

Erkenne dich selbst

Der Schlüssel dazu, die Energie eines Generators aufrechtzuerhalten und aus den Konditionierungen auszubrechen, ist die Reaktion. Die positive Reaktion des Sakrals aktiviert ihn und ermöglicht dem Generator den besten Zugang zur Sakralenergie.

Generatoren sind die Einzigen, die Klarheit finden können, indem sie einfach mit Ja oder Nein antworten. Wenn du ein Generator bist, bitte jemanden, dem du vertraust, sich mit dir zusammenzusetzen und dir eine Reihe von Ja- oder Nein-Fragen zu einer Situation zu stellen, mit der du gerade kämpfst. Das wird dir helfen, dich selbst in der Tiefe zu erkennen – auf einfache und fröhliche Weise!

Wenn du zum Beispiel überlegst, von deiner jetzigen Wohnung in eine neue zu ziehen, mag der Gedanke zunächst auch überwältigend erscheinen. Aber mit einem Freund oder einer Freundin kannst du diese große Entscheidung in eine Reihe kleinerer Entscheidungen zerlegen und dir Klarheit darüber verschaffen, was du wirklich willst.

- Willst du in der Innenstadt leben? In einem Vorort? Auf dem Land?
- Möchte dein Ehepartner oder Partner umziehen?
- Wird sich ein Umzug positiv auf deine Kinder auswirken? Beeinflussen die Schulbezirke deine Wahl?
- Würdest du ein Haus kaufen? Würdest du eine Eigentumswohnung oder ein Appartement mieten?
- Magst du einen Garten und die damit verbundene Pflege?
- Bist du bereit, deinen Freunden mitzuteilen, dass du auf Wohnungssuche bist?
- Willst du mit einem Makler zusammenarbeiten?
- Wenn du mit einem Immobilienmakler zusammenarbeiten willst, willst du dich über potenzielle Makler in deiner Gegend informieren oder darauf warten, dass seine Anzeige oder eine Begegnung den richtigen Makler zu dir führt?

Schlafe über deine Antworten und schaue, welche davon im Laufe der Zeit gleichbleiben.

Besonderheit: Frustration

Der Generator lernt etappenweise und Frustration ist ein natürlicher Teil dieses Entwicklungsprozesses. Jedes Mal, wenn ein Generator etwas Neues lernt, beginnt die erste Etappe der Meisterschaft auf diesem Gebiet. Aber mit der Zeit erreichen Generatoren ein Plateau. Selbst wenn der Generator immer weiter übt, wird er sich nicht verbessern und ist frustriert. Das ist der Punkt, an dem viele Generatoren aufgeben. Die Frustration, die er auf dem Plateau erlebt, ist unerträglich. Aber das ist ein gutes Zeichen. Es bedeutet nur, dass er etwas ganz Neues erleben wird, auf das er reagieren kann, sei es eine neue Etappe der Meisterschaft, ein neuer Job oder eine neue Chance.

Generatoren sind darauf ausgelegt, Meister zu werden. Wenn der Generator ein Plateau erreicht hat und sich frustriert fühlt, bedeutet das, dass er sich darüber klar wird, was er will, und dass sich bald eine Gelegenheit bietet, die nächste Stufe zu erreichen. Zu diesem Zeitpunkt muss der Generator nur noch reagieren.

Der Schlüssel für den Generator ist, nicht aufzugeben, wenn er frustriert ist – sondern auf das Sakral-Zentrum zu hören. Es ist so konzipiert, dass es den Generator zur richtigen Zeit an den richtigen Ort bringt. Manchmal wird Aufgeben nicht das sein, worauf es anspringt, selbst wenn der Generator sehr frustriert ist. Und manchmal wird es anzeigen, dass Aufgeben das Richtige ist, auch wenn der Generator Angst hat, seinen Job zu verlieren oder eine Chance zu verpassen.

Generatoren, die erst mit dem Reagieren beginnen, sollten mit ihrem Sakral-Zentrum experimentieren. Versuche, in den nächsten vier Wochen nicht zu initiieren und schau, was passiert. Es wird vielleicht ganz anders sein, als du dir vorgestellt hast, aber vermutlich viel besser, als du dachtest!

Die Gesundheit des Generators

Das Sakral-Zentrum ist so konzipiert, dass es am Ende des Tages erschöpft ist. Die meisten Generatoren versuchen, nochmal Aufschwung zu bekommen und übersehen dabei die Anzeichen, dass ihr Sakral ruhen und sich regenerieren muss. Wenn du ein Generator bist und es dir schwer fällt, einzuschlafen oder gut zu schlafen, könnte es sein, dass du mehr körperliche Bewegung brauchst, um dein Sakral-Zentrum „auszupowern".

Die sakrale Reaktion

Die Energie des sakralen Motors wird durch Klang aktiviert. Der sakrale Laut entspricht einer Energiefrequenz. Sobald ein Generator aktiviert ist und einen Laut und damit Energie erzeugt, reagieren auch die anderen Generatoren im Raum mit ihren Sakral-Lauten.

Die Sakral-Laute sind zwei Laute, von denen die meisten Generatoren schon früh lernen, dass sie unhöflich und inakzeptabel sind. Die sakralen Laute sind „mhm" und „n-n". Die meisten Generatoren machen diese Laute sowieso unbewusst.

Der Generator ist so konzipiert, dass er auf Fragen und Dinge, die um ihn herum auftauchen, mit diesen Lauten reagiert. Und wenn du das tust, weckst du eine Energiefrequenz in dir, die dir Selbstbewusstsein gibt und die Fähigkeit, zu wissen, was du tun sollst oder mit wem. Du hast Zugang zu deiner inneren Wahrheit und deiner inneren Richtung. Die sakrale Reaktion wird dich immer an den richtigen Ort bringen, um die richtigen Dinge mit den richtigen Menschen zu tun.

Da den meisten Generatoren beigebracht wird, nicht die Laute von sich zu geben, die für sie natürlich sind, müssen sie bei der ersten Begegnung mit ihrem Human Design ihre sakrale Antwort „aufwecken", um ihren sakralen Motor zu reaktivieren. Das geht am besten, indem du dir von anderen Menschen Ja- und Nein-Fragen stellen lässt, auf die du mit deinen sakralen Lauten antwortest.

Stell dir vor, du besuchst einen Bekannten, den du schon lange nicht mehr gesehen hast, und er fragt dich, ob du in seinem neuen Unternehmen arbeiten möchtest. Wenn du „mhm“ (ja) sagst, könnte das Jobangebot eine gute Gelegenheit für dich sein. Wenn du mit „n-n“ (nein) antwortest, ist das Angebot vielleicht keine gute Gelegenheit für dich. So einfach dieses Beispiel auch klingt, du wirst solche Situationen erleben, wenn du ein sakrales Wesen bist.

Wenn es nur immer so einfach wäre! Leider bekommen wir nicht immer eine perfekt formulierte Frage, auf die wir laut mit „mhm“ oder „n-n“ antworten können. Manchmal erhalten wir subtilere Aufforderungen, und dann fragen sich viele Generatoren, ob sie antworten oder initiieren. Hier sind ein paar Beispiele für subtile sakrale Aufforderungen, die ein Generator (oder ein Manifestierender Generator) erfahren kann.

Manchmal reagiert ein Generator auf eine innere Aufforderung und hat nicht unbedingt eine explizite Frage oder einen anderen auditiven Reiz, auf den er reagieren muss. Stell dir zum Beispiel vor, dass deine Schwester ein Baby bekommen hat und ihr Mann dich anruft, um dir von dem Neuankömmling zu erzählen. Eine typische Reaktion auf eine solche Nachricht wäre, deine Schwester zu besuchen und das Baby zu sehen.

Vorausgesetzt, du hast ein gutes Verhältnis zu deiner Schwester, könnte das Gefühl, dass du das Baby sehen willst, als inneres „mhm“ betrachtet werden. Du reagierst damit innerlich auf die Frage: „Willst du das neue Baby sehen?“ Du wartest nicht am Telefon und hoffst, dass deine Schwester dich fragt, ob du das Baby sehen möchtest. Du wartest auch nicht auf eine offizielle Einladung, bevor du es besuchst; dadurch würde sich deine Schwester vermutlich sehr verletzt fühlen.

Hier ist ein weiteres Beispiel. Kürzlich war ich auf einer New-Age-Messe in San Francisco. Als ich an einem Stand voller grüner Bücher vorbeiging, blieb mein Körper buchstäblich stehen und bewegte sich rückwärts, um sich das Buch genauer anzusehen. Und ich fand ein Buch, das genau das war, was ich brauchte, um mir in einer Entwicklungsphase meines Geschäfts zu helfen. Nachdem ich mir das Cover angesehen hatte, spürte ich ein starkes inneres „mhm“ das Buch zu kaufen. Ich habe nicht am Stand gestanden und darauf gewartet, dass jemand auf mich zukommt, mir das Buch vorstellt und dann fragt: „Willst du dieses Buch kaufen?“ Ich spürte einfach eine innere Anziehung.

Dieses ziehende Gefühl aus dem Sakral-Zentrum führt normalerweise zu etwas Wunderbarem. Ignoriere es nicht und warte nicht auf einen verbalen Hinweis. Du könntest einige sehr gute Chancen verpassen.

Auf etwas Eindeutiges warten

Wenn du gerade erst angefangen hast, mit Human Design zu arbeiten, schlage ich vor, dass du wartest, bis sich eine Frage oder eine Gelegenheit klar herauskristallisiert hat, bevor du antwortest. Wenn du mehr Erfahrung mit dem Reagieren hast, wirst du verstehen, was eine echte sakrale Antwort ist und welche Ideen hingegen aus deinem Kopf stammen.

Ich wünschte, ich könnte sagen, dass es immer leicht zu erkennen ist, ob du reagierst oder initiierst, aber manchmal ist ein feiner Unterschied zu fühlen. Ich habe durch Versuch und Irrtum gelernt. Ich bin zum Beispiel ein Generator und habe gelernt, dass, wenn ich eine Idee für einen Workshop habe und einfach loslege und ihn unterrichte, die Wahrscheinlichkeit groß ist, dass niemand kommt. Ich kann alles richtig machen – Pressemitteilungen verschicken, Flyer verteilen, Gäste persönlich einladen – und trotzdem wird der Workshop nicht so funktionieren, wie ich ihn mir vorstelle. *Aber* wenn jemand zu mir kommt und mich bittet, genau denselben Workshop zu leiten, und ich antworte „mhm", erlebe ich ein anderes Ergebnis. Der Workshop füllt sich mit Leuten und alles läuft gut. Die Frage gibt mir etwas, worauf ich antworten kann, und wenn ich „mhm" sage, weiß ich, dass es richtig ist, den Workshop zu geben.

Achte vor allem am Anfang darauf, dass du auf etwas ganz klar reagierst, bevor du aktiv wirst! Wenn du dich darin übst, dein Design zu leben, wirst du nach und nach besser in der Lage sein, zwischen Reagieren und Initiieren zu unterscheiden.

Deinem Bauchgefühl vertrauen

Was genau bedeutet es, zu antworten? Theoretisch bedeutet antworten, dass du auf eine Frage mit „Ja" oder „Nein" antwortest, also mit einem „mhm" oder „n-n". In der Praxis bedeutet es jedoch, deinem Bauchgefühl zu vertrauen, egal, ob du gerade eine bestimmte Frage beantworten musst oder nicht.

Die meisten Generatoren haben Angst davor, dass sie keine Gelegenheit bekommen zu reagieren, wenn sie keine Initiative ergreifen, und deshalb in ihrem Leben nie etwas erreichen werden. Das Leben ist einfach eine Technik. Alles, was du als Generator tun musst, ist, den Plan deines Schicksals auf dich zukommen zu lassen. Warte ab, und du wirst etwas bekommen, auf das du reagieren kannst!

Ein großer Lehrmeister gab mir diese Analogie, um zu veranschaulichen, was Warten und Vertrauen bedeutet: Es war einmal eine Frau, die einen Fluss überqueren wollte, der zu breit, zu tief und zu schnell war, als dass sie ihn gefahrlos hätte durchwaten können. Als die Frau am Ufer stand, konnte sie auf die andere Seite schauen und genau die Stelle sehen, wo sie hinwollte. Frustriert und ratlos, wie sie auf die andere Seite kommen sollte, lief sie am Bach hin und her.

Als sie allein am Rande des Baches stand, sprach eine sanfte Stimme zu ihr und sagte ihr, sie solle auf das Wasser schauen. Vor ihren Augen erschien ein wunderschöner großer, glatter Flussfelsen im Wasser, genau in der richtigen Entfernung, damit sie sicher vom Ufer des Baches aus darauf treten konnte.

Die Frau stieg sofort auf den Felsen und während sie balancierte und wartete, begann sie, wieder frustriert zu sein. Sie war jetzt näher an ihrem Ziel, aber sie konnte es immer noch nicht erreichen. In ihrer Frustration begann sie, auf ihrem Felsen auf und ab zu springen.

Wieder erinnerte eine sanfte Stimme sie daran, auf das Wasser hinunterzuschauen. Als sie hinunterschaute, tauchte ein zweiter schöner stabiler Felsen auf, nur wenige Meter von dem Felsen entfernt, auf dem sie stand. Die Frau hüpfte anmutig zum nächsten Felsen, diesmal ein wenig verwirrt von dem Ereignis.

Das Ereignis wiederholte sich mit einem dritten Felsen, dann mit einem vierten, und jedes Mal, wenn die Frau auf einen neuen Felsen trat, begann sie, darauf zu vertrauen, dass bald ein neuer auftauchen würde. Sie musste nur warten. Langsam überquerte sie den Bach und erreichte das andere Ufer. Als sie auf der anderen Seite ankam, wusste sie, dass sich, egal wohin ihr Leben sie führte, immer wieder Gelegenheiten ergeben würden, weiterzugehen.

Als Generator ist dein Leben wie der Fluss. Stell dich an den Rand, sieh, wohin du gehen willst, und warte auf die Trittsteine, die auftauchen. Wenn sich eine Gelegenheit bietet, deine Überquerung fortzusetzen, reagiere mit deinem Sakral-Zentrum und finde heraus, ob du dich wirklich auf diese Chance einlassen willst.

Vielleicht stellst du fest, dass dein Weg weiter flussaufwärts oder flussabwärts führt, als du ursprünglich gedacht hast. Vielleicht stellst du fest, dass die Seite, auf der du angefangen hast, besser war als die, auf die du jetzt zusteuerst, wenn du erst einmal in der

Mitte des Flusses angekommen bist. Es kann sein, dass das Leben dir die perfekten Steine bringt, um dich auf den Weg deiner größten Herzenswünsche zu führen. Folge den Steinen und vertraue darauf, dass sie immer dann auftauchen werden, wenn du bereit bist!

Elternschaft für Generator-Kinder

Generator-Kinder werden sehr davon profitieren, wenn sie die Möglichkeit haben, ihre sakrale Energie durch Laute auszudrücken. Wenn du ihnen beibringst, auf Ja- und Nein-Fragen zu antworten, ersparst du ihnen in Zukunft einige Mühen. Wie alle anderen sind auch Generatoren nicht dazu da, um gesagt zu bekommen, was sie tun sollen. Stattdessen sollen sie auf das Tun reagieren. In der kollektiven Erfahrung ist das aber nicht immer erlaubt. Denke an das Generator-Kind, das sich nicht von einem Mathe-Test angesprochen fühlt. Vielleicht ist es nicht bereit. Vielleicht ist es an diesem Tag nicht in der richtigen Stimmung. Aber ihn nicht zu machen, ist natürlich keine Option.

Generatoren lernen sehr schnell, das zu tun, was man ihnen sagt, auch wenn sie nicht darauf anspringen. Später, als Erwachsene, wird ihnen dann gesagt, dass sie die Dinge einfach machen sollen.

Generator-Kinder, die sich nicht ausreichend bewegen, können nur schwer einschlafen. Wenn sie zu wenig Schlaf bekommen, kann es sein, dass sie langfristig unter chronischem Schlafmangel leiden. Die Symptome des chronischen Schlafmangels ähneln den Symptomen der Aufmerksamkeitsstörung. Generator-Kinder, die ihre Sakral-Zentren jeden Tag auslasten, sind gesünder und schneiden in der Schule besser ab.

Affirmationen für den Generator

- Ich vertraue auf die unendliche Fülle des Universums und warte darauf, dass das Richtige für mich geschieht.
- Ich bin perfekt dafür geschaffen, die Arbeit zu tun, die für mich richtig ist. Wenn ich die richtige Arbeit tue, bin ich stark und voller Energie.
- Ich weiß immer, was zu tun ist. Ich vertraue auf meine sakrale Reaktion und höre auf mein Bauchgefühl.
- Ich muss meine Energie jeden Tag nutzen. Ich bin ein kraftvolles Wesen mit konstantem Energiefluss.

Der Manifestierende Generator

Video zum Manifestierenden Generatoren:
www.quantumalignmentsystem.com/reader-resources

Der Manifestierende Generator

Stärken	*Schwächen*
• kraftvoll	• Nicht-Selbst Themen: Wut und Frustration
• kann viele Dinge auf einmal tun	• überspringt wichtige Schritte
• gut im Finden von Abkürzungen	• versucht, zu initiieren
• selbstbewusst	• hasst das Warten
• konstante Energie	• beendet nicht immer, was er anfängt

Abgesehen davon, dass dein Typ im Abschnitt „Die Merkmale deines Charts" aufgeführt ist, kannst du daran erkennen, dass du ein Manifestierender Generator bist:

- Du hast ein definiertes Sakral-Zentrum (wie ein Generator).
- Du hast eine direkte Verbindung zwischen einem Motor-Zentrum und der Kehle (wie ein Manifestor).

In den Abbildungen 24–26 findest du Beispiele für Charts des Manifestierenden Generators.

Wie du dir wahrscheinlich denken kannst, hat der Manifestierende Generator Aspekte in seiner Persönlichkeit, die sowohl dem Manifestor als auch dem Generator entsprechen. Ungefähr 35 Prozent der Bevölkerung sind Manifestierende Generatoren.

Manifestierende Generatoren sind darauf ausgelegt, mehrere Dinge auf einmal zu tun. Meistens verschleiern sie leider, dass sie mehrere Projekte angestoßen haben, obwohl sie nicht reagiert haben und sehr hart daran arbeiten, alles am Laufen zu halten.

Sein Umfeld nimmt den Manifestierenden Generator wahr, als wäre er überall und nirgends.

Die Merkmale deines Charts

Typ:	Emotional Manifestierender Generator
Profil:	2/5 – Einsiedler/Held
Definition:	Einfach
Inkarnationskreuz:	Das persönliche Lebensthema des schlafenden Phoenix 4
Strategie:	Reagieren
Themen:	Zufriedenheit/Frust (Wut)

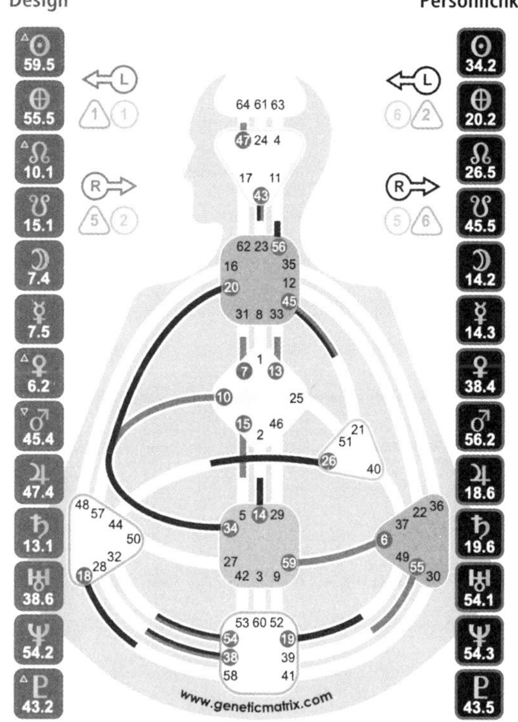

Abb. 24: Ein Manifestierender Generator hat ein definiertes Sakral-Zentrum und eine direkte Verbindung zwischen einem Motor-Zentrum und der Kehle

Aber ein Manifestierender Generator ist auf einzigartige Weise in der Lage, mehr zu erledigen als die meisten Menschen, und er kann dieses Tempo über einen langen Zeitraum aufrechterhalten.

Die Strategien des Manifestierenden Generators: Visualisieren und Informieren

Visualisieren

Manifestierende Generatoren sollten Ideen zuerst in ihrer Vorstellung durchspielen und sich das Ergebnis vorstellen. Aber auch sie müssen abwarten, bevor sie handeln. Manifestierende Generatoren tendieren oft dazu, zu glauben, dass sie Manifestoren sind, aufgrund ihrer tatsächlichen Mechanik und wegen der der gesellschaftlichen Neigung

Die Merkmale deines Charts

Typ: Emotional Manifestierender Generator
Profil: 5/1 – Held/Forscher
Definition: Einfach
Inkarnationskreuz:
Das überpersönliche Lebensthema des Mitteilens 1
Strategie: Reagieren
Themen: Zufriedenheit/Frust (Wut)

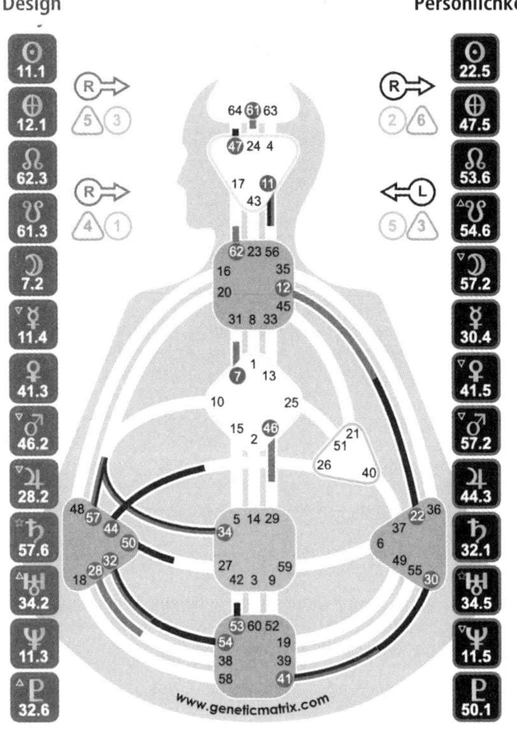

Abb. 25: Ein anderes Beispiel für ein Manifestierenden Generator Chart

zum Manifestieren. Die Nicht-Selbst Themen des Manifestierenden Generators sind Wut (aus dem Manifestor-Anteil der Persönlichkeit) und Frustration (aus dem Generator-Anteil der Persönlichkeit).

Informieren

Manifestierende Generatoren müssen wie Manifestoren informieren, um die Energie um sie herum zu stabiliseren. Sie können so schnell sein, dass sich das Informieren für sie anfühlt, als würde es sie ausbremsen, aber es verringert den Widerstand, den sie von anderen spüren.

Der Manifestierende Generator, der nicht wartet und reagiert, läuft Gefahr, sehr beschäftigt zu sein und eigentlich nichts zu tun. Und weil der Manifestierende Generator so schnell reagiert, neigt er dazu, wichtige Schritte zu überspringen und muss häufig zurückgehen und die übersprungenen Schritte korrigieren.

Die Merkmale deines Charts

Typ:	Reiner Manifestierender Generator
Profil:	2/5 – Einsiedler/Held
Definition:	Einfach
Inkarnationskreuz:	
	Das persönliche Lebensthema des Regierens 3
Strategie:	Reagieren
Themen:	Zufriedenheit/Frust (Wut)

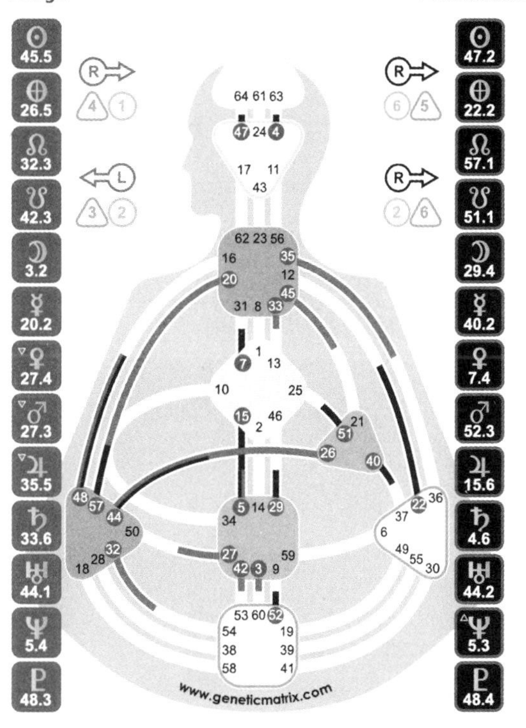

Abb. 26: Ein drittes Beispiel für ein Manifestierenden Generator Chart

Wenn ein Manifestierender Generator und ein Generator zur gleichen Zeit mit demselben Job beginnen, scheint der Manifestierende Generator sich schneller einzuarbeiten. Aber wenn du die beiden sechs Monate später vergleichst, hat der Generator aufgeholt und beide sind auf der gleichen Stufe ihrer Meisterschaft, weil der Generator seinen Prozess bewusster durchläuft.

Besonderheit: Aktives Multitasking

Was die Menschen am Manifestierenden Generator oft nicht verstehen, ist, dass er mehr als eine Sache auf einmal tun muss. Wenn er diesen Teil seiner Energie nicht zum Ausdruck bringen kann, macht es ihn krank und er wird sich am Ende sehr frustriert und wütend fühlen.

Die meisten Manifestierenden Generatoren haben das Gefühl, dass sich die Welt nicht schnell genug für sie bewegt. Wenn du ein Manifestierender Generator bist, ist es gut, daran zu denken, dass die meisten Menschen nicht in der Lage sind, so viel zu tun oder sich so schnell zu bewegen wie du. Versuche, geduldig zu sein.

Die Gesundheit des Manifestierenden Generators

Manifestierende Generatoren müssen zwei wichtige Dinge beachten, wenn es um ihre Gesundheit geht: Sie müssen warten und reagieren und dafür sorgen, dass sie genug zu tun haben. Die Schilddrüse eines Manifestierenden Generators ist besonders verwundbar. Um gesund zu bleiben, muss ein Manifestierender Generator warten und reagieren, und das ist nicht leicht für ihn.

Ein Manifestierender Generator, der nicht viel tut und sich stagniert oder blockiert fühlt, könnte auch Herausforderungen mit der Schilddrüse haben. Wenn ein Manifestierender Generator untätig ist, ist das so, als würde man versuchen, einen Blitz in einem Glas einzusperren. Die Energie muss umgesetzt werden und wenn sie nicht genutzt wird, schießt sie durch den Körper.

Manifestierende Generatoren müssen sich, wie Generatoren, jeden Tag auspowern, um gut zu schlafen und sich zu regenieren. Sie müssen aktiv sein, um stark und gesund zu bleiben.

Elternschaft für Manifestierende Generator-Kinder

Manifestierende Generator-Kinder sind immer auf dem Sprung! Sie brauchen viel Abwechslung, körperliche Bewegung und die Freiheit, etwas anzufangen, auszuprobieren und dann damit aufzuhören, wenn es sich nicht richtig anfühlt. Viele Eltern machen sich Sorgen, dass Manifestierende Generator-Kinder nichts zu Ende bringen werden. Das werden sie aber.

Sie müssen im Rahmen ihres kreativen Prozesses eine Menge Dinge ausprobieren.

Viele Eltern fühlen sich herausgefordert, weil der Manifestierende Generator scheinbar nicht auf Details achtet. Es ist nicht so, dass Details ihnen nicht wichtig wären. Es ist nur so, dass sie oft Dinge übersehen oder Schritte auslassen, während sie etwas erschaffen. Wenn du einen Manifestierenden Generator erziehst, ist es wichtig, dass du ihm hilfst, das zu korrigieren, was er vielleicht übersehen hat, ohne ihn zu verurteilen oder zu kritisieren. Sie sind einfach das, was sie sind – schnelle Erschaffer.

Ein Kind, das als Manifestierender Generator geboren wurde, muss sehr beschäftigt sein, um gesund und engagiert zu bleiben. Das kann für Eltern oft anstrengend sein, vor allem, wenn sie nicht die gleiche Energie haben. Manchmal brauchen Eltern Unterstützung, damit es für sie leichter wird.

Wut und Frustration können eine schwierige Herausforderung für die Eltern des Manifestiernden Generators sein. Manifestierende Generatoren haben zum einen große, kreative Ideen, genau wie ein Manifestor, aber zum anderen besteht die Notwendigkeit zu warten, wie bei einem Generator. Wenn die Dinge nicht so laufen wie erwartet, oder wenn es ihnen nicht schnell genug geht, ist es nicht einfach, die Enttäuschung des Kindes zu erleben und es anschließend aufzubauen.

Manchmal können junge Manifestierende Generatoren nicht beschreiben, was sie frustriert. In ihnen ist sehr viel Bewegung und ihr Ausdruck nicht immer verbal. Wenn sie tief in der Frustrations-/Angstreaktion stecken, könnten sie manchmal auch beißen oder mit Gegenständen um sich werfen. Eltern müssen ihren Kindern helfen, mit ihren starken Emotionen angemessen umzugehen. Es ist oft hilfreich, das Kind dabei zu unterstützen, körperlich Dampf abzulassen.

Alles, was für die Erziehung eines Generatoren und Manifestatoren gilt, gilt auch hier. Wenn dein Kind Manifestierender Generator ist, lies auch die Abschnitte über die Elternschaft für Manifestor- und Generator-Kinder.

Affirmationen

- Auch wenn ich inspiriert und aufgeregt bin, warte ich, um auf etwas zu reagieren und werde dann aktiv.
- Ich bin geduldig mit anderen. Nicht jeder ist so schnell wie ich.
- Ich tue viele Dinge auf einmal. Das ist meine Natur.
- Es ist okay, Schritte auszulassen. Wenn ich etwas nachholen muss, das ich verpasst habe, ist das nur ein Teil meines intensiven kreativen Prozesses.
- Ich bin ein mächtiger Schöpfer. Wenn ich reagiere, inspiriere ich andere dazu, meinen kreativen Prozess zu unterstützen und ich informiere mein Umfeld über das, was ich tue.

Der Projektor

Video zum Projektor:
www.quantumalignmentsystem.com/reader-resources

Der Projektor

Stärken

- andere führen und leiten
- einfühlsam
- hochsensibel
- magnetisch und beeindruckend
- hilft, die Energie zu bündeln, um große Dinge zu erreichen

Schwächen

- wird von anderen als faul wahrgenommen
- brennt leicht aus
- sehr verletzlich
- mangelnde Selbstwahrnehmung
- kann verbittert sein

Abgesehen davon, dass dein Typ in den Merkmalen deines Charts aufgeführt ist, kannst du daran erkennen, dass du ein Projektor bist:

- Du hast ein undefiniertes (offenes) Sakral-Zentrum.
- Du hast keine Verbindung von einem Motor-Zentrum zur Kehle (Abbildung 27).

Ungefähr 20 Prozent der Bevölkerung sind Projektoren. Die Gabe des Projektors ist, andere Menschen und Energien zu leiten, zu führen und zu lenken. Die Aura des Projektors sagt: „Stell mir eine Frage. Ich kenne die Antwort und ich würde sie gerne mit dir teilen."

Ein gesunder Projektor ist nicht verbittert oder verzweifelt. Er wartet einfach. Wenn er dann eingeladen wird, werden die Generatoren und Manifestoren von ihm wunderbar geführt und bestärkt, um ihre Energie bestmöglich zu nutzen und sich auszuleben. Die Welt ist in ihrer perfekten Ordnung, jedes Geschöpf nimmt seine Bestimmung an und alle sind damit glücklich.

Die meisten Projektoren sind darauf konditioniert zu glauben, dass sie Manifestierende Generatoren sind, mit denen sie nur schwer mithalten können. Sie wünschen sich mehr zu initiieren und leben, als könnten sie es. Und sie können es auch für kurze Zeitspannen. Weil der Projektor ein undefiniertes Sakral hat, kann er die Sakral-Energie aufnehmen, sie verstärken und mehr tun als alle anderen. Aber die Energie des offenen Sakrals ist nicht nachhaltig, und der Projektor, der wie ein Generator lebt, läuft Gefahr, seinem Körper und seinem Geist zu schaden.

Es ist wichtig, dass die Projektoren verstehen, dass sie nicht hier sind, um zu arbeiten – zumindest nicht in der traditionellen Art und Weise, wie wir Arbeit verstehen. Eine normale Arbeit von acht Stunden am Tag ist für Projektoren nicht das Richtige, erst recht nicht, wenn es sich um körperliche Arbeit handelt. Projektoren sind nicht faul. Sie haben einfach nicht die gleiche Energie wie Generatoren.

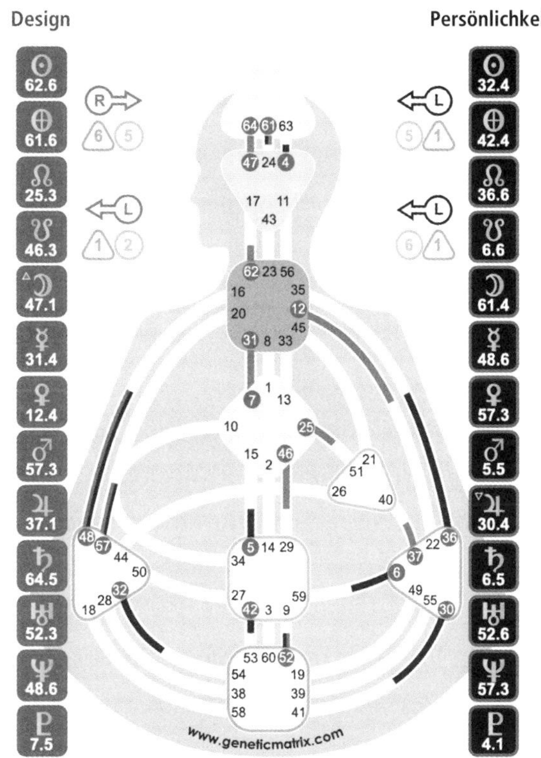

Abb. 27: Ein Projektor hat ein offenes Sakral-Zentrum und keine Verbindung zwischen der Kehle und den Motor-Zentren

Die Strategie des Projektors: Auf Einladung warten

Projektoren können es im Leben am schwersten haben, wenn sie ihren Typ und ihre Strategie nicht verstehen. Die Strategie des Projektors ist, darauf zu warten, eingeladen zu werden. Dieses Warten des Projektors bezieht sich auf große Einladungen, wie Liebe, Karriere und Lebensumstände.

Im Gegensatz zum Generator, der ständig auf das Leben reagiert, erhält der Projektor große Möglichkeiten und in der Zwischenzeit passiert nicht viel. Das kann manchmal sowohl Projektoren als auch diejenigen, die sie nicht verstehen, so vorkommen, als sei der Projektor „faul" oder sitze nur herum und warte darauf, dass etwas passiert.

Aber tatsächlich ist es genau das, wofür ein Projektor gemacht ist. Projektoren, die nicht warten, werden keinen Erfolg erleben. Sie sind energetisch nicht so konstruiert, um einfach loszulegen und „die Dinge in die Hand zu nehmen“, wie es ihnen viele empfehlen.

Da ein Projektor ein offenes Sakral-Zentrum und keine Verbindung von einem Motor-Zentrum zur Kehle hat, fühlt es sich für ihn anstrengend an, bemerkt und anerkannt zu werden. Projektoren können in einer Menschenmenge stehen und sich den Mund fusselig reden, aber wenn sie niemand zum Reden aufgefordert hat, kann es geschehen, dass sie nicht gehört werden, ihre Ideen gestohlen werden oder sie die Menschen um sie herum ungewollt beleidigen oder kritisieren. Das kann es einem Projektor schwer machen, seine Ideen zu verwirklichen.

Ein Projektor, der ungefragt seine Perspektive teilt oder Ratschläge gibt, kann auf andere herrisch oder kontrollsüchtig wirken, selbst wenn er es aufrichtig gut meint. Es kann sehr schmerzhaft für einen Projektor sein, wenn seine Weisheit nicht anerkannt oder geschätzt wird. Das kann dazu führen, dass er niedergeschlagen oder verbittert wird.

Ein Projektor, der abwartet, bis er gefragt, anerkannt oder eingeladen wird, hat eine enorme Menge an Weisheit, die er mit der Welt teilen kann. Er kann die Energie anderer bis in ihre Tiefen erspüren. Intuitiv wissen Projektoren, was die anderen Energietypen tun müssen, um ihre Energie optimal zu nutzen – vor allem die Energie der Arbeits- und Lebenskraft.

Projektoren, die darauf warten, von Generatoren anerkannt zu werden, sind ein wichtiges Teil im Puzzle des Lebens. Erinnere dich daran, dass Generatoren ohne Richtung einfach tun und tun und tun, ohne ein wirkliches Ergebnis zu erzielen. Der Projektor, der wartet, kann mit seinen unglaublichen Erkenntnissen die endlosen Bemühungen des Generators in kraftvolle Energie verwandeln, mit der große Dinge erreicht werden können.

Es ist wichtig, dass wir die Projektoren in unserem Leben registrieren und mit ihnen zusammenarbeiten.

Sie können unser wertvollster Schatz sein.

Die Angst der Projektoren ist jedoch, dass niemand sie nach ihrer Meinung fragen wird, wenn sie warten. Es ist schwierig, die Antwort zu kennen und mit geschlossenem Mund zu warten, in der Hoffnung, dass dich jemand fragen wird. Denk daran, dass die Aura das Sprechen übernimmt. Ein Projektor, der wartet, wird von den richtigen Leuten gefragt werden, die seine Weisheit zu schätzen wissen.

Ein Projektor, der seiner Strategie folgt, wirkt anziehend und beeindruckend. Die Menschen werden nicht aufhören können, den gelassenen Projektor anzuerkennen und einzuladen. Das ist eine einfache astrologische Gleichung.

Es ist zwingend notwendig, dass der Projektor auf die großen Einladungen im Leben, wie Liebe, Heirat, Karriere, Umzug usw., wartet. Ein Projektor, der diese Dinge initiiert, wird höchstwahrscheinlich Probleme haben und sich durchkämpfen müssen.

Viele Projektoren stellen fest, dass sie sich unbewusst auf die nächste große Einladung vorbereiten, während sie warten. Vielleicht studieren sie genau die Sache, zu der sie eingeladen werden. Vielleicht erforschen sie das Leben in einer bestimmten Region.

Projektoren kommen besser zurecht, wenn sie verstehen, dass ihr Prozess nach außen hin langsamer erscheint als der der Menschen um sie herum. Projektoren dürfen sich nicht mit den Generatoren und Manifestoren in ihrem Leben vergleichen. Ein Projektor hat von Natur aus einen langsameren Weg. Aber es ist seine eigene Reise, und wenn er seinem eigenen Weg folgt, wird er die Energie und Anerkennung erhalten, die seine Seele zum Singen bringt.

Ein Projektor, der seine Strategie lebt, ist schön anzusehen; er weiß, dass Einladungen und Anerkennung von den Menschen kommen werden, die seine Weisheit und Führung schätzen.

Besonderheit: Burn-out

Projektoren brauchen Hilfe, um zu erkennen, wann genug ist. Es ist sehr einfach für einen Projektor, sakrale Energie aufzunehmen und sich vorübergehend in einen Super-Generator zu verwandeln. Aber das ist nicht von Dauer.

Im Gegensatz zu Generatoren und Manifestoren hat der Projektor eine begrenzte Menge an Energie in einem bestimmten Zeitraum. Die meisten Projektoren können sich wie Generatoren verhalten, bis sie im Alter von vierzig Jahren abstürzen.

Die meisten ausgebrannten Projektoren wissen nicht, wie ihnen geschieht. Sie fühlen sich erschöpft und deprimiert. Vielleicht bricht ihr Körper zusammen oder sie kämpfen darum, Geld zu verdienen und ihren Job zu behalten. Vielleicht verlieren sie sogar wichtige Beziehungen und Unterstützung.

Es ist wichtig, dass ein Projektor, der unter Burn-out leidet, sich eine Zeit lang erholt und einfach auf Heilung und eine Einladung wartet. Das kann eine Herausforderung sein, denn nicht viele Menschen haben die finanziellen Mittel, um einfach zu kündigen. Sie müssen also mit dem Verständnis arbeiten, dass sie auf die richtige Stelle warten, indem sie eingeladen werden, und dass ihre Zwischenbeschäftigung einfach darin besteht, die Rechnungen zu bezahlen, bis sich die Gelegenheit ergibt.

Die Gesundheit des Projektors

Projektoren sind hier, um Weisheit über ihre Mitmenschen zu entwickeln. Aber ihre Einsicht in andere Menschen macht sie manchmal blind für sich selbst und ihre eigenen Bedürfnisse. Sie haben nicht die gleiche Fähigkeit, sich selbst so gut zu kennen wie ein Generator. Deshalb brauchen sie Hilfe, um zu erkennen, wenn sie es übertreiben. Sie brauchen sogar Hilfe, um zu erkennen, wenn sich ihr Körper nicht wohl fühlt oder nicht gut funktioniert.

Der Projektor ist nicht für körperliche Arbeit ausgelegt. Workouts und Sport sind nicht immer für den Projektor geeignet. Er kommt gut mit sanftem Training zurecht und muss lernen, seinen Körper und seine Gefühle zu respektieren.

Weil Projektoren so empfindlich auf die Energie anderer reagieren, brauchen sie Zeit für sich, um die Energie anderer Menschen aus ihrem System zu entladen und um sich körperlich wieder gut zu fühlen. Das ist nichts Persönliches. Es ist einfach eine Notwendigkeit. Vergiss nicht, dass der Projektor nicht dazu gemacht ist, sakrale Energie für längere Zeit zu halten.

Projektoren könnten feststellen, dass sie tagsüber ein Nickerchen brauchen. Sie müssen sich auch ausruhen, bevor sie einschlafen können. Um ihr körperliches Wohlbefinden zu schützen, ist es wichtig, dass Projektoren ins Bett gehen, bevor sie müde sind. Wenn sie warten, bis sie müde sind, ist es zu spät und ihr Schlaf wird nicht erholsam sein.

Denke daran, dass der Projektor manchmal Hilfe braucht, um zu wissen, wann genug ist. Es ist nicht ungewöhnlich, dass Projektoren, die sich wie Generatoren verhalten, zu lange aufbleiben, um zu arbeiten, und dann mit Schlaflosigkeit kämpfen, obwohl sie erschöpft sind. Projektoren können auch besser alleine schlafen, besonders wenn ihr Partner ein Generator ist.

Elternschaft für Projektor-Kinder

Das größte Geschenk, das du einem Projektor-Kind machen kannst, ist Anerkennung.

Hier ist ein Beispiel für eine typische Situation in einem Haushalt mit einem Projektor: Ein Projektor-Kind sehnt sich danach, seiner Mutter alle seine Ideen mitzuteilen. Es äußert ständig jeden Gedanken, den es hat, auch wenn die Äußerung vielleicht zu einem unpassenden Zeitpunkt kommt. Das Projektor-Kind kann frustriert und wütend werden, wenn seine Mutter nicht auf es eingeht. Wenn sie seine Ideen nicht anerkennt, sei es, weil sie beschäftigt oder einfach nur müde ist, kann sie ihrerseits von ihrem Kind frustriert sein, weil es sich nicht zurückhalten kann.

Aber wenn die Mutter erfährt, dass ihr Kind ein Projektor ist, erkennt sie, dass es Anerkennung für seine Ideen braucht, um diese zu teilen, und sie übt, es nach seinen Erkenntnissen zu fragen. Diese einfache Strategie verändert die Dynamik ihrer Beziehung erheblich.

Plötzlich merkt die Mutter, dass ihr Kind tolle Einsichten hat, und sie freut sich darauf, dessen Meinung zu hören. Ihr Kind fühlt sich anerkannt und wertgeschätzt für das, was es zu sagen hat, und es fällt ihm immer leichter, still zu sein und darauf zu warten, von der Mutter gefragt zu werden. Es fühlt sich zum ersten Mal in seinem Leben gehört und gesehen, und ihre Beziehung wird mit der Zeit immer stärker und respektvoller.

Du kannst dem Projektor-Kind in deinem Leben auch helfen, indem du ihm Möglichkeiten bietest. Denke daran, dass Projektoren keine Initiative ergreifen sollen. Sie brauchen wirklich andere, um Zugang zu Möglichkeiten und Energie zu erhalten. Ein Projektor ist nicht schwach oder faul, wenn er keine Initiative ergreift; es sind einfach die Energien anderer, die ihm helfen, loszulegen.

Affirmationen für den Projektor

- Ich bin eine wertvolle Quelle für andere.
- Ich bin hier, um diejenigen zu führen, die meine Weisheit suchen, und ich warte geduldig darauf, dass die richtigen Menschen erkennen, was ich zu bieten habe. Das hilft mir, meine kostbare Energie zu bewahren und mich wertgeschätzt und geliebt zu fühlen.

- Während ich auf eine Einladung warte, ist es am wichtigsten, dass ich meinen Leidenschaften folge.
- Ich weiß nie, welche aufregenden Möglichkeiten sich mir bieten werden. Mich voll und ganz auf meine Leidenschaft einzulassen, bereitet mich auf mein nächstes Abenteuer vor.
- Ich gehe mit meiner Energie achtsam um und setze sie weise ein.
- Ich darf meinen eigenen Energiehaushalt ehren. Ich muss nicht mit anderen mithalten. Ich bin einzigartig.

Der Reflektor

Video zum Reflektor:
www.quantumalignmentsystem.com/reader-resources

Der Reflektor

Stärken	***Schwächen***
• gesprächig • leidenschaftlich • selten • Vermittler von Frieden und Wohlstand • spiegelt die Gesundheit der Gemeinschaft wider	• hochsensibel • Nicht-Selbst Thema: Enttäuschung • braucht Regelmäßigkeit • verliert sich leicht in Fantasie und Illusion • anhänglich

Abgesehen davon, dass dein Typ in den Merkmalen deines Charts aufgeführt ist, kannst du daran erkennen, dass du ein Reflektor bist:

- Alle neun Zentren in deinem Chart sind weiß (undefiniert).

In Abbildung 28 findest du ein Beispiel für das Chart eines Reflektors.

Mit einem Anteil von weniger als 1 Prozent der Bevölkerung ist der Reflektor der seltenste der Human Design Typen. Der Reflektor ist ein wirklich einzigartiger, außerordentlich sensibler Mensch, der am richtigen Ort mit den richtigen Menschen sein muss, um wahres Glück zu erfahren. Ein Reflektor sollte von seinem Umfeld geehrt und geschätzt werden, denn er erfüllt eine einzigartige Aufgabe, die dem Rest von uns helfen kann, Entscheidungen zu treffen, die das Wohlergehen aller verbessern.

Ein Reflektor hat keine innere Autorität. Er kann die Wahrheit nur erkennen, wenn er sie durch andere reflektiert sieht. In einer idealen Gesellschaft würden wir einen kollektiv unterstützten Reflektor haben, der mit uns lebt und uns für die Gesundheit unserer Gemeinschaft als Barometer dient.

Reflektoren können alles tun, solange sie 28 Tage warten, um gute Entscheidungen zu treffen. Reflektoren reden viel, und sie müssen reden, um Klarheit zu bekommen. Das größte Geschenk, das du einem Reflektor machen kannst, ist, ihm zuzuhören.

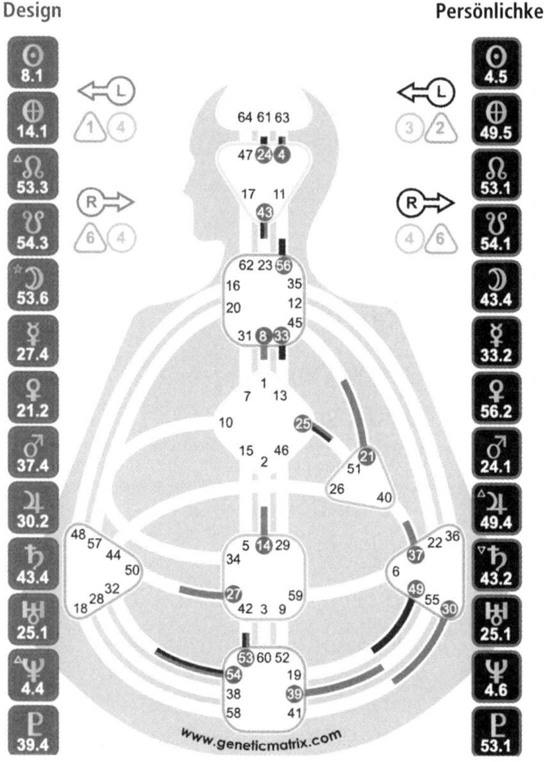

Abb. 28: Beim Reflektor sind alle neun Zentren weiß (undefiniert)

Die wenigen Reflektoren, die ich treffen durfte, waren leidenschaftliche Seelen, die ein tiefes Gespür für den Schmerz und das Leid auf dem Planeten haben. Sie sind starke Kämpfer für Frieden und Wohlstand.

Viele von ihnen sind als Gäste um die Welt gereist und wurden vollständig durch die Gaben und Spenden anderer unterstützt.

Reflektoren sind wirklich einzigartige Wesen, die vom herrlichen Mond beherrscht werden. Man kann das strahlende Licht des Mondes fast in ihren Gesichtern sehen. Mögest du feststellen, dass alle Reflektoren und Reflektorinnen in deinem Leben Leuchttürme der Freude sind, was sowohl für sie als auch für uns ein gutes Zeichen ist.

Der Zweck des Reflektors ist, die Gesundheit der Gemeinschaft widerzuspiegeln. Ein glücklicher Reflektor kommt aus einer glücklichen Gemeinde. Ein unglücklicher Reflektor lebt in einer unglücklichen Gemeinde.

Da die Natur des Reflektors darin besteht, Energien zu reflektieren, erleben Reflektoren Konditionierungen nicht so schmerzhaft, wie sie sich für andere Typen, insbesondere für die Projektoren, anfühlen können. Reflektoren sind so konzipiert, dass sie von ihrer Umgebung stark beeinflusst werden, und weil sie so wenig Festlegungen in ihren Charts haben, können sie leicht etwas Neues widerspiegeln, ohne eine traumatische Erfahrung zu machen.

Das Chart des Reflektors

Es dauert nicht lange, um zu erkennen, was an dem Chart des Reflektors einzigartig ist. Ein Reflektor hat in keinem seiner Zentren eine Definition und hat ein fast komplett weißes Chart. Weil Reflektoren nur undefinierte Zentren haben, sind die Tore in einem solchen Chart besonders wichtig. Diese sind ihre einzigen beständig fließenden Energien.

Die Strategie des Reflektors: 28 Tage warten

Reflektoren sind lunare Wesen. Der Mond wandert alle 28 Tage durch jedes der 64 Tore. Indem der Mond durch das Chart wandert, verändern sich permanent die Definitionen im Chart eines Reflektors. Aufgrund dieser konstanten Veränderungen kann ein Reflektor auf der Grundlage des Mondzyklus vorhersehen, welche Tage energiegeladene oder wichtige Tage sind. Die Strategie des Reflektors ist, 28 Tage (den Mondzyklus) abzuwarten, um eine Entscheidung zu treffen.

Es ist sehr hilfreich für einen Reflektor, ein Human Design Reading zu erhalten. Ein Reading zeigt dem Reflektor die genauen Veränderungen, die im Laufe des Mondzyklus in seinem Chart geschehen, so dass er weiß, welche Tage für bestimmte Aktivitäten und Entscheidungen besonders geeignet sind.

Wie du dir sicher vorstellen kannst, ist es in unserer schnelllebigen Kultur schwierig, fast einen ganzen Monat zu warten, um sicherzugehen, dass deine Entscheidung richtig ist. Daraus folgt, dass das Nicht-Selbst Thema des Reflektors die Enttäuschung ist. Reflektoren sind oft enttäuscht von ihren Entscheidungen, weil sie nicht lange genug auf Klarheit gewartet haben. Dann bereuen sie ihre Entscheidungen und müssen unglücklich mit den Konsequenzen leben, weil sie unter Druck gesetzt wurden, eine schnelle Entscheidung zu treffen.

Reflektoren erleben auch Enttäuschungen, weil sie aufgrund ihrer Offenheit sehr viel Weisheit besitzen und sehr deutlich sehen, wenn Menschen ihr Potenzial nicht ausschöpfen.

Während ein Reflektor 28 Tage abwartet, ist es wichtig, dass er mit anderen über seine Entscheidungen spricht. Ein Reflektor hat keine innere Autorität. Er kann seine wahre Entscheidung nur durch die Spiegelung in anderen erkennen.

Für Reflektoren ist es wichtig, dass sie eine stabile Gruppe von Menschen haben, bei denen sie sich gut fühlen, die ihnen zuhören und die sie bei ihren Entscheidungen unterstützen. Da die Energie des Reflektors wechselhaft ist, brauchen Reflektoren Auren um sich herum, auf die sie sich verlassen können.

Das Wohlbefinden ist die einzige wirklich innere Autorität des Reflektors, auf die er hören muss. Wenn sich ein Reflektor dort wohlfühlt, wo er ist, ist er am richtigen Ort. Wenn sich ein Reflektor irgendwo nicht wohlfühlt, sei es in einem Restaurant oder an seinem Arbeitsplatz, ist es wichtig, dass er geht. Wenn er in einem Restaurant ist, kann er sofort gehen, aber wenn er seinen Job kündigen will, sollte er sich 28 Tage Zeit nehmen, um sicher zu sein, dass dies die richtige Entscheidung für ihn ist.

Wenn der Reflektor 28 Tage gewartet hat, um eine Entscheidung zu treffen, kann er tun, was immer nötig ist, um diese Entscheidung in die Tat umzusetzen. Wenn er kündigen müssen, kündigt er. Wenn er umziehen muss, zieht er um. Er muss nicht länger warten.

Obwohl Reflektoren viel Zeit für sich brauchen, um überschüssige Energie zu entladen, besonders die sakrale Energie, brauchen Reflektoren auch andere Menschen. Ein ruhiges, abgeschiedenes Leben ist für einen Reflektor nicht richtig. In einer perfekten Welt würden wir alle wissen, wer die Reflektoren in unserer Gemeinschaft sind und dafür sorgen, dass es ihnen gut geht und sie glücklich sind, denn ihr Glück spiegelt das Glück der Gemeinschaft wider.

Besonderheiten: Sprunghaftigkeit und Empfindlichkeit

Weil der Reflektor so stark spürt, wenn sich energetisch etwas in seinem Inneren und durch andere verändert, kann jeder Tag im Leben eines Reflektors anders sein. Es ist schwer für einen Reflektor zu wissen, was konstant ist und worauf er sich verlassen kann. Die einzige Lösung besteht darin, sich für alle Entscheidungen Zeit zu nehmen und Ideen mit vertrauten Freunden und Familienmitgliedern auszutauschen. Natürlich ist es in unserer Kultur nicht immer leicht, sich lange Zeit zu nehmen, um Klarheit zu gewinnen, und der Reflektor wird oft unter Druck gesetzt, schnelle Entscheidungen zu treffen, die am Ende falsch und enttäuschend sind.

Reflektoren haben ein tiefes Bewusstsein für das gesamte Potenzial der Menschheit. Was in der „realen" Welt passiert, kann einen Reflektor zutiefst beeinflussen. Krieg, Leid und Ungerechtigkeit können den Geist des Reflektors wahrhaftig zerreißen, und traumatische globale Ereignisse können dem Reflektor enormen Schmerz bereiten. Für Reflektoren ist es wichtig, auf ihr Mindset zu achten und Tools wie die Emotional Freedom Technique (EFT) zu finden, um mit der Enttäuschung und dem Schmerz umzugehen, den sie erleben.

Die Gesundheit des Reflektors

Wie alle anderen nicht-sakralen Typen kann auch der Reflektor Probleme beim Einschlafen haben. Für seine Gesundheit ist wichtig, dass der Reflektor vor dem Einschlafen einfach eine gewisse Zeit flach im Bett liegt.

Da der Reflektor sehr offen ist, braucht er auch viel Zeit für sich, um die überschüssige Energie aus seinem Körper zu entladen. Daran zu denken, Zeit nur mit sich alleine zu verbringen, ist für eine Person, die das Zusammensein mit anderen braucht und dafür geschaffen ist, manchmal eine Herausforderung, aber es ist gesund.

Obwohl ein Reflektor aufgrund seiner offenen Natur mehr Energie haben kann als jeder andere Mensch, besitzt er keine eigene gleichbleibende Kraft. Aus diesem Grund sind Refektoren für harte körperliche Tätigkeiten nicht geschaffen. Auch hier gilt: Was sich gut anfühlt, ist wahrscheinlich gut für den Reflektor, solange er sich nicht überanstrengt und weiß, wann genug ist.

Da der Reflektor dazu da ist, die Gesundheit anderer zu spiegeln, ist er vielleicht nicht immer in der Lage, seinen eigenen Gesundheitszustand zu erkennen. Aus diesem Grund brauchen Reflektoren einen gleichbleibenden Kreis von Menschen in ihrem Leben, die sie kennen und ihnen helfen können, zu erkennen, wenn sie krank werden. Wenn ein Reflektor krank wird, ist es natürlich wichtig, sich um seinen Körper zu kümmern, aber es ist auch wichtig, zu sehen, ob es nicht auch etwas in der Gemeinschaft gibt, das den Reflektor krank macht.

Elternschaft für Reflektor-Kinder

Reflektor-Kinder brauchen Beständigkeit und können sich nicht so leicht verändern. Weil sie offene Milz- und Identitätszentren haben, wirken Reflektor-Kinder oft anhänglich und brauchen die Nähe ihrer Eltern.

Denke daran, dass das Wohlbefinden die wahre Autorität für den Reflektor ist. Wenn er sich gut fühlt, dann ist er am richtigen Ort. Als Elternteil kannst du deinem Reflektor-Kind dabei helfen, einen Platz zu finden, an dem es sich wohlfühlt. Aus diesem Grund wird ein Reflektor-Kind gerne in der Schule sein, aber sei dir bewusst, dass dein Kind diese Energie reflektieren und sich beschweren könnte, wenn die Energie im Klassenzimmer gestört ist.

Reflektoren werden auch ihre Freunde reflektieren. Reflektoren-Kinder sollten Freunde haben, die sich auch selbst wohlfühlen. Denke daran, dass dein Kind ein Spiegelbild einer Gleichaltrigengruppe ist. Wenn du kein Gutes Gefühl bei dem Umfeld deines Kindes hast, solltest du mit deinem Kind behutsam daran arbeiten, dass es bessere Freunde findet.

Affirmationen für den Reflektor

- Ich bin ein Spiegelbild der Welt um mich herum. Wenn ich mich gut fühle, bin ich am richtigen Ort. Wenn ich mich nicht gut fühle, muss ich meine Umgebung wechseln.
- Ich achte mich selbst so sehr, dass ich mir alle Zeit nehme, die ich für meine Entscheidungen brauche. Ich bespreche meine Optionen mit meinen engsten Freunden und höre mir ihr Feedback genau an und spüre, ob es sich für mich richtig anfühlt.
- Ich bin empfänglich für die Welt um mich herum. Ich kann den Schmerz und das Leid anderer tief erfahren.
- Ich habe klare Strategien, die mir helfen, mit meiner Enttäuschung über die Welt umzugehen. Ich suche Trost und finde Freude in der Natur, bei Tieren und bei Kindern, die mir helfen, meinen Geist wieder zu beruhigen.

Die Merkmale deines Charts

Typ: Reflektor

Profil: 2/4 – Einsiedler/Netzwerker

Definition: keine

Inkarnationskreuz:
Das persönliche Lebensthema des Unerwarteten 2

Strategie: eine Mondphase abwarten

Themen: Überraschung/Enttäuschung

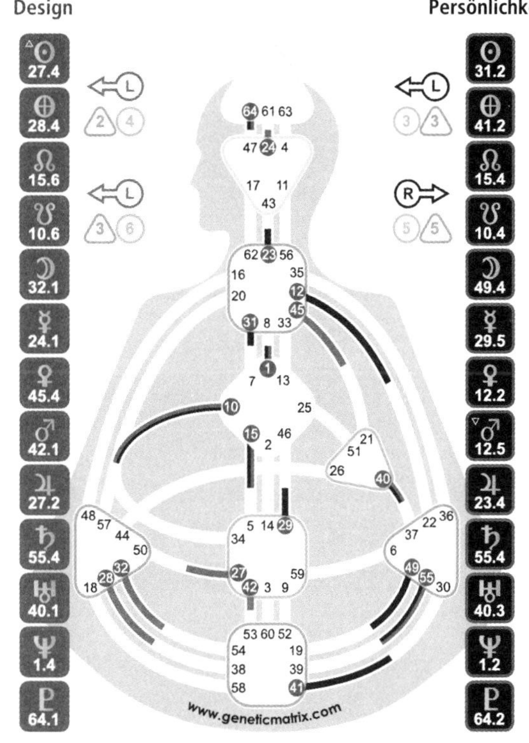

Abb. 29: Reflektoren haben keine innere Autorität, weil alle ihre Zentren undefiniert sind

Die Autorität

Manifestoren, Generatoren, Manifestierende Generatoren und Projektoren weisen eine innere Autorität in ihren Human Design Charts auf. Da Reflektoren keine definierten Zentren in ihren Charts haben, haben sie keine andere Autorität als ihre Strategie (Abbildung 29).

Sakrale Autorität

Sakrale Autorität bedeutet, dass du ein definiertes Sakral-Zentrum hast und dass es keine zusätzlichen Energien gibt, die dein Sakral-Zentrum beeinflussen. Dein Sakral-Zentrum ist das einzige Entscheidungszentrum in deinem Chart und deine sakrale Reaktion im Moment ist die richtige Autorität für dich (Abbildung 30).

Die Merkmale deines Charts

Typ: Reiner Generator
Profil: 3/5 – Abenteurer/Held
Definition: Gespalten
Inkarnationskreuz:
Das persönliche Lebensthema der Gesetze 4
Strategie: Reagieren
Themen: Zufriedenheit/Frust

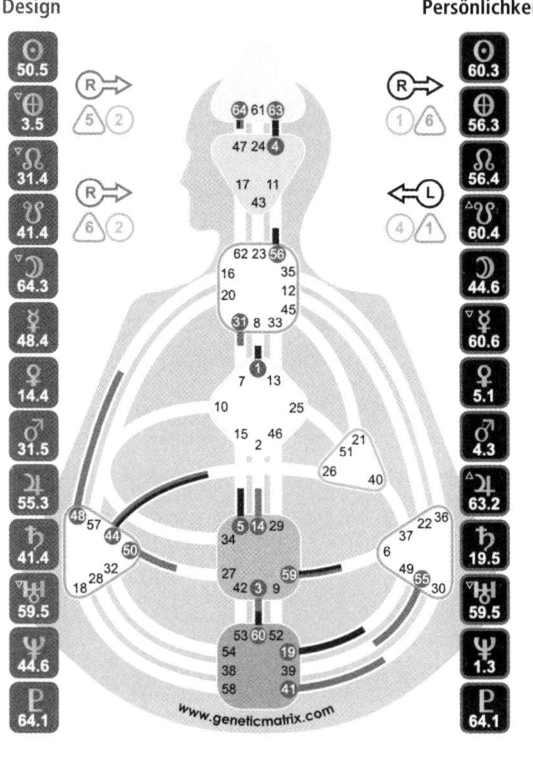

Abb. 30: Sakrale Autorität

Milz Autorität

Die Milz ist das Zentrum für Überleben, Zeit, Gesundheit und Intuition. Weil sie die Energie für das grundlegende Überleben ist, ist sie sehr zeitzentriert und arbeitet immer mit einem intuitiven Impuls im Moment. Du vertraust deiner Intuition und handelst nach ihr. Für Manifestoren und Projektoren ist das ziemlich einfach, aber für Generatoren kann es manchmal verwirrend sein, weil sie sich fragen, ob ihre Milz ihre sakrale Reaktion übersteuert. Für Generatoren mit definierter Milz ist ihre sakrale Antwort in diesem Moment richtig. Ihre Milz und dein Sakral arbeiten zusammen (Abbildung 31).

Die Merkmale deines Charts

Typ: Milz-Projektor
Profil: 4/6 – Netzwerker/Vorbild
Definition: Einfach
Inkarnationskreuz:
Das persönliche Lebensthema der Übertragung (Ansteckung) 4
Strategie: auf Anerkennung und Einladung warten
Themen: Erfolg/Verbitterung

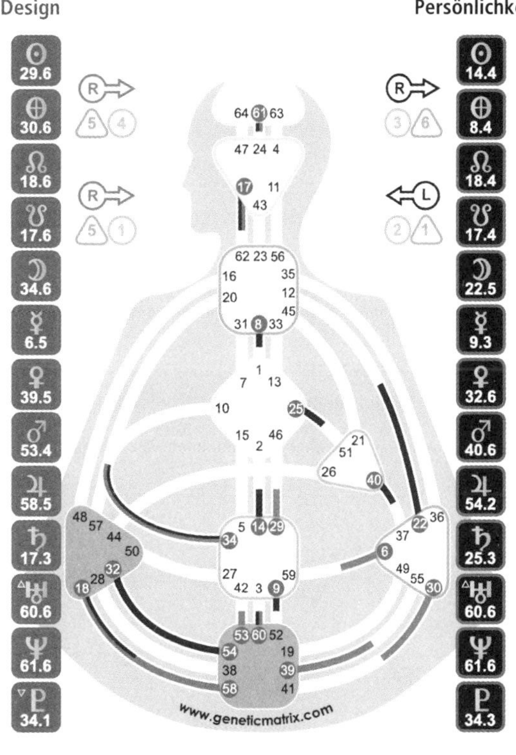

Abb. 31: Milz Autorität

Emotionale Autorität

Wenn du ein definiertes Emotional-Zentrum hast, wird es deine Strategie entscheidend beeinflussen. Dieses Zentrum ist ein Motor mit Energie, die in Wellen pulsiert. Wenn du emotional definiert bist, weißt du wahrscheinlich, dass du ziemlich regelmäßig Stimmungsschwankungen oder starke Gefühlsveränderungen hast (Abbildung 32).

Es ist ziemlich normal, dass emotional geprägte Menschen Angst vor Entscheidungen haben. Sie haben oft die Angewohnheit, enthusiastisch Entscheidungen zu treffen und dann ein paar Tage später aufzuwachen, nur um festzustellen, dass sich ihre Stimmung geändert hat und sie nun ein Projekt oder eine Beziehung beenden müssen, weil sie es/sie einfach nicht mehr wollen. Wenn du deine emotionale Autorität verstehst, kannst du bessere Entscheidungen treffen und deine Chancen deutlich erhöhen, dass sich deine Gefühlsschwankungen nicht auf laufende Verpflichtungen auswirken.

Die Merkmale deines Charts

Typ:	Emotionaler Generator
Profil:	3/5 – Abenteurer/Held
Definition:	Einfach
Inkarnationskreuz:	Das persönliche Lebensthema des Unerwarteten 4
Strategie:	Reagieren
Themen:	Zufriedenheit/Frust

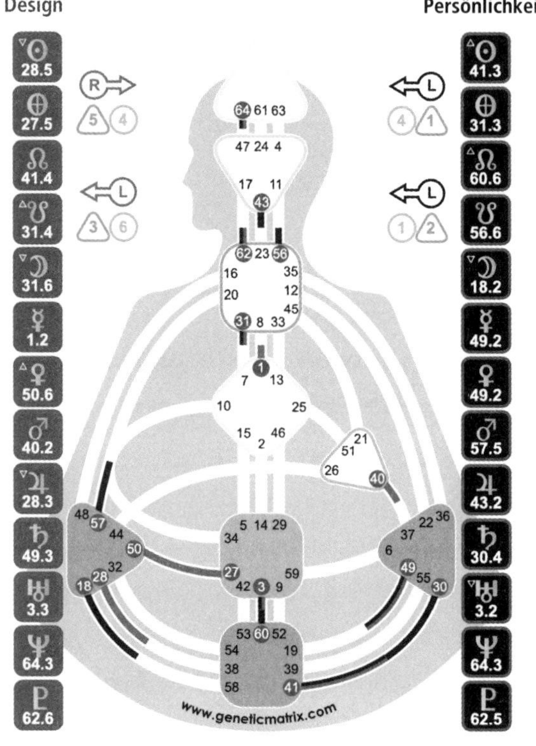

Abb. 32: Emotionale Autorität

Wenn du ein definiertes Emotional-Zentrum hast, bist du nicht dazu da, spontan zu sein, auch wenn andere dich oft unter Druck setzen, dich in Dinge zu stürzen. Wenn du dich in Dinge stürzt, ohne auf Klarheit zu warten, wird das mit emotionaler Autorität nur Chaos in deinem Leben verursachen.

Wenn du eine emotionale Autorität in deinem Design hast, wartest du und wendest deine Strategie erst dann an, wenn sie sich richtig anfühlt.

Ego-Autorität

Nur Manifestoren können eine Ego-Autorität haben. Eine Ego-Autorität liegt vor, wenn dein Herz-Zentrum über einen Kanal (farbige Linie) mit deinem Kehl-Zentrum verbunden ist (Abbildung 33).

Mit der Ego-Autorität musst du nicht auf irgendetwas warten, bevor du handeln kannst. Die einzige Einschränkung ist, dass du sicherstellen musst, dass du gut ausgeruht

Die Merkmale deines Charts

Typ: Ego Manifestor

Profil: 1/3 – Forscher/Abenteurer

Definition: Gespalten

Inkarnationskreuz: Das persönliche Lebensthema der Durchdringung 4

Strategie: Informieren & initiieren

Themen: Frieden/Wut

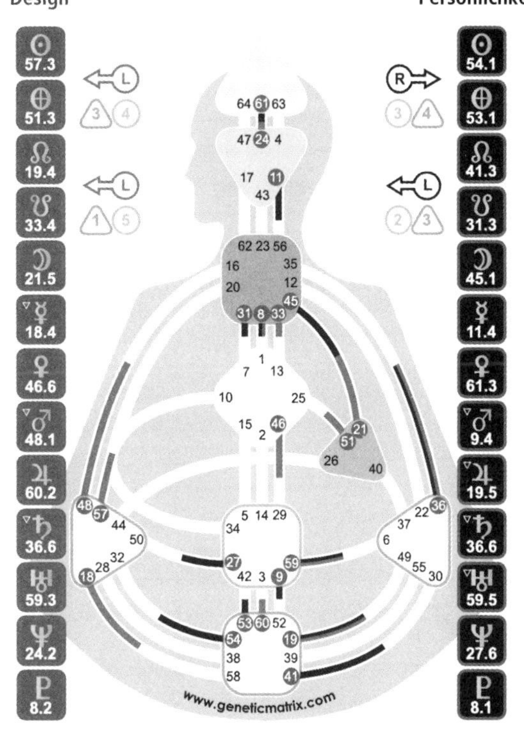

Abb. 33: Ego Autorität

und bereit bist, die Welt zu erobern. Ein definiertes Ego ist so angelegt, dass es Zyklen von Arbeit und Ruhe gibt. Mit der Willenskraft des Egos ist es leicht, ein Burn-out zu erleben und deiner Gesundheit zu schaden. Wenn dein Herz deine Autorität ist, solltest du in einen inneren Dialog gehen, um zu sehen, ob du eine Auszeit brauchst, bevor du dich in die nächste Aufgabe stürzt.

Selbstprojizierte Autorität

Nur Projektoren haben eine selbstprojizierte Autorität. Die selbstprojizierte Autorität entsteht durch einen Kanal, der das Selbst-Zentrum mit dem Kehl-Zentrum verbindet, ohne dass andere übergeordnete Energien im Human Design Chart definiert sind, wie z. B. das Emotional-Zentrum oder die Milz (Abbildung 34).

Selbstprojizierte Autorität bedeutet, dass du deine Entscheidungen durch andere reflektiert oder projiziert sehen musst, um Klarheit zu bekommen. Um wirklich zu wissen, was

Die Merkmale deines Charts

Typ: Selbstprojizierender Projektor
Profil: 3/5 – Abenteurer / Held
Definition: Gespalten (43)
Inkarnationskreuz:
Das persönliche Lebensthema der Sphinx 1
Strategie: warten auf Anerkennung und Einladung
Themen: Erfolg / Bitterkeit

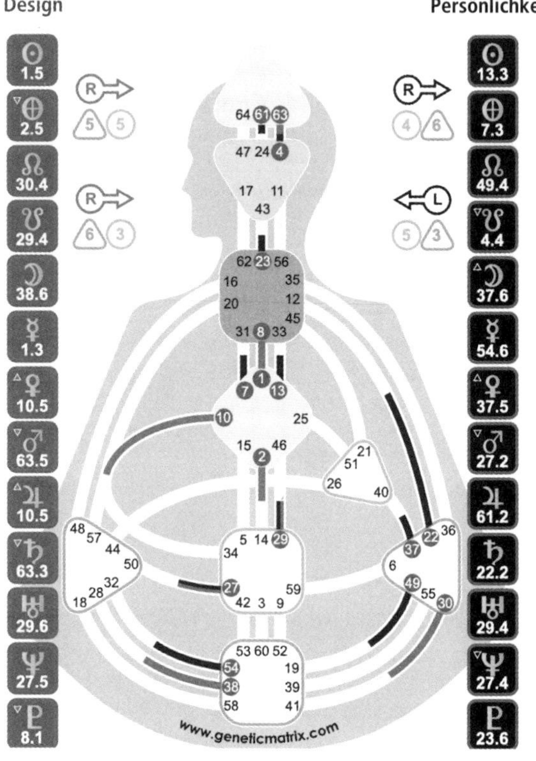

Abb. 34: Selbstprojizierte Autorität

für dich richtig ist, brauchst du einen Kreis enger Freunde, mit denen du über deine Entscheidungen sprechen kannst. Du musst dich selbst im Gespräch mit anderen hören und ihre Reaktion sehen, um zu wissen, ob etwas für dich richtig ist oder nicht.

Das bedeutet nicht, dass du den Ratschlägen deiner Freunde oder deiner Familie folgen sollst. Es kann gut sein, dass du mit ihren Gedanken oder Meinungen nicht einverstanden bist. Aber du musst deine eigenen Gedanken und Meinungen hören, die dir von anderen gespiegelt werden. Du bekommst Klarheit, wenn du deine Entscheidungen im Gespräch mit anderen teilst.

Mentale Autorität

Eine mentale Autorität haben wieder nur Projektoren, deren definiertes Ajna mit dem Kehl-Zentrum verbunden ist und in deren Chart keine anderen übergeordneten Energien fließen.

Die Merkmale deines Charts

Typ: Mentaler Projektor
Profil: 2/4 – Einsiedler / Netzwerker
Definition: Einfach
Inkarnationskreuz:
Das persönliche Lebensthema der Maya 1
Strategie: warten auf Anerkennung und Einladung
Themen: Erfolg / Bitterkeit

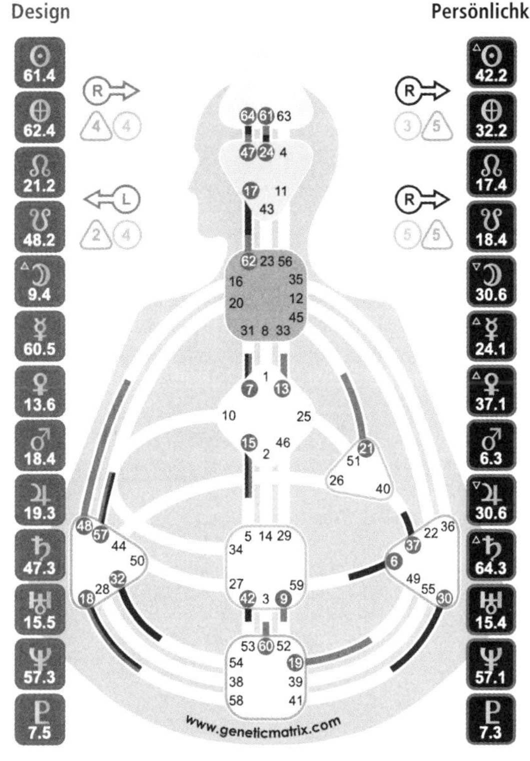

Abb. 35: Mentale Autorität

Mentale Autorität bedeutet, genau wie selbstprojizierte Autorität, dass du mit anderen Menschen sprechen musst, um Klarheit darüber zu erhalten, welche Einladungen für dich richtig sind (Abb. 35 und 36).

Wie du siehst, hat jeder von uns eine einzigartige Strategie, um die Welt zu gestalten und zu erleben. Deinen Typ und deine Strategie zu kennen, ist das Wichtigste im Human Design. Wenn du deiner Strategie und deinem Typ entsprechend lebst, wird sich dein Leben unweigerlich verbessern und ein Ausdruck dessen werden, wer du wirklich bist.

Es ist wichtig zu wissen, dass jeder von uns anders und großartig ist, aber erst in der Summe der Teile, die wir als Menschen sind, zeigt sich die wahre Schönheit des Human Designs und der Menschheit. Wir brauchen uns gegenseitig. Und unsere einzigartigen Energien sind dazu geschaffen, einander zu dienen.

Die Merkmale deines Charts

Typ:	Mentaler Projektor
Profil:	1/3 – Forscher/Abenteurer
Definition:	Einfach
Inkarnationskreuz:	Das persönliche Lebensthema des Bewusstseins 3
Strategie:	warten auf Anerkennung und Einladung
Themen:	Erfolg/Bitterkeit

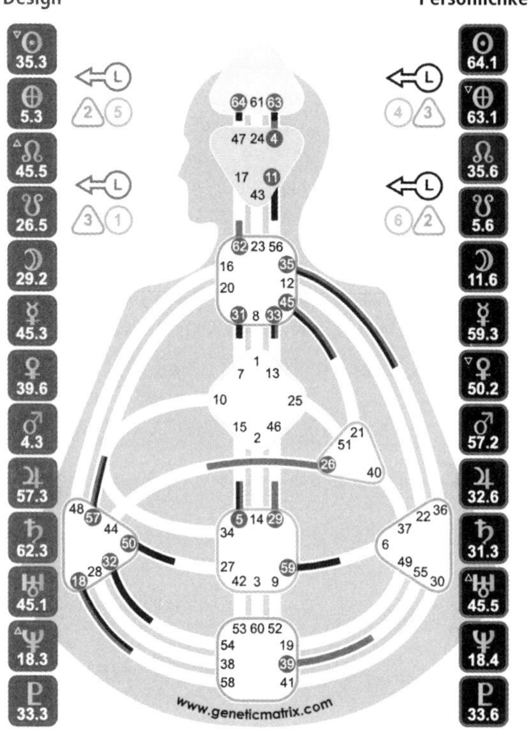

Abb. 36: Ein anderes Beispiel mentaler Autorität

Wenn du deinen Typ und die Typen der Menschen, die du liebst, verstehst, kannst du Beziehungen aufbauen, die ehrlich und authentisch sind. Die meisten meiner Kunden sagen mir, dass die Erfahrung mit ihrem eigenen Typ ihnen nicht nur die Welt geöffnet, sondern ihnen auch geholfen hat, andere nicht mehr zu verurteilen und sie wirklich so zu sehen, wie sie sind. Davon braucht die Welt mehr, meinst du nicht auch?

Kapitel 3

Die neun Zentren

Jedes Zentrum ist für die Verarbeitung bestimmter Energien zuständig.

Definierte Zentren haben eine festgelegte und konstante Energie. Diese Energie ist immer für dich da und strahlt aus, um andere zu beeinflussen. Definierte Zentren haben ihre eigenen Probleme, aber grundsätzlich sind sie viel einfacher zu bewältigen als die manchmal traumatischen Erfahrungen der offenen Zentren. Um die Schönheit und die tiefe Wirkung deiner definierten Zentren zu erfahren, musst du deine Human Design Strategie leben. Sie wird dich befähigen, immer zu wissen, was zu tun ist.

Offene Zentren sind weiß, undefiniert und wandelbar. Die Energie hier ist unbeständig und hängt von deiner Umgebung und deiner Stimmung ab. In jedem der folgenden Abschnitte gibt es eine Affirmation und eine Frage, um dir zu helfen, mit deinen offenen Zentren umzugehen. Wenn du die Fragen der offenen Zentren verstehst, kannst du mit der Energie arbeiten, die du aufnimmst, anstatt Opfer dieser zu werden.

Schauen wir uns die neun Zentren und ihre Eigenschaften genauer an.

Auf der Webseite **www.quantumaligmentsystem.com/reader-resources** findest du auch ein Video zu den Zentren.

Das erste Zentrum: Die Krone

*„Mein Kopf ist ganz weiß.
Bin ich dumm?“*

Das Kronen-Zentrum erscheint ganz oben in der Körpergrafik. Sein Symbol ist ein gleichschenkliges Dreieck (Abbildung 37).

Das Kronen-Zentrum ist mit der Zirbeldrüse im Gehirn verbunden. Es ist das Zentrum für Inspiration und steht immer unter dem Druck, Fragen zu beantworten. Abhängig von den Toren, die das Zentrum definieren, können die Fragen, die das Kronen-Zentrum beantwortet, abstrakt, logisch oder individuell sein.

Es ist kein Motor-, aber ein Druck-Zentrum.

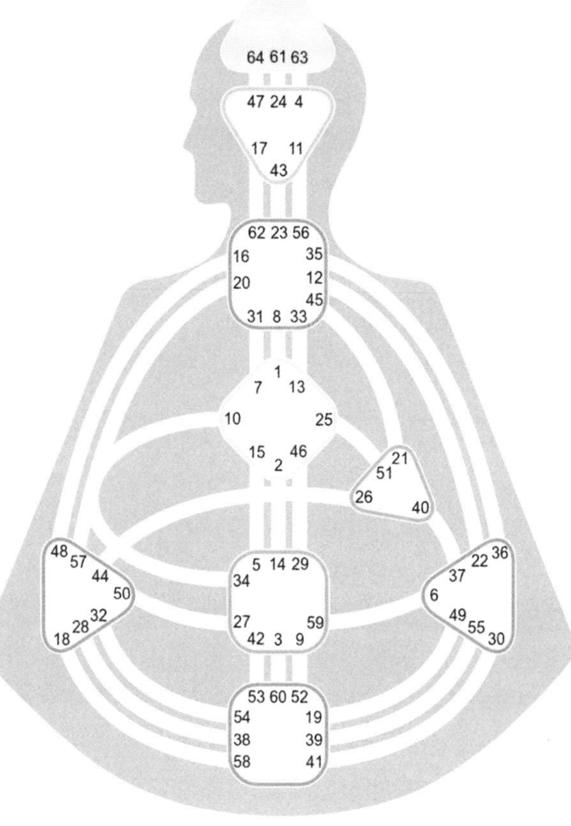

Abb. 37: Das Kronen-Zentrum

Das offene Kronen-Zentrum

Jemand mit einem offenem Kronen-Zentrum generiert Inspiration nicht ständig selbst. Wenn er also auf Inspiration stößt, nimmt er sie auf und verstärkt sie.

Wenn du ein offenes Kronen-Zentrum hast, ist es sehr einfach, sich ständig inspiriert zu fühlen. Du fühlst dich nicht nur inspiriert, sondern verspürst auch den Druck, dieser Inspiration zu folgen. Das kann den Anschein erwecken, als wüsstest du nicht, was du tust, oder als würdest du überall herumspringen und alles Mögliche ausprobieren. Die Leute sagen vielleicht sogar, dass du dich nur für eine Sache entscheiden und dabei bleiben sollst. Die Menschen mit offenem Kronen-Zentrum können ein sehr tiefes Verständnis dafür haben, wer und was wirklich inspirierend ist. Sie können klug entscheiden, welchen Inspirationen nachgegangen und welche einfach nur beobachtet werden sollten.

Jemand mit einem offenen Kronen-Zentrum kann nicht nur die Inspirationen sondern auch alle Fragen der Welt aufnehmen und verstärken. Das kann es manchmal schwierig machen, Entscheidungen zu treffen. Nehmen wir zum Beispiel an, du gehst auswärts essen. Vorhin hattest du ein starkes Verlangen nach einem gegrillten Käsesandwich. Aber jetzt, wo du im Restaurant bist, wird dein Kronen-Zentrum von allen möglichen Inspirationen überflutet, vor allem von den Leuten, die neben dir sitzen, und statt eines gegrillten Käsesandwichs bestellst du einen Krabbencocktail. Die Shrimps kommen an und du fragst dich den Rest des Essens, warum du das bestellt hast.

Du magst von inspirierender Energie überflutet sein, aber das Einzige, was du wirklich tun musst, um gute Entscheidungen zu treffen, ist, der Strategie deines Typs zu folgen.

Fragen für Menschen mit offenem Kronen-Zentrum

- Hast du das Gefühl, dass du immer unter Druck stehst, die Fragen anderer Leute zu beantworten?
- Ertappst du dich häufig dabei, dass du die Ideen und Inspirationen anderer Leute umsetzt?

Affirmationen für Menschen mit offenem Kronen-Zentrum

- Ich bin die ganze Zeit tief inspiriert.
- Ich folge meiner Strategie, die mir hilft zu entscheiden, was ich tun muss.
- Die Fragen in meinem Kopf kommen von anderen; ich muss nicht alle beantworten – nur die, die mich wirklich inspirieren.

Das definierte Kronen-Zentrum

Ein definiertes Kronen-Zentrum ist gelb gefärbt. Weil die Energie im definierten Kronen-Zentrum immer „an“ ist, sind Menschen mit definiertem Kronen-Zentrum wandelnde Inspiration auf dem Planeten. Sie strahlen immer Inspiration in die Welt hinaus. Sie sind sich dessen vielleicht nicht immer bewusst, weil es energetisch ist, aber es passiert.

Definierte Kronen-Zentren sind eine konstante Quelle der Inspiration. Sie stellen ständig Fragen und haben vielleicht das Gefühl, dass etwas nicht stimmt, wenn sie keine Antwort haben. Inspiration ist ein innerer Prozess. Wenn du ein definiertes Kronen-Zentrum hast, ist es wichtig, dass du die Fragen, die du erhältst, verarbeitest, aber verlasse dich nicht auf die Antworten, um Entscheidungen für dein Leben zu treffen.

Oft merken Menschen mit definiertem Kronen-Zentrum gar nicht, dass sie Dinge infrage stellen. Du wirst vielleicht sogar feststellen, dass sie ständig einen fragenden Gesichtsausdruck haben. Das ist einfach ein Teil ihrer eigenen Energie.

Affirmationen für Menschen mit definiertem Kronen-Zentrum

- Ich bin begeistert und inspiriert.
- Ich verbreite Inspiration überall, wo ich hingehe, und teile meine Ideen und Erkenntnisse mit anderen.

Wenn definiertes und undefiniertes Kronen-Zentrum aufeinandertreffen

Wenn jemand mit einem definierten Kronen-Zentrum in die Aura eines undefinierten Kronen-Zentrums eintritt, „platziert" das definierte Kronen-Zentrum eine Frage im Geist des anderen. Das undefinierte Kronen-Zentrum nimmt die Energie der Frage auf, verstärkt sie und lässt den Menschen den Rest des Tages mit einer Frage ringen, die er gar nicht gestellt hat. Wenn Eltern mit einem definierten Kronen-Zentrum Kinder mit einem undefinierten Kronen-Zentrum haben, kann es sein, dass die Kinder voller Fragen sind. Die Kinder verstärken nur deine eigenen Fragen, ob du dir dessen bewusst bist oder nicht.

Das zweite Zentrum: Das Ajna

„Das Denken ist wandelbar und unbegrenzt."

Das Ajna befindet sich in der vorderen und hinteren Hypophyse im Gehirn und ist ein Bewusstseinszentrum (Abbildung 38). Seine Funktion ist, zu erforschen und zu begreifen.

Das offene Ajna-Zentrum

Jemand mit einem offenen Ajna-Zentrum kann viele Seiten eines Problems sehen. Er ist fair, vernünftig, einfühlsam und aufgeschlossen. Ein offener Verstand (Ajna) kann sehr intellektuell sein. Er hat keine festgelegte Denkweise und ist daher in der Lage, Informationen auf vielfältige Weise zu verarbeiten und zu verstehen. Menschen mit einem offenen Verstand können großartige Gedankenleser werden, wenn sie in der Lage sind, sich zu entspannen.

Da der offene Verstand darauf ausgelegt ist, Informationen und Ideen aufzunehmen und Verständnis für alle Seiten zu haben, kann es für einen offenen Verstand eine Herausforderung sein, an einer bestimmten Idee oder Meinung „festzuhalten". Menschen mit einem offenen Verstand können mit großer Anstrengung eine dauerhafte Meinung haben, aber es fällt ihnen nicht leicht und es passiert nicht von alleine. Wenn du einen offenen Verstand hast, hat man dir vielleicht gesagt, dass du dich einfach für eine Sache entscheiden und daran festhalten sollst. Denke daran, dass du hier bist, um über Ideen und Meinungen Bescheid zu wissen, du sie aber nicht unbedingt übernehmen musst. Die Überzeugungen, an denen du festhältst, sind die, zu denen du durch deine Human Design Strategie und deine Autorität gekommen bist.

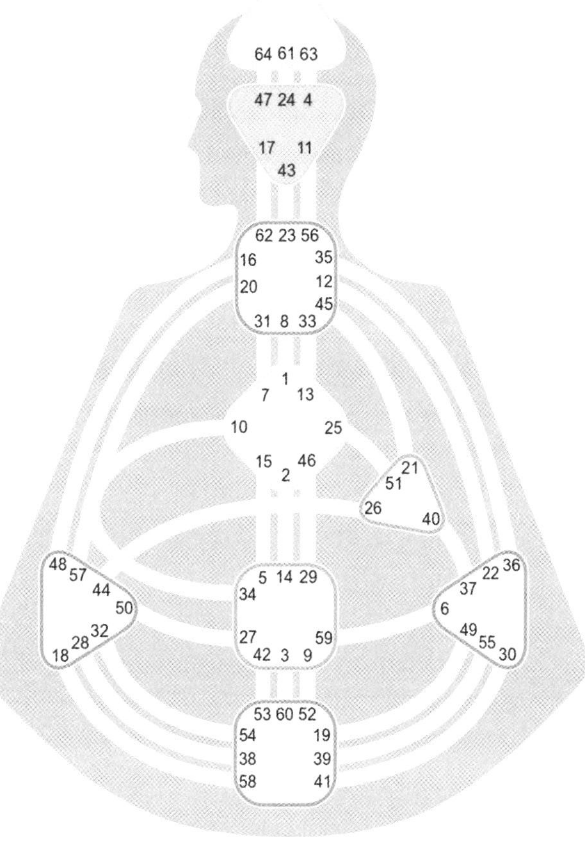

Abb. 38: Das Ajna-Zentrum

Frage für Menschen mit offenem Ajna-Zentrum

Fällt es dir schwer, von deinen Entscheidungen überzeugt zu sein?

Affirmationen für Menschen mit offenem Ajna-Zentrum

- Ich begegne Informationen und Meinungen mit großer Weisheit.
- Meine Gabe ist, dass ich viele Seiten eines Problems betrachten und ganz flexibel unterschiedliche Perspektiven einnehmen kann.
- Ich muss mich nicht entscheiden.
- Ich schreibe Dinge auf, wenn ich sie mir merken will.

Das definierte Ajna-Zentrum

Das definierte Ajna-Zentrum ist grün eingefärbt. Der definierte Verstand ist dazu da, Informationen zu speichern. Er ist beständig und zuverlässig, aber er ist in seiner Funktionsweise festgelegt. Es ist wichtig, noch einmal darauf hinzuweisen, dass der Verstand eine großartige Ressource ist, aber er ist ein schlechter Ort, um Entscheidungen zu treffen. Denke daran, dass keine Entscheidungen vom Verstand ausgehen sollten.

Affirmationen für das definierte Ajna-Zentrum

- Ich gehe behutsam mit meinem Denken um und versuche immer zu beachten, dass es viele Meinungen und Perspektiven gibt.
- Ich bin wie kein anderer in der Lage, mir sicher zu sein.
- Ich höre mir die Gedanken anderer aufmerksam an und lasse gerne zu, dass die Gedanken frei sind.

Wenn definiertes und undefiniertes Ajna-Zentrum aufeinandertreffen

Wenn ein definierter Verstand in die Aura eines undefinierten Verstandes tritt, wird der undefinierte Verstand, ohne sich dessen bewusst zu sein, denken, dass die Gedanken des definierten Verstandes seine eigenen sind.
Ein Kind mit einem undefinierten Verstand kann, ohne sich dessen bewusst zu sein, denken, dass die Gedanken des definierten Verstandes seine eigenen sind. Ein Kind mit einem undefinierten Verstand, das mit einem Elternteil mit einem definierten Verstand zusammenlebt, kann sich unter Druck gesetzt fühlen, kognitiv konstant zu funktionieren. Aber das kann es nicht leisten. Ein undefinierter Verstand ist instabil. Alle Informationen, die er erhält, sind aus zweiter Hand. Das kann sich für das Kind sehr unangenehm anfühlen, wenn es von seinen Eltern unter Druck gesetzt wird, „so zu denken wie sie".

Das dritte Zentrum: Die Kehle

„Worte haben Macht, wenn sie ausgesprochen werden. Sprich mit großer Sorgfalt und Verantwortung, und ehre die Kraft des gesprochenen Wortes."

Wie oft warst du schon frustriert oder entmutigt, weil du das Gefühl hattest, dass dir niemand zuhört? Bist du der Mittelpunkt der Party, aber du gehst mit Halsschmerzen oder Heiserkeit nach Hause? Warst du das Kind, das in der Schule ständig Ärger bekam, weil es zu viel redete? Dies sind einige der die Dinge, die passieren können, wenn du nicht der richtigen Strategie des Kehl-Zentrums folgst.

Das Kehl-Zentrum repräsentiert die Schilddrüse und die Nebenschilddrüse. In der Körpergrafik ist das Kehl-Zentrum das Quadrat unter dem Ajna- und dem Kronen-Zentrum (Abbildung 39).

Das Kehl-Zentrum ist das Zentrum für die Kommunikation und Manifestation.

Das offene Kehl-Zentrum

Wie deine Kehle definiert ist, bestimmt, wie du sprichst. Menschen mit einer undefinierten oder offenen Kehle fühlen sich immer unter Druck gesetzt zu sprechen. Wenn sie in der Gruppe oder Schule sind, kann das sehr schwierig sein. Die offene Kehle platzt oft mit Kommentaren oder Antworten heraus – manchmal unkontrolliert und ohne zu wissen, woher der Kommentar kommt (das ist noch stärker, wenn dein Verstand ebenfalls undefiniert ist).

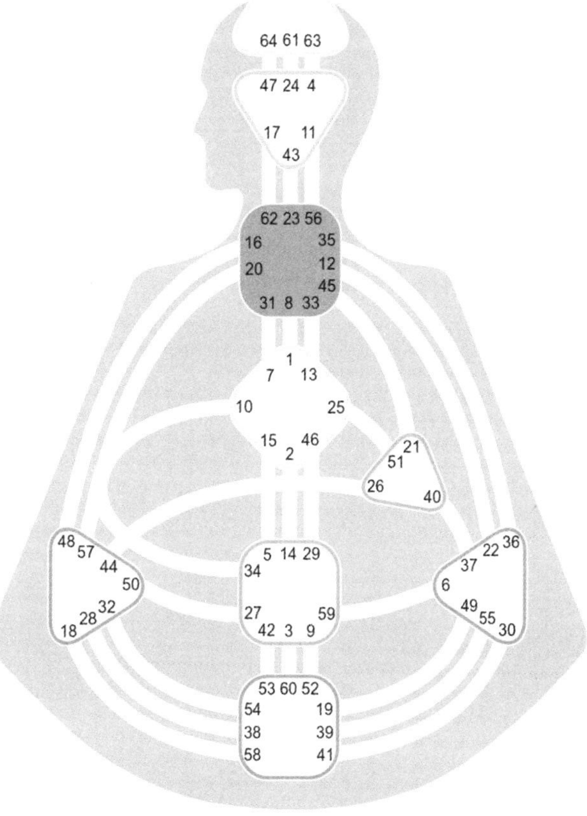

Abb. 39: Das Kehl-Zentrum

Es gibt jedoch eine tiefe Weisheit in der offenen Kehle. Viele große Sängerinnen und Sänger (wie Celine Dion) und bekannte Rednerinnen und Redner (wie Bill Clinton) haben ein offenes Kehl-Zentrum. Jemand mit einer offenen Kehle kann auf unterschiedliche Weise sprechen, je nachdem, mit wem er zusammen ist. Wer eine offene Kehle hat, kann sehr gut Fremdsprachen sprechen und die Sprache anderer imitieren.

Damit die offene Kehle und die Schilddrüse gesund bleiben, ist es wichtig, strategisch zu sprechen. Ich ermutige Menschen mit offener Kehle immer dazu, mit dem Nicht-Reden zu experimentieren. Geh auf eine Party oder ein Treffen und sag nichts, es sei denn, du bekommst etwas, worauf du reagieren kannst, oder wirst zu einem Gespräch eingeladen. Wenn du schweigst, übernimmt deine Aura das Reden! Warte nur ab und sieh es dir an. Die Leute werden es nicht abwarten können, mit dir zu reden!

Frage an Menschen mit offenem Kehl-Zentrum

Willst du Aufmerksamkeit erregen, damit du gehört wirst?

Affirmationen für Menschen mit offenem Kehl-Zentrum

- Meine Worte werden am besten gehört, wenn ich eingeladen werde, zu sprechen.
- Ich hebe mir meine Worte für Menschen auf, die diese und meine Sichtweise wirklich zu schätzen wissen.

Das definierte Kehl-Zentrum

Die definierte Kehle ist braun eingefärbt. Das definierte Kehl-Zentrum ist zum Sprechen da, aber wie es spricht, hängt davon ab, mit welchem Zentrum es verbunden ist. Zu verstehen, wie die Kehle verbunden ist, ist wichtig, um zu verstehen, wie du mit anderen in Beziehung gehst. Wenn deine Kehle zum Beispiel mit deinem Ajna verbunden ist, sagst du deine Meinung. Wenn deine Kehle beispielsweise mit deinem Emotional-Zentrum verbunden ist, sprichst du direkt über deine Gefühle.

Damit die definierte Kehle gehört wird, ist es wichtig, dass sie entsprechend deiner Strategie in Kommunikation eintritt: Manifestoren und Manifestierende Generatoren reden einfach, Generatoren antworten und Projektoren warten, bis sie zum Sprechen aufgefordert werden. Reflektoren haben nie ein definiertes Kehl-Zentrum.

Direkte Kommunikation ist entscheidend für das allgemeine aber auch dein eigenes Wohlbefinden. Probiere aus, wie sich deine Strategie auf die Qualität deiner Beziehungen auswirkt.

Affirmationen für Menschen mit definiertem Kehl-Zentrum

- Ich kenne die wahre Quelle meiner Worte und weiß beim Sprechen um meine große Verantwortung.
- Ich bestärke andere, zu sprechen, und lade sie ein, das Wort zu ergreifen.

Wenn definiertes und undefiniertes Kehl-Zentrum aufeinandertreffen

In meiner Praxis beschweren sich Liebespaare oft darüber, dass einer der Partner seine Gefühle einfach nicht teilen will.
Wenn ich mir die Charts der beiden ansehe, stelle ich fast immer fest, dass der „unemotionale" Partner keinen Kanal zwischen seinem Emotional-Zentrum und seiner Kehle hat.
Ich rate diesen Paaren, ihre Gefühle an einem halböffentlichen Ort zu besprechen, z. B. in einem Restaurant, wo sie mit anderen Auren in Kontakt treten können, um die Verbindungen zu bekommen, die sie brauchen, um direkter zu kommunizieren.

Das vierte Zentrum: Das Selbst

„Wer bist du?"

Das Selbst-Zentrum ist eines der wichtigsten Zentren im Human Design System. Es ist das Zentrum für Liebe und Orientierung und der Ort, an dem die Seele ihren Sitz hat. Die Leber wird durch dieses Zentrum repräsentiert. Das Selbst-Zentrum, auch „G-Zentrum" oder „magnetischer Monopol" genannt, ist der Diamant in der Mitte deines Human Design Charts (Abbildung 40).

Das offene Selbst-Zentrum

Menschen mit einem offenen Selbst-Zentrum erkennen die Lebenseinstellung und Selbstwahrnehmung anderer. Sie nehmen die Identität einer anderen Person an und verstärken sie, sodass sie Einblick in die Perspektive der anderen Person erhalten. Ich kenne viele Therapeuten, Lehrer und Weise mit offenem Selbst-Zentrum.

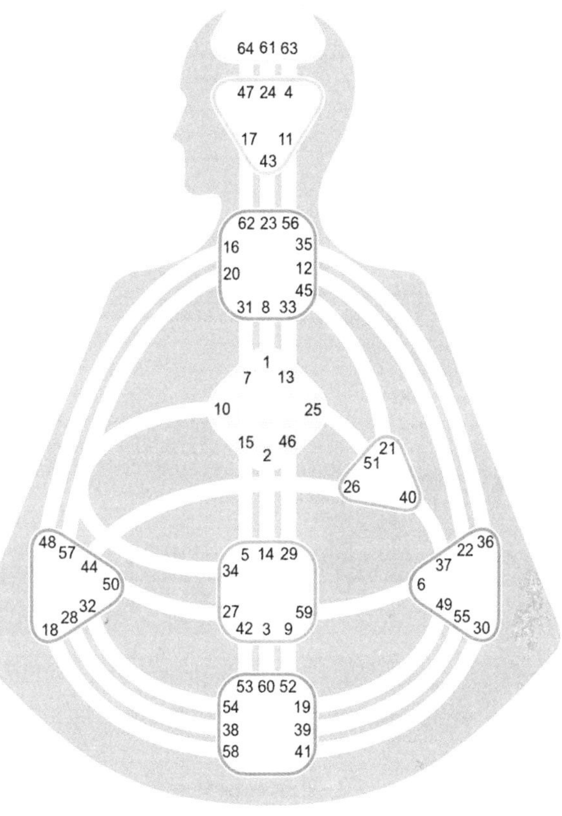

Abb. 40: Das Identitäts-Zentrum

Weil dieses Zentrum auch „Richtungszentrum" genannt wird, ist es für Menschen mit einem offenen Selbst-Zentrum das Wichtigste, zur richtigen Zeit am richtigen Ort zu sein. Meine Kunden mit offenem Selbst-Zentrum berichten mir, dass es auf zellulärer Ebene „Klick" macht, wenn sie am richtigen Ort sind. Es ist fast so, als ob sie einen tiefen Seufzer der Erleichterung spüren, wenn sie in der richtigen Stadt, dem richtigen Restaurant oder dem richtigen Büro sind. Am richtigen Ort zu sein, ermöglicht es diesen Menschen, die richtigen Chancen zu ergreifen.

Umgekehrt spürt eine Person mit einem offenen Selbst-Zentrum auch auf einer sehr tiefen Ebene, wenn sie sich am falschen Ort befindet. Wenn sie am falschen Ort ist, trifft sie vielleicht auf die falschen Gelegenheiten – oder auf gar keine.

Wie sich Menschen mit einem offenem Selbst-Zentrum ausdrücken, kann sich ändern, je nachdem, was sie gerade erleben. Das ist besonders wichtig, wenn du Mutter oder Vater eines Teenagers bist. Kinder mit einem offenen Selbst-Zentrum können anfälliger für Gruppenzwang sein und scheinen sich eher einer Clique anzuschließen.

Weil Personen mit einem offenen Selbst-Zentrum eine wechselhafte Wahrnehmung von sich selbst und ihrer persönlichen Richtung im Leben haben, fürchten sich diese Menschen oft davor, nicht liebenswert zu sein. Die Person, als die sie sich selbst wahrnehmen, verändert sich ständig und damit auch die Art und Weise, wie sie Liebe empfangen. Aus diesem Grund können Kinder mit einem offenen Selbst-Zentrum manchmal auch etwas anfälliger für Minderwertigkeitsgefühle sein. Eltern von Kindern mit einem offenen Selbst-Zentrum sehnen sich oft danach, dass ihr Kind „sich selbst findet". Diese Kinder sind nicht hier, um sich selbst zu finden; sie sind hier, um kluge Erfahrungen mit anderen zu machen.

Ich rate Menschen mit einem offenen Selbst-Zentrum, eine Party zu feiern. Mit ihrer unbegrenzten Fähigkeit, andere zu erleben, neigen Menschen mit offenem Identitäts-Zentrum dazu, alle möglichen Freunde aus allen Bereichen des Lebens zu haben. Ein Drogendealer und ein Staatsanwalt? Warum sollten die beiden nicht zusammenpassen? Ein Mensch mit offenem Selbst ist mit beiden befreundet. Es ist eine faszinierende Studie über die Menschheit, zu sehen, wer zur Party des offenen Selbst-Zentrums kommt.

Fragen an Menschen mit offenem Selbst-Zentrum

- Neigst du dazu, die Charaktereigenschaften deiner Mitmenschen zu übernehmen?
- Stellst du deine Liebenswürdigkeit infrage?

Affirmationen für Menschen mit offenem Selbst-Zentrum

- Wie ich mich selbst erlebe, hängt davon ab, mit wem ich zusammen bin. Aus diesem Grund umgebe ich mich mit Menschen, die mir guttun.
- Orte sind sehr wichtig für mich und ich kreiere eine Umgebung, die mich zur Ruhe kommen lässt.
- Wenn ich am richtigen Ort bin, kommen die richtigen Gelegenheiten zu mir.

Das definierte Selbst-Zentrum

Wenn du ein definiertes Selbst-Zentrum hast, bist du hier, um Liebe zu geben. Dein Selbstverständnis ist wahrscheinlich ziemlich solide. Du weißt zwar, wer du bist und wohin du willst, aber du weißt vielleicht nicht immer, wie du dorthin kommst.

Menschen, die einen Kanal haben, der ihr Selbst-Zentrum mit dem Kehl-Zentrum verbindet, können sehr anfällig für Kritik sein, denn ihr kreativer Ausdruck kommt direkt aus ihrem Selbst.

Affirmationen für Menschen mit definiertem Selbst-Zentrum

- Ich bin, wer ich bin.
- Ich verwirkliche mich selbst, mit allem, was ich tue.
- Ich ehre meine beeindruckende Persönlichkeit.

Wenn definiertes und undefiniertes Selbst-Zentrum aufeinandertreffen

Wenn ein definiertes Selbst auf ein undefiniertes Selbst trifft, nimmt die offene Person die Identität der definierten Person an. Wenn du dir deiner Offenheit bewusst bist, kannst du verstehen, dass du die Identität der anderen Person wahrnimmst, und einschätzen, wie sie ist. Das ist zwar eine ideale Konstellation, weil die offene Person sich ein wenig anpassen kann, um wie die andere Person zu sein, aber das Entscheidende ist, sich selbst treu zu bleiben.

Die größte Herausforderung, die ich bei Paaren mit dieser Konstellation sehe, ist, dass das offene Selbst oft Schwierigkeiten hat, die Richtung vorzugeben, besonders in der Beziehung. Der definierte Partner ist wirklich besser darin, der Beziehung eine Richtung zu geben. Aber das wird besonders knifflig, wenn du in Geschlechterrollen denkst und daher glaubst, dass Männer die Führung übernehmen sollten. Wenn der Mann ein offenes Selbst-Zentrum hat, kann es für ihn schwieriger sein, in der Beziehung die Richtung vorzugeben. Es ist hilfreich, diese traditionellen Geschlechterklischees loszulassen.

Es ist auch wichtig, dass sich das offene Selbst nicht in der Beziehung „verliert". Um sicherzugehen, dass die Beziehung in die richtige Richtung geht, musst du natürlich deiner Strategie entsprechend deinem Typ folgen.

Das fünfte Zentrum: Das Herz

„Das Geheimnis von Willenskraft ist, sie zu haben.“

Das Herz-Zentrum ist das kleine Dreieck rechts neben der Raute in der Mitte des Charts (Abbildung 41). Es ist anatomisch betrachtet das Zentrum für Herz, Magen, die Gallenblase und Thymusdrüse. Es ist auch einer der vier Motoren.

Das Herz-Zentrum ist der Motor, der dafür verantwortlich ist, Dinge auf der materiellen Ebene hervorzubringen. Es ist ein Teil des Stammes-Schaltkreises im Human Design System, und energetisch geht es um Werte, Unternehmensführung, die Verteilung von Ressourcen und die Energie, Dinge zu erledigen, auch wenn es schwierig wird.

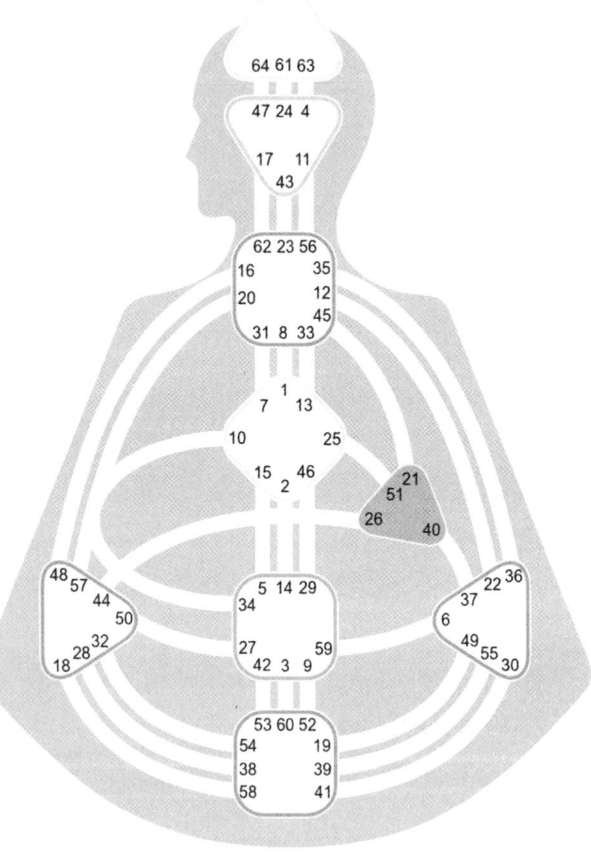

Abb. 41: Das Herz-Zentrum

Das offene Herz-Zentrum

Wie oft hast du schon versucht, eine Diät einzuhalten, mit dem Rauchen aufzuhören oder regelmäßig Sport zu treiben? Wie viel Energie verbrauchst du jeden Tag, um all die Dinge zu tun, von denen du glaubst, dass du sie tun solltest, oder die du versprochen hast, zu erledigen?

Okay, es ist an der Zeit, ehrlich zu dir selbst zu sein. Du hast keine konstante Willenskraft. Und das ist kein Fehler deiner Persönlichkeit. Du kannst dich damit trösten, dass die meisten Menschen keine konstante Willenskraft haben. Die meisten Menschen (etwa sieben von acht) haben kein definiertes Herz-Zentrum und daher keinen ständigen Zugang zur Willenskraft.

Wenn du ein offenes Herz-Zentrum hast, ist es wichtig, dass du deine Strategie nutzt, wenn du etwas vereinbaren oder versprechen möchtest. Wenn du das nicht tust, verbrauchst du Energie, die du nicht hast, und läufst Gefahr, dich auf die falschen Situationen einzulassen und dich gezwungen zu fühlen, sie einzuhalten. Und du könntest die richtige Gelegenheit verpassen, weil du damit beschäftigt bist, dich zu etwas zu zwingen, das du nicht tun willst.

Da es im Herz-Zentrum auch um Werte und die materielle Ebene geht, neigst du oft dazu, dich selbst unter Wert zu verkaufen. Es kommt häufig vor, dass Menschen mit offenem Herz-Zentrum zu niedrige Preise für ihre Dienstleistungen verlangen oder sie sogar verschenken, selbst wenn sie niemand darum bittet. Ich ermutige meine Kunden mit offenem Herz-Zentrum immer, sich über die Preise für ihre Dienstleistungen zu informieren und sicherzustellen, dass sie genug verlangen. Wenn du angestellt bist, solltest du sicherstellen, dass du so viel Geld bekommst, wie du wert bist.

Da das offene Herz-Zentrum durch das Bedürfnis motiviert sein kann, sich selbst zu beweisen, schlage ich auch vor, dass du dich fragst, was du beweisen willst, wenn du eine neue Vereinbarung triffst. Willst du beweisen, dass du nett bist? Willst du beweisen, dass du mehr kannst als alle anderen?

Denke daran, dass die offenen Zentren unsere tiefsten Quellen der Weisheit sind. Das offene Herz-Zentrum kann dir helfen, große Weisheit darüber zu erlangen, was im Leben wirklich wertvoll ist. Mit der Zeit und der Erfahrung kannst du sehr viel Weisheit über deinen Selbstwert erlangen, sowohl im Geschäftsleben als auch in deinem Privatleben. Du wirst auch wissen, wann es Zeit ist, zu arbeiten und wann es Zeit ist, sich auszuruhen.

Viele von euch fragen sich vielleicht: Wenn ich keine Willenskraft habe, wie soll ich dann irgendwas erreichen? Du kannst Ziele erreichen und tust es auch, aber du musst jede deiner Verpflichtungen entsprechend der Strategie für deinen Typ eingehen. Wenn du ein offenes Herz-Zentrum hast, ist es sehr wichtig für dich zu verstehen, dass dir deine Strategie dein Leben retten kann. Wir sind alle darauf konditioniert zu glauben, dass wir Willenskraft haben. Wir sind eine „Just do it"-Gesellschaft. Und natürlich scheitern wir, wenn wir uns außerhalb unserer Strategie dazu zwingen, etwas „einfach zu machen", und fühlen uns am Ende elendig und ausgebrannt.

Nehmen wir an, du bist ein Generator und bemerkst, dass dein Nachbar gerade dabei ist, sein Haus zu streichen. Ihr kommt ins Gespräch und du bietest deinem Nachbarn spontan an, früh aufzustehen und ihm beim Streichen zu helfen. Natürlich nimmt dein Nachbar das großzügige Angebot an. Als du am nächsten Morgen aufwachst, bereust du, dass du das Angebot gemacht hast und suchst nach einer Möglichkeit, dich aus der Verpflichtung zu ziehen. Du überlegst, ob du vorgibst, krank zu sein, oder eine andere Lüge zu erzählen. Aber dein Gewissen ist stärker als du und du gehst nach nebenan, um zu helfen.

An diesem Abend gehst du sehr müde ins Bett und es fällt dir schwer, nach der harten Arbeit wieder zu Kräften zu kommen. Dein Nachbar ist auch müde und ein bisschen frustriert, weil du ihm nicht so geholfen hast, wie er es sich vorgestellt hat, und jetzt muss er heimlich zurückgehen und die Arbeit wiederholen, bei der du ihm geholfen hast.

Denke daran, dass die Strategie des Generators darin besteht, auf etwas zu reagieren oder anderen etwas zu geben, auf das sie reagieren können. Du bist diese hilfreiche Vereinbarung mit deinem Nachbarn nicht nach dieser Strategie eingegangen, und deshalb ist die ganze Sache schiefgelaufen. Und weil du keine Willenskraft hast, hast du dich gezwungen, etwas zu tun, was sich im Nachhinein nicht richtig anfühlt, und du hast dich selbst ausgebrannt.

Wie anders wäre die Situation gewesen, wenn du darauf gewartet hättest, dass dein Nachbar um Hilfe bittet, oder wenn du deinen Nachbarn gefragt hättest, ob er Hilfe braucht (indem du reagierst oder jemandem etwas gibst, auf das er reagieren kann)? Du hättest vielleicht keine Vereinbarung getroffen, zu deren Einhaltung du dich dann verpflichtet gefühlt hättest. Deine sakrale Antwort hätte dich davor geschützt, eine falsche Verpflichtung oder ein falsches Versprechen einzugehen.

Frage an Menschen mit offenem Herz-Zentrum

Was versuchst du zu beweisen?

Affirmationen für Menschen mit offenem Herz-Zentrum

- Ich mache Versprechen ganz bewusst und nur dann, wenn ich meiner Strategie gefolgt bin.
- Ich muss mich nicht beweisen und ich schätze mich selbst.
- Ich verlange, dass ich so bezahlt werde, wie ich es wert bin, angstfrei und selbstbewusst.

Das definierte Herz-Zentrum

Ein definiertes Herz-Zentrum wird in deinem Chart rot dargestellt. Wenn du ein definiertes Herz-Zentrum hast, hast du ständigen Zugang zu deiner Willenskraft. Du kannst sehr willensstark sein.

Wenn du beschließt, dass du jeden Morgen laufen möchtest, wird es dir ziemlich leichtfallen, eine regelmäßige Routine zu entwickeln und dich dazu zu bringen, jeden Tag zu laufen, auch wenn du keine Lust dazu hast. Du wirst vielleicht ein paar Tage pausieren, um dich auszuruhen, aber nach ein paar Tagen wirst du die Routine wiederaufnehmen und konsequent durchhalten.

Wenn du ein definiertes Herz-Zentrum hast, ist es für dein Selbstwertgefühl sehr wichtig, Versprechen einzuhalten, auch wenn du nicht willst. Nimm deine Versprechen ernst. Das ist besonders wichtig, denn ein Versprechen zu halten, kostet Zeit und Energie, und du hältst immer dein Wort.

Das definierte Herz-Zentrum ist darauf ausgelegt, zu arbeiten und sich dann auszuruhen. Es ist sehr wichtig, dass du dir regelmäßig eine Auszeit nimmst oder in den Urlaub fährst. Wenn du dich zu sehr anstrengst, ohne dich auszuruhen, kannst du Herz- oder Magenprobleme bekommen.

Du ermächtigst mit dem definierten Herz-Zentrum energetisch andere Menschen, indem du ihnen das Gefühl gibst, dass sie alles schaffen können. Und das können sie auch, solange sie sich in deiner Aura befinden.

Wenn definiertes und undefiniertes Herz-Zentrum aufeinandertreffen

Die Energie zwischen dem definierten und dem undefinierten Herz-Zentrum kann eine interessante Kraftexplosion auslösen. Das definierte Herz-Zentrum hat dieses Zentrum zum Durchhalten und zur Wertschöpfung. Aber vergiss nicht, dass diese definierte Energie konstant ist. Menschen mit einem definierten Herz-Zentrum haben echte Willenskraft. Wenn sie beschließen, etwas zu tun, werden sie es höchstwahrscheinlich auch zu Ende bringen.

Das undefinierte Herz-Zentrum kann die Willenskraft des definierten Herzens verstärken. Das kann eine ermächtigende und belebende Energie für das offene Herz-Zentrum sein. Aber sei vorsichtig, wenn du in dieser Konstellation in einen Machtkampf verwickelt wirst. Für kurze Zeit kann das undefinierte Herz-Zentrum die Willenskraft des definierten Herz-Zentrums verstärkt spüren. Da die Energie im offenen Zentrum aber nicht gehalten werden kann, kann das definierte Herz-Zentrum das undefinierte Herz-Zentrum schließlich zermürben. In einem Machtkampf wird das definierte Herz-Zentrum schließlich gewinnen.

Nehmen wir zum Beispiel an, du bist ein Motivationsredner mit einem definierten Herz-Zentrum. Während die Schüler an deinem Unterricht teilnehmen, werden sie von deiner Willenskraft durchdrungen. Sie fühlen sich inspiriert und verpflichten sich, alles, was sie von dir gelernt haben, auch umzusetzen. Aber die meisten von ihnen werden nach Hause gehen und das neu erworbene Wissen nie anwenden. Sie befinden sich außerhalb deiner von Willenskraft geprägten Aura und haben keinen Zugang zu eigener konstanter Willenskraft.

Sei sanft zu anderen, die etwas nicht so „einfach" durchziehen können wie du. Die Wahrheit ist, dass die meisten Menschen keine konstante Willenskraft haben und ihre Verpflichtungen auf eine andere Weise eingehen müssen als du.

Affirmationen für Menschen mit definiertem Herz-Zentrum

- Es ist wichtig für mich, mich auszuruhen und meine Willenskraft aufzuladen.
- Ich mache Versprechen bewusst und halte sie ein.
- Ich bin sanft mit meinen Erwartungen an andere. Ich verstehe, dass nicht jeder die Dinge erreicht, die ich erreiche.

Das sechste Zentrum: Die Emotion

„Sei ein Schirm, kein Schwamm."

In der Körpergrafik ist das Emotional-Zentrum das große Dreieck ganz rechts im Chart (Abbildung 42). Die Nieren und die Bauchspeicheldrüse sind mit dem Emotional-Zentrum verbunden. Es ist ein Motor-Zentrum, und die emotionale Energie bewegt sich in Wellen.

Das offene Emotional-Zentrum

Etwa die Hälfte von uns hat ein offenes Emotional-Zentrum. Emotional offene Menschen sind hier, um Weisheit über Gefühle und deren Energie zu erlangen. Wenn du emotional offen bist, bist du wirklich empathisch und nimmst die emotionale Energie anderer Menschen auf und verstärkst sie.

Das kann ein großes Geschenk sein. Ich bin emotional offen und nutze diese Eigenschaft, um die Gefühlslage meiner Kunden besser zu verstehen. Viele emotional offene

Menschen sind großartig im Verkauf, weil sie den emotionalen Zustand ihres Kunden sofort erkennen und ihr Verkaufsgespräch entsprechend anpassen können.

Weil das offene Emotional-Zentrum Emotionen aufnimmt und verstärkt, kann es ein sehr schmerzhaftes Zentrum sein, wenn du nicht verstehst, wie es funktioniert.

Es ist leicht zu glauben, dass die Emotionen, die du erlebst, deine eigenen sind, und wenn die Energie eines anderen Menschen negativ ist, kann es schmerzhaft sein, wenn sie in dein Bewusstsein einströmt. Deshalb entwickeln emotional offene Menschen häufig Bewältigungsstrategien, die darin bestehen, nett zu sein, zu gefallen, Konflikte zu vermeiden und ein „zweites" Leben zu führen.

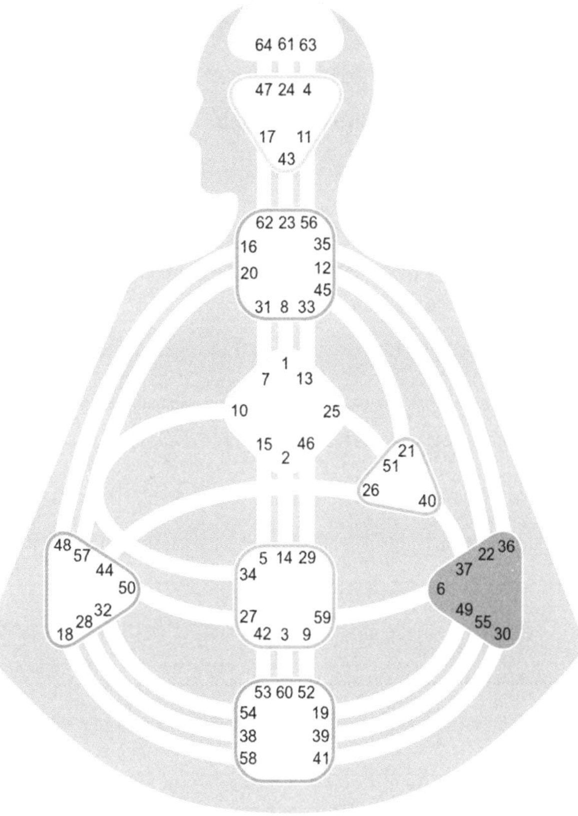

Abb. 42: Das Emotional-Zentrum

Es ist nicht so, dass emotional offene Menschen schwach oder charakterlos sind. Für diese Menschen ist es in der Tat schmerzhafter, wenn sie sich in hoch aufgeladene emotionale Situationen begeben. Es ist wichtig, dass du dir der emotionalen Energie bewusst wirst, wenn du emotional offen bist, damit du diese Energiefrequenz durch dich hindurchfließen lassen kannst, ohne dich dafür verantwortlich zu fühlen oder das Gefühl zu haben, du müsstest sie in Ordnung bringen. Sei ein emotionaler Schirm, kein Schwamm.

Oft ist das Kind, das ständig gereizt ist, ein emotional offenes Kind. Dieses Kind nimmt die emotionale Energie der ganzen Familie auf und verstärkt sie. Alleine sind diese Kinder eigentlich recht sanftmütig und erleben nicht viel emotionale Energie.

Frage an Menschen mit offenem Emotional-Zentrum

Vermeidest du (schmerzhafte) Wahrheit und Konflikte?

Affirmationen für Menschen mit offenem Emotional-Zentrum

- Ich kann im Moment erkennen, welche Entscheidung richtig ist.
- Ich achte auf die Quelle meiner Gefühle und erlaube anderen, ihre Gefühle zu erleben, ohne ihre Erfahrung zu meiner eigenen zu machen.
- Ich bin sehr sensibel und vertraue auf meine Erkenntnisse über die Gefühle anderer Menschen.
- Wenn die emotionale Energie sehr stark ist, mache ich regelmäßig Pausen.

Das definierte Emotional-Zentrum

Das definierte Emotional-Zentrum ist braun eingefärbt. Wenn du zu den 50 Prozent der Bevölkerung gehörst, die ein definiertes Emotional-Zentrum haben, hast du ständig emotionale Energie in dir.

Die Kanäle, die deine Emotionen mit anderen Zentren verbinden, bestimmen die Art der emotionalen Wellen, die du erlebst. Manche von euch haben nur kleine Schwankungen in ihrer emotionalen Frequenz. Andere erleben vielleicht starke emotionale Höhen und Tiefen mit Plateaus dazwischen.

Aufgrund des wellenförmigen Charakters der emotionalen Energie ist es leicht, die Melancholie am unteren Ende der Welle mit einer Depression zu verwechseln. Wenn du emotional definiert bist, kann eine Depression zu einem großen Problem werden, wenn du nach einem Grund suchst, warum du dich schlecht fühlst. In unserer Kultur werden negative Emotionen oft verurteilt. Aber nicht alle negativen Emotionen sind destruktiv. Melancholie oder das untere Ende einer emotionalen Welle ist auch eine sehr wichtige kreative Energie. Sie ermöglicht es einem Menschen, ein Thema aus vielen verschiedenen emotionalen Perspektiven zu betrachten.

Wenn du emotional definiert bist, ist es eine gute Idee, täglich ein Tagebuch über deine emotionale Energie / deinen emotionalen Zustand zu führen. Jeder Mensch hat seinen eigenen emotionalen Rhythmus, und wenn du dein emotionales Muster kennst, hilft dir das, gesunde Entscheidungen zu treffen und den Zeitrahmen zu verstehen, den du vielleicht brauchst, um emotionale Klarheit über ein Thema zu erlangen.

Wenn definiertes und undefiniertes Emotional-Zentrum aufeinandertreffen

Der emotionale Energieaustausch zwischen Menschen kann durch die Definition oder Offenheit des Emotional-Zentrums beeinflusst werden. Wenn zwei Menschen (einer mit einem definierten Emotional-Zentrum und einer mit einem undefinierten Emotional-Zentrum) einen intensiven emotionalen Austausch haben, kann die offene Person tatsächlich diejenige sein, die wütend ist oder andere intensive Gefühle ausdrückt. Denke daran, dass das offene Zentrum Energie aufnimmt und sie verstärkt.

Beachte, dass emotional definierte Menschen emotionale Wellen erleben. Die offene emotionale Person nimmt die emotionalen Wellen auf und verstärkt sie. Mein Partner und ich sind beide emotional offen. Wir haben drei Kinder, die emotional definiert sind, und ein Kind, das emotional offen ist. Eines Tages saßen mein Partner und ich in der Küche und unterhielten uns angeregt. Meine gefühlsbetonte Tochter kam in die Küche und innerhalb von Sekunden hatten mein Partner und ich einen Streit – ohne Grund!

Sobald ich mir bewusst wurde, was passiert war, erkannte ich, dass meine Tochter auf einer niedrigen emotionalen Welle war und ihre Frequenz einfach in die Küche gesendet hatte, wo wir sie aufnahmen und verstärkten. Es ist so schön, sich dieser Energie bewusst zu sein und sie einfach zuzulassen, ohne auf sie reagieren zu müssen.

Bei zwei offenen emotionalen Menschen kann es sogar noch intensiver sein. Wenn ein emotionaler Funke zwischen den beiden überspringt, fließt die Energie zwischen ihnen hin und her und verstärkt sich dabei ständig.

Wenn du emotional offen bist, besteht deine beste Strategie zur Konfliktbewältigung darin, die Aura der Person zu verlassen, mit der du dich streitest. Wenn du den Bereich dieser Aura verlässt, kann die emotionale Energie dein System verlassen und du kannst schnell deeskalieren und dann auf ruhige Art und Weise zur Situation zurückkehren. Wenn beide Parteien dieses Bedürfnis nach Raum und einer Pause verstehen, kann es einfacher werden, die Konflikte des Alltags zu bewältigen, ohne eine Beziehung zu zerstören.

Zwei emotional definierte Partner müssen auch lernen, sich gegenseitig zu respektieren und sich bewusst zu sein, wo sich ihr Partner auf der emotionalen Welle befindet. Wenn einer unten und einer oben ist, kann das eine interessante Kombination sein. Es ist wichtig, dass beide Parteien erkennen, dass emotionale Energie nichts Persönliches ist, und dass es für diese Art von Beziehung wichtig ist, dem anderen zu erlauben, die emotionale Welle ohne Bewertung zu erleben.

Da du Emotionen in Wellen erlebst, ist es wichtig, dass du diesen Prozess würdigst. Die emotionale Definition ist immer deine Autorität, also ist es egal, welcher Typ du bist: Warte, bis du emotionale Klarheit hast, bevor du handelst oder reagierst. Meine emotional definierten Kunden haben mir erzählt, dass sie eine Art inneres „Klick" erleben, wenn sie emotionale Klarheit haben und sich befreit fühlen, zu handeln. Sie sagten auch, dass sie sich bis zu einem gewissen Grad immer ein wenig nervös fühlen, wenn sie Entscheidungen treffen, selbst wenn sie sich klar fühlen. Wenn du auf emotionale Klarheit wartest, bevor du handelst, verhinderst du, dass du dich in emotionale Entscheidungen stürzt und sie später bereust.

Affirmationen für Menschen mit definiertem Emotional-Zentrum

- Ich nehme mir Zeit für meine Entscheidungen und weiß, dass ich mit der Zeit Klarheit finde.
- Ich bin hier, um überlegt zu handeln, nicht spontan.

Das siebte Zentrum: Die Wurzel

„Unter dem Druck, frei zu sein."

Das Wurzel-Zentrum ist das Quadrat ganz unten in der Körpergrafik (Abbildung 43). Es ist das Zentrum des Antriebs. Es gilt auch als eines der beiden Druck-Zentren im Human Design System (das andere ist das Kronen-Zentrum). Die Energie des Wurzel-Zentrums arbeitet in Schüben.

Das offene Wurzel-Zentrum

Wenn das Quadrat am unteren Ende deines Charts weiß ist, dann hast du ein offenes Wurzel-Zentrum. Es nimmt die Antriebsenergie von anderen auf und verstärkt sie. Jemand mit einem offenen Wurzel-Zentrum genießt vielleicht den Rausch, vor einer Menschenmenge zu stehen, oder andere adrenalingeladene Erlebnisse, wie Fallschirmspringen oder Bungee-Jumping. Etwas sicherere Adrenalinschübe, die von Menschen mit einem offenen Wurzel-Zentrum gewählt werden könnten, sind Koffein und Schokolade.

Da das offene Wurzel-Zentrum ein Druck-Zentrum ist, können Menschen mit einer offenen Wurzel manchmal den Druck fühlen, frei sein zu wollen.

Mit anderen Worten: Menschen, die ihre Energie auf diese Weise verarbeiten, können sich nur schwer entspannen oder spielen, wenn sie ihre Arbeit nicht erledigt haben. Es scheint vernünftig zu sein, erst die Arbeit zu erledigen, bevor man spielen kann, aber Menschen mit einem offenen Wurzel-Zentrum fühlen sich so sehr unter Druck gesetzt, Dinge zu erledigen, dass sie sich nie die Zeit nehmen, ihre Batterien aufzuladen. Letztendlich können sie so ausgelaugt sein, dass sie bei der Arbeit ineffektiv sind.

Manchmal kann die Energie im offenen Wurzel-Zentrum zu viel für eine Person sein und sie kann unter Stress, Lampenfieber oder Panik leiden. Jeder Mensch kann in seinem offenen Zentrum unterschiedlich empfindsam sein.

Die Wahrheit über das offene Wurzel-Zentrum ist, dass die Arbeit nie erledigt ist. Wenn du einer Person mit einem offenen Wurzel-Zentrum eine Aufgabe gibst, wird sie diese sehr schnell erledigt haben, um den Druck abzubauen, sie erledigen zu müssen. Natürlich ist sie effizient, aber sie kann so schnell sein, dass sie Fehler macht oder Schritte überspringt – vor allem, wenn sie ein Manifestierender Generator ist.

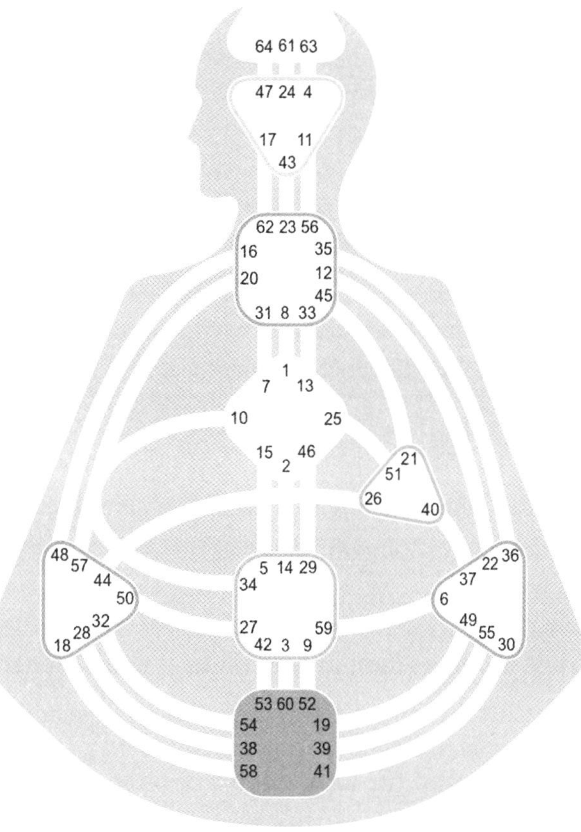

Abb. 43: Das Wurzel-Zentrum

Natürlich neigen wir dazu, diesen Leuten mehr Arbeit zu geben, denn je mehr Arbeit man ihnen gibt, desto mehr Druck haben sie, sie zu erledigen. Und umso mehr tun sie.

Wenn definiertes und undefiniertes Wurzel-Zentrum aufeinandertreffen

Die Energie des Wurzel-Zentrums kann in Beziehungen interessante Herausforderungen darstellen. Wichtig zu wissen: Bewusstsein ist der Schlüssel zur Meisterschaft jeglicher Energie. Wenn du dir bewusst bist, wie die Energie der Wurzel in deiner Beziehung wirkt, kann dir dieses Wissen helfen, sie nicht persönlich zu nehmen.

Wenn du ein offenes Wurzel-Zentrum hast und dein Partner, dein Kind oder dein Chef ein definiertes Wurzel-Zentrum hat, wirst du das Gefühl haben, dass diese Person dich unter Druck setzt, auch wenn sie nur sagt, dass der Himmel heute sehr blau ist. Allein die Anwesenheit von definierter Wurzel-Energie lässt dich Druck spüren. Vielleicht hast du das Gefühl, dass in deiner Beziehung alle möglichen Erwartungen an dich gestellt werden, denen du nicht gerecht werden kannst. Wenn du die Energie deines offenes Wurzel-Zentrums verstehst, kannst du erkennen, dass der Druck, den du spürst, einfach nur energetisch ist und die Erwartungen, die du damit verbindest, vielleicht nicht einmal real sind.

Wenn du ein definiertes Wurzel-Zentrum hast und dein Partner, dein Kind oder dein Chef ein undefiniertes Wurzel-Zentrum hat, fühlst du dich vielleicht verletzt, weil dein Partner sich von dir unter Druck gesetzt fühlt. Auch hier ist es mit einfachem Bewusstsein möglich zu verstehen, dass der Druck, den dein Partner verspürt, energetisch und nicht persönlich ist.

Das kann ein nie endender Kreislauf sein. Deshalb ist es wichtig zu erkennen, dass das offene Wurzel-Zentrum erstmal nur ein Zentrum ist und du kein Opfer dieser Energie sein musst. Sei einfach trotzdem frei.

Frage an Menschen mit offenem Wurzel-Zentrum

Versuchst du immer noch, Dinge zu erledigen, damit du dich frei fühlst?

Affirmationen für Menschen mit offenem Wurzel-Zentrum

- Ich setze mir realistische Ziele.
- Ich entscheide kraftvoll, frei zu sein, und ich weiß, dass die Dinge erledigt sein werden, wenn ich sie erledige.
- Ich wandle Druck in mehr Energie um und am Ende des Tages ruhe ich mich aus und entspanne mich, auch wenn meine To-Do-Liste lang ist.
- Ich folge meiner Human Design Strategie, auch wenn ich mich unter Druck gesetzt fühle.

- Ich atme durch und entspanne mich, weil ich weiß, dass ich noch viel Zeit habe, um Dinge zu erledigen.

Das definierte Wurzel-Zentrum

Wenn du ein definiertes Wurzel-Zentrum hast, ist das Quadrat am unteren Ende deines Charts braun eingefärbt. Das bedeutet, dass du Antriebsenergie immer auf die gleiche, zyklische Weise verarbeitest, je nachdem, welche der Linien um dein Wurzel-Zentrum herum eingefärbt sind. Wenn der Energieschub da ist, wirst du die Dinge erledigen; wenn er nicht da ist, wirst du die Dinge nicht unbedingt erledigen. Diese Energieschübe besitzen einen natürlichen Zyklus.

Wenn du ein definiertes Wurzel-Zentrum hast, bist du einigermaßen immun dagegen, dich durch Adrenalin unter Druck gesetzt zu fühlen. Das heißt aber nicht, dass du keinen Stress erlebst. Dein Stress kann durch andere Faktoren oder andere offene Zentren in deinem Körper entstehen. Einfach gesagt: Wenn du ein definiertes Wurzel-Zentrum hast, werden Dinge vollständig erledigt, wenn der richtige Zeitpunkt gekommen ist.

Affirmationen für Menschen mit definiertem Wurzel-Zentrum

- Ich ehre meine Schubenergie und warte darauf, dass sie da ist, um Dinge zu erledigen.
- Ich schaffe mehr, wenn die Energie da ist.
- Wenn die Energie nachlässt, weiß ich, dass es Zeit ist, mich auszuruhen und zu regenerieren.

Das achte Zentrum: Die Milz

„Es ist gesund, Angst zu haben und in eine dunkle Höhle zu gehen."

Die Milz ist das große Dreieck auf der linken Seite des Human Design Charts (Abbildung 44). Die Milz ist das Zentrum für Intuition, Zeit, Lymphknoten und das Immunsystem.

Die Intuition, die sich in der Milz befindet, ist überlebensorientiert. Die Milz arbeitet ausschließlich im Jetzt. Wenn dir dein „Bauchgefühl" etwas sagt, ist dieses meist nur von kurzer Dauer. Deshalb geschieht es so leicht, dass du deine Intuition ignorierst, etwas trotzdem tust und es später bereust! Die Milz ist ein „Wohlfühl-Zentrum".

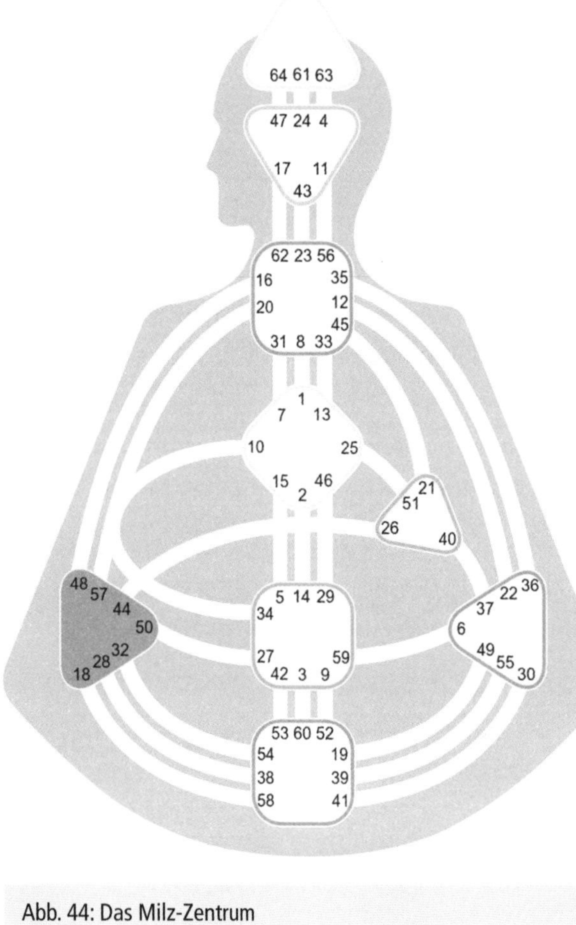

Abb. 44: Das Milz-Zentrum

Die überlebensfokussierte Intuition kann sich manchmal wie Angst anfühlen. Das Milz-Zentrum ist so etwas wie das „Höhlenmensch"-Zentrum, denn es ist ursprünglich und instinktiv. Bestimmte Ängste können gesund und nützlich sein, z.B. wenn du Angst hast, nachts eine dunkle Straße entlang zu gehen. Wenn du eine Vielzahl von Toren in deiner Milz aktiviert hast, kannst du manchmal für viele verschiedene Ängste anfällig sein – nicht alle sind so vorteilhaft.

Die gute Nachricht ist, dass die Ängste der Milz nur im Moment existieren und obwohl sie sich beängstigend anfühlen können, ist es leicht, sie zu überwinden – vor allem, wenn sie unlogisch erscheinen.

Denke daran, dass es beim Human Design System nur um Energie geht. Manchmal erleben wir Energie, die nicht logisch oder nicht einmal unsere eigene ist. Wenn du dein Human Design verstehst, kannst du dich davon befreien, Opfer bestimmter Energien zu sein, zum Beispiel der Angst.

Die Milz ist auch das Zentrum für die Zeit. Menschen mit einer defnierten Milz fällt es leicht, im Moment zu sein. Manchmal fällt es ihnen sogar schwer, einen Moment loszulassen. Die Milz ist außerdem das Zentrum für das Immunsystem.

Das offene Milz-Zentrum

Eine offene Milz bedeutet, dass du wahrscheinlich ein empfindliches Immunsystem hast. Es mag den Anschein erwecken, dass du leicht krank wirst, aber in Wirklichkeit bedeutet es, dass du sehr sensibel für die subtilen Veränderungen in deinem Körper bist und die ersten Anzeichen bemerkst, wenn du ein wenig „neben der Spur" bist. Es kann sein, dass du sehr empfindlich auf Medikamente reagierst und niedrigere Dosen brauchst oder dass du mit homöopathischen Mitteln besser zurechtkommst. Außerdem kann es sein, dass du Alkohol oder Partydrogen weniger gut verträgst und die Wirkung schon bei geringem Konsum spürst.

Wenn du eine offene Milz hast, bedeutet das, dass du keinen ständigen Zugang zur „Feel-good"-Energie hast. Menschen mit offener Milz sind gerne in der Nähe von Menschen mit definierter Milz. Dort fühlen sie sich wohl und stark.

Menschen mit einer offenen Milz fällt es oft schwer, loszulassen. Das kann Besitztümer, Süchte, Beziehungen und sogar Groll betreffen. Angenommen, du hast eine offene Milz und gehst mit jemandem aus, der eine definierte Milz hat. Wenn du mit dieser Person zusammen bist, fühlst du dich gut. Du fühlst dich wohl und beschützt, wenn du mit ihr zusammen bist. Aber diese Person behandelt dich vielleicht nicht so, wie du es verdienst, und es fällt dir schwer, die Beziehung zu beenden, weil sich dein Energiefeld unbewusst gerne in der Energie dieser Person aufhält.

Denke daran, dass ein offenes Zentrum die Energie des entsprechenden Zentrums grenzenlos erfahren kann. Wenn du eine offene Milz hast, bedeutet das, dass du Intuition in all ihren Facetten erleben kannst. Es wird nur nicht immer dieselbe Art von Intuition sein. Jemand mit einer offenen Milz kann an einem Tag ein „Bauchgefühl" für etwas haben, an einem anderen Tag „inneres Wissen" in sich tragen und an einem anderen Tag eine innere Stimme hören oder einen prophetischen Traum haben. Da eine offene Milz keinen gleichbleibenden Zugang zu intuitiver Energie hat, denken viele Menschen mit offener Milz, dass sie wenige Dinge intuitiv wissen.

Wie eine offene Milz ihre Intuition empfängt, hängt davon ab, mit wem sie zusammen ist, aber wahrscheinlich wird sie sehr intuitiv sein.

Da die Milz auch das Zentrum für die Zeit ist, haben Menschen mit einer offenen Milz oft Probleme mit dem Zeitgefühl. Viele sind chronisch zu spät dran, während andere, die in der Vergangenheit schlechte Erfahrungen mit dem Zuspätkommen gemacht haben, zwanghaft zu früh dran sind. Das ist besonders wichtig zu wissen, wenn du ein Kind mit einer undefinierten Milz hast. Plane immer ein bisschen mehr Zeit ein, wenn du schnell los musst. Es kann für Menschen mit offener Milz schwierig sein, einfach loszustürmen!

Denn unsere offenen Zentren sind die Orte, in denen wir unsere tiefsten Konditionierungen tragen. Wenn du eine offene Milz hast, hast du das Potenzial, dir der Zeit übermäßig bewusst zu sein, besonders wenn du schlechte Erfahrungen damit gemacht hast, die Zeit aus den Augen zu verlieren.

Denke daran, dass Orte der Offenheit die sind, an denen wir unsere Weisheit besitzen. Wenn eine Person mit einer offenen Milz beginnt, die Energie der Milz zu verstehen, wird sie weise in Bezug auf Heilung, Intuition und Zeit.

Frage an Menschen mit offenem Milz-Zentrum

Hältst du länger an Dingen fest, als du solltest?

Affirmationen für Menschen mit offenem Milz-Zentrum

- Es fällt mir leicht, alle Dinge loszulassen, die nicht meinem höchsten Wohl dienen.
- Ich achte meinen Körper und die Botschaften, die er mir sendet. Wenn ich mich krank fühle, ruhe ich mich aus.
- Ich ehre mein Timing und weiß, dass ich immer zur für mich richtigen Zeit ankomme!
- Ich respektiere das Zeitgefühl anderer Menschen und trage immer eine Uhr.
- Ich vertraue meiner Intuition und weiß, dass ich intuitive Einsichten auf viele verschiedene Arten erhalte.

Das definierte Milz-Zentrum

Das definierte Milz-Zentrum ist in deinem Chart braun eingefärbt. Wenn du ein definiertes Milz-Zentrum hast, bist du darauf ausgelegt, im Moment zu sein. Deine Entscheidungen werden im Moment getroffen. Dein Gefühl für Timing ist „genau jetzt“. Eine definierte Milz macht dich schnell, gibt dir Zeitgefühl und das richtige intuitive Wissen im Moment.

Eine definierte Milz hat ein sehr starkes Immunsystem. Weil das Immunsystem so stark ist, ist es für eine Person mit einer definierten Milz leicht, die ersten Krankheitssymptome zu übersehen. Wenn du eine definierte Milz hast, merkst du vielleicht erst, dass du krank bist, wenn du dich schon sehr schlecht fühlst. Außerdem arbeiten Menschen mit einer definierten Milz häufig trotz Krankheit weiter. Wenn du eine definierte Milz hast,

Wenn definiertes und undefiniertes Milz-Zentrum aufeinandertreffen

Wenn das definierte und das undefinierte Milz-Zentrum in einer Beziehung aufeinandertreffen, gibt es zwei große Herausforderungen: Zeit und Verbindung. Die offene Milz fließt mit der Zeit, während die definierte Milz ein ausgeprägtes Zeitgefühl hat und entsprechend planen kann. Die definierte Milz hat oft Schwierigkeiten mit der „fließenden" Natur der undefinierten Milz. Für die definierte Milz gibt es nur jetzt, jetzt und jetzt.

Mein Freund hat eine offene Milz. Ich habe eine definierte Milz (zum Glück weiß ich das). Es kommt häufig vor, dass mein Freund mich anruft und mir sagt, dass er in 20 Minuten zu Hause ist, aber vorher noch ein paar Besorgungen machen muss: zur Reinigung, einkaufen, zum Buchladen (wo er unglaublich viel Zeit „verlieren" kann) und dann unsere Tochter von der Schule abholen.

Mit meiner definierten Milz und meinem angeborenen Sinn für Timing, weiß ich genau, dass er in 20 Minuten nicht zu Hause sein wird, und dass ich besser unsere Tochter von der Schule abhole. Es ist leicht, darüber frustriert zu sein, aber es ist wirklich nicht persönlich gemeint. Die offene Milz hat oft einfach kein Zeitgefühl.

Das zweite Problem mit einer offenen Milz und einer definierten Milz ist die Verbindung. Die Milz ist ein „Wohlfühl-Zentrum". Wenn die Milz offen ist, sucht sie nach Energie, um sich gut, sicher und gesund zu fühlen. Das kann dazu führen, dass sie einem definierten Milz-Zentrum bedürftig oder anhänglich erscheint. Das wird besonders deutlich, wenn wir uns kleine Kinder mit offener Milz und Trennungsangst ansehen. Kinder mit offener Milz haben es in der Regel viel schwerer, mit Trennungsangst umzugehen, vor allem wenn die Eltern eine definierte Milz haben. Habt Geduld. Die Angst geht vorbei, aber oft später als bei Kindern mit definierter Milz.

ist es wichtig, dass du regelmäßig auf deinen Körper achtest. Oder spüre in dich hinein, wenn dich jemand fragt, ob es dir gut geht. Manchmal bemerken andere Menschen, dass du krank bist, bevor du es selbst merkst.

Die Intuition der definierten Milz spricht einmal und dann nie wieder. Das Bauchgefühl, dass du etwas tun oder lassen solltest, ist die Stimme deiner Milz, die zu dir spricht. Die meisten von uns mit einer definierten Milz lernen irgendwann um das vierzigste Lebensjahr herum, auf die „Stimme" ihrer Milz zu hören. Das ist der Zeitpunkt, an dem wir uns ein Leben lang sagen: „Ich wusste, ich hätte das nicht tun sollen ...".

Da die Milz auf das Überleben ausgerichtet ist, kann sie sich auch mit Ängsten an dich wenden. Zu diesen Ängsten gehören die Angst vor Unzulänglichkeit, die Angst vor

Verantwortung, die Angst vor Unvollkommenheit, die Angst vor der Sinnlosigkeit des Lebens, und die Angst, dass sich deine Träume nie erfüllen werden. Es ist sehr leicht, sich von diesen Ängsten lähmen zu lassen. Das Wunderbare an den Ängsten der Milz ist, dass sie, egal wie schlimm sie sich anfühlen, am besten überwunden werden können, indem man einfach durch sie hindurchgeht.

Die Herausforderung der definierten Milz besteht darin, herauszufinden, ob dir deine Intuition eine wichtige Botschaft zum Überleben gibt oder ob du einfach nur die Energie der Milz erlebst und du mit Verständnis und Bewusstsein vorgehen musst. Deshalb ist es so wichtig, dass du deine Strategie lebst. Wenn du die Ängste der Milz spürst, entscheide mit der Strategie deines Typs, ob du etwas tun solltest oder nicht. Lass nicht zu, dass die Ängste der Milz dich lähmen.

Affirmationen für Menschen mit definiertem Milz-Zentrum

- Ich vertraue meiner Intuition.
- Ich höre auf meinen Körper.
- Ich ruhe mich aus und kümmere mich um mich selbst.
- Ich schätze mein Timing.
- Ich fließe mit dem universellen Timing und erinnere mich daran, dass nicht jeder so schnell ist wie ich.

Das neunte Zentrum: Das Sakral

„Heiho, heiho, wir sind vergnügt und froh …“

Das Sakral-Zentrum ist eines der wichtigsten Zentren im Human Design System und es ist das wichtigste der vier Motor-Zentren. Das Sakral-Zentrum ist das Quadrat am unteren Ende des Charts (Abbildung 45). Es ist das Zentrum für die Arbeits- und Lebensenergie und steht in Verbindung mit den Fortpflanzungsorganen – den Eierstöcken und den Hoden.

Das offene Sakral-Zentrum

Ein offenes Sakral-Zentrum hat eine unbegrenzte Kapazität, Lebens- und Arbeitsenergie zu erfahren. Das offene sakrale Zentrum ist dazu da, Weisheit in Bezug auf Arbeit und Sexualität zu erlangen.

Wenn du ein offenes Sakral-Zentrum hast, hast du die Möglichkeit, die Arbeits- und Lebensenergie für kurze Zeit zu verstärken.

Das bedeutet, dass Menschen mit einem offenen Sakral-Zentrum in kurzen Momenten genauso hart arbeiten können, wie Generatoren und Manifestierende Generatoren – oder sogar noch härter. Deshalb denken viele Menschen mit offenem Sakral-Zentrum, dass sie mehr leisten können als alle anderen. Und für kurze Zeit ist das auch tatsächlich so.

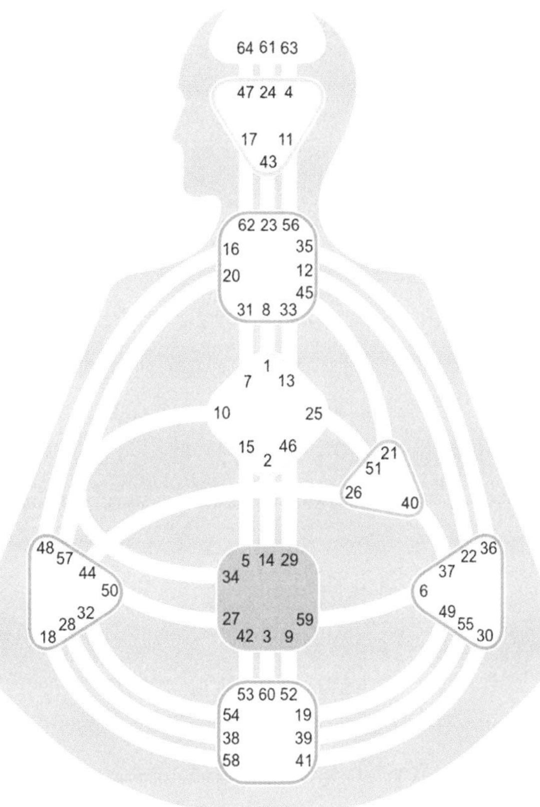

Abb. 45: Das Sakral-Zentrum

Aber denk daran, dass das Schlüsselwort für das Verständnis der Sakralenergie *Nachhaltigkeit* ist. Und ein Mensch mit einem offenen Sakral-Zentrum kann ein hohes Energieniveau wirklich nicht über einen längeren Zeitraum aufrechterhalten, ohne sich auszubrennen. Das heißt, wenn du ein offenes Sakral-Zentrum hast, bist du nicht hier, um von Montag bis Freitag einen Nine-to-five-Job zu machen. Und für die meisten Menschen mit einem offenen Sakral-Zentrum ist es eine große Erleichterung zu hören, dass sie nicht dazu bestimmt sind, im traditionellen Sinn zu arbeiten! Das heißt aber nicht, dass du nicht arbeiten kannst oder musst, wenn du ein offenes Sakral-Zentrum hast. Aber wahrscheinlich ist es am besten, wenn du einen Weg zum Arbeiten findest, der ein gewisses Maß an Flexibilität bietet.

Viele meiner Kunden sind nicht-sakrale Menschen, die um die vierzig sind und ihre Leitungen buchstäblich durchgeschmort haben. Es ist nicht ungewöhnlich, dass nicht-sakrale Menschen um die vierzig herum „abstürzen“ und Mühe haben, mit ihrem früheren geschäftigen Lebensstil Schritt zu halten. Weil Nachhaltigkeit ein so wichtiger Faktor für ein nicht-sakrales Wesen ist, ist es wichtig, immer zu überprüfen, ob du nicht mehr als genug tust, und erkennen zu lernen, wann genug ist.

Kollektiv haben wir eine Menge Glaubenssätze über den Wert und die Bedeutung von Arbeit. Ein nicht-sakrales Wesen hat nicht die Energie für ständiges Arbeiten. Aus diesem Grund werden viele nicht-sakrale Wesen von anderen als faul oder unfähig abgestempelt. Aber nicht-sakrale Wesen haben ihre eigene Weisheit und Energie, die sie in der Welt einbringen können. Sie arbeiten nur anders.

Nicht-sakrale Menschen könnten auch als faul angesehen werden, weil sie Nickerchen und viel Zeit für sich selbst brauchen – das ist jedoch für ihre körperliche Gesundheit lebenswichtig. Als nicht-sakraler Mensch brauchst du Zeit für dich, um die überschüssige sakrale Energie aus deinem System zu entladen. Du brauchst auch Nickerchen, um dich zu erholen und deinen Körper zu stärken. Sowohl das Alleinsein als auch ausreichender Schlaf sind wichtig, um gesund zu bleiben.

Der Nachtschlaf ist von hoher Bedeutung für Menschen mit offenem Sakral-Zentrum und es kommt häufig vor, dass sie mit Schlaflosigkeit zu kämpfen haben. Wenn du ein offenes Sakral-Zentrum hast, ist es wichtig, dass du nicht erst ins Bett gehst, wenn du erschöpft bist. Wenn du bis zur Erschöpfung wartest, wirst du Schwierigkeiten haben, einzuschlafen. Wenn du ein offenes Sakral-Zentrum hast, musst du ins Bett gehen, bevor du müde bist. Es ist gut, wenn du dich mindestens dreißig Minuten vor dem Einschlafen ins Bett legst. Es ist in Ordnung, wenn du liest oder fernsiehst, aber du solltest dich in einer liegenden Position ausruhen und dann schlafen.

Es ist auch wichtig, dass du zumindest ein paar Nächte in der Woche alleine schläfst. Wenn du nachts neben einem Generator schläfst, wird er dich auslaugen. Dein sakrales Zentrum hat dann keine Gelegenheit, all die zusätzliche Energie zu entladen, und dein System wird darunter leiden. Das ist natürlich ein Thema, das du mit deinem Partner besprechen solltest, damit ihr eine gute Lösung für beide Seiten findet. Denke immer daran: Um stark und gesund zu bleiben, musst du dein Human Design verstehen und geeignete Maßnahmen ergreifen, um dein Energiesystem zu schützen und zu nähren.

Frage an Menschen mit offenem Sakral-Zentrum

Weißt du, wann genug ist?

Affirmationen für Menschen mit offenem Sakral-Zentrum

- Ich bin nicht hier, um auf traditionelle Art und Weise zu arbeiten.
- Ich kann in kurzen Phasen hart arbeiten und dann brauche ich Zeit für mich, um die zusätzliche Energie, die ich in mir trage, zu entladen.
- Ich erkenne, dass meine Energie anders ist, ich kümmere mich um mich selbst und lasse die Erwartungen anderer los.
- Ich bin sehr stark, wenn ich meine Energie richtig einsetze.

Das definierte Sakral-Zentrum

Wenn du ein definiertes Sakral-Zentrum hast, ist es in deinem Chart rot eingefärbt. Dieses rote Quadrat macht dich zu einem Generator. Die wichtigste Funktion des Sakral-Zentrums ist die Arbeitsenergie. Wenn du einen sakralen Motor hast, bist du für Arbeit geschaffen. Die Herausforderung besteht natürlich darin, die richtige Arbeit zu finden, die du liebst.

Die meisten meiner Coaching-Kunden sind Generatoren und Manifestierende Generatoren, die frustriert sind, weil sie ihren Job hassen und sich in ihrer Arbeitssituation festgefahren fühlen. Das liegt meist daran, dass sie ihre Beziehung zu ihrer Arbeit falsch angegangen sind.

Die Energie des Sakral-Zentrums steht im Gegensatz zu dem, wie die meisten von uns in dieser Kultur erzogen wurden. Im Allgemeinen wurden wir in dem Glauben erzogen, dass wir hinausgehen und „Dinge anpacken“ müssen. Uns wurde beigebracht, dass wir „unser Schicksal in die Hand nehmen“ müssen. Aber wie viele von euch vielleicht schon erfahren haben, ist man in der Regel schnell frustriert, wenn man ein bestimmtes Ziel hat und versucht, die Dinge zu verwirklichen, weil sich nichts so entwickelt, wie man es geplant hat.

Wenn du ein definiertes Sakral-Zentrum hast, bist du darauf ausgelegt, auf Dinge zu reagieren, die sich dir zeigen. Darauf zu warten kann sehr schwierig sein, denn die sakrale Energie summt und brummt und sehnt sich danach, etwas zu tun. Sakrale Wesen sind sehr beschäftigte Menschen. Sie sind dazu bestimmt, „etwas zu tun“.

Aber im Sakral-Zentrum dreht sich alles um das Warten und das Reagieren auf das, was in deiner äußeren Realität auftaucht. Denk mal zurück. Wenn du ein definiertes Sakral-Zentrum hast, wie oft sind dir dann schon wundersame und unerwartete Dinge aus heiterem Himmel passiert?

Und was passiert, wenn du rausgehst und versuchst, die Dinge selbst in die Hand zu nehmen?

Ich bin ein Manifestierender Generator und musste sehr hart daran arbeiten, zu lernen, wie man auf Dinge wartet, die sich zeigen werden. Ich bin nicht das geduldigste sakrale Wesen. Ich weiß noch, wie ich zum ersten Mal von meinem Sakral-Motor und seiner Energie des Wartens und Reagierens erfuhr. Ich habe wirklich mit der Vorstellung gekämpft. Ich hatte in meinem ganzen Leben noch nie auf etwas gewartet! Aber ich musste zugeben, dass sich mein Leben bis zu diesem Zeitpunkt ziemlich frustrierend angefühlt hatte.

Die sakrale Energie funktioniert am besten, wenn du lernst, darauf zu warten, dass das Richtige auftaucht, und dann darauf zu reagieren. Aber denk daran: Nur weil etwas auftaucht, heißt das nicht, dass du es annehmen musst. Du hast die Freiheit zu wählen.

Definierte Sakral-Zentren sind so konzipiert, dass sie sich jeden Tag abnutzen. Menschen mit definiertem Sakral-Zentrum sollten sich erschöpft fühlen und dann einschlafen. Es ist sehr wichtig, schlafen zu gehen, wenn du erschöpft bist. Wenn du wach bleibst und auf einen weiteren Energieschub wartest, verbrauchst du Energie, die du eigentlich gar nicht hast, und deine Gesundheit wird darunter leiden.

Wenn du ein definiertes Sakral-Zentrum hast und es dir schwerfällt, nachts einzuschlafen, bedeutet das einfach, dass du dich tagsüber nicht genug bewegt hast. Vielleicht solltest du deinen Körper regelmäßig mehr bewegen. Generatoren müssen ihr Sakral-Zentrum (aus-)brennen lassen.

Das ist besonders wichtig, wenn wir mit Generator-Kindern zu tun haben. In meiner Familiencoaching-Praxis habe ich mit vielen Kindern zu tun, bei denen eine Aufmerksamkeitsdefizitstörung (ADS) oder eine Aufmerksamkeitsdefizitstörung mit Hyperaktivität (ADHS) diagnostiziert wurde. Viele dieser Kinder sind einfach nur Generatoren, die sich nicht genug bewegen und deshalb ihre sakralen Motoren nicht jeden Tag auspowern. Wenn diese Kinder im Laufe der Zeit immer weniger schlafen, weil sie nachts nicht einschlafen können, beginnt ihr Serotoninspiegel zu sinken. Zu den Symptomen eines niedrigen Serotoninspiegels gehören Reizbarkeit, Konzentrationsschwäche und ein geringes Selbstwertgefühl. Diese Symptome können die Symptome von ADS oder ADHS imitieren.

Wenn definiertes und undefiniertes Sakral-Zentrum aufeinandertreffen

Das undefinierte und das definierte Sakral-Zentrum stehen in einer Beziehung miteinander vor vielen Herausforderungen. Es ist eine Beziehung, die funktionieren kann, aber das Bewusstsein für die unterschiedlichen Energien ist entscheidend.

Das Schlüsselwort für die sakrale Energie ist Nachhaltigkeit. Das definierte Sakral-Zentrum hat konstante sakrale Energie, das undefinierte nicht. Für kurze Zeit kann das undefinierte Sakral-Zentrum die Energie des definierten verstärken, aber irgendwann bricht sie zusammen. Das kann für den Menschen mit definiertem Sakral-Zentrum frustrierend sein, denn er versteht vielleicht nicht, dass sein Partner mehr Ruhe und Auszeiten braucht als er selbst.

Das undefinierte Sakral-Zentrum braucht Zeit für sich, um die sakrale Energie, die es aus der Umwelt aufgenommen hat, zu „entladen". Wenn das undefinierte Sakral-Zentrum „überladen" ist, kann es sich hyperaktiv und manisch fühlen. Das undefinierte Sakral ist nicht darauf ausgelegt, die Sakral-Energie auf unbestimmte Zeit zu speichern. Wenn diese Energie nicht entladen wird, fordert das irgendwann seinen Tribut. Unbestimmte Sakral-Zentren brauchen Zeit und Raum, um ihre Energie zu entladen, besonders nachts. Zur Enttäuschung der Generator-Typen empfehle ich Menschen mit undefiniertem Sakral-Zentrum immer, allein in ihrem eigenen Zimmer, in ihrer eigenen Aura zu schlafen. Das gilt auch für Kinder mit undefiniertem Sakral-Zentrum. Sie brauchen ihr eigenes Schlafzimmer, wenn möglich.

Die dritte Herausforderung im Zusammenhang mit dem Sakral-Zentrum in romantischen Beziehungen ist die Sexualität. Bedenke, dass ein Mensch mit undefiniertem Sakral-Zentrum die Energie unbegrenzt erleben kann, während das definierte Sakral-Zentrum die Energie auf festgelegte Weise verarbeitet. Der Mensch mit undefiniertem Sakral-Zentrum kann eine Vielzahl von sexuellen Erfahrungen und sogar Vorlieben haben. Aber ein definiertes Sakral in der Aura eines definierten Sakrals wird immer ein Spiegelbild der anderen Person sein. Wenn du ein undefiniertes Sakral-Zentrum hast und eine Vielzahl von sexuellen Erfahrungen gemacht hast, ist deine offene Energie wahrscheinlich der Grund dafür. Für den Menschen mit undefiniertem Sakral-Zentrum ist es wichtig, die Sexualität seines Partners mit definiertem Sakral-Zentrum genießen zu können, denn sie wird sich im Laufe der Zeit wahrscheinlich nicht großartig verändern.

Ich stelle oft fest, dass sich die Fähigkeit der Kinder, einzuschlafen und gut zu schlafen, dramatisch verbessern kann, wenn ich den Eltern helfe, Wege zu finden, wie sie ihren Kindern zu mehr körperlicher Bewegung verhelfen können. Wenn die Kinder ein paar Wochen lang gut schlafen können, verschwinden die Symptome von ADS oder ADHS in der Regel wie von Zauberhand. Dasselbe gilt auch für Erwachsene.

Das Sakral-Zentrum ist auch das Zentrum der Sexualität. Wenn ich von Sexualität spreche, meine ich sowohl den Sex als auch die Fortpflanzung. Das Sakral-Zentrum stellt die Energie für sexuelle Verbindungen bereit und dafür, Kinder aufzuziehen und für sie bis zum Erwachsenenalter zu sorgen. Wenn du ein definiertes Sakral-Zentrum hast, hast du eine bestimmte Art, sexuelle Energie zu verarbeiten. Wie du Sexualität erlebst, bleibt normalerweise im Laufe deines Lebens gleich. Sakrale Wesen sind auch dazu bestimmt, Kinder zu bekommen und aufzuziehen. Das Sakral-Zentrum gibt dir die nötige Energie, um dich um Kinder zu kümmern und zu arbeiten, um die Kinder zu versorgen. Der eigentliche Schlüssel zum Verständnis der sakralen Energie liegt darin, zu verstehen, dass ein definiertes Sakral-Zentrum dem Menschen Zugang zu nachhaltiger Lebens- und Arbeitskraft gibt. Das ist sehr wichtig zu wissen, denn es ist einer der Hauptunterschiede zwischen einem sakralen Wesen und einem nicht-sakralen Wesen.

Affirmationen für Menschen mit definiertem Sakral-Zentrum

- Ich warte gerne und geduldig auf die Gelegenheiten des Lebens, weil ich weiß, dass sich das Richtige für mich ergeben wird.
- Auf das Leben und die Welt zu reagieren, ist das Einzige, was ich tun muss, um mit Freude die richtige Arbeit zu tun und mit den richtigen Menschen zusammen zu sein.
- Ich vertraue meinen sakralen Impulsen, weil ich weiß, dass ich dafür bestimmt bin, zur richtigen Zeit am richtigen Ort zu sein und die richtige Arbeit zu tun.

Wenn wir die Schichten des Charts weiter aufdecken, erhältst du tiefe Einblicke in dein Wesen und deine Funktionsweise. Die neun Zentren erzählen uns so viel über unsere Lebenserfahrung und geben uns tiefe Einblicke in die Art und Weise, wie wir die Welt erleben, wo wir manchmal feststecken und welche Möglichkeiten wir haben, Weisheit zu erlangen. Wenn du diese manchmal gar nicht so subtilen Energien betrachtest und wie sie sich in deinem Leben auswirken, solltest du daran denken, dass der Schlüssel dazu, deine Energie auf die höchste Weise in deinem Leben auszudrücken, nach der Human Design Strategie zu leben, die deinem Typ entspricht.

Kapitel 4

Die Linien und Profile

Dein Human Design Profil ist ein weiterer wichtiger Teil, um dein Human Design zu verstehen und zu entdecken, wer du bist. Dein Profil zeigt dir, wie du lernst und wie du dich auf deinem Lebensweg entwickelst.

Ein Human Design Chart besteht aus drei Hauptelementen: dem Inkarnationskreuz, dem Typ und dem Profil (Abb. 46 und 47).

Dein Inkarnationskreuz erzählt dir von deinem Lebensweg oder dem Handlungsstrang deiner Lebensgeschichte. Stell dir vor, dass deine Reise auf deinem Lebensweg wie ein Theaterstück oder ein Film ist. Ähnlich wie in einem Film der Butler eine Rolle ist, ist in deiner Lebensgeschichte dein Typ deine Rolle. Das Profil stellt den Charakter oder die Persönlichkeit deiner Rolle dar. Um auf die Analogie zum Film zurückzukommen: Der Butler kann viele verschiedene Persönlichkeiten haben, z. B. den mürrischen Butler, den neugierigen Butler oder den stümperhaften Butler. Die Persönlichkeit oder der Charakter wird im Human Design Chart über das Profil definiert.

Dein Profil besteht aus zwei Zahlen – die Torlinien der bewussten und unbewussten Sonne –, die zwei Arten von Energien repräsentieren und zusammen den Stil bilden, wie du lernst und das Leben erfährst. Die erste Zahl ist ein Aspekt der Rolle, die du im Leben spielst, der dir bewusst ist und zu dem du wahrscheinlich leicht Zugang hast. Die zweite Zahl ist ein Aspekt der Rolle, die du im Leben spielst, der dir nicht bewusst ist, der aber auch ein starker Teil deiner Persönlichkeit ist. Es gibt zwölf Profile:

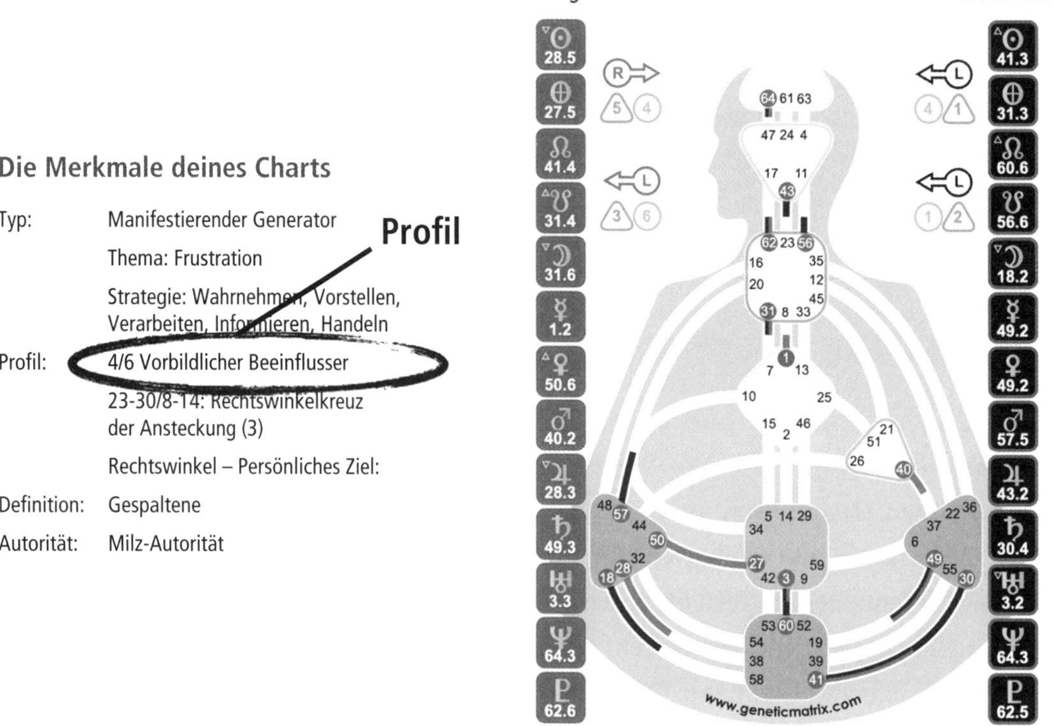

Abb. 46: Das Profil wird im Abschnitt „Die Merkmale deines Charts“ aufgeführt

Die Merkmale deines Charts

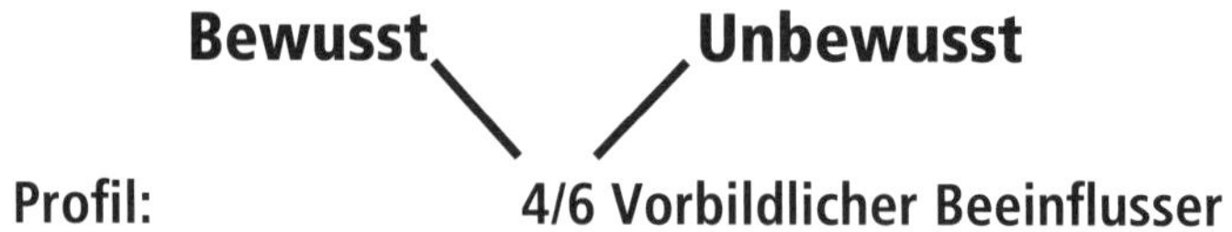

Abbildung 47: Ein Profil in Nahaufnahme

1/3 Experimenteller Forscher
1/4 Beeinflussender Forscher
2/4 Beeinflussender Einsiedler
2/5 Heldenhafter Einsiedler
3/5 Heldenhafter Experimentator
3/6 Vorbildlicher Experimentator
4/6 Vorbildlicher Beeinflusser
4/1 Forschender Beeinflusser
5/1 Forschender Held
5/2 Zurückgezogener Held
6/2 Zurückgezogenes Vorbild
6/3 Experimentelles Vorbild

Die bewussten und unbewussten Anteile deines Profils wirken zusammen, um eine einzigartige Kombination von Energien zu schaffen, die bestimmen, wie du deinen Lebensweg angehst. Manchmal reicht es schon aus, die Zahlen deines Profils zu kennen, um einige deiner inneren Dilemmas zu verstehen und herauszufinden, wie du Veränderungen herbeiführst, in Beziehung gehst, lernst, Einfluss ausübst und deine Energie ausdrückst.

Es gibt sechs mögliche Linien, die in einem Profil ausgedrückt werden. Um die Bedeutung deines Profils zu verstehen, ist es wichtig, die Bedeutung jeder der sechs Linien zu kennen.

Die sechs Linien verstehen

Genau wie in der Astrologie wird deine Energie zu einem bestimmten Zeitpunkt konfiguriert, je nachdem, wo und wann du geboren wurdest. Dein Geburtszeitpunkt legt deine Persönlichkeitsmerkmale und dein einzigartiges Human Design fest.

Wenn wir uns ein Human Design Chart ansehen, betrachten wir normalerweise nur die Körpergrafik – das Dreieck, das den „Bauplan" deiner Energie darstellt. Die Tore und Linien, die die Definition deiner Körpergrafik bilden, sind eine Momentaufnahme der Planeten- und Torpositionen zum Zeitpunkt deiner Geburt.

Um das Verständnis zu erleichtern, wurde die Körpergrafik aus dem vollständigen Chart herausgenommen. Das vollständige Human Design Chart besteht aus der Körpergrafik innerhalb eines Mandalas (Abbildung 48).

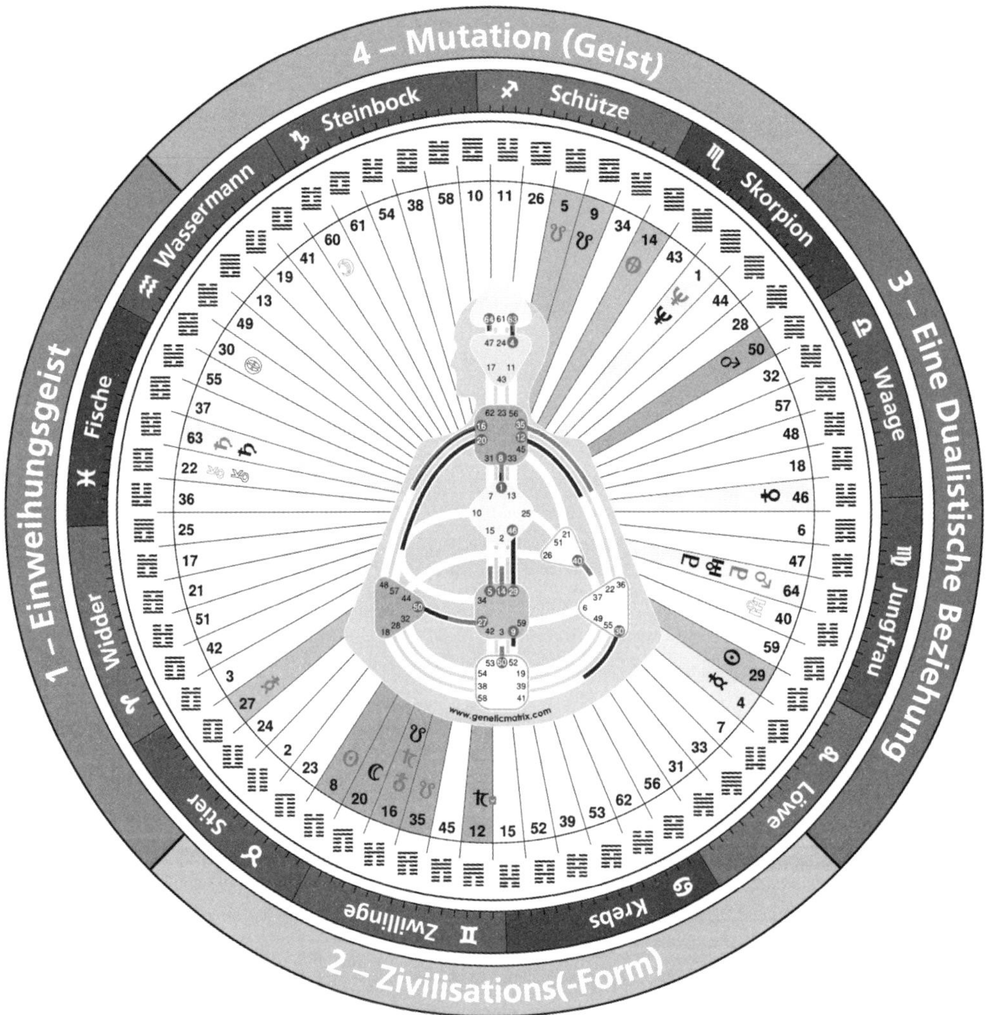

Abb. 48: Die Human Design Körpergrafik und das Mandala

Wie du sehen kannst, hat das Human Design Mandala zwei Räder. Das äußere Rad besteht aus einem Ring mit den 64 Toren. Das innere Rad ist das traditionelle astrologische Horoskop mit den zwölf Häusern. An diesen beiden Rädern wird die Position der Planeten an deinen Toren bei deiner Geburt gemessen.

Stell dir vor, dass jedes der beiden Räder für die Messung eines Moments in der Zeit steht. Wenn du auf eine Uhr schaust, wird die Zeit in Minuten und Sekunden gemessen, und jeder Moment hat einen bestimmten Platz auf dem „Rad" der Uhr.

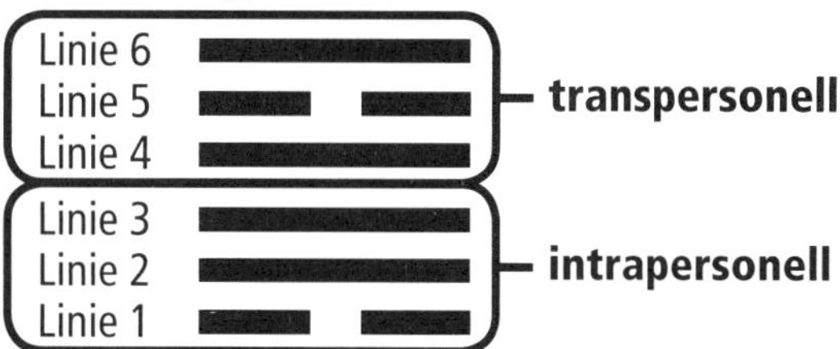

Abb. 49: Das Hexagramm des I Ging besteht aus sechs Linien, die in transpersonale und intrapersonale Attribute unterteilt sind

In der Astrologie wird die Bewegung der Zeit um die astrologische „Uhr" in Grad und Minuten gemessen. Es gibt dreißig astrologische Grade und sechzig astrologische Minuten für jedes Zeichen. Jeder Grad und jede Minute gibt einem Astrologen/einer Astrologin einen noch tieferen Einblick in das Potenzial deines astrologischen Horoskops.

Auf der Human Design „Uhr", wird die Zeit in Linien gemessen. Jedes der 64 Hexagramme hat sechs Linien, die den zeitlichen Ablauf auf dem Mandala markieren (Abbildung 49).

Die Position deiner Tore wird auch in Linien ausgedrückt, was dir noch mehr Aufschluss darüber gibt, wie das Tor in deinem Leben zum Ausdruck kommen wird.

Jede Linie hat eine bestimmte Energie, die beeinflusst, wie das Tor ausgedrückt wird.

Die Linien in deinem Profil sind die Linien deines bewussten und unbewussten Sonnentors in deinem Chart (Abbildung 50).

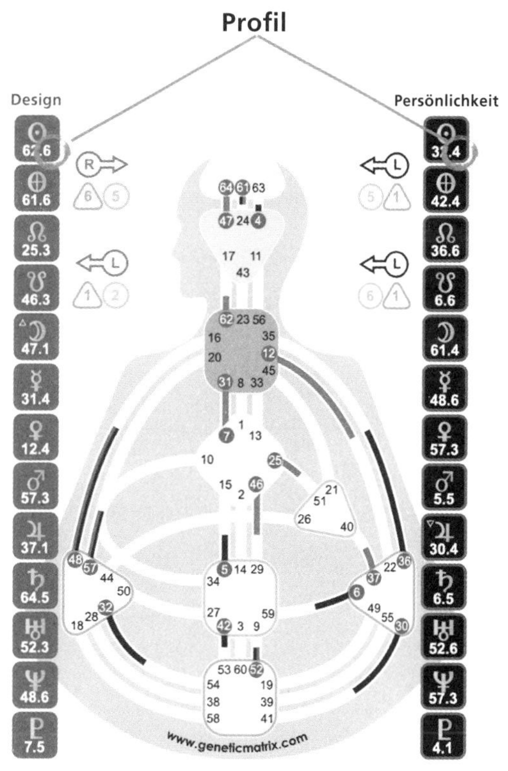

Abb. 50: Das Profil im Geburtshoroskop

Die Linien 1 bis 3 sind intrapersonelle Energien in den Profilen, also Energien, die auf sich selbst ausgerichtet sind und sich um persönliche Erfahrungen und das Selbstverständnis drehen. Die Linien 4 bis 6 sind transpersonale Energien in den Profilen, ihnen geht es um Erfahrungen in Beziehungen mit anderen. Manche Menschen sind von Natur aus mehr auf ihren eigenen Lebensprozess fokussiert, andere sind mehr auf Beziehungen mit anderen Menschen ausgerichtet. Die sechs Linien sind:

- Forscher (Fundament/Grundlage)
- Einsiedler (Rückzug/Anwendung)
- Abenteurer (Experimente/Erfahrung)
- Netzwerker (Teilen/Kontakt/Einfluss)
- Held (Verbreitung/Verallgemeinerung)
- Vorbild (Überblick/Transformation)

Einige Linien haben ähnliche Themen, wodurch bestimmte Linienkombinationen mehr innere Harmonie aufweisen als andere. Einige Linienkombinationen wiederum enthalten energetische Herausforderungen.

- Die Linien 1 und 4 sind harmonisch.
- Die Linien 2 und 5 sind harmonisch.
- Die Linien 3 und 6 sind harmonisch.
- Linien 1, 5 und 6 sind dissonant.
- Linien 2, 4 und 6 sind dissonant.
- Linien 3, 4 und 5 sind dissonant.

Diese Dissonanz schafft kein Leid, sondern hilft dir, deine persönlichen inneren Herausforderungen zu meistern, damit du wachsen und dich weiterentwickeln kannst. Wenn du die Dissonanzen in deinem eigenen Chart meisterst, wachsen dein Selbstbewusstsein und deine Selbstliebe und du bist besser in der Lage, ein harmonisches Leben zu führen. Denke daran, dass es im Human Design kein Leid gibt. Die Orte, an denen wir energetische Herausforderungen haben, sind immer aus einem bestimmten Grund da und sind mächtige Katalysatoren für unser Wachstum auf unserem Lebensweg und für unsere persönliche Entwicklung in diesem Leben. Wenn du deinen Typ und deine Strategie lebst, nehmen viele der inneren Widersprüche in deinem Chart ab und werden weniger herausfordernd.

Zuerst werden wir uns mit den Energien jeder der sechs Linien beschäftigen. Dann kombinieren wir diese sechs Linien, um zwölf mögliche Profile zu erstellen.

Das untere Trigramm: Intrapersonale Energie

Die intrapersonale Energie ist auf sich selbst fokussiert und dreht sich um persönliche Erfahrungen und Selbstverständnis.

Linie 1: Der Forscher

Wenn du ein Profil mit einer ersten Linie hast (1/3, 1/4, 4/1, 5/1), bist du von Natur aus sehr neugierig. Ein Profil der ersten Linie braucht ein Fundament an Informationen, um sich in der Welt sicher zu fühlen. Das Internet wurde für dich erfunden!

Bevor du etwas in deinem Leben verändern oder umstellen kannst, musst du alles über das, was du tun willst, untersuchen und lernen. Wenn du in den Urlaub fährst, wirst du vorher alle Reiseführer lesen, damit du auf dein Abenteuer vorbereitet bist.

Als erste Linie gehört es zu deinem Lebensweg, dass du dein Wissen mit anderen teilst. Andere Menschen sehen dich wahrscheinlich als eine Ressource und eine Person, die viel weiß.

Die Herausforderung eines Profils mit einer ersten Linie besteht darin, dass du dich nicht leicht verändern kannst und dass du dich unwohl fühlst, wenn du das Gefühl hast, nicht genug zu wissen. Hast du es mit der Vorbereitung auf eine Situation übertrieben, und sie läuft nicht so, wie du es geplant hast, kann dich das sehr nervös machen.

In Beziehungen braucht die erste Linie Zeit, um ihren Partner zu „studieren". Sie will alles über den Partner und Beziehungen allgemein lernen.

In deiner höchsten Energie bist du zutiefst wissend.

In deiner niedrigsten Energie hast du Angst vor dem Unbekannten und kannst Lebenserfahrungen verpassen, weil du zu sehr damit beschäftigt bist, sie infrage zu stellen.

Affirmationen

- Ich nehme mir Zeit und bereite mich auf die Abenteuer in meinem Leben vor.
- Mein Wissen ist mein Geschenk an die Welt.
- Ich vertraue darauf, dass ich genug weiß, um mich mit den Veränderungen im Leben zurechtzufinden.
- Mein Selbstvertrauen ist davon abhängig, wie sehr ich die Dinge verstanden habe, und ich erlaube mir, so lange zu lernen, bis ich genug weiß.

Linie 2: Der Einsiedler

Wenn du ein Profil mit einer zweiten Linie hast (2/4, 2/5, 5/2, 6/2), sind Schüchternheit und Einsamkeit Themen in deinem Leben. Wenn du ein Einsiedler bist, sehnst du dich nach Zeit für dich allein und brauchst sie, um dich wieder aufzuladen.

Aber die Energie der zweiten Linie ist etwas mysteriös. Sie wirkt nicht plausibel, denn je mehr ein Einsiedler sich zurückzieht, desto mehr wird er von anderen gesehen. Wenn du die Energie der zweiten Linie hast, fühlt es sich manchmal an, als würde ein Energiestrom andere zu dir ziehen, wenn du dich gut versteckt hast. Wenn du dich zurückziehst, finden dich die Menschen und erkennen dich. Es ist die perfekte Energie für Generatoren und Projektoren.

In Beziehungen neigt die Einsiedler-Energie zur Schüchternheit und muss herausgefordert oder anerkannt werden, um richtig in die Beziehung zu kommen. Da alle Einsiedlerprofile auch transpersonale Energie besitzen, die sich nach Beziehungen sehnt, können sie sich manchmal frustriert fühlen. Das kann für den Einsiedler zu einem inneren Konflikt führen.

Als Einsiedler ist die ideale Beziehung natürlich die mit einem Partner, der genauso viel Zeit für sich braucht wie du und dein Bedürfnis nach Einsamkeit nicht persönlich nimmt. Du willst nicht von deinem Partner getrennt sein, du brauchst nur etwas Zeit für dich. Vielleicht stellst du auch fest, dass du es als Einsiedler liebst, einen Partner zu haben, der gerne mit dir allein ist. Ein ruhiger Abend, an dem ihr beide auf der Couch verschiedene Bücher lest, könnte sich wie das perfekte Date anfühlen. In deiner höchsten Energie wartest du darauf, in die richtige Umgebung gerufen zu werden und du nimmst dir Zeit, dich zu regenerieren und aufzuladen.

In deiner niedrigsten Energie versteckst du dich und verpasst die Freude am Leben.

Affirmationen

- Meine Zeit allein ist sehr wichtig für mich, um meine Energie stark und lebendig zu halten.
- Ich ehre meinen inneren Impuls, allein sein zu wollen, und weiß, dass die göttliche Führung mich aus meinem Rückzug herausrufen wird, wenn der richtige Zeitpunkt gekommen ist.

Linie 3: Der Abenteurer

Wenn du ein Profil mit einer dritten Linie hast (1/3, 3/5, 3/6, 6/3), lernst du durch Erfahrung. Du bist hier, um uns mitzuteilen, was funktioniert und was nicht, basierend auf deinen eigenen Erfarungen.

Du hast in deinem Leben noch nie einen Fehler gemacht. Alles, was du ausprobiert hast und was nicht funktioniert hat, war ein wichtiger Schritt, um zu lernen, was funktioniert. Wenn jemand wissen will, wie man etwas am besten macht, frage man ein Profil mit einer dritten Linie. Diese Menschen haben schon alles ausprobiert.

Wenn du eine dritte Linie hast, ist dein Lebensweg erfahrungsorientiert. Du willst unbedingt losgehen und alle Fehler finden. Aber manchmal kommt es dazu, dass ein Mensch mit dritter Linie im Profil damit aufhört, aus Angst, einen Fehler oder etwas „falsch" zu machen, vor allem, wenn er verurteilt oder kritisiert wurde, weil er etwas nicht richtig gemacht hat.

Es ist wichtig zu verstehen, dass alle deine sogenannten Fehler Teil deiner Lernkurve sind. Es spielt keine Rolle, wie viel du weißt oder wie gut du dich vorbereitet hast, es wird immer etwas „schiefgehen". Diese „Fehler" haben nichts mit deiner Persönlichkeit zu tun. Sie sind ein wichtiger Teil deines Erfahrungsprozesses, der dir hilft, auf praktische Weise zu entdecken, was wirklich nützlich und effektiv ist.

Um das vierzigste Lebensjahr herum werden sich einige deiner Experimente beruhigen. Die Erfahrungen, die du in deiner Jugend gemacht hast, geben dir die nötige Tiefe, um wirklich weise zu sein. Du wirst immer alles ausprobieren wollen, aber mit vierzig wirst du ein tieferes Bewusstsein dafür haben, was du ausprobieren musst und was nicht.

In Beziehungen brauchst du viel Zeit, um dir darüber klar zu werden, was du willst und brauchst. Die Energie der dritten Linie führt oft dazu, dass du dich auf den ersten Blick verliebst und denkst, dass du den Richtigen gefunden hast. Leider kann die Energie der dritten Linie auch dazu führen, dass du dich genauso schnell wieder entliebst, wie du dich verliebt hast. Als Profil mit einer dritten Linie brauchst du in einer Beziehung viel Raum, Freiheit und Zeit, um zu wissen, ob sie für dich richtig ist oder nicht. Geh es langsam an. Das hilft dir, Enttäuschungen zu vermeiden und bewahrt dich davor, andere zu verletzen.

In der höchsten Energie bist du aufgrund deiner eigenen Experimente und Erfahrungen weise in Bezug auf das Leben.

In der niedrigsten Energie hast du Angst, neue Dinge auszuprobieren, weil du weißt, dass sie mit einem gewissen Maß an Versuch und Irrtum verbunden sind.

Affirmationen

- Ich bin ein experimenteller, erfahrungsorientierter Lernender. Ich muss etwas ausprobieren, um es besser zu verstehen.
- Alle meine sogenannten Fehler sind entscheidende Schritte, um meine Weisheit zu kultivieren.
- Ich weiß, was funktioniert und was nicht, weil ich alles ausprobiert habe, und das macht mich sehr weise.

Das obere Trigramm: Transpersonale Energie

Im oberen Trigramm (Linien 4 bis 6) geht es um transpersonale Energie und Beziehungen zu anderen.

Linie 4: Der Netzwerker

Wenn du ein Profil mit einer vierten Linie hast (1/4, 4/1, 4/6), sind deine Beziehungen sehr wichtig für dich. Wahrscheinlich hast du einige deiner größten Chancen im Leben durch dein soziales Netzwerk und deine Freunde erhalten. Die Energie der vierten Linie ist gesellig und tief in Beziehungen verwurzelt. Wenn du eine vierte Linie hast, findest du ein Leben lang heraus, was es bedeutet, in Beziehungen zu sein. Du hast großes Interesse an anderen, sogar ein ausgesprochen großes.

Ein Profil mit einer vierten Linie ist kein Profil, das sich sehr leicht oder gar bereitwillig verändert. Du magst es, wenn alles so bleibt, wie es ist, und du möchtest, dass die Menschen dich so akzeptieren, wie du bist, und nicht versuchen, dich zu verändern.

Wenn du die Energie der vierten Linie hast, dreht sich bei dir alles um die Basis. Wenn es Veränderungen gibt, bewegst du dich vom einen Grundstein zum nächsten. Du willst gut vorbereitet sein und deine neue Gelegenheit ergreifen können, bevor du weitergehst. Das bedeutet, dass du einen Job nicht aufgibst, bevor du einen neuen Job in Aussicht hast. Du trennst dich nicht von einem Liebhaber, bis eine neue Beziehung möglich ist. Du bewegst dich keinen Zentimeter, bevor du weißt, wohin, und das Unbekannte ist dir absolut nicht geheuer.

Um eine großartige Beziehung zu führen, muss zuerst eine starke, freundschaftliche Ebene vorhanden sein. Andernfalls wirst du dich unsicher und nervös fühlen. Deine Energie kann eine gewisse platonische Qualität haben, was manchmal frustrierend sein kann, weil deine potenziellen Partner nicht immer erkennen, dass du romantisch interessiert bist. Sie denken, ihr seid einfach nur gute Freunde. Aber mit einer vierten Linie musst du immer wissen, woran du bist. Es ist auch normal, wenn deine Beziehungen in Freundschaft enden. Du hast vielleicht viele alte Liebhaber, die jetzt gute Freunde sind.

In deiner höchsten Energie bist du zuverlässig, bodenständig und ein guter Freund.

In deiner niedrigsten Energie hast du Angst, deine Wahrheit zu sprechen und Dinge in Ordnung zu bringen. Du erschaffst einfach eine Alternative und ziehst dann weiter, manchmal ohne dich den Herausforderungen zu stellen.

Affirmationen

- Ich verändere mich langsam und mit Bedacht. Ich warte, bis sich die richtige Gelegenheit ergibt und dann wage ich den Sprung.
- Das Unbekannte ist nicht gut für mich und erschüttert mein Fundament.
- Meine Beziehungen sind das Fundament meines Lebens und die Quelle für viele meiner Chancen im Leben.

Linie 5: Der Held

Wenn du ein Profil mit einer fünften Linie hast (2/5, 5/1, 5/2), ist dir auf deinem Lebensweg mehr vorbestimmt, als du vielleicht denkst. Als Held hast du einen Lebensweg, bei dem es darum geht, anderen zu helfen. Aber nicht nur durch dein Handeln hilfst du anderen. Energetisch gesehen dienst du anderen als Spiegel, um ihnen bei der Heilung und Ausrichtung ihrer Energie zu helfen. Das ist nicht unbedingt etwas, das du bewusst tust. Es ist einfach die Wirkung deiner Energie.

Diese energetische Spiegelung macht es den Menschen schwer, dich so zu sehen, wie du wirklich bist. Wie du auf andere wirkst, ist eine Projektion ihres Bewusstseins und dessen, woran sie arbeiten müssen, um zu heilen. Deshalb kann es passieren, dass es sich so anfühlt, als seist du am falschen Ort, bei den falschen Leuten oder der falsche „Spiegel". Daher wird die fünfte Linie auch „Ketzer" genannt. Manchmal projizieren die Leute falsche Erwartungen auf dich und wenn du sie nicht erfüllst, kann dein Ruf darunter leiden.

Natürlich gilt auch das Umgekehrte: Wenn du deiner Human Design Strategie folgst, wirst du dich am richtigen Ort, bei den richtigen Menschen wiederfinden und ihnen auf eine ermächtigende und transformierende Art und Weise helfen. Es ist so wichtig, dass Helden ihrer Strategie folgen. Es kann ihnen eine Menge Schmerz und Leid ersparen.

Aufgrund der Projektionen anderer kannst du mit einer fünften Linie ein Meister der Verwandlung sein. Keiner weiß wirklich, wer du bist (sie werden denken, sie tun es, aber sie tun es nicht). Du bist nicht unnahbar, aber du lässt dir nicht in die Karten schauen.

Die Linie 5 hat in ihrer höchsten Energie die Fähigkeit, eine große Anzahl von Menschen zu beeinflussen und die höchstmöglichen Energien in deren Charts zum Vorschein zu bringen. Das bedeutet, dass Verführung ein wichtiges Thema in deinem Leben ist. Du kannst einen ganzen Raum mit deiner Persönlichkeit, deinen Ideen und sogar deiner Sexualität verführen, wenn du willst. Die fünfte Linie macht dich in vielerlei Hinsicht zu einem großartigen Verkäufer.

In Beziehungen verführst du gerne und du wirst auch gerne verführt. Die Menschen fühlen sich zu dir hingezogen. Du kannst in deinen Beziehungen viel Macht und Kontrolle haben und du entscheidest, wann du deinen Charme ausspielst. Manche Menschen mit einer Linie 5 mögen die Energie der Verführung so sehr, dass sie die anderen Aspekte einer Beziehung vergessen. Das kann dir eine gewisse Casanova-Qualität verleihen, wenn du nicht aufpasst. Und weil die Leute ihre Vorstellungen und Wahrnehmungen auf dich projizieren, können sie dich als Casanova wahrnehmen, auch wenn du treu bist. Das Projektionsfeld der anderen kann Beziehungen für dich manchmal schwierig machen. Wegen deiner geheimnisvollen Natur kann es dauern, bis du dich in einer Beziehung sicher und wohl fühlst. Helden mögen es nicht immer, verletzlich zu sein oder als verletzlich angesehen zu werden. Wenn alles in Ordnung ist, wirst du deinen Partner immer wieder spielerisch verführen und ihm oder ihr langsam dein wahres Ich offenbaren, um die Energie und den Funken eurer Beziehung am Leben zu erhalten und anzufachen. Die Linie 5 sucht immer nach dem höchsten Ausdruck der Liebe.

In deiner höchsten Energie kannst du Menschen effektiv beeinflussen.

In deiner niedrigsten Energie setzt du deinen Charme zum persönlichen Vorteil ein und verletzt manchmal andere damit.

Affirmationen

- Ich bin extrem stark darin, andere zu beeinflussen und zu neuen Ideen und Inspirationen zu verführen. Ich nutze diesen Einfluss für das Allgemeinwohl.
- Ich folge meiner Strategie, denn wenn ich die richtigen Beziehungen eingehe, bin ich großartig darin, Veränderungen herbeizuführen.
- Mir ist klar, dass andere mich nicht immer so sehen, wie ich bin, also kommuniziere ich achtsam, klar und wiederhole mich auch.

Linie 6: Das Vorbild

Wenn du ein Profil mit einer sechsten Linie hast (3/6, 4/6, 6/2, 6/3), hast du drei verschiedene Lebensphasen. Letztendlich führt dich dein Lebensweg dazu, ein Vorbild für andere zu werden. Ein Mensch mit einer sechsten Linie mag ein Spätzünder sein, aber jeder Schritt auf deinem Weg ist entscheidend für die Rolle, die du später im Leben verkörpern wirst.

Die erste Phase dauert von der Geburt bis zum Alter von 28,6 Jahren. In dieser ersten Phase dreht sich in deinem Leben alles darum, Erfahrungen zu machen und zu experimentieren. Du verhältst dich sehr ähnlich wie ein Mensch mit einer dritten Linie.

Die zweite Phase dauert von 28,6 Jahren bis zum Alter von etwa fünfzig Jahren. Die meisten Menschen spüren diese Phase erst im Alter von fünfunddreißig Jahren. In dieser zweiten Phase merkst du vielleicht, dass das Leben nicht mehr so turbulent ist wie in deinen Zwanzigern. Du hast vielleicht das Gefühl, dass es dich viel Energie und Mühe kostet, Dinge zu tun, die du früher getan hast. Das Beantworten von Telefonaten und E-Mails, Small Talk und unbeschwertes Geplänkel interessieren dich vielleicht nicht mehr so sehr. Du bist mehr daran interessiert, zu lernen oder dich einfach nur auszuruhen. Ein Sinn dieser Phase ist es, dich vom ersten Teil deines Lebens zu heilen und andere Menschen zu beobachten, um zu sehen, was sie tun und wie sie das Leben meistern. Man sagt, dass du in der zweiten Phase „auf dem Dach oder Berg sitzt“.

Wenn du auf dem Berg sitzt, ist eine gute Zeit gekommen, um ein Unternehmen aufzubauen oder dich auf dich selbst zu konzentrieren. Weil es in dieser Phase so viel um innere Arbeit geht, ist es oft schwierig, eine Beziehung einzugehen. Sogar die Erziehung kann in dieser Zeit schwierig sein, besonders wenn du nicht verstehst, was mit dir passiert. Wenn 6er-Linien-Profile diese Phase durchlaufen, denken sie manchmal, sie seien depressiv.

Die letzte Phase beginnt um das fünfzigste Lebensjahr herum und dauert für den Rest deines Lebens an. Wenn du „vom Berg hinabsteigst", kann das manchmal ein katastrophaler Abstieg sein. Die Themen aus dem ersten Teil deines Lebens können mit neu gewonnener Weisheit und Reife wieder auftauchen. Es ist nicht ungewöhnlich, dass du in dieser Zeit dramatische Veränderungen in deinem Leben erlebst und dich auf den Weg machst, ein Leben zu schaffen, in dem du dein authentisches Selbst voll und ganz zum Ausdruck bringst.

Die letzte Phase, die sogenannte Vorbildphase, ist eine Zeit, in der du alles ausprobiert hast, herausgefunden hast, was funktioniert, und nun dein wahres Selbst verkörperst.

Als Vorbild musst du nicht viel tun, außer du selbst zu sein. Andere beobachten dich jetzt, um zu sehen, wie sie das Beste aus ihrem Leben machen können.

Die sechste Linie hat so etwas wie eine Bestimmung oder ein festes Schicksal. Als Profil mit einer sechsten Linie bist du dir normalerweise über deine Lebensaufgabe im Klaren und spürst, wie sie dich dazu drängt, sie zu verwirklichen. Wenn du dich aus irgendeinem Grund noch nicht sicher oder auf deinem Weg fühlst, wird dich deine äußere Realität ziemlich stark darauf hinweisen. Als Mensch mit einer sechsten Linie kann es sich sehr unangenehm anfühlen, wenn du dir über die Richtung deines Lebens nicht im Klaren bist.

In Beziehungen brauchst du einen Seelenverwandten und sehnst dich danach. Das kann für ein Profil mit sechster Linie eine lange und verzweifelte Reise sein, vor allem, wenn du noch während der zweiten Phase, in der es schwer ist, eine Beziehung einzugehen, auf dem Berg nach einer Seele suchst. Du musst vielleicht ein paar Frösche küssen, aber deine Suche wird sich am Ende lohnen und du wirst vergessen, wie lange es gedauert hat, wenn du dich endlich in den Armen deines oder deiner Geliebten wiederfindest.

In deiner höchsten Energie bist du ein Vorbild, das andere inspiriert.

In deiner niedrigsten Energie bleibst du in deiner Unnahbarkeit stecken und hast Mühe, dich eins mit der Welt zu fühlen.

Affirmationen

- Ich vertraue auf den Lauf meines Lebens und weiß, dass jeder Schritt auf meinem Lebensweg mich zu meiner Bestimmung führt.
- Ich entspanne mich, erlaube dem Prozess, sich zu entfalten und ehre mich für das, was ich bin.

- Ich weiß, dass, meine Wahrheit zu leben, das Wichtigste ist, was ich tun kann, und ich entscheide mich mutig für ein authentisches Leben.

Die zwölf Profile

Die sechs Linien können das Bewusste und das Unbewusste zu zwölf verschiedenen Profilen kombinieren:

1/3 Forscher/Abenteurer – Experimenteller Forscher
1/4 Forscher/Netzwerker – Beeinflussender Forscher
2/4 Einsiedler/Netzwerker - Beeinflussender Einsiedler
2/5 Einsiedler/Held – Heldenhafter Einsiedler
3/5 Abenteurer/Held – Heldenhafter Abenteurer
3/6 Abenteurer/Vorbild – Vorbildlicher Abenteurer
4/6 Netzwerker/Vorbild – Vorbildlicher Beeinflusser
4/1 Netzwerker/Forscher – Forschender Beeinflusser
5/1 Held/Forscher – Forschender Held
5/2 Held/Einsiedler – Zurückgezogener Held
6/2 Vorbild/Einsiedler – Zurückgezogenes Vorbild
6/3 Vorbild/Abenteurer – Experimentelles Vorbild

Die erste Zahl in deinem Profil ist immer die bewusste Energie; die Energie, der du in erster Linie folgst und derer du dir mehr bewusst bist. Die zweite Linie in deinem Profil ist die unbewusste Energie; sie ist subtiler und stimmt sich auf die Energie der ersten Zahl ein. *Im Profil dominiert die bewusste Energie immer die unbewusste Energie.*

Wenn du z. B. ein 1/3-Profil (experimenteller Forscher) hast, hast du das Bedürfnis, Dinge zu erforschen und dann mit ihnen zu experimentieren, um zu sehen, ob sie funktionieren. Die erste Zahl ist die bewusste Linie des Profils und steht für die Forscherenergie. Die zweite Zahl ist die unbewusste Linie des Profils und steht für den experimentellen Teil des Profils. Das Profil 1/3 muss zuerst erforschen und dann experimentieren, und zwar immer in dieser Reihenfolge.

Wir werden hier nicht auf jedes der zwölf Profile im Detail eingehen, aber ich denke, du kannst dein Profil selbst verstehen lernen, indem du die beiden Linien nachliest, aus denen sich dein Profil zusammensetzt.

✦

Wenn du deine Definition und Offenheit verstehst, erhältst du eine Menge Informationen darüber, wie du funktionierst, welche energetischen Erfahrungen dich blockieren und welche Beziehungsdynamiken du persönlich genommen hast. Zu wissen, welche Energien beständig verfügbar und welche wechselhaft sind, gibt dir auch Aufschluss darüber, wer du bist, was du zu tun hast und wo du noch Weisheit über andere Menschen erlangen kannst.

Dein Profil gibt dir eine weitere Bewusstseinsebene und Verständnis über dein Leben und deine Erfahrungen. Jetzt verstehst du deine Energie, wie du die Welt erfährst und dich entwickelst und sogar ein wenig über deinen Lebenssinn und deine Rolle.

Denke daran, dass trotz der Tatsache, dass du mehr Tiefe und Selbsterkenntnis durch dein Human Design Chart erlangst, der Weg, um deine absolute Wahrheit zu leben, sehr einfach ist. Folge deiner Human Design Strategie, die deinem Typ entspricht, und das Wunder des Lebens entfaltet sich mit Leichtigkeit.

Auf der Webseite **https://www.quantumalignemntsystem.com/ reader-resources** findest du auch ein Video zu den Profilen.

Teil Drei

Tore, Schaltkreise und Kanäle

Wie alle Energien im Human Design Chart kannst du die Schaltkreise in einer hohen und einer niedrigen Energie erfahren. Die Übungen in diesem Teil des Buches sollen dir helfen, die Themen deiner definierten Kanäle und aktivierten Tore zu entdecken und dich dabei unterstützen, deine einzigartige Energie mit dem höchstmöglichen Potenzial bewusst zum Ausdruck zu bringen.

Denke daran, dass du alle Teile des Designs besitzt. Es gibt keine Energien im Design, die du nicht hast. Es ist nur so, dass du deine definierten Aspekte als beständiger erlebst als deine undefinierten.

Viele meiner Schüler empfinden es als sehr hilfreich, diesen Teil des Buches durchzugehen und zuerst die Übungen für ihre definierten Kanäle und aktivierten Tore zu machen.

Kapitel 5

Die Tore

Es gibt 64 Tore im Human Design System. Die Tore stehen für bestimmte energetische Themen, die dir weitere Einblicke in deine Persönlichkeit geben, in das, was dich antreibt, in deine Lebensaufgabe, in Beziehungsthemen, in das, was dich kreativ erfüllt, und sogar in die Funktionsweise deiner Intuition und deine Verbindung zur Quelle.

In jedem Kanal gibt es zwei Tore. Die Stellung der Planeten zum Zeitpunkt deiner Geburt bestimmt, welche Tore in deinem Chart aktiviert sind. Deine aktivierten Tore sind Energien, die du ständig erlebst. Wenn beide Tore definiert sind, wird der gesamte Kanal definiert und auch die Zentren an jedem Ende des Kanals. Auch wenn jeder andere Tore in seinem Design aktiviert hat, existieren alle Tore in der einen oder anderen Form in uns. Deine offenen Tore erlebst du immer anders, je nachdem, mit wem du zusammen bist und wo du dich befindest.

Wie bei allen Energien im Chart gibt es für jedes Tor eine hohe und eine niedrige Frequenz. Wenn du dir die Tore in deinem Design anschaust, frage dich, wie diese Energien dein Leben beeinflussen. Wir sind dazu bestimmt, freudvoll, verbunden, kreativ, erfüllt und kraftvoll zu sein. Wenn du die höchste Frequenz der Energie in deinem Design lebst, entfaltet sich das Wunder des Lebens ganz natürlich für dich.

In diesem Abschnitt folgen auf jedes Tor eine Affirmation und eine Reihe schriftlicher Übungen, die dir helfen sollen, die hohe Frequenz der jeweiligen Tor-Energie in deinem eigenen Leben zu entdecken. Ich schlage vor, dass du dir zuerst deine aktivierten Tore durchliest und dir dann diesen Abschnitt noch einmal anschaust, um zu sehen, wie deine nichtaktivierten Tore dein Leben beeinflusst haben könnten.

Bedenke, dass der Schlüssel, um die besten Möglichkeiten in deinem Leben zu erfahren, nicht nur darin liegt, dir deiner selbst bewusst zu werden, sondern auch darin, deine Human Design Strategie zu leben.

Tor 1: Selbstausdruck

I Ging: Das Schöpferische
Astrologie: Skorpion
Biologie: Leber

Tor 1 ist das Yang der Hexagramme (Yang-Yang). Es ist eine kraftvolle Energie, die auf den Geist eines Menschen drückt, wenn er sein Bedürfnis, sich kreativ auszudrücken, nicht erfüllt. Diese Energie weckt dich nachts mit dem Gedanken auf, dass du etwas mit deinem Leben anfangen sollst, und wenn du nicht weißt, was das ist, kannst du sehr unruhig werden.

Tor 1 sucht von sich aus immer nach mehr Energie, um diesen Ausdruck zur Kehle aufrechtzuerhalten. Sie muss vielleicht mit anderen mitarbeiten, aber sie wird sich nicht wohl und erfüllt fühlen, wenn sie nicht einen Weg findet, sich auszudrücken. Menschen mit dieser Energie wollen mehr tun, als sich freiwillig für eine Blutspendeaktion zu melden; sie wollen die Welt verändern. Und sie haben die Motivation, das zu tun, vorausgesetzt, sie setzen diese Energie richtig ein.

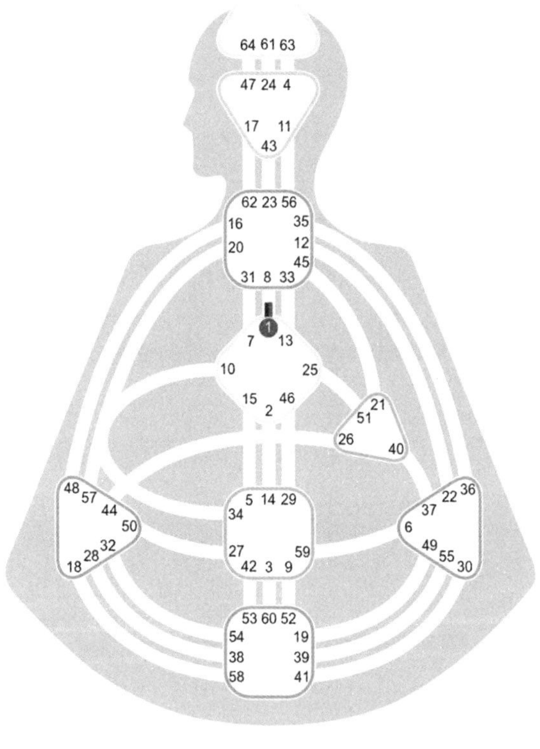

Abb. 51: Tor 1

In diesem Kanal gibt es eine enorme Menge an Wissen. Das Wissen über den richtigen Beitrag zur richtigen Zeit. Jemand mit Tor 1 muss vielleicht auf Anerkennung und die richtige Energie warten, um den Beitrag, den seine Seele leisten will, in die Welt hinauszutragen. Abzuwarten ist schwer, aber es ist wichtig, um die richtige Wirkung zu erzielen.

Affirmationen

- Jeder Tag ist ein neues Kunstwerk.
- Mein größter Beitrag für den Planeten ist, mich selbst voll und ganz zum Ausdruck zu bringen.
- Die Entfaltung meines göttlichen Potenzials ist wichtig für die Entwicklung der Menschheit.
- Ich vertraue dem Prozess und lasse alle Ängste los, die ich vor dem „Scheitern meiner Lebensaufgabe" haben könnte.
- Ich bin bei der Sache, am richtigen Ort und leiste den richtigen Beitrag.

Schriftliche Aufgaben

1. Gibt es Zeiten, in denen du dich selbst daran hinderst, dich voll und ganz auszudrücken? Was wäre nötig, damit du dich voll entfalten kannst?
2. Was bedeutet das Wort „Vermächtnis" für dich? Hinterlässt du ein authentisches Erbe? Gibt es einschränkende Glaubenssätze und Erfahrungen, die dich daran hindern, deine Authentizität zum Ausdruck zu bringen? Was musst du tun, um sie loszulassen?

Tor 2: Hüter der Schlüssel

I Ging: Das Empfangende
Astrologie: Stier
Biologie: Leber

Tor 2 ist die Energie für die Verwaltung von Reichtum. Es ist die stärkste Yin-Ausprägung der Hexagramme (Yin-Yin).

Tor 2 ist nicht unbedingt die Energie zum Geldverdienen, aber es mag Geld und den Komfort, zu wissen, dass die finanzielle Grundlage sicher und konsequent unterstützt. Tor 2 nimmt die von Tor 14 geschaffenen Ressourcen auf und verteilt sie, um den Energiefluss zu vereinfachen.

Natürlich kann dieses Tor eine jugendliche Ausprägung haben, die zu rücksichtslosem Geldausgeben führt, ohne das Bewusstsein oder die Bereitschaft, was notwendig ist, um Wohlstand zu erzeugen. Das Bild eines Teenagers im Einkaufszentrum mit der Kreditkarte seines Vaters passt hier gut. Aber letztlich geht es bei der hohen Frequenz dieser Energie darum, Ressourcen zu haben und gut zu verwalten, damit du über das verfügst, was du brauchst, um Dinge zu verändern und deinen Beitrag in der Welt zu leisten. Tor 2 verwaltet die Ressourcen so, dass Reichtum zur Verfügung steht, um Einfluss zu nehmen und Dinge auf eine transformative Art und Weise zu erreichen.

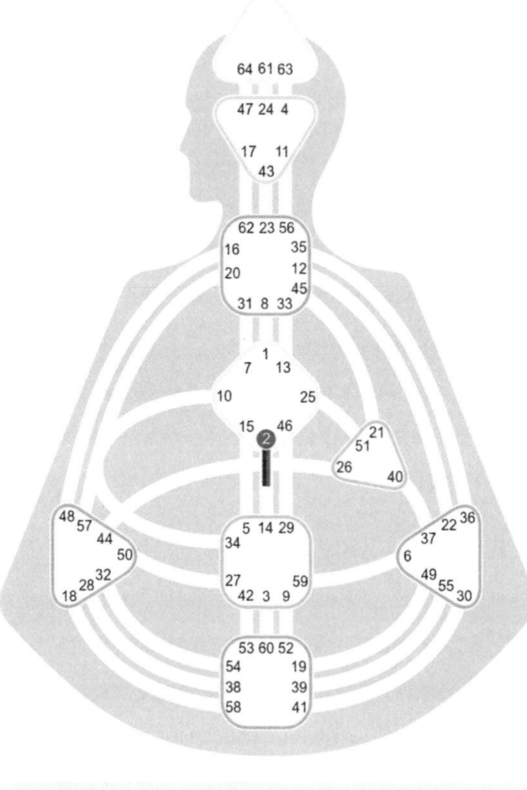

Abb. 52: Tor 2

Affirmation

Ich bin klug im Umgang mit Ressourcen und weiß, wie ich eine starke Grundlage und Unterstützung für mein Schicksal und meinen Beitrag in dieser Welt schaffe.

Schriftliche Aufgaben

1. Welche Schritte musst du unternehmen, um dein Schicksal anzunehmen? Welche Ressourcen sind notwendig?
2. Über welche Ressourcen verfügst du bereits? Was musst du tun, um eine solide Grundlage für die Verwirklichung deiner Träume zu schaffen?

Tor 3: Neuordnung

I Ging: Die Anfangsschwierigkeit
Astrologie: Widder/Stier
Biologie: Eierstöcke und Hoden

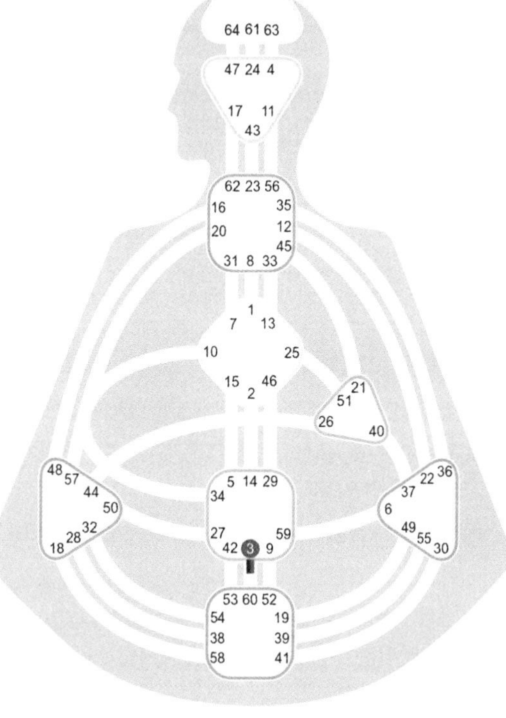

Abb. 53: Tor 3

Bei Tor 3 geht es um Mutation und Transformation. Auf genetischer Ebene bringt Tor 3 neues genetisches Material ein, das gegen altes genetisches Material stößt, um zu sehen, ob es integriert werden kann. Auf der Arbeitsebene versucht es, die Arbeitserfahrung und die Reaktion darauf zu verändern. Tor 3 reagiert auf Arbeit, die Veränderungen herbeiruft, welche oft unpassend oder einfach nur seltsam sein können, wenn ihnen nicht Einhalt gewährt wird. Das Ziel von Tor 3 ist, auf Arbeiten zu reagieren, die entscheidend für die Tranformation sind oder Veränderungen in der Welt schaffen.

Tor 3 hat, wie jede Mutation, am Anfang Schwierigkeiten. Das ist notwendig, um zu „beweisen", dass es sich lohnt, die Energie zu integrieren. Ohne diesen Kampf läuft die Gesellschaft Gefahr, sich rücksichtslos und unberechenbar zu verändern.

Menschen, die diese Energie in ihrem Chart haben, können manchmal das Gefühl haben, dass die Dinge am Anfang schwieriger für sie sind. Die Beharrlichkeit wird ihnen letztendlich zeigen, ob sich die Schwierigkeiten gelohnt haben oder nicht.

Affirmationen

- Ich akzeptiere, dass es Grenzen gibt und schätze das, was ist.
- Ich vertraue darauf, dass das, was ich in diesem Moment erlebe, mich perfekt dabei unterstützen wird, das zu erschaffen, was ich beabsichtige.

Schriftliche Aufgaben

1. Gibt es Bereiche in deinem Leben, in denen du das Gefühl hast, dass du auf Widerstand stößt oder mit dem Kopf gegen eine Wand rennst? Was musst du akzeptieren, um diese Widerstände aufzulösen?
2. Willst du etwas tun, spürst aber, dass der Zeitpunkt vielleicht nicht richtig ist? Musst du dich weiter anstrengen oder ist es an der Zeit, loszulassen und auf das *göttliche Timing* zu vertrauen?

Tor 4: Antworten

I Ging: Die Jugendtorheit
Astrologie: Löwe
Biologie: Hypophyse (Vorder- und Hinterlappen)

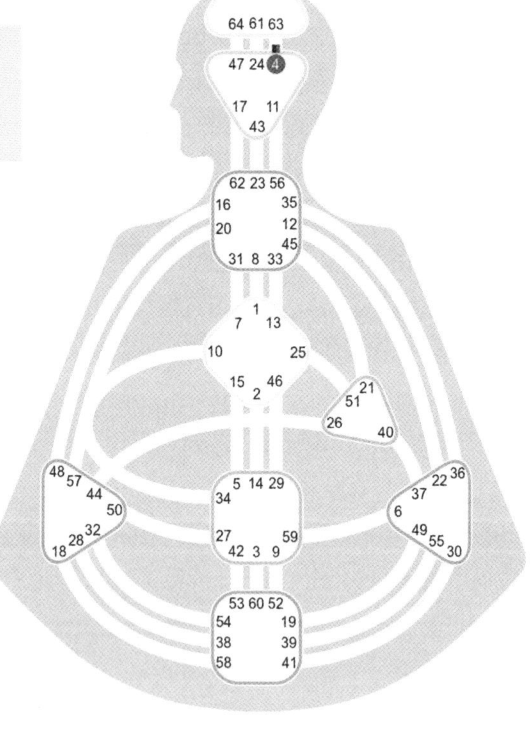

Abb. 54: Tor 4

Tor 4 ist das Tor der Antwort. Die Antwort auf was, fragst du dich vielleicht. Das spielt keine Rolle. Es ist einfach nur die Antwort. Antworten kommen aus Tor 4, ohne dass sie viel Wert auf Gültigkeit legen. Sie sind lediglich Möglichkeiten, die im Laufe der Zeit bewiesen werden müssen.

Menschen mit dieser Energie, vor allem mit einer offenen Krone, werden unter Druck stehen, Antworten zu finden.

Antworten können manchmal einfach aus dem Mund dieser Person heraussprudeln. Denke daran, dass Antworten nur eine Energieform sind. Nur weil jemand eine Antwort hat, muss sie noch lange nicht richtig sein.

Affirmationen

- Die Summe meiner Gedanken und Erfahrungen gibt mir Aufschluss darüber, wie ich zuversichtlich und vertrauensvoll in die Zukunft gehen kann.
- Ich warte geduldig, um zu sehen, ob meine Antworten richtig sind.

Schriftliche Aufgaben

1. Welche neuen Erkenntnisse und Einsichten, welches Wissen hast du durch deine Gedanken, Erfahrungen und Meditationen gewonnen?
2. Welche sind die nächsten Schritte, die du in deinem kreativen Prozess unternehmen musst?

Tor 5: Muster

I Ging: Das Warten
Astrologie: Schütze
Biologie: Eierstöcke und Hoden

Tor 5 ist zutiefst rhythmisch. Wenn du diese Energie hast, ist es wichtig, dass du eine Routine einhältst, um dich produktiv und gut zu fühlen. Wenn deine Routine unterbrochen wird, fällt es dir vielleicht schwer, wieder in die Gänge zu kommen.

Wenn du ein Generator mit diesem Tor bist, wirst du auf Gelegenheiten für Arbeit und Sex reagieren, die rhythmisch sind. Tor 5 mag Routine so sehr, dass auch Intimität und Arbeit ein Muster, Regelmäßigkeit und Rhythmus haben.

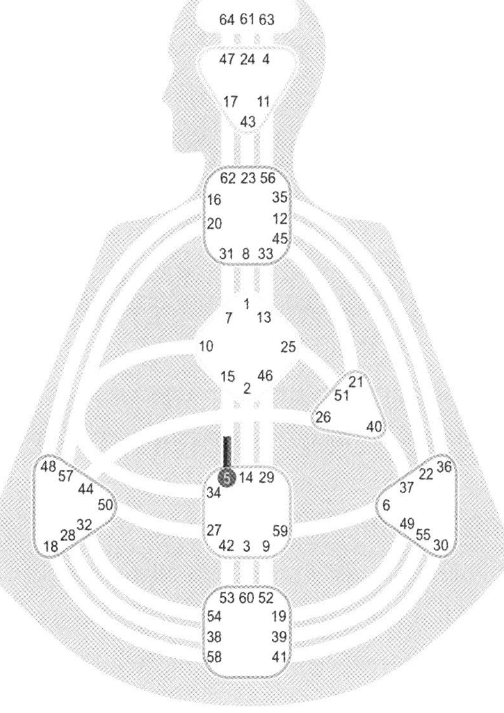

Abb. 55: Tor 5

Affirmationen

- Meine Routinen und Gewohnheiten sind notwendig, um meine Lebenskraft in richtige Bahnen zu lenken.
- Ich gebe mir Zeit und Raum für meinen täglichen Rhythmus und ich ehre mich selbst genug, um auch meine einzigartigen Rituale zu ehren. Sie erden mich und verbinden mich mit der Quelle.

Schriftliche Aufgaben

1. Hast du eine tägliche Routine? Was musst du jeden Tag tun, um dich selbst, die Quelle und die Welt um dich herum zu ehren?
2. Bist du oft genug draußen? Was musst du tun, um dich wieder mit der Natur zu verbinden?

Tor 6: Widerstand

I Ging: Der Sreit
Astrologie: Jungfrau
Biologie: Nieren und Bauchspeicheldrüse

Tor 6 verbindet das Sakral-Zentrum mit dem Emotional-Zentrum. Es ist eine durchdringende Energie, das heißt, sie kann in die Aura der Menschen eindringen. Sie ist emotional und energetisch, nicht verführerisch.

Beim Sex ist dies die Energie, die an die Aura einer anderen Person „andockt" und die, wenn sie richtig eingesetzt wird, ein Tor zu wahrer Intimität sein kann. Nach der Auffassung des Human Design entsteht wahre Intimität nicht nur beim Sex, sondern auch bei der Fortpflanzung.

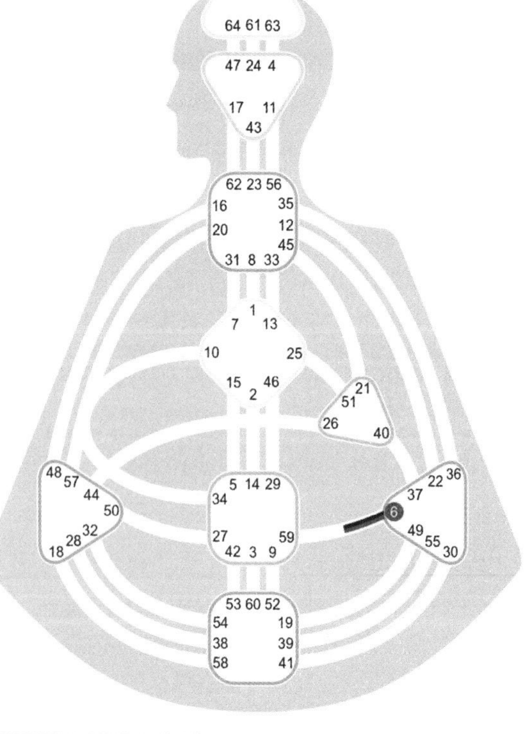

Abb. 56: Tor 6

Die Sexualität des sechsten Tores ist emotional. Sie erhält mit der Zeit Klarheit. „Einschätzen und dann eindringen" könnte das Mantra für dieses Tor sein. Warte mit der Handlung, bis du sicher bist, dass es die Richtige ist.

Intimität, auf die gewartet wird, kann nährend sein, auch wenn diese Energie nicht von Natur aus nährend ist. Wenn du nicht wartest, wird sich die Beziehung nicht nährend anfühlen und schließlich zerbrechen. Das Ergebnis des Zusammenbruchs dieser falschen Intimität kann Krieg oder Konflikt sein, eine Menge Emotionen als Reaktion auf eine schlechte Entscheidung.

Die Energie von Krieg und Konflikt in diesem Tor kann auch defensiv sein. Ein Konflikt, der aufgrund von Zeit und Klarheit (auf die emotionale Welle warten) angezettelt wird, kann der Verteidigung von geliebten Menschen dienen. Der Stammes-Schaltkreis (siehe Kapitel 6) verlangt von dir, dass du dein Leben energetisch für das Wohl des Ganzen aufgibst. Du kämpfst für Liebe und Ressourcen. Ein Mensch mit Tor 6 wird mit Sicherheit der Erste sein, der einen Speer wirft, um den Stamm zu schützen.

Natürlich ist Klarheit hier entscheidend. Ohne Klarheit kann der Krieg zerstörerisch sein und den Stamm letztlich vernichten.

Affirmationen

- Ich gebe mich dem Leben hin.
- Ich nehme mein Schicksal und alles, was es bedeutet, wahrhaftig ich zu sein, an.

Schriftliche Aufgabe

Entsprechen deine Wünsche deinem wahrhaftigen Sein? Lebst du authentisch und mutig dein wahres Selbst? Wo musst du vielleicht etwas ändern?

Tor 7: Selbst in der Interaktion

I Ging: Das Heer
Astrologie: Löwe
Biologie: Leber

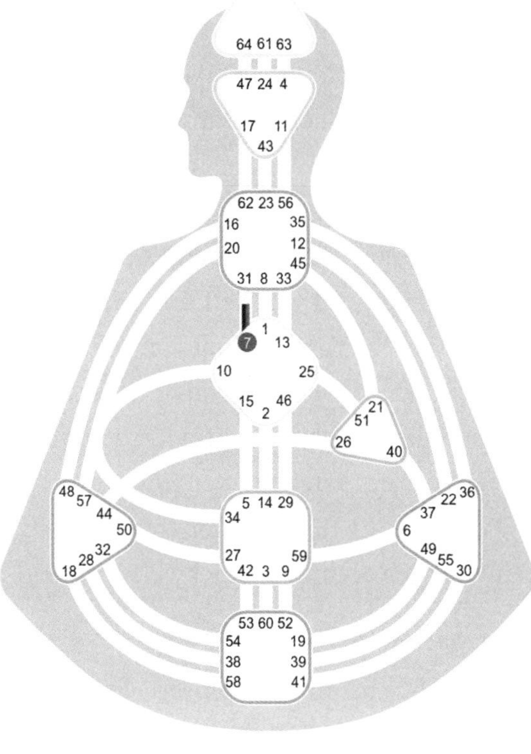

Abb. 57: Tor 7

Tor 7 ist dazu da, einer Führung zu dienen, die größer als du selbst ist. Eine niedrige Energie von Tor 7 kämpft darum, die Führung zu übernehmen, ohne großen Erfolg.

Die Energie von Tor 7 muss anerkannt werden und ist von Natur aus sehr demokratisch, was ihren Ausdruck angeht. Mit dieser Energie kannst du keine Führung erzwingen. Sie würde nicht von Dauer sein.

Menschen mit Tor 7 oder Tor 31 sind als natürliche Führungspersönlichkeiten bekannt. Es ist ganz normal, dass sie von einer Gruppe als Führung ausgewählt werden. Das ist der Platz, wo sie hingehören.

Affirmationen

- Ich übernehme die Führung in meinem Leben und weiß, dass ich aufgerufen werde, meine Wirkung mit der Welt zu teilen.
- Ich bin unterstützt und vertraue dem Universum, dass ich mich genau dorthin bewege, wo mein authentischer Ausdruck in der Welt gebraucht wird.

Schriftliche Aufgaben

1. Wo musst du in deinem Leben aktiv werden und die Führung übernehmen? Was musst du tun, um deinen Traum zu verwirklichen?

2. Welche Art von Einfluss und Anerkennung würdest du gerne in deinem Leben erfahren? Was hat dich in der Vergangenheit davon abgehalten, anerkannt zu werden? Gibt es etwas, das du ändern musst, um dein Licht strahlen zu lassen?

Tor 8: Beitrag

I Ging: Das Zusammenhalten
Astrologie: Stier/Zwilling
Biologie: Schilddrüse und Nebenschilddrüse

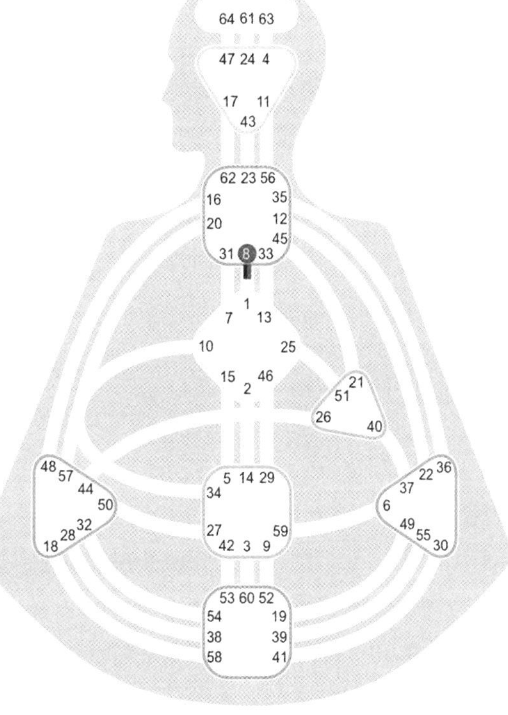

Abb. 58: Tor 8

Tor 8 hat zwar nicht die gleichen Voraussetzungen wie Tor 1, aber es hat trotzdem das Bedürfnis, einen Beitrag zu leisten. Hier drückt sich letztendlich die Individualität aus, die aus dem Sakral kommt.

Tor 8 will etwas erreichen, etwas bewegen, etwas verändern, aber das geht nur, wenn es mit den richtigen Energien verbunden ist und Anerkennung bekommt. Die Schlüssel dazu sind das richtige Timing und die richtigen Energien. Manchmal bedeutet das, warten zu müssen, und das kann besonders schwer sein, wenn die Welt verändert werden muss.

In seiner höchsten Energie ist Tor 8 das kreative Vorbild. Es wartet auf das richtige Timing und teilt sich dann mit, indem es „seinen Worten Taten folgen lässt". Wenn Tor 8 richtig funktioniert, wirkt es inspirierend und schafft Veränderungen, indem es mit gutem Beispiel vorangeht.

Affirmationen

- Der größte Beitrag, den ich leisten kann, ist, mein Licht, meine Liebe und mein Selbst mit der Welt zu teilen. Ich entscheide mich, meinen Beitrag dadurch zu leisten, dass ich meine Authentizität in vollem Umfang zum Ausdruck bringe.
- Ich mache mich nicht klein. Ich strahle. Ich bin ein entscheidender Teil des Lichts der Menschheit.

Schriftliche Aufgaben

1. Wenn du ein kompromissloses Leben führen könntest, wie würde es aussehen?
2. Was musst du tun, um dieses Leben voranzutreiben? Gibt es etwas, das dich hindert?

Tor 9: Fokus

I Ging: Des Kleinen Zähmungskraft
Astrologie: Schütze
Biologie: Eierstöcke und Hoden

Tor 9 ist die Energie für Konzentration. Wenn du dieses in einem Design aktiviert siehst, weißt du, dass die Fähigkeit zu extrem zielstrebigem Verhalten und Denken konstant vorhanden ist. Bis zu einem gewissen Grad wird Tor 9 alle Energien eines Designs verstärken, vor allem, wenn die Energie das Kehl-Zentrum erreicht und nicht unterbrochen wird. Tor 9 hat die Fähigkeit, sich zu konzentrieren, aber nicht unbedingt über längere Zeiträume hinweg. Dieses Tor ist ein entscheidender Faktor für ADHS-ähnliches Verhalten, bei dem man sich konzentriert aber auch ständig in Bewegung ist.

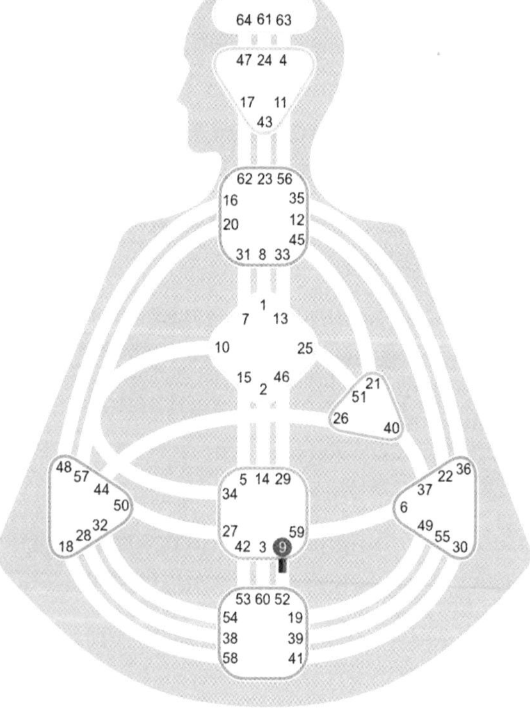

Abb. 59: Tor 9

Wenn du diese Energie hast, wirkst du auf andere oft zwanghaft, als ob du eine Idee nicht loslassen könntest. Bei Tor 9 ist das so. Du kannst sie nicht loslassen. Du denkst über diese nach, egal, was du gerade tust. Du bist nicht in der Lage, diesen Hyperfokus zu beenden, außer du findest jemanden mit Tor 52. Beide Tore sind entscheidend für die Weiterentwicklung und den Einsatz von Logik in kollektiven Verhaltensmustern.

Affirmationen

- Ich verfolge immer meine Ziele, auch wenn ich gerade mit anderen Dingen beschäftigt bin.
- Ich folge meiner Strategie und ergreife Maßnahmen, die mit meinem Fokus im Einklang sind.
- Ich weiß, dass sich meine innere Konzentration in meiner äußeren Realität manifestieren wird.

Schriftliche Aufgabe

Mit dieser Übung kannst du herausfinden, welche konkreten Schritte du unternehmen kannst, um deine Träume zu verwirklichen.

1. Nimm ein Blatt Papier und ziehe in der Mitte eine vertikale Linie. Beschrifte die linke Spalte mit „Ich". Beschrifte die rechte Spalte mit „Das Universum".
2. Erstelle in der linken Spalte eine Liste mit all den Dingen, die du tun musst, um deinen Traum zu verwirklichen. Das sind die praktischen Dinge, um die du dich kümmern musst, z. B. ein Buch schreiben, ein Auto Probe fahren, eine Website erstellen, einen Kurs besuchen usw.
3. Mache in der rechten Spalte eine Liste mit all den Dingen, die das Universum tun kann. Das sind die Dinge, die sich im Moment vielleicht deiner Kontrolle entziehen, wie z. B. die perfekten Kunden, Freunde oder Liebhaber anzuziehen, die perfekten Informationen und Unterstützung zu liefern usw.

Tor 10: Selbstliebe

I Ging: Das Auftreten
Astrologie: Schütze/Steinbock
Biologie: Leber

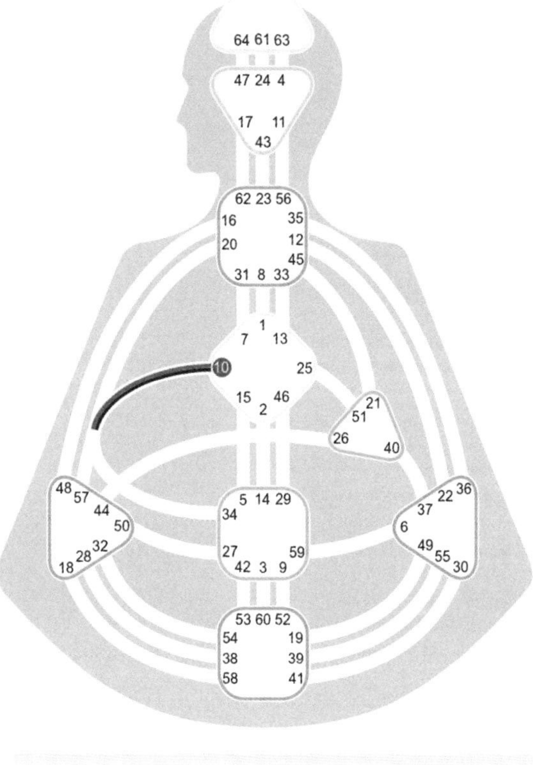

Abb. 60: Tor 10

Tor 10 ist eines der wichtigsten Tore. Es ist im Selbst-Zentrum verwurzelt und geht mit Ermächtigung einher. Die Energie der Ermächtigung in diesem Tor wird durch Verkörperung weitergegeben: Jemand mit diesem Tor ermächtigt andere, ihre Größe zu leben, indem er seine eigene Größe demonstriert.

Tor 10 kann eine schwierige Energie sein. In seiner höchsten Energie übernimmt ein Mensch mit diesem Tor persönlich Verantwortung und handelt selbstbestimmt. In seiner niedrigen Energie gibt Tor 10 anderen die Schuld und nimmt eine Opferhaltung ein.

Da diese Energie von denen verstärkt werden kann, die sie nicht haben, kann das Thema Schuld im Leben der Person, die die Energie von Tor 10 trägt, vorherrschen. Menschen mit Tor 10 werden beschuldigt oder geben anderen die Schuld, wenn sie aus ihrer Konditionierung heraus leben.

Es ist wichtig zu sehen, wo das Tor 10 anschließt:

- Mit Tor 57 haben wir Anpassung und intuitives Überleben perfektioniert.
- Mit Tor 34 befinden wir uns im Zentrieren-Schaltkreis, der ebenso mit der perfektionierten Anpassung, dem intutiven Überleben und Zurechtfinden verbunden ist.
- Mit Tor 20 hat Tor 10 die Möglichkeit, andere über das gesprochene Wort zu ermächtigen.

Affirmationen

- Ich ehre das Wunder, das ich bin. Ich bin eine einzigartige Schöpfung des Göttlichen und ich weiß, dass es niemanden wie mich auf dieser Welt gibt.
- Meine Entscheidungen und Handlungen spiegeln wider, dass ich meine eigene Größe ehre, und ich umgebe mich mit Menschen, die mich unterstützen, mich nähren, inspirieren und bestärken.
- Ich bin mächtig und bestimme die Richtung meines Lebens.
- Ich treffe Entscheidungen, die es mir ermöglichen, mein göttliches Potenzial auszuschöpfen, und indem ich mich selbst voll und ganz zum Ausdruck bringe, schaffe ich den Raum für andere, das Gleiche zu tun.
- Ich weiß, dass meine Selbstliebe mir hilft, meiner Bestimmung zu folgen.

Schriftliche Aufgaben

1. Welche alten Energien und Geschichten, in denen du dich kleinhältst, kannst du loslassen?
2. Was bedeutet es für dich, mächtig zu sein? Was kannst du tun, um diese Aspekte in deinem Alltag zu verankern?
3. Mach eine Liste mit all den Dingen, die du an dir liebst. Schreibe dir einen schönen Liebesbrief und lies ihn dir laut vor dem Spiegel vor.
4. Welche Entscheidungen und neuen Wege würden im Einklang mit deiner Selbstliebe stehen?

Tor 11: Ideen

I Ging: Der Friede
Astrologie: Schütze
Biologie: Hypophyse (Vorder- und Hinterlappen)

Wenn du dir vorstellst, dass Kreativität ein Fluss ist, gehen die meisten von uns mit einem Becher zu ihm hinunter und trinken aus ihm. Menschen mit Tor 11 gehen mit zwanzig Wassereimern zum Strom der Kreativität hinunter und fragen sich am Ufer stehend, was sie mit all ihren Ideen anfangen sollen.

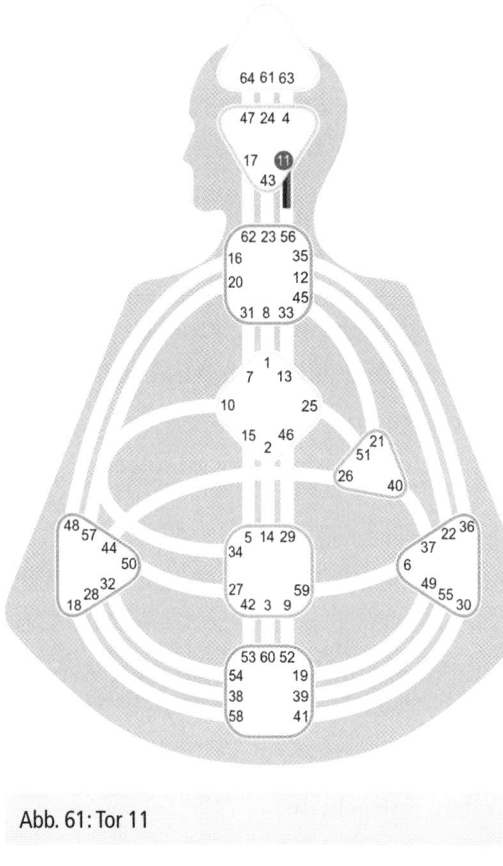

Abb. 61: Tor 11

Tor 11 ist mit mehr Ideen gefüllt, als man in seinem Leben jemals in Form bringen kann. Das Verlangen danach, all diese eigenen Ideen umzusetzen, frustriert Tor 11.

Menschen mit Tor 11 beschweren sich oft darüber, dass andere ihre Ideen „gestohlen" haben oder dass sie „betrogen" wurden.

Menschen mit Tor 11 werden ihren Frieden mit ihren Ideen machen, wenn sie erkennen, dass ihre Ideen nicht alle für sie selbst sind, sondern da sind, um sie mit anderen zu teilen, ... *wenn sie gefragt werden.* Die Herausforderung in diesem Tor ist, auf die richtige Person zu warten, die nach den eigenen Ideen fragt.

Tor 11 ist auch das Tor des Suchenden, nicht des Finders. Wenn Menschen mit Tor 11 sich damit abfinden, immer auf der Suche zu sein und keine bestimmte Antwort zu haben, können sie die Reise genießen. Denke daran, dass Tor 11 das Tor der Ideen ist. Du musst nicht alle Ideen verwirklichen – oder irgendeine davon. Wenn eine Idee für dich richtig ist, wird sie sich entsprechend deiner persönlichen Human Design Strategie in deinem Leben zeigen.

Affirmationen

- Ich ehre meinen inneren kreativen Prozess.
- Ich bin dankbar für alles, was ich in meinem Leben lernen und erfahren darf, und ich weiß, dass jede Lebenserfahrung dem Teppich meiner Lebensgeschichte und der Geschichte der Menschheit schöne, wertvolle Fäden hinzufügt.
- Ich entspanne mich und genieße die Suche nach der Wahrheit in meinem Leben, denn ich weiß, je mehr ich lerne, desto mehr wachse ich, und das Lernen und Wachsen hörten nie auf.

- Ich erlaube mir, jeden Moment zu genießen und als der kreative Mensch zu dienen, der ich bin. Ich entspanne mich, atme, vertraue und lasse die Ideen fließen!

Schriftliche Aufgaben

1. Reflektiere deine Leistungen und Erfolge der letzten Wochen. Was hast du gelernt? Wie kannst du das, was du bereits getan hast, noch verbessern?
2. Führe diese Woche eine Liste mit Ideen. Du weißt nie, wann du die richtige Person triffst, mit der du sie teilen kannst, oder wann du auf die Millionen-Dollar-Idee deines Lebens stößt!

Tor 12: Vorsicht

I Ging: Die Stockung
Astrologie: Zwillinge
Biologie: Schilddrüse und Nebenschilddrüse

Tor 12 ist vorsichtig, weil es wissen muss, ob es wertgeschätzt wird oder nicht. Grundsätzlich drückt es sich schüchtern aus, wenn es sich nicht wohlfühlt, und mutig, wenn alles passt. Tor 12 ist auch eine kraftvolle Energie, die sich mit der Quelle verbindet. Menschen mit dieser Energie neigen dazu, zu channeln oder etwas vorherzusagen, vor allem, wenn es in einem offenen Kehl-Zentrum aktiviert ist.

Wenn Tor 12 sich mitteilt und der Zeitpunkt nicht richtig ist, ist es leicht wütend und frustriert. Manchmal kann Tor 12 eine „Ich hab's dir ja gesagt"-Haltung annehmen, wenn sich Erkenntnisse im Nachhinein als richtig erweisen.

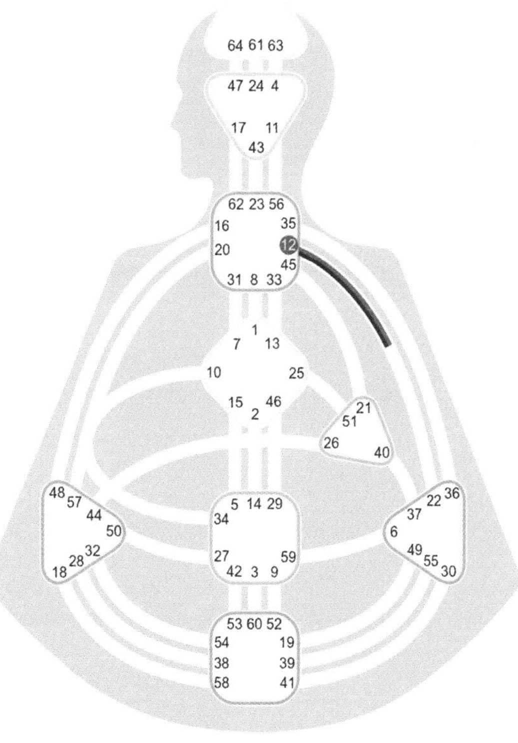

Abb. 62: Tor 12

Die Ironie dieser Tor-Energie ist sehr stark. Es verspürt den Wunsch, zu sprechen oder etwas zu tun, aber wenn jemand so konditioniert wurde, ohne Rücksicht zu sprechen und zu handeln, macht er wahrscheinlich die Erfahrung, mit seiner mutigen Äußerung andere zu verärgern. Das kann für Menschen mit dieser Energie ein echter innerer Kampf sein, der oft zu einem „Stillstand" in ihrem Leben führt. Menschen mit dieser Energie können durch Trägheit gelähmt sein, weil sie sich traumatisiert fühlen, zum falschen Zeitpunkt geäußert zu haben.

Wenn das Timing stimmt, ist Tor 12 ein ultimativer Künstler mit Worten. Hier haben wir den energiegeladenen kreativen Ausdruck des Wissen-Schaltkreises (siehe Kapitel 7). Er kann leidenschaftlich, vielseitig und tiefgründig sein, mit all der Kraft und Schönheit, die Kunst und Kreativität der Menschheit schenken können.

Das kann erneuernd, transformierend und ausgesprochen mächtig sein.

Affirmationen

- Meine Worte, mein Ausdruck und meine Kreationen sind göttlich gelenkt und ich spreche die perfekten Worte, um die Schönheit dessen, was ich bin und was ich erschaffe, zu vermitteln.
- Meine Stimme wird gehört und geschätzt, und ich teile kontinuierlich meine Erkenntnisse und Erfahrungen als Teil meines kreativen Prozesses.
- Meine einzigartige Sicht auf die Dinge unterstützt mich dabei, meine Ideen und Kreationen weiterzuentwickeln.

Schriftliche Aufgaben

1. Benutzt du Willenskraft oder die Kraft der Quelle, um etwas zu erschaffen?
2. Fühlst du dich festgefahren oder blockiert? Wenn ja, was musst du tun, um weiter voranzukommen?
3. Ist es an der Zeit, deine Gedanken, Ideen und göttlichen Inspirationen mit anderen zu teilen?
4. Wie kannst du spielerisch deine kreative Energie stärken?

Tor 13: Der Zuhörer

I Ging: Die Gemeinschaft mit Menschen
Astrologie: Wassermann
Biologie: Leber

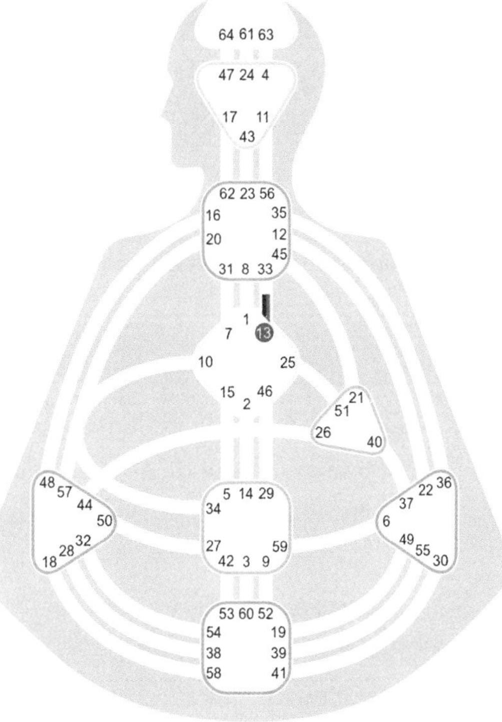

Abb. 63: Tor 13

Tor 13 hat etwas Magisches an sich. Es besitzt eine Energie, die bei den Menschen in seiner Umgebung eine sehr interessante Reaktion hervorruft. Tor 13 zwingt andere dazu, ihre Geheimnisse mitzuteilen. Wenn eine Person diese Energie hat, werden ihr die Leute alles erzählen – sogar Menschen, die sie nicht kennen. Das ist die Energie des Zuhörers.

Wenn du über diese Energie verfügst, bist du ein Geschichtenerzähler, aber vor allem ein „Geschichtenbewahrer“. Weil diese Energie so nah am Kehl-Zentrum liegt und Teil eines Ausdruckskanals ist, ist es leicht, die Geschichten und Geheimnisse anderer Leute auszuplaudern, besonders wenn die Kehle undefiniert ist. Aber die Geschichten zu bewahren ist eine heilige Aufgabe, und eine, die letztlich den Schlüssel zu einem Teil der Menscheitsgeschichte besitzt.

Mit Tor 13 kommt nicht nur die Energie zum Zuhören, sondern auch die Energie, die Richtung vorzugeben, nachdem die Geschichte erzählt wurde. Dies ist eine ganz besondere Energie, die Mitgefühl und Weisheit erfordert. Es ist gut, sich der Tatsache bewusst zu sein, dass Menschen mit Tor 13 von anderen als ein guter Zuhörer gesehen werden und zu akzeptieren, dass diese Energie ein Teil ihres Lebensweges ist.

Affirmationen

- Ich bin ein Diener des Göttlichen. In meinem stillen Rückzug richte ich mich auf mein höheres Ziel aus und tue etwas, das dem Allgemeinwohl dient. Jeden Tag bitte ich darum, dass mein Geist, meine Augen, meine Worte, mein Herz, meine Hände, mein Körper, mein Licht und mein Wesen im Dienste des Göttlichen eingesetzt werden.

- Ich höre den Worten anderer und ihrer wahren Bedeutung aufmerksam zu. Ich erlaube mir, die Wahrheit hinter allen Worten zu sehen, damit ich immer die göttliche Bedeutung jeder Kommunikation erkenne.
- Ich halte einen heiligen Raum, in dem die Menschheit zusammenkommt, um ihren höchsten Zweck zu erfüllen.
- Ich führe mit Liebe.

Schriftliche Aufgaben

1. Wie ist der Status deines Egos? Fühlst du dich wohl, wenn du ohne Anerkennung dem höheren Wohl dienst? Gibt es Bereiche, in denen du immer noch von dem Bedürfnis getrieben wirst, etwas zu beweisen?
2. Was kannst du tun, um anderen besser zuzuhören und sie wirklich zu verstehen? Was musst du tun, um besser auf deine eigene Führung zu hören und zu vertrauen?
3. Nimmst du dir Zeit für dich, um dir Klarheit zu verschaffen? Siehst du die Wahrheit über deine Vergangenheit? Welche Teile der Vergangenheit musst du noch loslassen?

Tor 14: Leistungsfähigkeit

I Ging: Großer Besitz
Astrologie: Skorpion/Schütze
Biologie: Eierstöcke und Hoden

Tor 14 ist ein generiertes Tor in seiner reinsten Form. Hier haben wir die Energie zu arbeiten, um Geld zu verdienen. Aber es geht nicht nur darum, für Geld zu arbeiten, sondern auch darum, auf Gelegenheiten zu reagieren, um Ressourcen zu erzeugen. Dies ist die Energie für Leistungsfähigkeit, wichtige soziale Verbindungen und all die Dinge, an die wir denken, wenn wir an Reichtum denken.

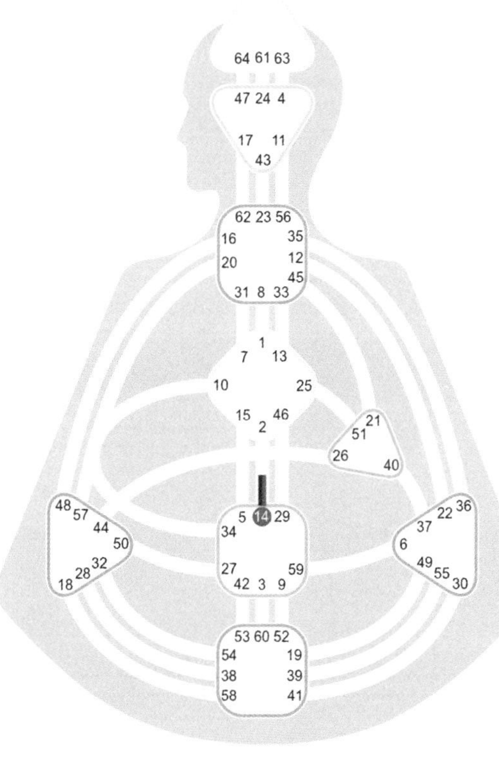

Abb. 64: Tor 14

Mit diesem Tor kann ein gewisses Maß an Glück verbunden sein. Wenn Menschen mit dieser Energie reagieren, geht es darum, auf irgendeine Weise Wohlstand zu erschaffen.

Mit dieser Energie geboren zu werden, kann wie ein natürliches „Erbe“ sein, und weil es für Menschen mit diesem Tor manchmal so einfach ist, Geld zu verdienen, ist ihnen materieller Reichtum oft gar nicht wichtig.

Diese Energie kreiert in uns den Wunsch, einen Beitrag für die Menschheit zu leisten. Menschen mit Tor 14 wissen, dass ohne Finanzen auf dem Planeten nichts geht. Aber es geht nicht um persönliche Finanzen, wie wir sie im Ego-Schaltkreis sehen (siehe Kapitel 8). Hier geht es tatsächlich darum, für einen höheren Sinn zu arbeiten, um ihm Energie zu geben, damit er schließlich erfüllt werden kann.

Affirmationen

- Ich vertraue und weiß, dass ich bei all meinen Bemühungen voll unterstützt werde, solange ich meiner Strategie folge.
- Meine unbegrenzte Kraft, etwas zu erschaffen, unterstützt mich, und ich nutze diese Unterstützung, um meine Lebensaufgabe zu erfüllen.

Schriftliche Aufgaben

1. Liste alles auf, was du grade tust und inspirierend und schmackhaft findest. Nimm dir vor, jeden Tag mindestens einer dieser Inspirationen zu folgen.
2. Wie sähe dein Leben aus, wenn du nur deiner Leidenschaft folgen würdest? Was würdest du tun? Wie würde sich dein Leben anfühlen? Wie hoch wäre dein Energielevel?

3. Vertraust du dem Universum, dass es dich dabei unterstützt, deinem Glück zu folgen? Kannst du mit dem, was du liebst, Geld verdienen und weißt du, dass du dabei unterstützt wirst?

Tor 15: Extreme

I Ging: Die Bescheidenheit
Astrologie: Zwillinge
Biologie: Leber

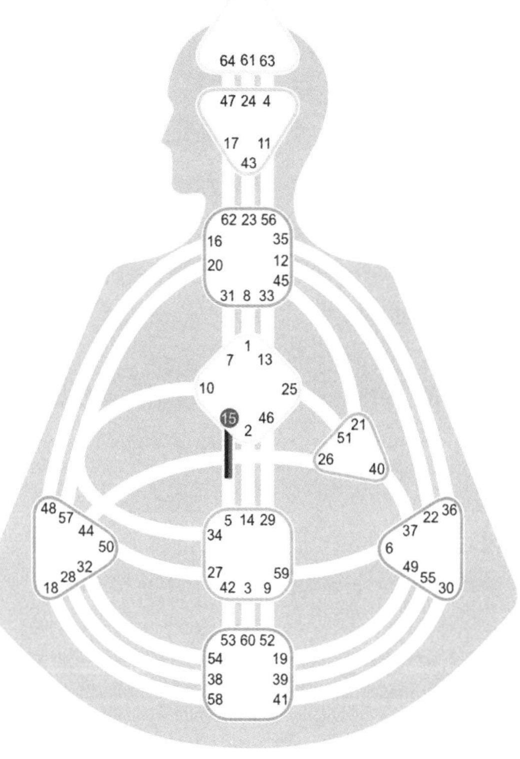

Abb. 65: Tor 15

Tor 15 ist eine kraftvolle, vielschichtige Energie. Es ist das Tor der Extreme – vor allem extreme Rhythmen. Menschen mit Tor 15 versuchen immer, ihren Rhythmus zu finden, aber er ändert sich ständig. Wenn sie einen beständigen Rhythmus gefunden haben, ist er anders und extrem. Das kann Beziehungen manchmal herausfordernd machen, vor allem, wenn eine Person mit Tor 15 eine Beziehung mit einer Person mit Tor 5 führt.

Menschen mit Tor 15 haben eine große Aura. Sie sind sich dessen meist bewusst und versuchen, sich zu verstecken, aber das gelingt ihnen nicht. Die Aura von Tor 15 betritt den Raum, bevor die Person es tatsächlich tut. Alle drehen sich um, um sie richtig zu sehen!

Tor 15 steht für die Liebe zur Menschheit. Das Tor 15 kann zu extremen Liebesbekundungen für die Menschheit führen. Es kann ein Märtyrer-Tor sein. Hoffentlich ist es mit Tor 10 gepaart, damit es auch ermächtigen kann.

Diese Energie gibt uns nicht nur eine tiefe Verbindung zu einander, das wir alle eins sind, sondern sie verbindet uns auch mit der realen Welt. Sie ist die Energie für die Natur, den Fluss, die Tiere und die Elemente. Die Energie hier zeigt uns deutlich, dass unser Schicksal und das Schicksal der Welt untrennbar miteinander verwoben sind. Wenn wir mit dem Tor 15 experimentieren, sind wir aufgerufen, uns zu fragen, welchen Beitrag wir für die Welt und für all die anderen Seelen, mit denen wir verbunden sind, leisten wollen.

Affirmationen

- Mein Leben trägt zur Großartigkeit der Menschheit bei. Meine Arbeit nützt der Welt.
- Ich akzeptiere bedingungslos das breite Spektrum an Vielfalt und Rhythmus, das die Menschheit ausmacht, und gebe mich dem größeren Fluss des Lebens hin.
- Ich habe Ehrfurcht vor der Großartigkeit der Menschheit, und diese Ehrfurcht inspiriert mich dazu, mich für das Allgemeinwohl einzusetzen.

Schriftliche Aufgaben

1. Wo hast du einen guten Rhythmus und wo musst du deinen Rhythmus anpassen, um mehr „im Flow“ zu sein?
2. Was möchte die Natur dir mitteilen? Fehlt dir Verbindung zur Natur?
3. Welchen Beitrag leistest du für die Menschheit? Bist du dir deines Dienstes bewusst? Musst oder willst du dein Engagement ausbauen?

Tor 16: Fähigkeiten

I Ging: Die Begeisterung
Astrologie: Zwillinge
Biologie: Schilddrüse und Nebenschilddrüse

Tor 16 ist Begeisterung ohne tieferen Sinn (es sei denn, es ist mit Tor 48 gepaart). Es ist das „Einfach machen“-Tor; es wird Dinge erstmal machen und sich später um die Details kümmern. Die gute Nachricht ist, dass Tor 16 in der Regel ein natürliches Talent innewohnt und es oft mit einem oberflächlichen Ausdruck dessen glänzt.

Tor 16 gibt uns die Energie, aus dem Bett zu springen und uns für unsere kreativen Projekte zu begeistern. Dies ist das Tor der Fähigkeiten, aber es hat nicht so viel Tiefgang, daher steckt unsere Aufregung noch in den Kinderschuhen. Wir müssen noch viel lernen, um unseren kreativen Prozess zu meistern, aber wie die Narrenkarte im Tarot beginnt jede Reise mit einem aufgeregten ersten Schritt.

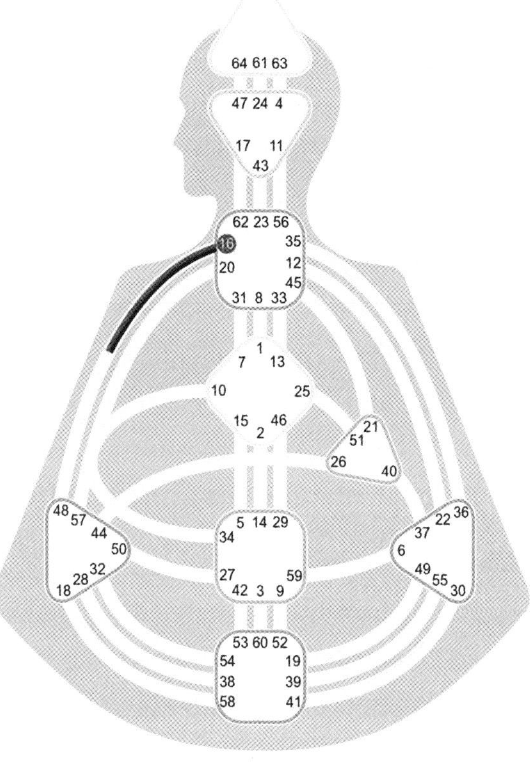

Abb. 66: Tor 16

Affirmationen

- Ich erlaube mir, zu experimentieren und zu kreieren.
- Experimentieren und Erforschen sind natürliche Bestandteile meines kreativen Selbsts und ermöglichen es mir, die richtige Form für den Ausdruck meiner Talente und meiner Lebensaufgabe zu finden. An dieser steten Reise habe ich meine Freude.

Schriftliche Aufgaben

1. Welche Träume beginnen sich zu verwirklichen? Was lehren dich deine Experimente? Was musst du noch verbessern?
2. Welche Glaubenssätze sind möglicherweise Folgen deiner Experimente? Gibt es alte Glaubenssätze, die du loslassen musst?

Tor 17: Meinungen

I Ging: Die Nachfolge
Astrologie: Widder
Biologie: Hypophyse (Vorder- und Hinterlappen)

Mit der Energie von Tor 17 bringen wir neue Ideen auf den Weg, die sich erst noch bewähren müssen. Es ist eine Energie der Neugierde, nicht der Gewissheit. Die Energie der Logik ist die Beherrschung der Zeit durch die Korrektur von Mustern. Tor 17 ist die erste korrigierende Energie, die wir im Logik-Schaltkreis sehen (siehe Kapitel 9), aber in Wirklichkeit ist sie eine Illusion. Ohne die Energie der Bewährung und der zeitlichen Beherrschung ist das Tor 17 nur eine Meinung.

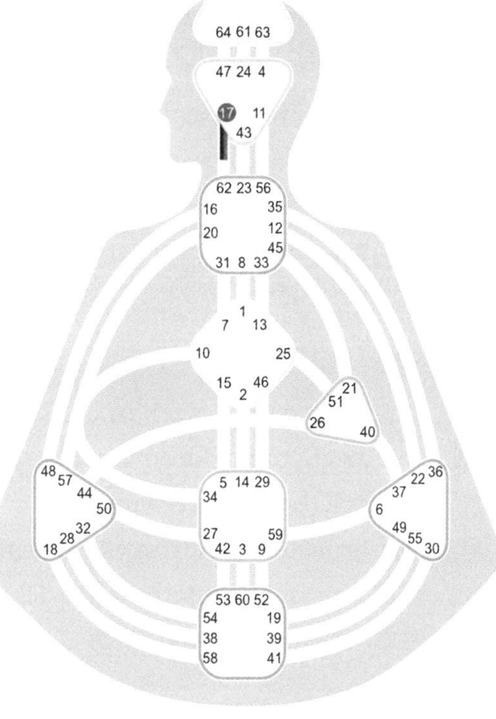

Abb. 67: Tor 17

Diese Energie kann für Menschen sehr anstrengend sein, vor allem, wenn sie nicht gut darin sind, darauf zu warten, dass andere sie nach ihrer Meinung fragen. Tor 17 prescht mit seinen Meinungen einfach so nach vorn und erkennt nicht immer an, dass Meinungen nur Ideen sind. Ohne Einladung ist eine Meinung energetisch schnell abstoßend, und der Gedankengeber wird ignoriert.

Tor 17 schlägt lediglich eine Idee vor, und wenn Menschen mit diesem Tor die Schönheit ihrer Idee erfahren möchten, anstatt sich auf eine Gewissheit zu konzentrieren, dass ihr Gedanke richtig ist, können sie ihren Teil zum Erfolg des Kollektivs beitragen.

Betrachte Tor 17 als den Teil der wissenschaftlichen Methode, bei dem es um das Aufstellen einer Hypothese geht. Denke daran, dass eine Hypothese eine Aussage ist, die dazu gedacht ist, untersucht zu werden, um zu sehen, ob sie wahr ist oder nicht. Meinungen können wahr sein oder auch nicht. Sie sind so konzipiert, dass mit ihnen experimentiert werden kann, also sind sie im Grunde genommen neue Ideen, die ausprobiert werden müssen.

In der niedrigsten Energie geht es bei diesem Tor darum, die eigene Meinung kundzutun. In der höchsten Energie stellt das Tor eine Öffnung für neue Möglichkeiten oder Strukturen bereit.

Affirmationen

- Ich warte damit, meine Gedanken mitzuteilen, bis ich gefragt werde. Ich weiß, dass die Leute meine Erkenntnisse zu schätzen wissen, wenn sie mich fragen.
- Ich bin mir bewusst, dass meine Wahrheit nicht immer die Wahrheit anderer ist. Jeder von uns hat seine eigene einzigartige Reise, und unsere Wahrnehmungen formen unsere Einstellungen.
- Ich diene der Wahrheit und warte auf diejenigen, die mit meiner Wahrheit im Einklang sind.

Schriftliche Aufgaben

1. Wie gehst du mit Ideen und Inspirationen um, die deine Begeisterung wecken? Bist du gut darin, Ideen festzuhalten und die richtigen Leute in die „Keimphase" deiner Kreation zu ziehen?
2. Was bedeutet der Ausdruck „dienen" für dich? Bist du ein Diener? Willst du mehr tun? Kannst du dir selbst ohne Schuldgefühle dienen?

Tor 18: Korrektur

I Ging: Die Arbeit am Verdorbenen
Astrologie: Waage
Biologie: Milz und lymphatisches System

Tor 18 spendet die Intuition, die Dinge perfekt zu machen. Es ist das Tor des Redakteurs und des Buchhalters. Da es ein Milz-Tor ist, gibt es hier kein Denken, sondern nur intuitives Verstehen. Und natürlich Angst. Die Angst dieses Tores ist, dass niemals etwas perfekt sein wird, und wie bei allen Milz-Toren kann es passieren, dass jemand aufgibt, weil er es „nie richtig macht".

Das Tor 18 kann sehr grob wirken, vor allem wenn es nicht anerkannt wird. Es gibt keinen Motor, der mit Tor 18 verbunden ist. Die Energie muss von anderen erkannt und eingeladen werden. Wenn sie angefordert wird, ist sie brillant und lebenswichtig. Wir brauchen Menschen, die Dinge „reparieren" können und wissen, wie man sie besser macht. Sie können die perfekte Form finden und sie in einer kraftvollen Weise zum Vorschein bringen.

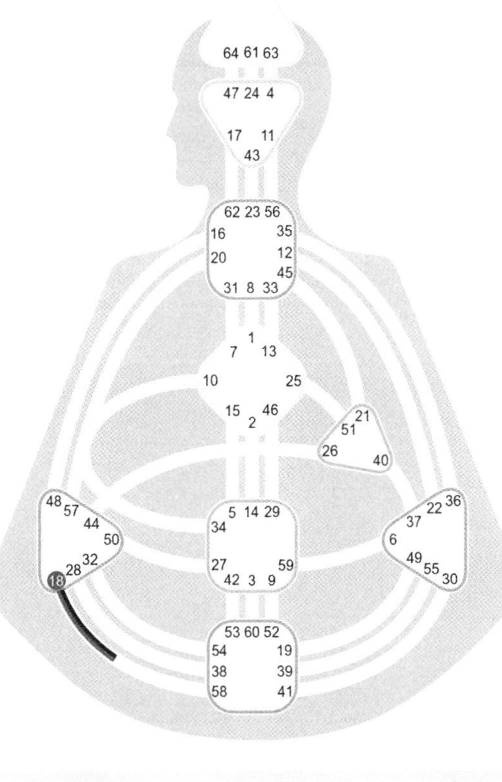

Abb. 68: Tor 18

Das ist Fluch und Segen zugleich bei Tor 18. Da es intuitiv ist und sich in der Nähe des Wurzel-Zentrums befindet, fühlen sich Menschen mit diesem Tor oft unter Druck gesetzt, ihre Verbesserung mitzuteilen. Oftmals reagieren die Menschen negativ oder sie hören gar nicht zu. Manchmal nennen wir Tor 18 auch das „Siehst du? Ich hab's dir ja gesagt"-Tor.

Affirmationen

- Mein ganzes Leben ist ein Prozess des unendlichen Perfektionierens. Wo ich jetzt bin, ist das Ergebnis all meiner Erfahrungen, und mit dem Lernen und Wachsen wachsen auch mein Verständnis und mein Bewusstsein.
- Ich bin in diesem Moment perfekt. Meine sogenannten Fehler sind Katalysatoren für mein Wachstum, und ich genieße es, Muster zu korrigieren und mein Leben mehr und mehr in Einklang mit meiner Göttlichkeit zu bringen!
- Jeder Tag bietet mir die Möglichkeit, zu wachsen und mich zu entfalten, und dafür bin ich dankbar!

Schriftliche Aufgaben

1. Wenn du dir dein Leben ansiehst, welche Erfolgsmuster sind dir dann bewusst? Was kannst du tun, damit sich diese Muster immer wiederholen?
2. Wenn du dein Leben betrachtest, welche Muster der Selbstsabotage sind dir bewusst? Was kannst du tun, um diese Muster zu ändern?
3. Was must du lernen loszulassen? Verurteilung? Vergebung?
4. Was muss in deinem kreativen Prozess optimiert werden, um deinen Ausdruck noch authentischer zu machen?

Tor 19: Begehren

I Ging: Die Annäherung
Astrologie: Wassermann
Biologie: Nebennieren

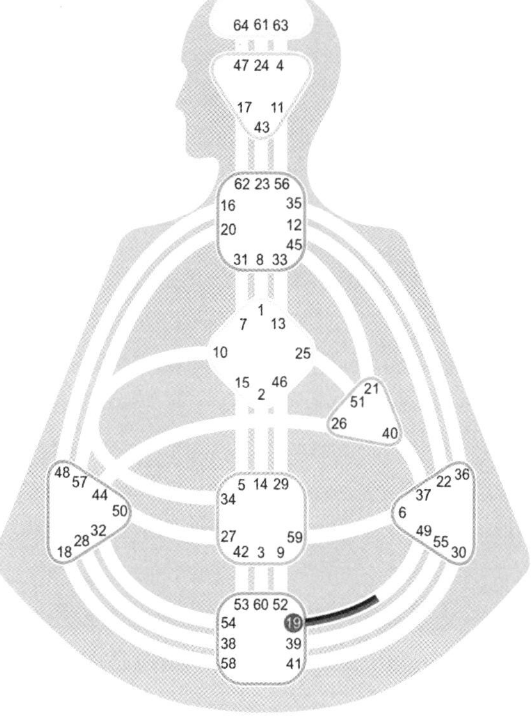

Abb. 69: Tor 19

Dieses Tor ist sehr sensibel. Der zugehörige Kanal benötigt radikale Ehrlichkeit in Bezug auf Gefühle, denn welche Gefühle erspürt werden, ist entscheidend dafür, ob man in eine Beziehung investieren will oder nicht. Wenn sich eine Beziehung nicht „gut anfühlt“, ist es schwierig, Intimität herzustellen.

Die Sensibilität von Tor 19 kann sich auf viele Arten zeigen. Es kann sehr empfindlich auf Veränderungen der emotionalen Energie reagieren. Es ist wichtig, dass Eltern erkennen, dass Kinder mit diesem Tor auf sehr sanfte Art und Weise erzogen werden müssen. Schreien, Schlagen oder andere extreme emotionale Äußerungen können für das Kind mit Tor 19 sehr hart sein, vor allem, wenn es emotional undefiniert ist.

Tor 19 kann auch sehr empfindlich für Berührungen und Gefühle sein. Bei der emotionalen Energie dreht sich alles um Berührung. Der Wunsch nach Intimität hängt davon ab, ob wir berührt werden wollen oder nicht. Wahre Intimität muss auf allen Ebenen des Seins gespürt werden. Mit wahrer Intimität wächst der Entschluss, in die Beziehung zu investieren.

Tor 19 kann sich in empfindlicher Haut und ausgeprägtem Tastsinn äußern. Oft schneiden Menschen mit Tor 19 die Etiketten ihrer Kleidung ab, bevorzugen weiche Stoffe oder tragen sogar ihre Socken mit der Innenseite nach außen, damit die Naht nicht gegen ihre Zehen drückt. Tor 19 kann auch einen sehr empfindlichen Gaumen haben. Menschen mit dieser Energie können die Unterschiede in Geschmack und Beschaffenheit ähnlicher Lebensmittel wahrnehmen. Wenn jemand mit diesem Tor zum Beispiel die Marke der Haferflocken wechselt, kann er den Unterschied zwischen den Herstellern herausschmecken.

Da Tor 19 auch im Mammalian Chart (für Säugetiere) vorhanden und mit der Energie von Tieren verbunden ist, reagiert es oft empfindlich auf diese. Menschen mit Tor 19 profitieren oft davon, ein Haustier als Begleiter zu haben.

Affirmationen

- Ich weiß, dass das Ende eines Zyklus immer der Beginn eines neuen ist. Ich nehme den Segen und die Lektionen, die ich aus diesem Zyklus gelernt habe, und gehe mutig in den nächsten.
- Ich ehre meine Sensibilität und vertraue meinen Gefühlen.

Schriftliche Aufgaben

1. Welche Zyklen in deinem Leben neigen sich dem Ende zu? Welche Lektionen hast du in diesem Zyklus gelernt? Worüber hast du Klarheit gewonnen?
2. Widersetzt du dich diesen Schlussfolgerungen oder lässt du sie zu? Gibt es etwas, das du tun musst, um Platz für einen neuen Zyklus zu schaffen?
3. Was bedeutet Intimität für dich? Werden deine Bedürfnisse erfüllt? Erfüllst du die Bedürfnisse deines Partners? Sprichst du klar und deutlich über das, was du willst? Erlaubst du deinem Partner, für dich dazu sein?

Tor 20: Metamorphose

I Ging: Die Betrachtung
Astrologie: Zwillinge
Biologie: Schilddrüse und Nebenschilddrüse

Tor 20 ist mächtig. Das gesamte Feld der Integration (siehe Kapitel 7) mündet hier in der Kehle, die darüber entscheidet, ob das intuitive Bewusstsein in die richtige Handlung umgesetzt wird oder nicht. Tor 20 hat das das Potenzial, das Selbst, die Intuition, die Macht und Lebenskraft ermächtigend zu verändern. Es ist eine individuelle Stimme, die mutierend und ermächtigend oder blockierend und entmachtend wirken kann (denn nicht alle individuellen Stimmen sind anpassungsfähig).

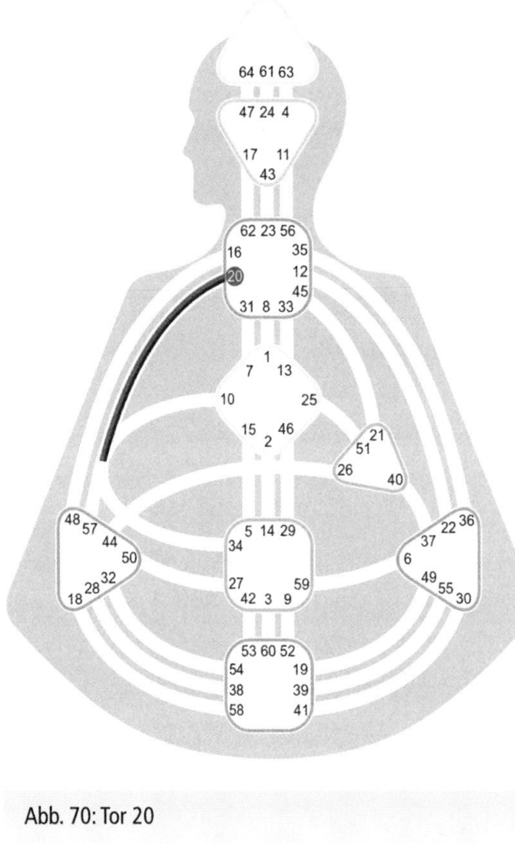

Abb. 70: Tor 20

Wenn Tor 20 sein höchstes Potenzial entfaltet, ist es der Ausdruck von Integrität – das Richtige zu tun, auch wenn es nicht das ist, was andere tun. Das kann bedeuten, dass du dich mit grün bemaltem Gesicht durch den Wald bewegst, während andere knallrosa tragen, oder jede andere Art von „richtiger" Handlung, die vielleicht gegen den Strom schwimmt.

Weil das 20. Tor Ausdruck der Integration ist, trägt es die Weisheit in sich. Im traditionellen I Ging ist das zwanzigste Hexagramm der weise König, der auf einem Hügel steht und beobachtet, in welche Richtung der Wind weht, bevor er handelt. Als Teil der Integration braucht Tor 20 Zeit, um seine Weisheit auszudrücken. Es beobachtet und wartet, um sein höheres Wissen, seine Einsicht und sein Bewusstsein zum Ausdruck zu bringen. Es verwandelt Bewusstsein und Erkenntis in Handlung.

Tor 20 erkennt auch die Talente und Fähigkeiten anderer. Es ist der große Kunstkritiker oder Verleger, der intuitiv den höchsten Ausdruck von Bewusstsein und Selbstdarstellung kennt. Tor 20 bringt uns eines der interessantesten und kontraintuitivsten Dilemmas des Charts. Wir sind zutiefst dazu konditioniert zu glauben, dass Macht und Ansehen gewaltige Energien sind, die den Einsatz von Widerstand oder sogar Aggression notwendig machen.

Das Human Design Chart zeigt uns, dass Macht, Charisma und Führungsqualitäten nur durch Anerkennng in ihrer höchsten Energie zum Ausdruck kommen. Tyrannei und gewaltsame Durchsetzung von Ideen funktionieren nicht wirklich und stoßen die Menschen meist nur ab.

Wahre Macht zeigt sich im Warten auf den richtigen Zeitpunkt, in der richtigen Anerkennung und der Vorbereitung, während du wartest. Menschen mit diesem Tor sollten sich etwas Zeit nehmen, um ihre Wünsche, ihr Handeln und ihre Denkweise miteinander in Einklang zu bringen. Setze die richtigen Gedankensamen in den Garten deines Geistes und dünge ihn mit Glauben, Vertrauen und Wissen. Lass die göttliche Führung walten. Tor 20 verspricht, dass sich nicht nur die richtigen Chancen verwirklichen, sondern auch die richtigen Menschen zusammengebracht werden.

Affirmationen

- Nur weil ich es tun kann, heißt das nicht, dass ich es tun muss oder sollte. Ich folge meiner Strategie, um zu entscheiden, wie ich handle, und ich tue nur die Dinge, die für mich richtig sind.
- Ich bin ein Tor zum perfekten Universum und stelle eine Verbindung zu Handlungen her, die die göttliche Ordnung (wieder)herstellen. Meine Handlungen werden erst durch meine Ruhe und das Warten sinnvoll.

Schriftliche Aufgaben

1. Wie fühlt es sich für dich an, nichts zu tun?
2. Gibt es Bereiche in deinem Leben, in denen du ohne wirklichen Sinn beschäftigt bist? Kämpfst du mit Erschöpfung? Bist du so effektiv, wie du es gerne wärst?
3. Gibt es Bereiche in deinem Leben, in denen du die Dinge delegieren und die Führung übernehmen solltest?
4. Definiere deine persönliche Macht. Aktivierst du sie vollständig?

Tor 21: Der Schatzmeister

I Ging: Das Durchbeißen
Astrologie: Widder
Biologie: Thymusdrüse

Tor 21 ist das Tor des Schatzmeisters. Hier sehen wir die ultimative Kontrolle über die Ressourcen. Dies ist ein sehr materieller Kanal, der die physischen Ressourcen kontrollieren will.

Menschen mit dieser Energie lieben ihren Besitz. Sie kaufen vielleicht ein neues Auto und parken es ganz hinten auf dem Parkplatz, um Beulen an den Türen zu vermeiden. Tor 21 kann auf andere sehr kontrollierend wirken. Obwohl diese Energie das Potenzial hat, in die Kehle zu münden, ist sie eine projizierte Energie, was bedeutet, dass die Menschen sich nur kontrollieren lassen, wenn sie vorher darum gebeten haben.

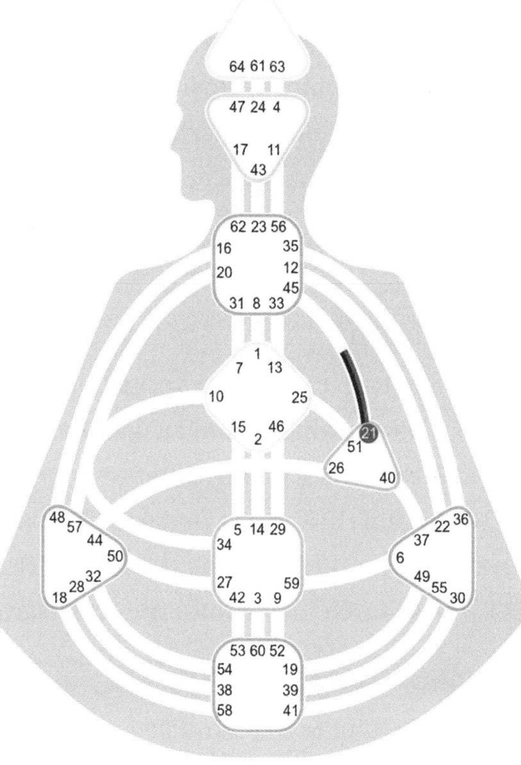

Abb. 71: Tor 21

Wenn es eingeladen wurde, ist Tor 21 eine wertvolle Ressource für andere. Die Weisheit von Tor 21 sagt uns, wann und wie wir unsere Ressourcen am besten einsetzen und unser Geld ausgeben.

Auch wenn wir uns gegen die Kontrolle von Tor 21 wehren, ist es eine lebenswichtige Energie für dauerhafte Fülle. Ein Kassenwart ist bei den wenigsten beliebt, aber jeder liebt ein volles Bankkonto.

Affirmationen

- Ich kontrolliere meine Gedanken und mein Handeln. Ich gebe mein Bedürfnis auf, andere zu kontrollieren.
- Ich nutze meine Energie, um mich selbst zu managen, und vertraue darauf, dass das Universum für all die glücklichen Begegnungen und die Wunder sorgen wird, die nötig sind, um meine Wünsche zu manifestieren.
- Meine Inspiration ist eine Quelle der Inspiration für andere. Ich gehe mit gutem Beispiel voran.

Schriftliche Aufgaben

1. Über welche Dinge in deinem Leben musst du die Kontrolle loslassen?
2. Was musst du tun, damit andere sich auszudrücken dürfen und Raum für ihre Freiheit haben?
3. Was musst du tun, um dein Vertrauen in die Quelle zu stärken? Welche alten Glaubenssätze und Ängste musst du loslassen, damit du tiefer vertrauen kannst?

Tor 22: Offenheit

I Ging: Die Anmut
Astrologie: Fische
Biologie: Nieren und Bauchspeicheldrüse

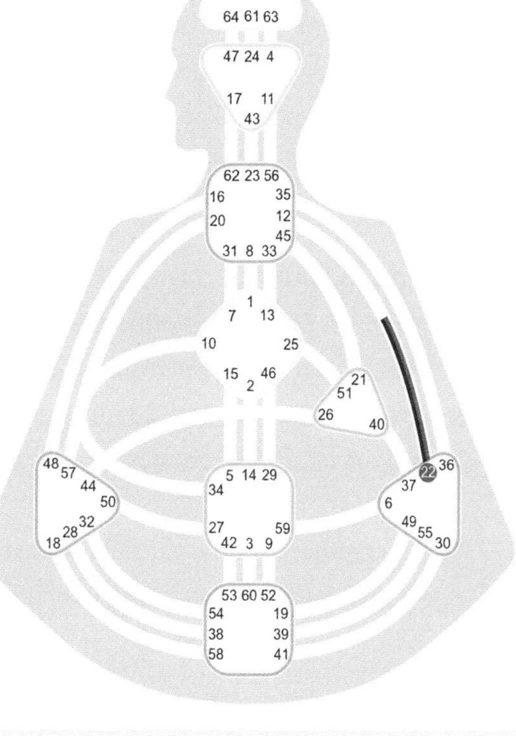

Abb. 72: Tor 22

Menschen mit dieser Energie können sehr anmutig und charmant sein, wenn sie in der richtigen Stimmung sind. Sie wissen, wie man sich präsentiert, und können großartige Spendensammler und Sponsoren sein. Der wahre Segen in diesem Tor liegt in der Erkenntnis, dass Schönheit und Anmut von innen kommen und dass man diese Innenwelt nur denen zugänglich machen sollte, die bereit sind, darauf zu warten und dich zu schätzen wissen.

Wer Meisterschaft auf dem Gebiet der inneren Schönheit und Anmut erlangt, wird von dem richtigen Betrachter erkannt, der dann Raum für den Ausdruck der Schönheit schafft.

Innere Schönheit nicht zu verstehen, kann zu einem Fluch werden. Impulsives Handeln, unpassendes Sprechen oder unpassende Gefühlsausbrüche können eine Energie erzeugen, die die Menschen wegstößt und die Möglichkeit versperrt, innere Schönheit zugänglich zu machen. Die Person mit Tor 22 muss den richtigen Zeitpunkt abwarten und andere informieren, bevor sie etwas mit ihnen teilt.

Mit der Reife kommt große Weisheit, und dieses Tor kann lernen, sich mitzuteilen, wenn es passend ist, oder still zu sitzen und zuzuhören, wenn es nicht der richtige Zeitpunkt ist. Wenn es Anmut wirklich verkörpert, ist diese Energie unwiderstehlich und gewinnt an Aufmerksamkeit.

Affirmationen

- Ich ehre die göttliche Führung und bin anmutig und präsent.
- Ich sehe, untersuche, integriere und teile dann meine Erkenntnisse. Ich formuliere die Schlussfolgerungen anmutig und zum richtigen Zeitpunkt.
- Ich nutze meine Fähigkeit, wahrhaftig bewusst zu leben, um anderen mein Bewusstsein und mein Wissen zu vermitteln.
- Ich bin die Ruhe und das Auge im Sturm.

Schriftliche Aufgaben

1. Wenn du mit der emotionalen Energie und dem Drama anderer konfrontiert wirst, was ist deine Strategie, um es geschehen zu lassen und bewusst zu bleiben? Welche Strategien hast du, um bei dir zu bleiben?
2. Wie lehrst du andere etwas? Wenn du Muster erkennst, wie bringst du deine Erkenntnisse zum Ausdruck?
3. Wo erzeugst du Drama? Wie denkst du über deine emotionale Energie? Wartest du auf Klarheit oder stürzt du dich hinein und musst hinterher die Dinge in Ordnung bringen?

Tor 23: Assimilation

I Ging: Die Zersplitterung
Astrologie: Stier
Biologie: Schilddrüse und Nebenschilddrüse

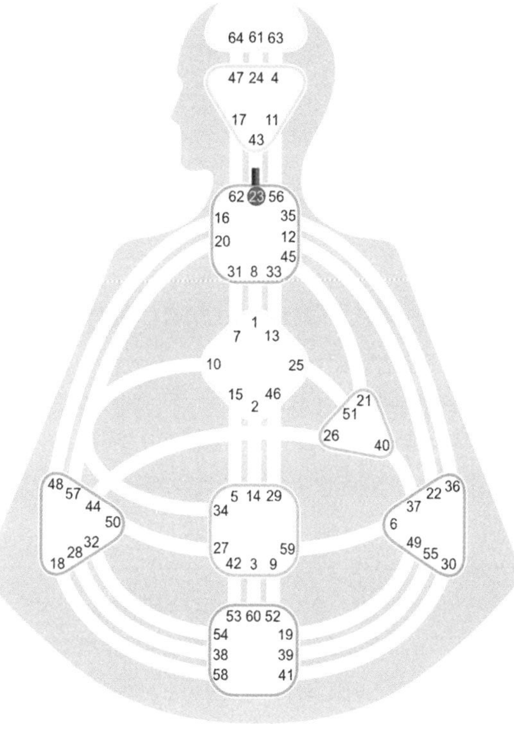

Abb. 73: Tor 23

Tor 23 kann ein echter „game changer" sein, denn es erkennt, dass alles Bestehende in einzelne Gedanken aufgespalten werden und mit neuem Bewusstsein betrachtet werden kann. Die wirkliche Macht, eine Form zu verändern und als Katalysator für die Evolution zu dienen, liegt in der Fähigkeit von Tor 23, auf das richtige Timing zu warten. Mit dem richtigen Timing, einer Einladung und Anerkennung können die Worte von Tor 23 die Welt verändern – oder zumindest die Welt der Personen, mit der sie ihr Leben teilen. Wenn Tor 23 auf den richtigen Zeitpunkt wartet, können seine Erkenntnisse als genial erkannt werden. Wenn Tor 23 kein gutes Timing hat, kann es verrückt oder erfolglos wirken.

Tor 23 setzt den Übersetzungsprozess von Tor 43 fort. Tor 23 hat die Aufgabe, die Worte zu finden, um die mentale Mutation des Wissen-Schaltkreises auszudrücken (siehe Kapitel 7). Die Gabe von Tor 23 ist, dass es die Ideen von Tor 43 in kleine Teile zerlegen kann, die artikuliert werden können.

Affirmationen

- Meine größte Stärke ist meine Fähigkeit, still zu sein und darauf zu warten, dass man mich bittet, meine Vision zu teilen.
- Ich habe großes Vertrauen in mein Wissen und bleibe fokussiert darauf, neuartige Veränderungen zu meinem eigenen Wohl und zum Wohle des Ganzen zu schaffen.

Schriftliche Aufgaben

1. Wie hältst du an deiner Vision fest? Welcher Teil deiner täglichen Praxis unterstützt dich dabei, deine Energie hochzuhalten?
2. Hast du den Mut, einer Vision zu folgen, auch wenn sie im Moment niemand versteht oder nachvollziehen kann? Ist es für dich in Ordnung, mit deinem Vorhaben allein zu sein? Wie geht es dir, wenn du aneckst? Wann gibst du auf? Wann bleibst du standhaft?

Tor 24: Rationalisierung

I Ging: Die Wiederkehr
Astrologie: Stier
Biologie: Hypophyse (Vorder- und Hinterlappen)

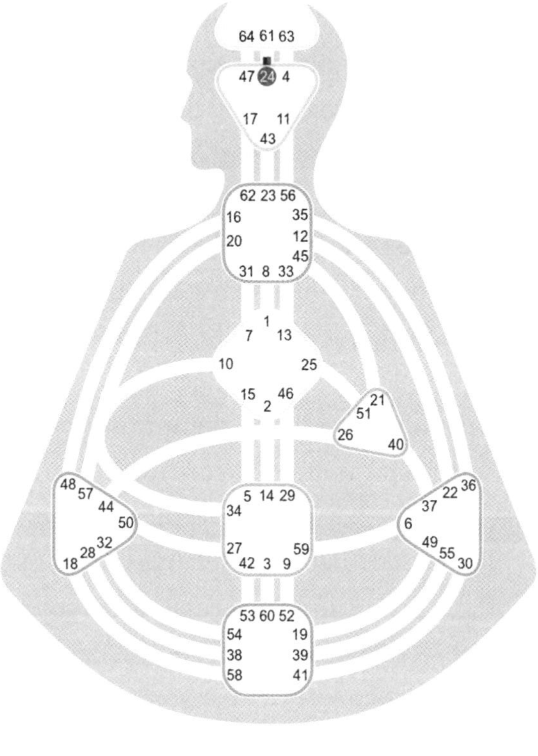

Abb. 74: Tor 24

Tor 24 ist die Energie zur Rationalisierung. Im Veränderungsprozess sagt Tor 24: „Zwei Schritte vor und ein Schritt zurück ist immer noch ein Schritt vor." Je mehr du dich mit Human Design beschäftigst, desto klarer wird dir, dass auf jeden Schritt der Expansion eine Kontraktion folgt. Wir kehren nie zu unserer ursprünglichen Position zurück, aber es gibt eine Verankerung der Expansion, die den richtigen Verlauf ermöglicht. Ich nenne das liebevoll „Feinjustierung". Tor 24 hat die Fähigkeit, das zu finden, was im Wissen von Tor 61 wirklich funktioniert und den Fokus in diese Richtung zu lenken.

Es ist eine kraftvolle Energie um voranzukommen, die Konzentration, Intention und ein präzises Loslassen dessen erfordert, was sich nicht anpassen kann.

Mit dieser Energie können wir das, was gewesen ist und das, was ist, rationalisieren und das Beste daraus machen, um etwas Neues zu schaffen.

Die Rationalisierung von Tor 24 ist ebenfalls projizierte Energie. Die Rationalisierung muss eingeladen werden, sonst halten wir sie für verrückt oder dysfunktional. Man *kann* grundsätzlich alles rationalisieren. Mit einer Einladung ist die Rationalisierung von Tor 24 aber auch vernünftig und funktional. Tor 24 wirkt akustisch, verändernd und auch melancholisch. Auch wenn du die Fähigkeit zur Rationalisierung besitzt, kann es dir manchmal schwerfallen.

Affirmationen

- Ich schenke meine Aufmerksamkeit meinem Fortschritt und allem, was gut ist.
- Ich konzentriere mich auf das, was funktioniert und sich einfügt, und ich vertraue darauf, dass alles Gute wachsen wird.
- Ich feiere meine Erfolge und konzentriere mich darauf, mehr Erfolg zu haben, indem ich mich einfach um das kümmere, was für mich richtig ist.

Schriftliche Aufgabe

Mach eine Liste mit allem, was sich gut anfühlt und in deinem Leben funktioniert.

Tor 25: Spirituelle Liebe

I Ging: Die Unschuld
Astrologie: Fische
Biologie: Leber

Wir bewegen uns vom Schock der Initiierung zur spirituellen Liebe. Hier haben wir eine süße, liebevolle Energie, die absolut keinen Schock auslöst. Sie ist reine Liebe, und du spürst sie, wenn du in der Aura dieser Energie stehst.

Die Herausforderung für Menschen mit Tor 25 besteht darin zu verstehen, warum andere Menschen das tun, was sie tun. Wenn jemand mit diesem Tor Zeuge von etwas wird, das er als nicht liebevoll empfindet, kann er verwirrt sein. Aber wenn sie versuchen, die Situation anzusprechen, können sie sie nicht ändern. Die Herausforderung dieser

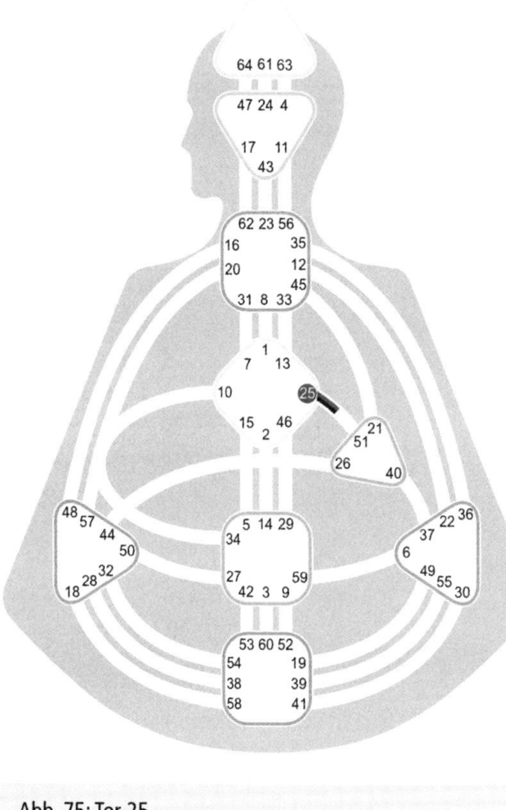

Abb. 75: Tor 25

Energie besteht darin, Liebe *zu sein* und gleichzeitig keine Liebe zu verbreiten, wenn man nicht dazu eingeladen wird. Auch hier gibt es kein Überzeugen oder Reden – nur Sein.

Tor 25 hat sehr starke Heilfähigkeiten. Wenn du diese Energie hast, bist du ein natürlicher Heiler und brauchst nicht unbedingt eine Ausbildung. Wenn du eine offene Milz und Tor 25 hast, bist du ein natürlicher Heiler und hast eine medizinische Intuition, die mit der Kraft der Liebe heilen kann. Im Kern sagt Tor 25 uns, dass die Welt jetzt Liebe braucht – sanfte Liebe für jeden.

Die Energie von Tor 25 fordert uns auf, unsere menschlichen Auffassungen und unsere Verurteilungen aufzugeben und das Konzept einer Liebe anzunehmen, die größer ist als wir alle.

Affirmationen

- Ich bin perfekt darauf vorbereitet, meinen Platz in der göttlichen Ordnung einzunehmen.
- Ich weiß, dass ich meine Ziele erreichen kann und mit göttlichem Willen auch erreichen werde. Ich entspanne mich und vertraue.
- Ich weiß, dass es größere unerwartete Folgen gibt, die zu meinem höheren Wohl sind, und ich vertraue darauf, dass alles seine Richtigkeit hat.
- Ich lege keinen Wert darauf, wie die Dinge nun zu sein scheinen, sondern weiß, dass mir die Wahrheit offenbart wird, wenn es so weit ist.
- Das Göttliche in mir ist die Quelle all meines Guten.

Schriftliche Aufgaben

1. Wie sehr vertraust du auf die göttliche Führung?
2. Frag dich bei jeder Herausforderung in deinem Leben: „Was würde die Liebe tun?“

Tor 26: Der Trickser

I Ging: Des Großen Zähmungskraft
Astrologie: Schütze
Biologie: Schilddrüse

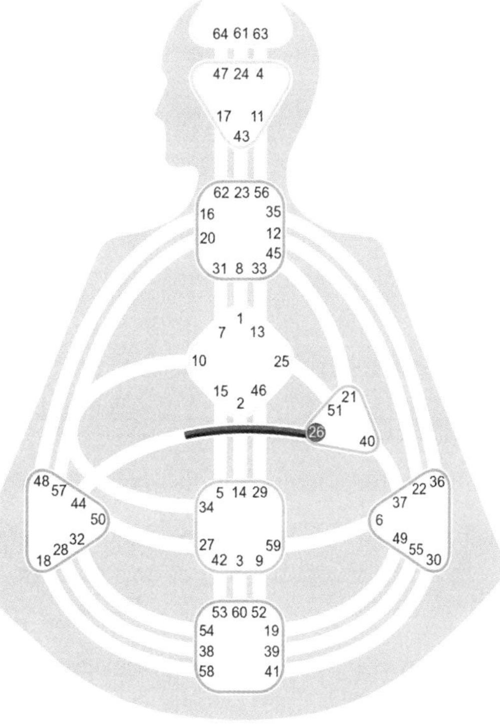

Abb. 76: Tor 26

Hier haben wir das Tor des Verkäufers. Tor 26 hat die Energie, den Abschluss eines Geschäfts zu orchestrieren. Es hat die Energie, zu vermitteln, dass der Wunschtraum eine großartige Idee ist und vom Volk „gekauft“ werden sollte. Das Volk liefert dann natürlich die Ressourcen, um den Wunschtraum in die Tat umzusetzen. Tor 26 kann allerdings kniffig sein. Die Energie hier ist wahr oder falsch. Ein guter Verkäufer wird dir einen guten Traum verkaufen und das Versprechen erfüllen. Aber bei dieser Energie geht es um den Abschluss. Manchmal verkauft ein Verkäufer nur, um zu verkaufen, und dann ist er am Ende ein Scharlatan.

Die höchste Energie dieses Tores ist die Integrität. Jemand mit Tor 26 bringt die Lehren aus der Vergangenheit zum Ausdruck und hat die Macht, die Identität seines ganzen Volkes zu formen, je nachdem, wie er die Vergangenheit präsentiert. Denke darüber nach. Geschichte ist wandelbar. Dieses Tor kann die Geschichte zu dem machen, was es will, und diese Version dann dem Volk präsentieren.

Dieses Tor ist natürlich auch mit dem Herz-Zentrum verbunden. Hier wird die Arbeitswut unterbrochen. Das Ego braucht nicht viel Anerkennung, nur genug – und dann ist es Zeit für eine Pause. Der Betrüger bringt dich dazu, ihm Geld zu geben, damit er weglaufen und sich ausruhen kann. Oder er verkauft dir etwas Wundervolles, bringt es auf den Weg und überlässt anderen den schwierigen Teil (denk an den Verkäufer aus dem Musical *The Musical Man*, der einer Gruppe naiver Kleinstadtbewohner einen Satz imaginärer Instrumente verkauft). Es geht am Ende nur um Abschlüsse. Die Verträge und Finanzen für die Geschäfte sind in anderen Teilen des Kreises enthalten.

Affirmationen

- Ich spreche und handle integer und ich teile mein Herz offen mit denen, die ich liebe.
- Ich nehme mir Zeit, um die perfekten Worte zu finden, denn ich weiß, dass meine Worte mein Herz und meine Inspirationen widerspiegeln.
- Ich achte sehr darauf, wie ich andere beeinflusse, und höre den Menschen um mich herum mit Liebe zu.

Schriftliche Aufgabe

1. Stehen deine Handlungen und Worte im Einklang mit deinen Absichten? Was musst du tun, um sie in Einklang zu bringen?
2. Was musst du ehrlich aus deinem Herzen erzählen? Welche Verbindungen von Herz zu Herz möchtest du diese Woche herstellen?
3. Was ist dir wirklich wichtig in deinem Leben? Teilst du deine Wertschätzung anderen mit?

Tor 27: Verantwortung

I Ging: Die Ernährung
Astrologie: Stier
Biologie: Eierstöcke und Hoden

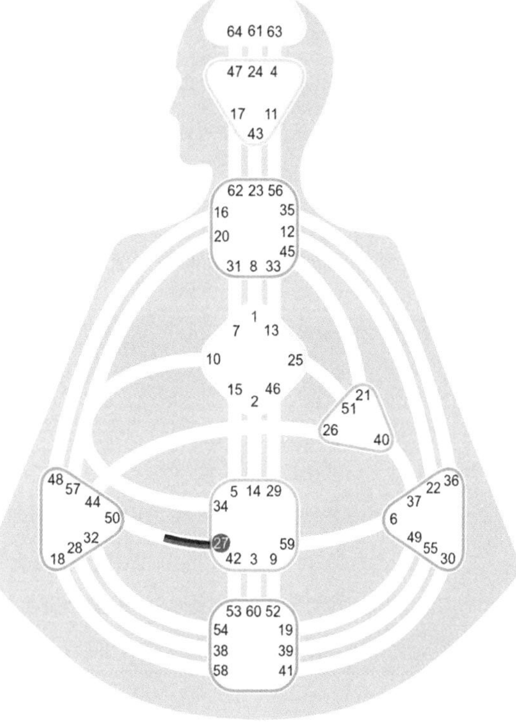

Abb. 77: Tor 27

Tor 27 sind vor allem Verantwortung und Erziehung wichtig. Eine gut ernährte Gemeinschaft hat eine optimale neurologische Entwicklung, die es jedem ermöglicht, die Werte der Gemeinschaft weiterzuleben. Tor 27 ist dafür verantwortlich, die Werte der Gemeinschaft durch Bildung und die Verteilung von Ressourcen zu vermitteln. Es liefert die Nahrung und lehrt das Volk, wie es mehr anbauen und verteilen kann.

Das ist keine entspannte Energie. Es handelt sich schließlich um Gemeinschaftssenergie. Der Druck der Verantwortung ist unbestreitbar, für die Weitergabe und Fürsorge dieser Energie muss der Einzelne manchmal große Opfer bringen, aber für die Gemeinschaft lohnt es sich sehr.

Das ist die Energie von Mutter Teresa: fürsorglich, verantwortungsbewusst, einflussreich und erzieherisch; der Einzelne opfert sich für das Wohl des Ganzen auf. Ein gesunder Ausdruck dieser Energie gibt dir die Kraft, für dich selbst verantwortlich zu sein und andere an deren Verantwortung für ihre Aufgaben zu erinnern.

Denke daran, dass du niemanden dazu zwingen kannst, sich weiterzuentwickeln. Die anderen müssen selbst entscheiden, ob sie sich weiterentwickeln wollen.

Wenn du versuchst, für das Glück eines anderen verantwortlich zu sein, verschwendest du nur wertvolle Energie und gibst im Gegenzug dein eigenes Glück auf.

Affirmationen

- Ich vertraue darauf, dass ich genau weiß, was zu tun ist, wenn ich vor Herausforderungen stehe.
- Ich kümmere mich zuerst um mich selbst und dann um andere, damit meine Energie stark ist und meine Fähigkeit, für andere zu sorgen, grenzenlos und ermächtigend ist.
- Ich ermächtige andere, die Verantwortung für ihr Leben zu übernehmen, und erkenne ihre Selbstständigkeit an.

Schriftliche Aufgaben

1. Tust du Dinge für andere, die sie für sich selbst tun könnten? Welche Maßnahmen musst du ergreifen, um andere und dich zu stärken?
2. Was ist deine Kernbotschaft in deinem Leben im Moment? Worauf musst du deine Energie konzentrieren, um diese Botschaft zu übermitteln und zu manifestieren?
3. Bist du von der Zustimmung, Erlaubnis oder Anerkennung anderer abhängig? Gibt es Menschen in deinem Leben, bei denen du aufhören musst, sie glücklich machen zu wollen?
4. Könntest du dich besser um dich selbst kümmern? Wenn ja, wozu musst du dich verpflichten?

Tor 28: Kämpfen

I Ging: Des Großen Übergewicht
Astrologie: Skorpion
Biologie: Milz und lymphatisches System

Tor 28, das Tor des Spielers, ist eine Milz-Energie, die in der Angst wurzelt, dass das Leben keinen Sinn oder Wert hat. Das Tor 28 muss darum kämpfen, diesen Sinn zu entdecken. Aber es muss der richtige Kampf sein – sonst ist er sinnlos.

Manchmal haben Menschen mit dieser Energie das Gefühl, dass das Leben nicht fair ist. Es mag ihnen so vorkommen, als ob das Leben für sie viel schwieriger ist als für andere. Bis zu einem gewissen Grad, wenn Menschen mit Tor 28 nicht der Strategie

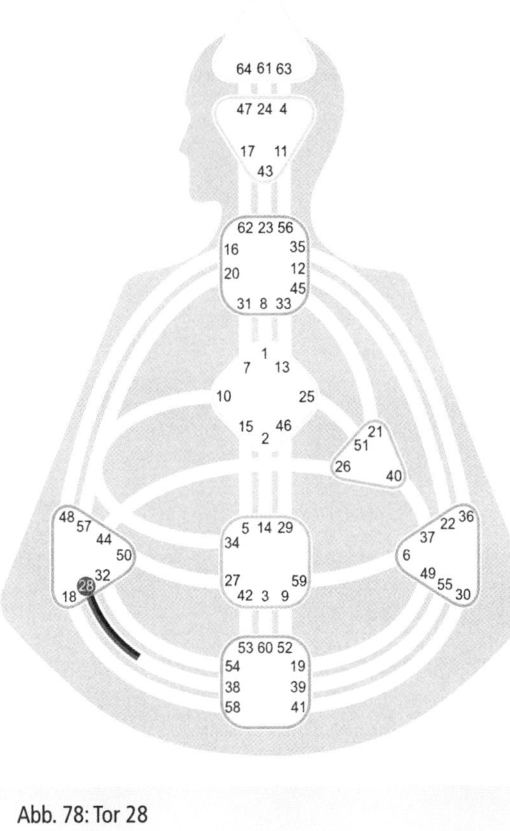

Abb. 78: Tor 28

ihres Typs folgen, kann das wahr sein. Tor 28 programmiert ein Chart auf den Kampf. Wenn du diese Energie hast und deine Strategie lebst, wirst du dich auf den richtigen Kampf einlassen, und diese Kämpfe werden dir helfen, den Sinn des Lebens zu entdecken und zu teilen. Wenn du aber deiner Strategie nicht folgst, kann es sein, dass du dich auf die falschen Kämpfe konzentrierst, wodurch sich das Leben nur schwer anfühlt.

Wenn das Tor 28 bei dir nicht aktiviert ist, ist es schwer vorstellbar, dass Kämpfe Spaß machen können. Aber Menschen mit Tor 28 können tatsächlich lernen, den Kampf zu genießen. Wenn der Wert des Lebens erkannt wurde, genießen Menschen mit Tor 28 die Herausforderung. Sie lieben es, an die Grenzen zu gehen. Das ist die Freude an der Herausforderung des Lebens und daran, das Leben extrem auszukosten.

Der Kampf ist herausfordernd, aber ihn zu meistern lohnt sich bei diesem Tor ganz besonders.

Affirmationen

- Ich nehme vollständig am Leben teil. Ich bin ständig präsent für die Energien und die Möglichkeiten des Lebens.
- Meine Erfahrungen und Kämpfe helfen mir zu definieren, was im Leben wirklich wertvoll ist, und ich liebe die Herausforderung!

Schriftliche Aufgabe

Wir fragen uns oft, wofür es sich zu sterben lohnt. Versuche stattdessen, dich zu fragen: Wofür lohnt es sich in deinem Leben zu *leben*?

Tor 29: Durchhaltevermögen

I Ging: Das Abgründige
Astrologie: Löwe/Jungfrau
Biologie: Eierstöcke und Hoden

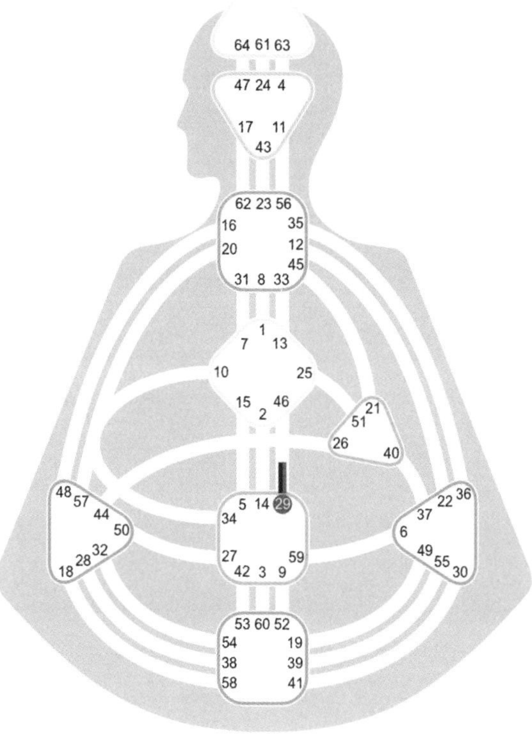

Abb. 79: Tor 29

Tor 29 neigt dazu, zu allem Ja zu sagen, vor allem, wenn es nicht die sakrale Strategie der Reaktion anwendet. Tor 29 ist darauf ausgelegt, beharrlich und entschlossen zu sein, und ein Teil dieses Ausdrucks ist die Verpflichtung, etwas zu tun.

Wenn Tor 29 seine Strategie nicht lebt, kann es sich für den Tod entscheiden. Es ist nicht ungewöhnlich, dass Autoimmunkrankheiten und körperliche Symptome eines Burn-outs auftreten, wenn Tor 29 nicht gelebt wird.

Tor 29 will sich verpflichten, aber es muss die *richtige* Verpflichtung sein. Wenn es reagiert, steht ihm die Energie zur Verfügung, die es braucht, um die Schwierigkeiten und Probleme auf dem Weg zum Erfolg zu überwinden.

Aber die falsche Verpflichtung kann dazu führen, dass Tor 29 länger durchhält, als es gesund für den Menschen ist. Das kann eine schlechte Kombination sein, vor allem bei einer offenen Milz, einem offenen Emotional- oder offenen Herz-Zentrum. Zu viel festzuhalten, zu beweisen oder zu spüren kann Tor 29 zermürben.

Die Stärke von Tor 29 liegt in seiner Fähigkeit, durchzuhalten, egal was passiert. Das ist das Engagement und die Entschlossenheit des olympischen Athleten oder jedes Menschen, der entschlossen ist, einen Traum zu verwirklichen.

Affirmationen

- Wenn ich mich darauf vorbereite, aus meinem kreativen Kokon zu schlüpfen, überlege ich mir meine Handlungen sorgfältig und stelle sicher, dass meine Verpflichtungen mit meinen Intentionen übereinstimmen.
- Ich sage nur zu den Dingen ja, von denen ich weiß, dass sie mich der Erfüllung meiner Träume näherbringen, und ich gehe meine Verpflichtungen entsprechend meiner Human Design Strategie ein.

Schriftliche Aufgabe

1. Gibt es Bereiche in deinem Leben, in denen du aus deinen Verpflichtungen hinausgewachsen bist? Welche Umstände und Situationen musst du loslassen, um Platz für neue Verpflichtungen zu schaffen?
2. Wie schwer fällt es dir, Nein zu sagen? Was hält dich davon ab, innerlich oder zu anderen Nein zu sagen?

Tor 30: Sehnsucht

I Ging: Das Feuer
Astrologie: Wassermann/Fische
Biologie: Bauchspeicheldrüse

Tor 30 bringt uns die Energie für Intensität und Verlangen. Im traditionellen I Ging wird diese Energie das Feuer genannt.

Das Thema des Kanals ist, auf den richtigen Zeitpunkt zu warten, um etwas auszudrücken oder zu tun. Tor 30 gibt uns die Energie, an einer Idee festzuhalten und sie wachsen zu lassen, bis der richtige Zeitpunkt gekommen ist. Tor 30 ist auf eine intensive Weise beharrlich, was andere Menschen oft in den Wahnsinn treiben oder ausbrennen kann. Aber

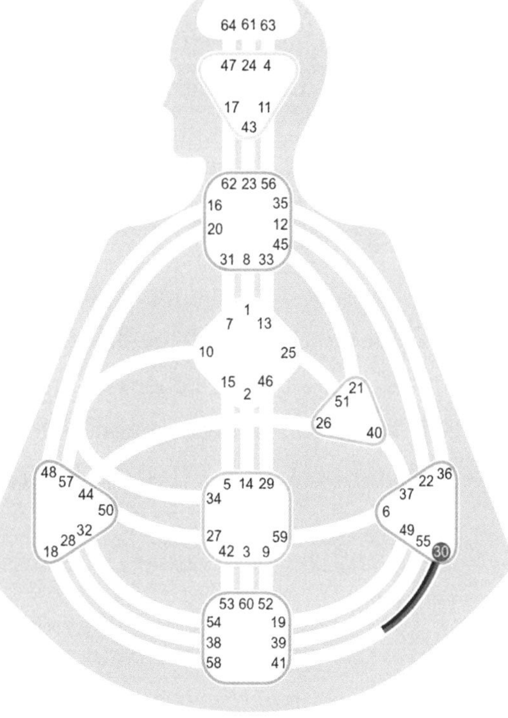

Abb. 80: Tor 30

wenn wir es richtig einsetzen, gibt es uns den Willen durchzuhalten und den Antrieb, die nächste neue Erfahrung zu machen.

Bei Tor 30 geht es darum, neue Erfahrungen zu machen. Neue Erfahrungen können lebensfördernd oder chaotisch sein, oder vielleicht ein bisschen von beidem. Das Warten auf den richtigen Zeitpunkt ist entscheidend, aber es ist besonders für dieses Tor auch eine Herausforderung. Es steht unter Druck. Es sehnt sich. Es sehnt sich danach, sich auszudrücken. Es ist emotional. Es ist leidenschaftlich.

Wenn dieses Tor sich richtig ausdrücken und andere nicht mit seiner Intensität wegstoßen will, muss es warten und berücksichtigen, dass die meisten anderen Menschen nicht so intensiv sind.

Affirmationen

- Ich bin mir über meine Absichten und Wünsche im Klaren. Ich konzentriere mich nur auf das, was ich will. Meine Vision ist wichtig und meine Leidenschaft wird durch das Feuer meines Herzens genährt. Ich bin unerschütterlich und kraftvoll fokussiert.
- Ich ehre mich selbst dafür, dass ich den Raum geschaffen habe, um meine Träume und Absichten zu verwirklichen.
- Ich bin völlig offen zu empfangen und ich nehme eine Haltung leidenschaftlicher Vorfreude auf die Manifestation meiner Wünsche ein.

Schriftliche Aufgaben

1. Was willst du in deinem Leben? Was möchtest du in Bezug auf deine Finanzen, deine Gesundheit, deine Beziehungen, deine kreative Entfaltung, dein spirituelles Leben und deinen Lebensstil erleben?
2. Welche Ablenkungen musst du beseitigen, um deinen Fokus beizubehalten?
3. Wofür brennst du? Hast du die Freiheit, deine Leidenschaft auszudrücken? Was hält dich davon ab?

Tor 31: Demokratie

I Ging: Die Werbung
Astrologie: Löwe
Biologie: Schilddrüse und Nebenschilddrüse

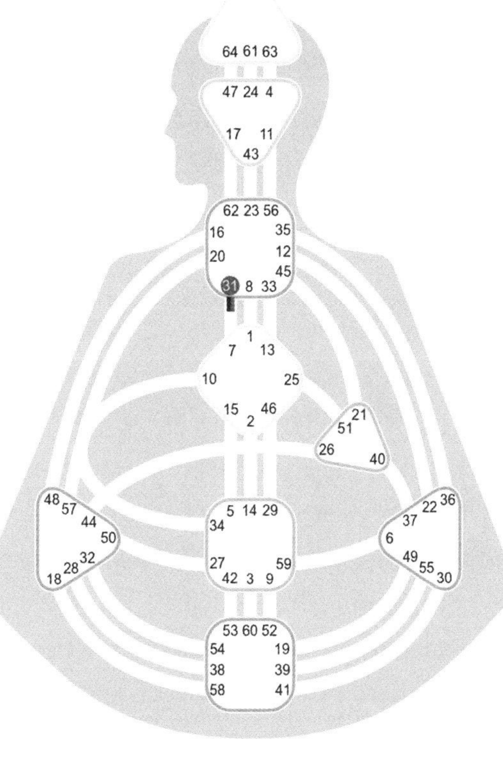

Abb. 81: Tor 31

Mit Tor 31 haben wir einen natürlichen Führungsstil, der anerkannt werden muss, um effektiv zu sein. Es ist die Verkörperung von Demokratie. Eine Führung, die sich im Laufe der Zeit durch wiederholte Anwendung der Theorie bewährt hat. Dieses Tor dient am besten, wenn es sich danach sehnt, die Menschen zu unterstützen. Die beste Frage, die du dir stellen solltest, wenn du mit dieser Energie experimentierst, ist: „Wie kann ich dienen?“

Lass dir von der Gruppe, die du leitest, sagen, wie sie geführt werden möchte. Das ist das eigentliche Geheimnis, um mit dieser Energie eine effektive Führungskraft zu sein. Du bist einfach die Leitfigur. Vereinige die Gruppe und sei bereit, sie verantwortungsbewusst zu leiten.

Affirmationen

- Ich nehme meine natürliche Führungsposition ein, wenn ich eingeladen werde, Einfluss zu nehmen.
- Meine Worte, Gedanken, Ideen und Träume sind wichtig und es wert, mit den richtigen Menschen geteilt zu werden.

Schriftliche Aufgabe

Meditiere darüber, was wahre Macht und Einfluss für dich bedeuten. Nimm wahr, wo du Macht in deinem Körper spürst, und übe mindestens einmal am Tag, dich mit diesem Gefühl zu verbinden.

Tor 32: Kontinuität

I Ging: Die Dauer
Astrologie: Waage
Biologie: Milz und lymphatisches System

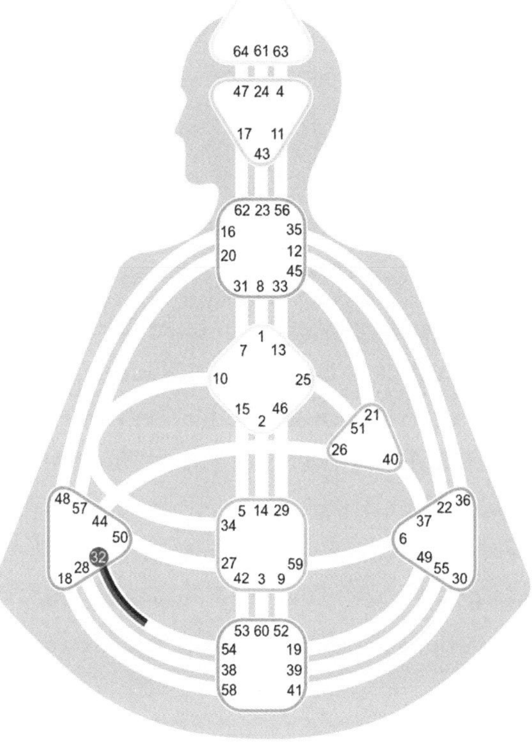

Abb. 82: Tor 32

Tor 32 ist das Gespür dafür, wann ein Wunsch es wert ist, in Form und Realität gebracht zu werden. Tor 32 will die Energie zur Verfügung stellen, um ihn zu verwirklichen, aber es hat keine eigene Energie. Hier haben wir die Intuition und die Weisheit zu wissen, dass etwas transformativ und erfolgreich sein könnte, aber der gesamte Prozess hängt davon ab, ob jemand den Wert erkennt oder nicht. Das erfordert ein enormes Maß an Vertrauen. Tor 32, verwurzelt in der Milz, ist ein Tor der Angst. Tor 32 sagt: „Was ist, wenn meine Träume umsonst sind?“ Tor 32 hat große Angst, dass jemand anderes seinen Traum aufgreift und zum Erfolg führt oder dass es dabei scheitert, seinen Traum zu verwirklichen.

In seiner höchsten Energie ist Tor 32 ein Untersucher, aber kein Macher. Die wahre Kraft von Tor 32 liegt darin, zu erkennen, welche Ideen es wert sind, Energie in sie zu investieren, und welche Ideen einfach losgelassen werden können.

Affirmationen

- Ich weiß intuitiv, welche Ideen es wert sind, verfolgt zu werden.
- Ich weiß, was funktioniert, was Ressourcen schafft und was passieren muss, damit aus einem Traum ein lukratives und wirkungsvolles Projekt wird.
- Ich vertraue darauf, dass die richtigen Leute und die richtigen Ressourcen zu mir kommen werden, damit ich mein Wissen auf eine leichte Weise weitergeben kann, bei der meine Ideen und ich wertgeschätzt werden.

Schriftliche Aufgaben

1. Wie würde dein Leben aussehen, wenn alles möglich wäre? Was würdest du tun? Wie sähe deine Arbeit aus?
2. Was müsstest du glauben, um dieses Traumleben zu verwirklichen? Welche neuen Entscheidungen müsstest du treffen?

Tor 33: Privatsphäre

I Ging: Der Rückzug
Astrologie: Löwe
Biologie: Schilddrüse und Nebenschilddrüse

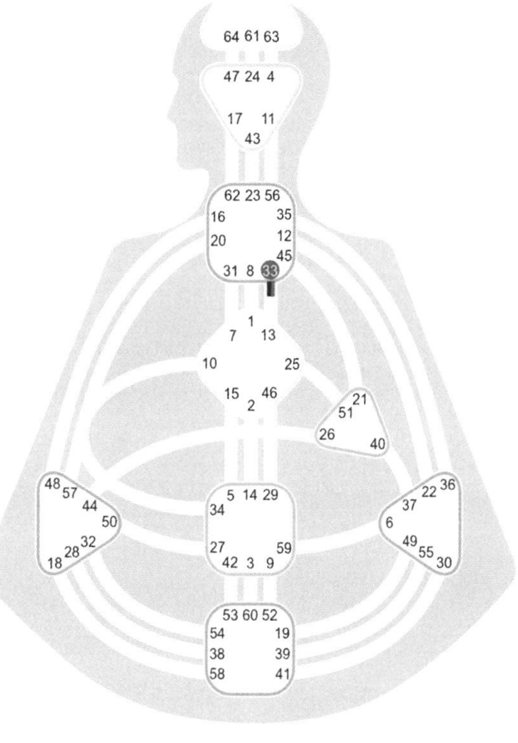

Abb. 83: Tor 33

Tor 33 ist sich bewusst, dass die Geschichten des Lebens der Menschen heilig und verletzlich sind. Hier ist die Erinnerung gespeichert. Tor 33 nimmt die Energie des Erzählers auf und bewahrt die Erinnerung, um sie nur dann weiterzugeben, wenn der Zeitpunkt der richtige ist.

Die Gefahr ist, dass die niedrigste Energie von Tor 33 an der Vergangenheit festhält, weil sie Angst davor hat, dass sie sich wiederholen könnte. Das kann dazu führen, dass jemand mit diesem Tor blockiert und auf das fixiert ist, was bereits geschehen ist – vor allem, wenn er nicht auf die Anerkennung wartet, um seine Geschichte zu erzählen. Die Geschichten der Vergangenheit erfordern Zeit zum Nachdenken, um den richtigen Weg zum Teilen zu finden, der der heiligen Erinnerung gerecht wird. Im Alleinsein erkennt Tor 33, was geteilt werden muss und was losgelassen, verziehen und vergessen werden muss.

In seiner höchsten Energie erzählt Tor 33 die Geschichten aus der Vergangenheit, bewahrt die Erinnerungen und die Geschichte des Kollektivs und teilt sich dann mit, wenn der richtige Zeitpunkt gekommen ist.

Affirmationen

- Ich setze meine Reise nach innen fort und arbeite in Zyklen der Produktivität und Ruhe.
- Mein Fokus liegt jetzt auf meiner Vergangenheit, meinem Weg und der Entwicklung meiner Zukunft.
- Ich entspanne mich und vertraue darauf, dass das Verborgene ans Licht kommt und die Wahrheit sich zeigen wird. Meine größte Macht liegt im *göttlichen Timing*.
- Ich vertraue. Ich warte. Ich weiß. Ich wachse.

Schriftliche Aufgaben

1. Wenn du in deiner Realität noch nicht die Entwicklung siehst, die du dir für dieses Jahr gewünscht hast, was glaubst du, was dich zurückhält? Welche Geschichte lebst du? Schreibe die Geschichten hinter deiner Limitierung oder dem Stempel, den du dir selbst aufgedrückt hast, auf.
2. Schreibe die Geschichte so um, als ob sie für dich nicht mehr wahr wäre. Was würdest du ändern? Was wäre das Endergebnis?

Tor 34: Macht

I Ging: Des Großen Macht
Astrologie: Schütze
Biologie: Eierstöcke und Hoden

Tor 34 ist das beschäftigste Tor im Chart und eines der kraftvollsten. Da es im Sakral-Zentrum verwurzelt ist, ist es generierte Energie und eine Form der Lebenskraft. Es ist das einzige Tor des Sakral-Zentrums mit dem Potenzial, asexuell zu sein. Manchmal sind Menschen mit Tor 34 zu beschäftigt, um Sex zu haben (oder sie sind sehr damit beschäftigt, Sex zu haben).

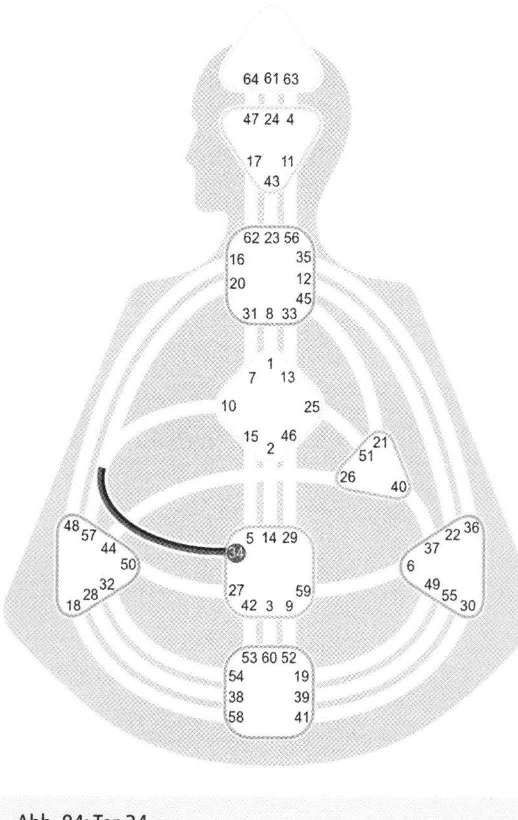

Abb. 84: Tor 34

Tor 34 ist das Ursprungstor des Manifestierenden Generators und hat daher das Potenzial für große Macht, aber es gibt eine Ironie, die mit der Macht von Tor 34 verbunden ist. Es ist nur dann mächtig, wenn es reagiert. Das Potenzial wird generiert, nicht manifestiert. Generatoren mit Tor 34, werden nicht erfolgreich sein, wenn sie ihre Macht forcieren und initiieren wollen, und werden sich dann stark frustriert fühlen.

Generatoren mit dieser Energie haben es oft schwer, zwischen Drängen und Manifestieren zu unterscheiden. Die Verdrahtung in diesem Teil des Charts ist so komplex und schnell, dass es manchmal schwer ist, das Tempo zu drosseln, um zu sehen, ob man reagiert. Menschen mit dieser Energie tun gut daran, sich das Ergebnis ihrer Entscheidungen vor Augen zu führen, bevor sie sich auf das Umsetzen konzentrieren.

Tor 34 ist das „Multitasking-Tor". Eine Person mit diesem Tor ist darauf ausgelegt, viele Dinge gleichzeitig zu tun, und es ist wichtig, darauf zu achten, wo das Tor 34 im Chart angeschlossen ist. Dies bestimmt, wie sich Tor 34 ausdrückt.

Menschen mit Tor 34 wird oft gesagt, dass sie langsamer machen und sich für eine Sache entscheiden und dabei bleiben sollen. Für manche Menschen ist das ein guter Rat, aber nicht für solche mit dieser Energie. Tor 34 muss beschäftigt sein. Wenn es nicht beschäftigt ist, ist es so, als würde man versuchen, einen Blitz in einem Glasgefäß zu fangen. Letztendlich wird der Blitz im Körper der Person einschlagen und ihre Gesundheit schädigen.

Wenn eine nicht-sakrale Person Tor 34 aktiviert hat, wird sie für eine gewisse Zeit, wenn ihr Sakral-Zentrum unter Druck gerät, die fleißigste Person in ihrem Umfeld sein.

Affirmationen

- Ich vertraue dem Universum, dass es mir die perfekten Gelegenheiten liefert, um meine Träume und Absichten zu erfüllen.
- Ich beobachte und warte auf Zeichen, die mir klar den nächsten Schritt zeigen.
- Ich weiß, dass meine wahre Macht in der gemeinsamen Schöpfung mit dem Universum liegt, und ich weiß, dass das Göttliche mir den perfekten Weg weisen wird.
- Beschäftigt zu sein, ist gesund für mich und ich respektiere mein Bedürfnis, viele Dinge auf einmal zu tun.

Schriftliche Aufgaben

1. Wie setzt du deine Kraft und Energie ein? Tust du Dinge, die dich deinen Träumen nicht näher bringen? Mit welchen Dingen musst du aufhören, um Raum für das zu schaffen, was du wirklich willst?
2. Wie definierst du Macht? Fühlst du dich mächtig? Was kannst du tun, um in deinem Leben mehr Macht zu haben?
3. Was musst du tun, um dein Vertrauen in das Universum zu stärken? Bist du präsent und erfüllst deine Aufgabe im Leben?

Tor 35: Veränderung

I Ging: Der Fortschritt
Astrologie: Zwillinge
Biologie: Schilddrüse und Nebenschilddrüse

Tor 35 ist der finale Ausdruck der Erfahrungsenergie. Diese Energie folgt der Fantasie und dem Verlangen. Sie hat alles ausprobiert, jede Erfahrung gemacht, ist kompetent und manchmal abgestumpft.

Tor 35 hat eine Reife, die auf Erfahrung beruht. Es kennt das Leben und weiß, wie man lernt, was notwendig ist. Menschen mit Tor 35 sind im Leben selten stehen geblieben. Sie verstehen es, Erfahrungen zu machen, und können mit wenig Zögern und Einschränkungen so gut wie alles lernen.

Die Herausforderung von Tor 35 besteht darin, ein Erlebnis zu finden, das es zum Strahlen bringt. Tor 35 lässt sich nicht von Alltäglichem inspirieren. Es sucht nach dem Erlebnis, das die Investition von Zeit, Energie und Ressourcen wert ist. Tor 35 bietet Geschichten aus dem Leben, die auf persönlichen Erfahrungen beruhen. Du weißt nie, welche Geschichte eine Person mit Tor 35 zu erzählen hat. In der reifen Ausprägung dieser Energie weiß Tor 35, dass das wahre Geschenk der Geschichte nicht in der Erregung liegt, sondern im Prozess, in den Emotionen und den gelernten Lektionen. Darin steckt eine große Weisheit, und die Geschichten von Tor 35 gehören letztlich uns allen. Sie haben das alles getan, damit wir es nicht tun müssen.

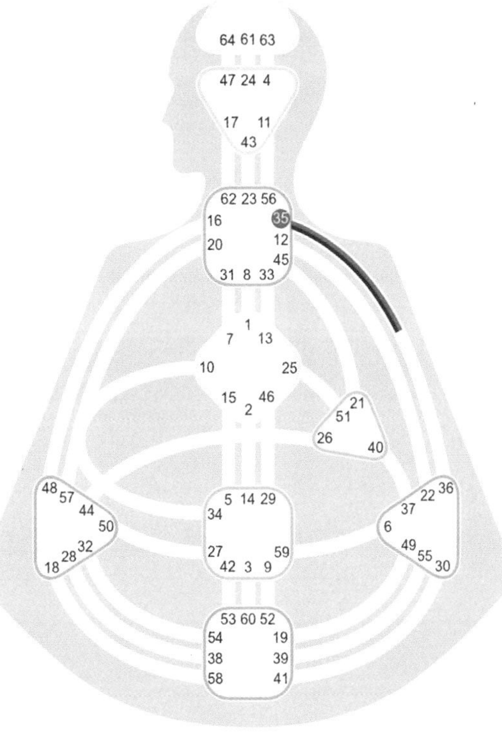

Abb. 85: Tor 35

Affirmationen

- Ich wähle die Erfahrungen, die ich machen möchte.
- Meine Gefühle zu meinen Erfahrungen zeigen, was für mich richtig ist.
- Ich bin für meine eigenen Entscheidungen und mein eigenes Glück verantwortlich, und niemand kann mir Erlebnisse für mein Leben kreieren, die ich nicht selbst gewählt habe.

Schriftliche Aufgaben

1. Was passiert grade in deinem Leben, das du gerne ändern würdest?
2. Welche Erfahrungen, die du aktuell machst, möchtest du nicht noch einmal machen? Wie kann dir diese Erkenntnis helfen, deine Manifestationen besser zu verstehen? Auf welche Erfahrungen musst du dich konzentrieren und mit welchen von ihnen musst du dich in Einklang bringen?

Tor 36: Krise

I Ging: Die Verfinsterung des Lichts
Astrologie: Fische
Biologie: Nieren und Bauchspeicheldrüse

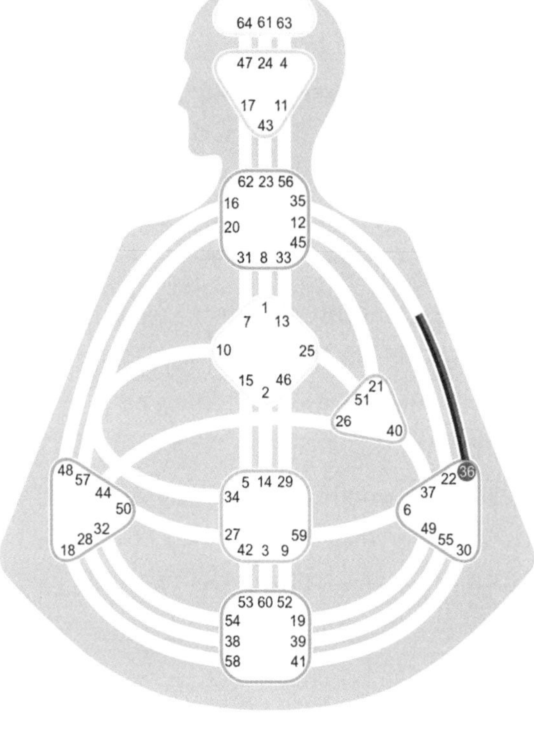

Abb. 86: Tor 36

Tor 36 ist der emotionale Impuls des Verlangens. Tor 36 will, was es will, und wenn es darauf wartet, kann es das haben. Wenn es nicht wartet, stürzt es sich in Chaos und Krise. Tor 36 sehnt sich immer nach der nächsten neuen Erfahrung. Es wird von Langeweile geplagt und neigt dazu, sich in Dinge zu stürzen, ohne auf Klarheit zu warten, nur um die nächste neue Erfahrung zu machen.

Wenn es der Wunsch von Tor 36 ist, in einem Bereich Meisterschaft zu erlangen, muss es lernen, seine Unruhe zu zügeln, damit es nicht aufgibt, bevor es die für den Erfolg notwendigen Fähigkeiten beherrscht. Bei Tor 36 dreht sich alles um das Verlangen und es kann zur Erfüllung seiner Wünsche durchaus sexuell werden. Aus dem Human Design Chart lernen wir, dass auf alle Sexualität gewartet werden muss und sie nicht impulsiv ausgelebt wird, da zu schnelles Handeln schlimme Folgen haben kann.

Tor 36 lehrt uns, unser Feuer zeitlich und auch etwas pragmatisch zu zügeln. Es ist sehr wertvoll, zu lernen, auf den richtigen Zeitpunkt zu warten.

Affirmationen

- Ich bin offen für Neues.
- Ich vertraue meiner Intuition und meiner Strategie und weiß, dass ich klare, bewusste Entscheidungen treffe.
- Ich bin das Auge des Sturms. Mein Kopf ist klar, mein Herz schlägt im Einklang und ich handle nur zu meinem höchsten Wohl.

- Ich lasse mich nicht durch den Schein meiner äußeren Realität verunsichern und ich weiß, dass ich auf dem Weg bin, das zu erschaffen, was ich beabsichtige. Meine Überzeugungen sind unerschütterlich, und ich lasse mich nicht von äußeren Umständen beeinflussen.

Schriftliche Aufgaben

1. Welche ist deine Strategie, um mit unerwarteten Ereignissen, Chaos und Tragödien fertigzuwerden?
2. Wie stark ist deine Verbindung zur Quelle? Was musst du tun, um sie zu stärken?

Tor 37: Freundschaft

I Ging: Die Sippe
Astrologie: Fische
Biologie: Nieren und Bauchspeicheldrüse

Tor 37 ist ein sehr klares und schlichtes Tor. Es will nur eines: Harmonie. Tor 37 wird sich für den Frieden einsetzen und, wenn der Zeitpunkt noch nicht da ist, auf den Frieden warten. Tor 37 will sich mit anderen verbinden und kommunizieren, um Frieden und Harmonie zu schaffen.

Tor 37 beruht auf der Überzeugung, dass wir nachhaltigen Frieden haben werden, wenn wir alle zusammenarbeiten, um die Ressourcen zu schaffen, die für unseren Lebensunterhalt notwendig sind. Es ist die Hälfte des Kanals des Handels (siehe Seite 259) und es geht darum, Vereinbarungen und Verträge zu schließen.

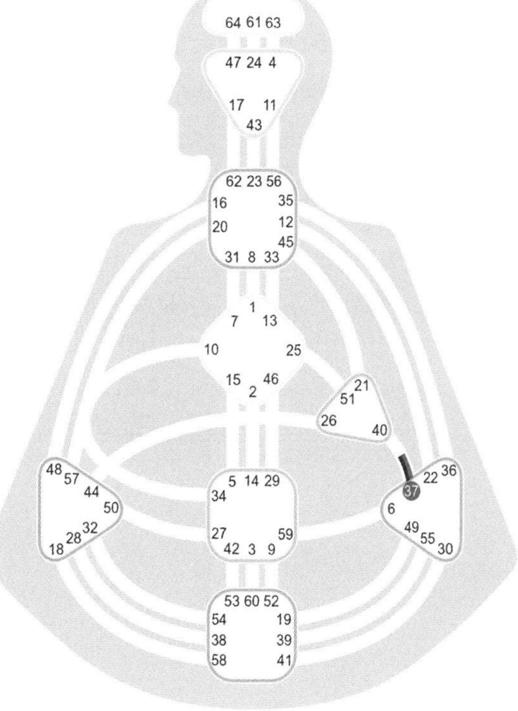

Abb. 87: Tor 37

Das Ziel von Tor 37 ist, Vereinbarungen zu treffen, die Frieden und Harmonie fördern. Wenn du nicht klar mit deinem Umfeld kommunizierst, läufst du Gefahr, dass es zu Missverständnissen kommt, was deinen Fortschritt behindern kann. Egal, auf welcher Ebene diese Kommunikation stattfindet, du musst sicherstellen, dass du respektvoll, aufrichtig und sehr klar bist in dem, was du sagst.

Affirmationen

- Nach dem Sturm kommt immer die Ruhe. In der Stille, die auf den Wandel folgt, kann ich mich wieder orientieren, tief durchatmen und meine Beziehungen mit den Veränderungen in Einklang bringen.
- Alle Vereinbarungen, die ich treffe, sind klar und haben den Frieden als Endziel.
- Aus den Überresten der Vergangenheit entdecke ich meine Gaben und arbeite mit meinen Freunden, meiner Familie, meinen Verbündeten, meiner Gemeinschaft und meiner Welt zusammen, um mit ihnen Frieden zu erschaffen, der tief wertschätzend und respektvoll ist.
- Der Frieden ist in mir. Ich bin Frieden. Ich atme Frieden. Ich schaffe Frieden. Alles ist gut.

Schriftliche Aufgaben

1. Wie kannst du einen friedlicheren Lebensstil erschaffen? Nimm dir vor, heute fünf friedensfördernde Aktivitäten zu unternehmen.
2. Sind deine Vereinbarungen mit deinen Partnern klar? Haben alle Parteien die gleichen Erwartungen? Müsst ihr klärende Gespräche führen, um das Bewusstsein und die Klarheit eurer Vereinbarungen zu vertiefen?

Tor 38: Der Kämpfer

I Ging: Der Gegensatz
Astrologie: Krebs
Biologie: Nebennieren

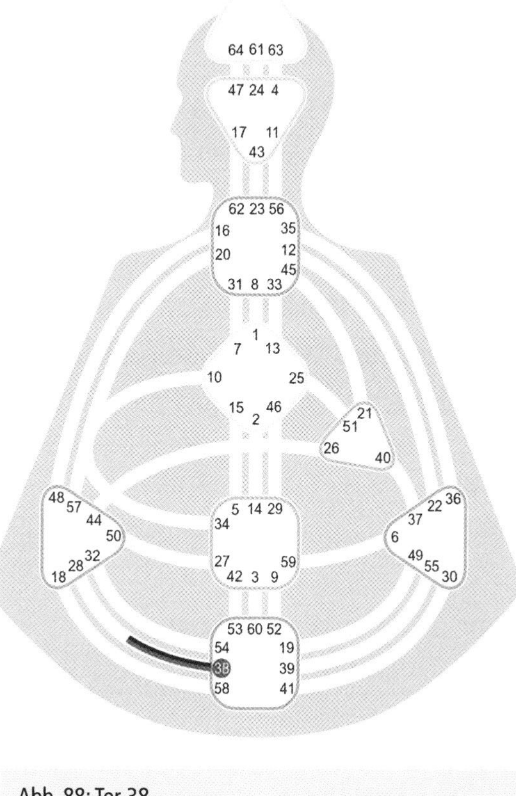

Abb. 88: Tor 38

Tor 38 kämpft darum, zu wissen, wofür es sich zu kämpfen lohnt. Es sucht nach Sinn und Zweck des Lebens und treibt uns im Wesentlichen (mit Adrenalin) dazu an, unsere Lebensaufgabe zu finden. Warum sind wir hier und wie können wir ein Leben führen, in dem dessen Sinn erkennbar ist? Was sind die wirklich wertvollen Dinge im Leben? Menschen, die diese Energie haben, können von Natur aus etwas stur sein. Wenn sie herausgefunden haben, dass etwas wertvoll ist, halten sie daran fest, kämpfen darum und lassen nicht los. Sie sind Menschen, die mit ihren Veränderungen die Welt verbessern können, wenn die Veränderungen den Kampf überleben.

Diese Energie kann auch etwas provokativ sein. Es handelt sich um eine projizierte Energie, die darauf abzielt, unsere Aufmerksamkeit zu erregen. Wir beobachten, wie Menschen mit dieser Energie kämpfen, und wir fordern sie entweder auf, uns mitzuteilen, was mit ihnen passiert, oder wir stoßen sie weg und stellen ihre Lebensentscheidungen infrage.

Es besteht die Möglichkeit, dass du das Gefühl hast, nicht dazuzugehören, dass das Leben ein Kampf ist und du ganz allein bist. Aber warte auf die Einladung zum richtigen Kampf und Tor 38 wird dir zeigen, wofür es sich zu kämpfen lohnt, und dir helfen, die richtigen Menschen zu finden, mit denen du deine Weisheit teilen kannst.

Affirmationen

- Ich habe große Klarheit über meine Lebensaufgabe und meine Richtung im Leben. Ich bleibe hartnäckig und kämpfe für das, von dem ich weiß, dass es wichtig ist.
- Meiner Bestimmung zu dienen, inspiriert mich und gibt mir die Energie, in meinem Leben kraftvolle Schritte nach vorne zu machen, egal, was auf mich zukommt.
- Ich bin zu einem bestimmten Zweck hier und ich ehre diesen Zweck, indem ich mir klare Ziele setze und Handlungen ausführe, die diesen Zweck widerspiegeln.

Schriftliche Aufgabe

Auf YouTube findest du eine spezielle geführte Meditation von mir. Sustainable Peace Meditation: **https://youtu.be/P1rAvbc32zs**. Nachdem du die Meditation beendet hast, schreibe auf, welche Erkenntnisse du während der Sitzung gewonnen hast.

Tor 39: Provokation

I Ging: Das Hemmnis
Astrologie: Krebs
Biologie: Nebennieren

Tor 39 birgt eine sehr emotionale und vielseitige Energie. Menschen mit diesem Tor können sehr musikalisch, kreativ und leidenschaftlich sein. Dieses Tor ist herausfordernd und provokativ. Die Provokation kann unbeschwert, neckisch und lustig sein, oder sie kann dir einen Stich versetzen und negative Emotionen oder Ängste hervorrufen. Folglich kann Tor 39 für die Menschen, die es haben, und für die Menschen, die von ihm betroffen sind, ein wenig heikel sein.

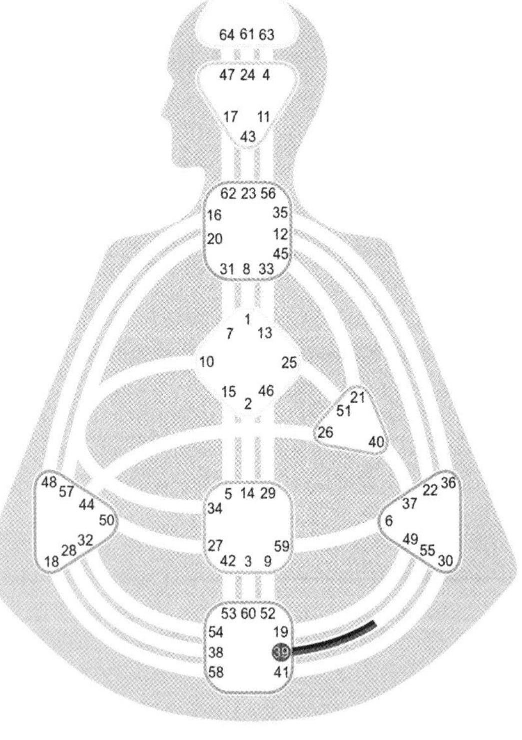

Abb. 89: Tor 39

Tor 39 drängt uns zur Fülle. Die Provokation von Tor 39 soll unser Bewusstsein für Fülle und Geist wiederherstellen. Wir bezeichnen Menschen mit Tor 39 manchmal als unsere „Lehrer“; es sind Menschen, die uns gestoßen und in die Enge getrieben haben, die es uns unbequem gemacht und uns gezwungen haben, über den ersten Eindruck der Dinge hinauszuschauen.

Auf einer alltäglicheren Ebene kann die Energie von Tor 39 uns zu Impulskäufern machen, die immer auf der Jagd nach einem tollen Schnäppchen sind. Menschen mit Tor 39 fühlen sich gut, wenn ihre Speisekammer voll ist (oder sogar überquillt), und werden oft nervös, wenn sie ihre Lebensmittelvorräte anbrechen müssen. Oftmals horten Menschen mit dieser Energie Dinge und sammeln bis zum Umfallen. Sie können Angst haben, dass ihnen eines Tages etwas fehlen könnte.

In seiner höchsten Energie befreit uns das Tor 39 von Gedankenmustern und Gewohnheiten, die uns in der Vorstellung festhalten, dass es „nicht genug“ gibt. Tor 39, so provokant es auch manchmal sein kann, gibt uns die Kraft zu erkennen, dass die Vorstellung von „nicht genug“ eine Illusion ist und dass mit einer Veränderung des Bewusstseins und einer Neuausrichtung auf die Fülle des Geistes immer mehr als genug da ist.

Affirmationen

- Ich warte auf die richtige Stimmung und darauf, dass sich die richtigen Türen öffnen, bevor ich weitermache.
- Ich erkenne die Macht, andere mit meinen Handlungen und Worten zu provozieren und ich setze diese Macht mit großer Sorgfalt ein, denn ich weiß, dass ich die Fähigkeit habe, das Leben der Menschen zu verändern.

Schriftliche Aufgaben

1. Beschreibe eine Erinnerung, in der du etwas manifestiert hast, als die Stimmung die richtige war. Verbinde dich wieder mit diesem Gefühl und verankere es tief in deinem Körper und deinem Bewusstsein.
2. Schiebst du Menschen und Gelegenheiten weg? Ist das gut für dich? Kannst du konstruktivere Wege finden, um dir mehr Zeit für Entscheidungen zu lassen? Was kannst du tun, um eine Energie zu schaffen, die „Raum gibt“?
3. Wie ist deine Beziehung zum Essen? Bist du ein emotionaler Esser? Liebst du deinen Körper? Musst du etwas an deiner Beziehung zum Essen und deinem Essverhalten ändern?

Tor 40: Einsamkeit

I Ging: Die Befreiung
Astrologie: Jungfrau
Biologie: Magen

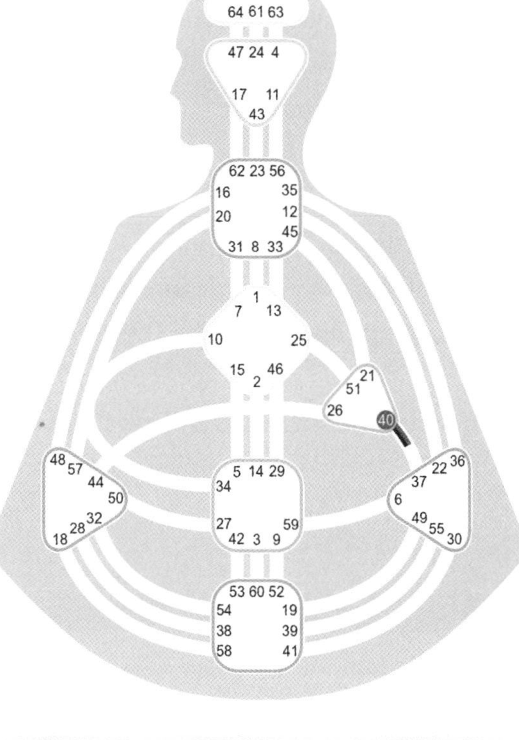

Abb. 90: Tor 40

Tor 40 ist eines der Tore des „Alleinseins" und erfordert eine tiefe Bereitschaft zu akzeptieren, dass seine Energie „nicht persönlich gemeint" ist. Menschen mit Tor 40 brauchen Zeit für sich selbst, können aber auch mit Einsamkeit zu kämpfen haben.

Die Energie von Tor 40 kann sich sehr einsam und allein anfühlen. Aber die Wahrheit über Tor 40 ist, dass es eine Person dazu antreibt, andere zu suchen. Mit anderen Worten: Tor 40 ist die Energie eines Teils, der ein Ganzes sucht, oder eines Einzelgängers, der Verbündete sucht.

Tor 40 braucht einen Kreis aus Verbündeten, dem es sich anschließen und mit dem es Ressourcen teilen kann. Oft finden wir Tor 40 in Charts mit viel mutativer (individueller) Energie, die eine elektromagnetische Anziehungskraft ausübt, um die Energie von Verbündeten zu finden, mit denen die Mutation geteilt werden kann.

Menschen mit Tor 40 müssen nach den Beweisen für Liebe und Gemeinschaft suchen, die sie umgeben. Es ist durchaus möglich, dass Menschen mit Tor 40 auf einem Podest stehen, umgeben von einer Menge sich verbeugender, bewundernder Fans, und trotzdem das Gefühl haben, dass niemand sie will oder liebt. Diese Energie mag sich einsam fühlen, aber die Realität wird zeigen, dass dieses Tor nicht so allein und ungeliebt ist, wie es glaubt.

Die Einsamkeit von Tor 40 veranlasst die Menschen, in die Welt hinauszugehen und neue Vereinbarungen und Bindungen zu schaffen, damit die Energie, die für die Erzeugung von Ressourcen gebraucht wird, immer wieder erneuert und weiterentwickelt wird. Auf diese Weise spielt Tor 40 eine wichtige Rolle dabei, neue Wege zu verbreiten, wie Vereinbarungen getroffen werden können.

Tor 40 ist auch das Tor des Magens. Menschen, die diese Energie nicht verstehen und versuchen, Willenskraft zu nutzen, die sie nicht haben, haben oft Magenprobleme. Wenn ein Generator ein undefiniertes Herz-Zentrum und Tor 40 aktiviert hat, arbeitet und arbeitet und arbeitet er und vergisst dabei zu essen.

Das undefinierte Herz-Zentrum mit Tor 40 wird oft versuchen, von einem definierten Herz-Zentrum wegzukommen, weil der Druck des definierten Herz-Zentrums das Bedürfnis nach Alleinsein, das ein Mensch mit Tor 40 hat, verstärkt.

Affirmationen

- Ich entspanne mich in dem Wissen, dass ich liebenswert und fähig bin, all die helfenden Hände zuzulassen, die ich brauche, um meine Träume zu verwirklichen.
- Ich gehe auf andere zu und verbinde mich mit einem offenen Herzen und reiner Freude und Liebe.

Schriftliche Aufgaben

1. Wie sind deine Beziehungen? Fühlen sich deine Beziehungen ausgeglichen an?
2. Fühlst du dich einsam? Musst du rausgehen und mehr Kontakte mit anderen knüpfen? Ein Netzwerk aufbauen? Dich sozialen Gruppen anschließen? Fühlst du dich mit der Menschheit verbunden?

Tor 41: Fantasie

I Ging: Die Minderung
Astrologie: Wassermann
Biologie: Nebennieren

Sieh dich um. Alles, was du siehst und was von Menschen erschaffen wurde, war einst eine Idee – eine Idee, die in Form gebracht wurde.

Das neue Human Design Jahr beginnt mit diesem Tor. Es ist eine initiierende Energie, die letztendlich neue Ideen oder Erfahrungen in eine Form bringt. Diese Energie kann manchmal als Tagträumerei erlebt werden. Kindern mit dieser Energie wird oft vorgeworfen, dass sie nicht aufpassen, während sie über ihre komplexen Ideen fantasieren.

Die Energie dieses Tores eignet sich gut zum Visualisieren und Vorstellen. Dies sind zwar eher „mentale" Aktivitäten, doch das Einzigartige an Tor 41 ist, dass Tor 41 eine Handlung initiieren kann, wenn der richtige Zeitpunkt gekommen ist. Tor 41 ist eine Idee, die auf den richtigen Zeitpunkt wartet, damit sie in die Tat umgesetzt werden kann.

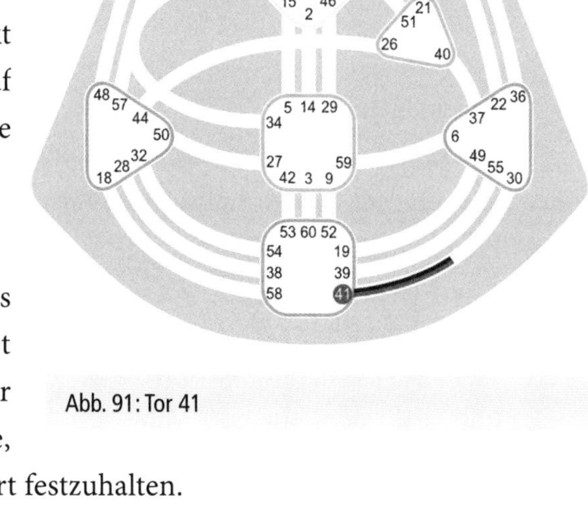

Abb. 91: Tor 41

Affirmationen

- Mein Verstand ist mein kreatives Werkzeug. Wenn ich inspiriert bin, habe ich die Fähigkeit, an der Vision dessen, was ich vorhabe, unerschütterlich und konzentriert festzuhalten.
- Meine Fähigkeit, meine Intention zu halten, ist meine größte kreative Gabe. Ich zögere nie. Ich schwanke nie. Mein Blick ist klar und ich habe meine Vision vor Augen.
- Was sich aktuell in meiner äußeren Realität zeigt, ist für das, was ich erschaffen werde, unerheblich.
- Ich bin dankbar für die Zeichen, dass ich auf dem richtigen Weg bin, genau das zu schaffen, was ich beabsichtige.

Schriftliche Aufgaben

1. Wie halten dich Illusionen davon ab, die Wahrheit zu erkennen? Gibt es in deinem Leben Umstände, die du loslassen musst, um das zu erschaffen, was du wirklich willst?

2. Kommunizierst du klar und deutlich? Hörst du bewusst zu? Gibt es Stellen, an denen du deine Absichten anderen gegenüber klarstellen musst?
3. Wo verlierst du deinen Fokus? Was lenkt dich davon ab zu glauben, dass du bekommen kannst, was du willst?
4. Was kannst du tun, um deiner Vision treu zu bleiben? Was musst du tun, um deine Intention zu festigen?

Tor 42: Finalisieren

I Ging: Die Mehrung
Astrologie: Widder
Biologie: Eierstöcke und Hoden

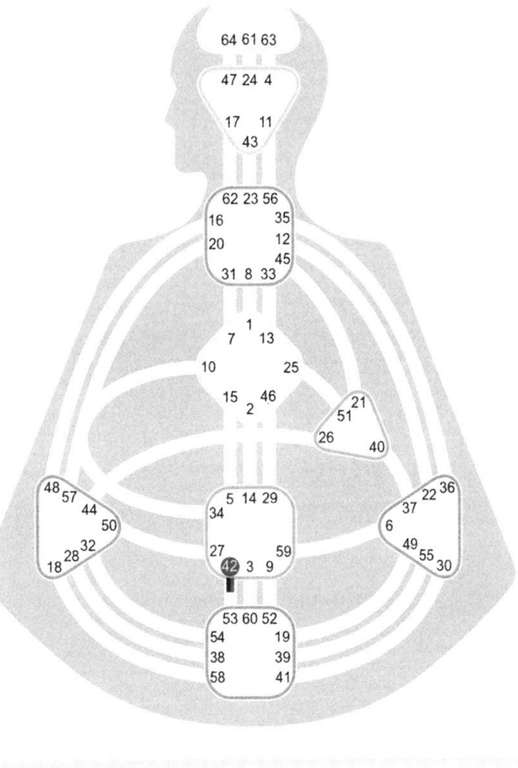

Abb. 92: Tor 42

Tor 42 ist das Tor, durch das man mitten in eine Situation oder Erfahrung gerät und sie beendet. Tor 42 kann ein hervorragender Projektmanager oder Berater sein, vorausgesetzt, die Anfangsphase eines Projekts ist abgeschlossen, wenn er oder sie in das Projekt eintritt.

Tor 42 (wie auch Tor 53) kann sich zutiefst frustriert fühlen, wenn es nicht auf Gelegenheiten reagiert, Dinge zu beenden. Wenn Tor 42 darauf wartet, auf die richtige Erfahrung zu reagieren, wird sich die richtige Energie manifestieren, um zu beginnen. Mit der richtigen Antwort kommt die Energie, Dinge zu beginnen und zu beenden. Ohne das Warten gibt es nur Frustration und Burn-outs. Mit dieser Energie können wir uns manchmal unter Druck gesetzt fühlen, Dinge abzuschließen.

Stimm dich darauf ein und sei sicher, dass dies so gewollt ist. Wenn du Klarheit hast, kannst du Platz für etwas Neues machen und Fülle in deinem Leben erschaffen. Aber zuerst musst du beenden, was beendet werden muss.

Affirmationen

- Ich begrüße alle Veränderungen, die bisher stattgefunden haben, und ich erkenne, dass alle Enden neue Anfänge sind.
- Ich öffne die Tür für das Neue und träume von dem, was kommen wird.
- Ich bin voll und ganz bereit, die Grundlagen für etwas Neues zu manifestieren und die Maßnahmen zu ergreifen, die notwendig sind, um das Neue in Form zu bringen.

Schriftliche Aufgaben

1. Welche letzten Schritte musst du unternehmen, um die Energie dieses ersten Schritts freizusetzen? Welche Türen öffnen sich? Welche schließen sich?
2. Welche Klarheit hast du seit Anfang des Jahres gewonnen? Wie hat dir diese Klarheit geholfen zu definieren, was du wirklich willst?
3. Welche Schritte musst du unternehmen, um das in Form zu bringen?

Tor 43: Einsicht

I Ging: Der Durchbruch
Astrologie: Skorpion
Biologie: Hypophyse (Vorder- und Hinterlappen)

Der höchste Ausdruck dieser Energie ist die Fähigkeit, eine Alternative zu alten Vorgehensweisen zu sehen und ein neues, kraftvolles Mittel für ein hochgestecktes Ziel zu schaffen. Tor 43 besagt, dass der Zweck und die Mittel übereinstimmen müssen.

Der Zweck heiligt nicht die Mittel, wenn der Zweck zerstörerisch und schädlich ist. Es ist das Tor zum inneren Ohr und hört innerlich auf das, was richtig ist.

Tor 43 muss auf die richtige Gelegenheit warten, um seinen Durchbruch zu verkünden. Die größte Herausforderung besteht darin, sich nicht dem Druck zu beugen und zu versuchen, sich zu artikulieren, bevor der richtige Zeitpunkt gekommen ist. Ohne das richtige Timing, die Anerkennung und die Aufforderung, das zu teilen, was man weiß, verpufft der „Durchbruch" von Tor 43 im Nichts und erzeugt Einsamkeit, Ablehnung und Schmerz.

Tor 43 ist auch eines der Tore des Alleinseins. Tor 43 braucht Zeit zum Nachdenken und Warten. Das ist entscheidend für die Gesundheit eines Menschen mit Tor 43.

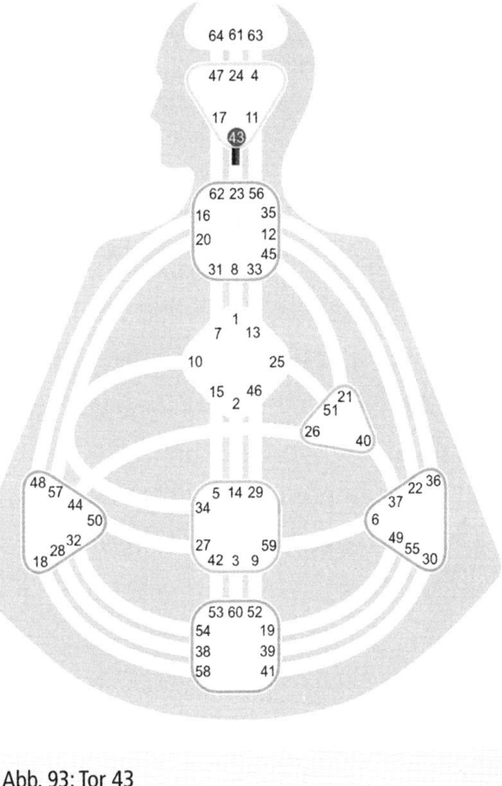

Abb. 93: Tor 43

Affirmationen

- Ich nehme mir Zeit, um meine Gedanken zu genießen. Ich erlaube mir, neue Ideen und Inspirationen zu entwickeln, die mein Leben und das Leben anderer Menschen verändern können.
- Meine Gedanken und Ideen sind wertvoll und ich vertraue darauf, dass das, was ich zu teilen habe, für die richtigen Leute wertvoll ist.
- Ich ziehe die richtige Unterstützung, die richtigen Umstände und Gelegenheiten an, die mit meinen neuen Ideen übereinstimmen.

Schriftliche Aufgabe

Nimm dir etwas Zeit, um einen „Braindump" (eine Methode, um das Gehirn zu entleeren) all deiner aktuellen Gedanken, Ideen und Inspirationen zu machen. Kannst du ein Muster erkennen, aus dem etwas Neues entsteht? Stehst du an der Schwelle zu einem Durchbruch?

Tor 44: Energie

I Ging: Das Entgegenkommen
Astrologie: Skorpion
Biologie: Milz und lymphatisches System

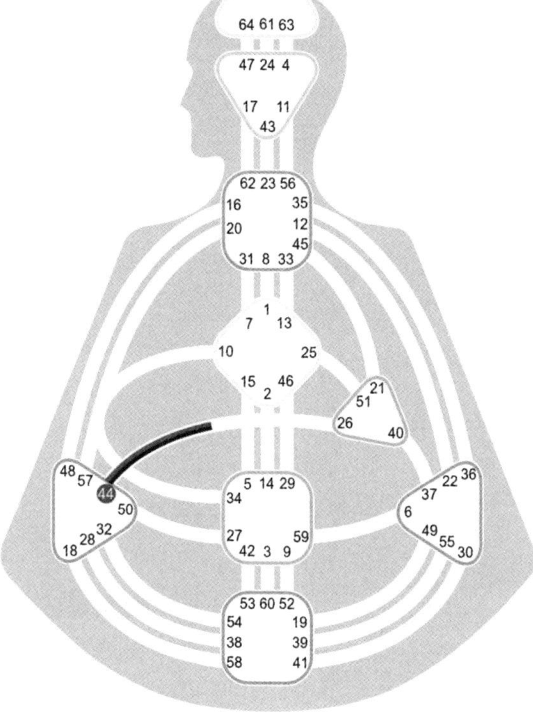

Abb. 94: Tor 44

Stell dir ein Autohaus vor. Eine Verkäuferin begrüßt dich und führt dich herum, sobald du das Geschäft betrittst. Vielleicht bringt sie dir sogar einen heißen Kaffee, führt dich in eine schöne Lounge und lässt dich zwischen den glänzenden Autos im Gebäude herumschlendern, während du auf einen freien Verkäufer wartest. Du wurdest soeben auf den Verkauf vorbereitet. Tor 44 ist der Begrüßer.

Tor 44 ist ein Teil der Energie des Verkaufs. Es schafft die Atmosphäre, die den Abschluss eines Verkaufs fördert. Tor 44 lässt die Dinge „gut aussehen". Menschen mit diesem Tor erstellen schöne Materialien, die sich verkaufen. Viele Grafikdesigner und Vermarkter arbeiten mit dieser Energie.

Tor 44 ist auch das Tor des Geruchs. Tor 44 kann die Wahrheit intuitiv „riechen" (oder dass etwas nicht wahr ist). Tor 44 kann eine „Ratte" oder einen „Dieb" riechen.

Tor 44 ist mit der Energie ausgestattet, der Gemeinschaft die Lehren der Vergangenheit zu „verkaufen". Tor 44 kann, wenn nötig, gute Argumente liefern. Es hat ein intuitives Bewusstsein dafür, ob die Vergangenheit es wert ist, wiederholt zu werden oder nicht, und es kann dir sagen, wann die Vergangenheit dabei ist, sich zu wiederholen. Die höchste Energie von Tor 44 ist, die Lehren aus der Vergangenheit in die Gegenwart zu bringen, damit wir nicht die gleichen Fehler wiederholen.

Affirmationen

- Ich gehe zuversichtlich in die Zukunft, weil ich weiß, dass meine Vergangenheit mein größter Lehrmeister ist.
- Meine Vergangenheit schränkt mich nicht ein, sondern befreit mich, und ich erkenne, dass die Gegenwart der wichtigste Moment meines Lebens ist.

Schriftliche Aufgaben

1. Gibt es Orte, an denen du dich aufgrund von Dingen, die dir in der Vergangenheit passiert sind, einschränkst?
2. Bist du vollkommen integer, wenn es darum geht, andere zu führen oder zu beeinflussen? Hältst du, was du versprichst?
3. Gibt es Stellen, an denen du Unterstützung von anderen brauchst? Stell dir vor, wie du in deinem Sterbebett auf dein Leben zurückschaust. Welche Dinge wären für dich wichtig?
4. Auf welche Errungenschaften wärst du am meisten stolz? Spiegelt dein heutiges Leben diese Perspektive gut wider? Musst du deine Prioritäten ändern?

Tor 45: Der König oder die Königin

I Ging: Die Sammlung
Astrologie: Zwillinge
Biologie: Schilddrüse und Nebenschilddrüse

Tor 45 ist das Tor des Königs oder der Königin. Dies ist die Energie der natürlichen Führung. Menschen mit Tor 45 werden von Natur aus als Führungspersönlichkeiten mit Einfluss anerkannt. Dies ist keine demokratische Führung, sondern eine einfache und bequeme Führung, die sich königlich anfühlt.

In der Energie des Kanals bestimmt Tor 45, was wir haben oder nicht haben. Der König oder die Königin kann der große Verteiler oder Verschwender der Ressourcen sein (obwohl derjenige ohne die Hilfe von Tor 21 Schwierigkeiten haben wird). Tor 45 ist sehr stark an seine Gemeinschaft gebunden. Menschen mit dieser Energie verändern sich nicht so leicht, vor allem, wenn sie sich dafür von ihren Mitmenschen distanzieren müssen.

Tor 45 kann in seiner höchsten Energie großen Einfluss haben. Als königlicher Anführer kann dieses Tor die Gemeinschaft zum Arbeiten oder zum Ausruhen inspirieren, und es bestimmt die Arbeit oder die Opfer, die nötig sind, um die Ressourcen zu erhalten.

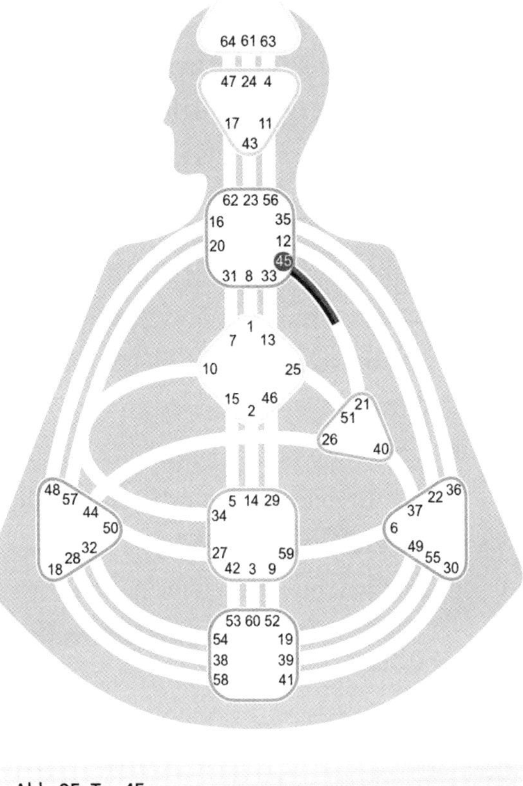

Abb. 95: Tor 45

Affirmationen

- Ich versammle alle Menschen, die nötig sind, um meine Manifestation in meinem Leben zu unterstützen.
- Ich übernehme die Führung und ehre meine Rolle als König oder Königin dessen, was ich erschaffen habe.
- Ich setze meine Macht ein, delegiere, verwalte Ressourcen effektiv und handle mit Wohlwollen.

Schriftliche Aufgaben

1. Wo in deinem Leben musst du eine Führungsrolle übernehmen? Wie fühlst du dich als Führungskraft? Kannst du die Verantwortung übernehmen, deine Kreationen ehren und deine Wahrheit sprechen?
2. Was musst du tun, um die richtigen Menschen in dein Leben zu holen, die deiner Manifestation und Kreation dienen? Ist dein Denken darauf ausgerichtet, ein Teamplayer oder ein König oder eine Königin zu sein?
3. Die Schattenseite einer Monarchie ist, dass der König oder die Königin kontrollierend und strafend sein kann. Wo musst du etwas Erschaffenes loslassen, damit es sich entwickeln kann?

Tor 46: Liebe zum Körper

I Ging: Das Empordringen
Astrologie: Jungfrau
Biologie: Leber

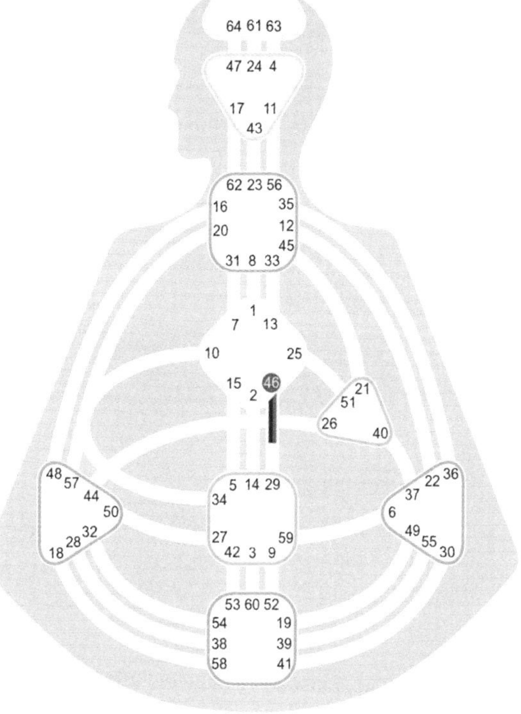

Abb. 96: Tor 46

Im Tor 46 geht es um die physische Verkörperung der Liebe. Es versteht, dass der Körper ein Vehikel für die Seele ist und es geht darum, sich zu bewegen und im Körper zu leben. Liebe ist sinnlich, anmutig, erfahrungsorientiert und geerdet. Menschen mit dieser Energie sind tief im Körper verwurzelt und wir sehen viele Yogalehrer, Tänzer und sogar Porträtfotografen mit dieser Energie.

In diesem Tor geht es nicht darum zu wissen, was geschehen wird. Es ist nicht logisch. Es ist die Energie des Seins und Erlebens im Körper. Es geht auch darum, der Seele Ausdruck zu verleihen, und diese Energie kann zu ausdrucksstarker Kunst und Bewegung führen. In dem ganzen Kanal geht es darum, auf eine rein sinnliche Weise lebendig zu sein. Diese Energie sehnt sich danach, sich zu bewegen und sich auszudrücken und fühlt sich für die Entscheidungen verantwortlich, die dem Leben einen Sinn geben.

Wenn du diese Energie aktiviert hast, sehnst du dich vielleicht nach körperlicher Perfektion oder arbeitest als Heiler.

Affirmationen

- Die physische Realität ist ein Ausdruck meines Bewusstseins. Ich betrachte meine Realität als Spiegel meiner Gedanken und Überzeugungen.
- Ich bin klar, bewusst und wach. Ich kann meine Denkweise anpassen, um jede beliebige körperliche Erfahrung zu machen.

- Ich ergreife Maßnahmen, die mit meinen Überzeugungen übereinstimmen, und ich feiere das Geschenk, in einem physischen Körper zu leben!

Schriftliche Aufgaben

1. Was sagt dir deine Realität? Gibt es Botschaften, die du beherzigen musst?
2. Was entmutigt dich? Treibst du an oder empfängst du? Was musst du tun, um nicht alles zu durchdenken, sondern die Dinge anzunehmen, wie sie kommen? Entsprechen deine Ziele und Handlungen deinen wahren Herzenswünschen?

Tor 47: Realisierung

I Ging: Die Bedrängnis
Astrologie: Jungfrau
Biologie: Hypophyse (Vorder- und Hinterlappen)

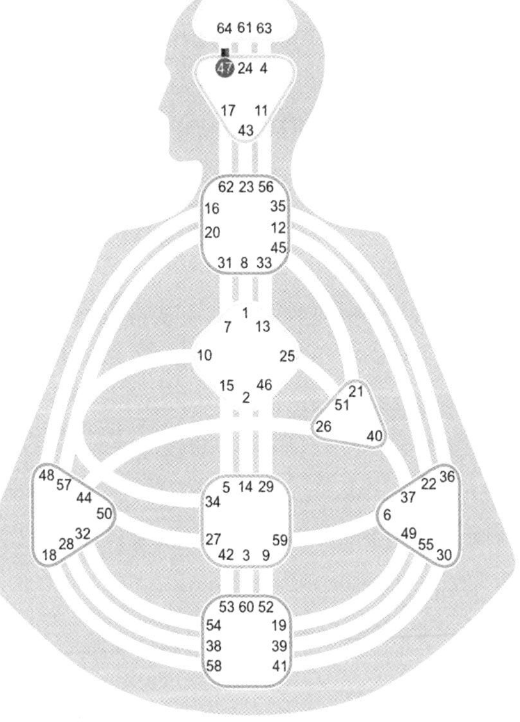

Abb. 97: Tor 47

Tor 47 kann als das Tor des Mindsets bezeichnet werden. Wenn ihm bewusst ist, dass die Antwort auf seine Frage, wie etwas zu tun ist, kommen wird, dann kann es mit dem Vertrauen weitermachen, dass es auf seine Idee eine Antwort erhalten wird – durch Ereignisse, Glück und die Magie des Universums. Aber wenn Tor 47 bei dem Versuch, das Wie herauszufinden, stecken bleibt, läuft es Gefahr, vor der Erleuchtung aufzugeben, weil das Wie nicht beantwortet wurde. Das hält Tor 47 gefangen und so kann es zu der Überzeugung gelangen, dass etwas, wozu es inspiriert wird, sinnlos ist, weil es nicht weiß, wie es umgesetzt werden kann.

Die Energie von Tor 47 erfordert mutiges Vertrauen, den Glauben an das Unmögliche und die Entscheidung, nicht alles wissen zu müssen. Tor 47 muss darauf vertrauen, dass die Antwort kommen wird und es dazu einfach nur warten muss.

Wie die Erleuchtung zu dir kommt, hängt von deiner Einstellung ab. Wenn du offen bleibst und eine Lösung erwartest, dann kann die Lösung leicht zu dir kommen. Wenn du aber verschlossen bist, ängstlich oder unter Druck stehst, ist es für die Erleuchtung schwer, das mentale Geschwätz zu durchbrechen. Und wenn sie dann auftaucht, vertraust du der Lösung vielleicht nicht, wenn deine Haltung verschlossen ist. Die Geisteshaltung ist immer entscheidend.

Es ist sehr wichtig, sich mit Tor 47 zu befassen, denn es ist eine der Energien, die dich auf unbequeme Weise beeinflussen können, wenn du nicht weißt, wie du mit ihnen umgehen sollst. Tor 47 ist das Tor der „Epiphanie", die Antwort auf die Inspiration von Tor 64. Im Gegensatz zu Tor 64 braucht es jedoch Zeit und wenn es von Tor 64 abgekoppelt wird, bleibt einfach ein Druck, herauszufinden, wie man etwas erreichen kann.

Affirmationen

- Ich bleibe in freudiger Erwartung und staune über die wundersame Art und Weise, wie das Universum meine Wünsche manifestiert.
- Ich behalte eine fröhliche und positive Einstellung und konzentriere mich nur auf das Endergebnis.

Schriftliche Aufgaben

1. Wie steht es um dein Mindset? Musst du dich um deine Denkmuster kümmern?
2. Welche Dinge wirst du tun, während du auf deine Manifestation wartest? Was wirst du tun, um deine Schwingung hochzuhalten, während du wartest?

Tor 48: Tiefe

I Ging: Der Brunnen
Astrologie: Waage
Biologie: Milz und lymphatisches System

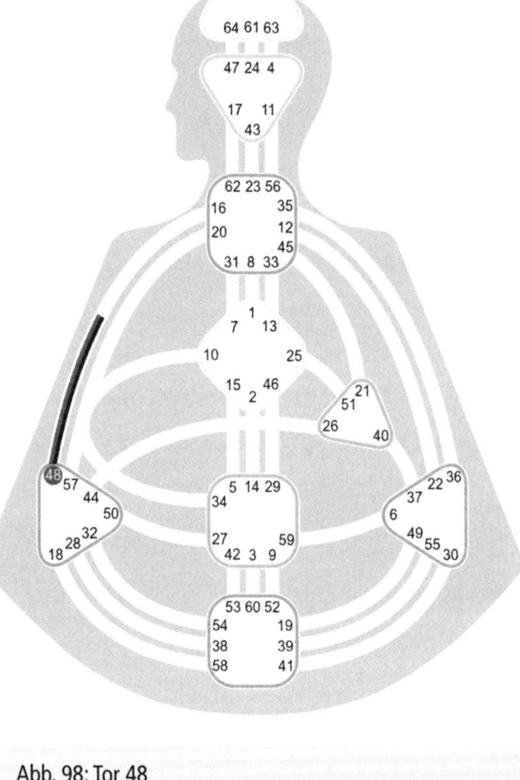

Abb. 98: Tor 48

Tor 48 ist ein Tor der Angst in der Milz. Es hat Angst, dass es nie genug wissen wird, dass es immer unzureichend sein wird. Die Herausforderung für Tor 48 besteht darin, „es einfach zu machen", auch wenn du Angst hast. Wenn du den Moment hinter dir hast, löst sich die Angst auf und Tor 48 kann mit der Zeit Beweise sammeln, die zeigen, dass es tatsächlich genug weiß. Die Angst von Tor 48 fühlt sich sehr real an, auch wenn andere, die es beobachten, es vielleicht seltsam finden. Normalerweise sind alle Menschen mit Tor 48 auf alles extrem gut vorbereitet.

Dies ist auch das Tor des Geschmacks, sowohl des visuellen als auch des kulinarischen. Menschen mit Tor 48 haben vielleicht ein intuitives Verständnis für Schönheit und Design und sehnen sich danach, dass die Dinge gut gestaltet sind. Oder sie haben anspruchsvolle Freunde und wünschen sich vielseitige kulinarische Erlebnisse. Auf der anderen Seite können sie sehr wählerische Esser sein – vor allem als Kinder.

Affirmationen

- Ich vertraue darauf, dass die ich Fähigkeiten, die ich brauche, haben werde, wenn ich bereit bin.
- Ich studiere. Ich lerne. Ich weiß, dass mein Wissen wunderschön zum Ausdruck kommen wird, wenn die Zeit und die Umstände stimmen.
- Ich vertraue auf die göttliche Führung.

- Wenn sich eine Chance ergibt, bin ich perfekt auf sie vorbereitet und ich ehre mich selbst für die Tiefe meines Wissens.

Schriftliche Aufgaben

1. Welche Informationen brauchst du, um deine Wissensgrundlagen zu vertiefen? Was musst du lernen?
2. Hast du die nötigen Fähigkeiten, um das zu erreichen, was du dir wünschst? Wenn nicht, was musst du noch lernen?

Tor 49: Grundsätze

I Ging: Die Umwälzung
Astrologie: Wassermann
Biologie: Nieren und Bauchspeicheldrüse

Tor 49 ist der Torwächter, der den Energiefluss in Richtung einer Partnerschaft zulässt oder nicht. Es bestimmt die Prinzipien der Intimität, die ein Paar besitzt. Manchmal bezeichnen wir Tor 49 auch als das Scheidungstor. Es ist die Energie, die darüber entscheidet, ob weiter in die Beziehung investiert wird, wenn die Prinzipien der Beziehungsvereinbarungen gebrochen werden.

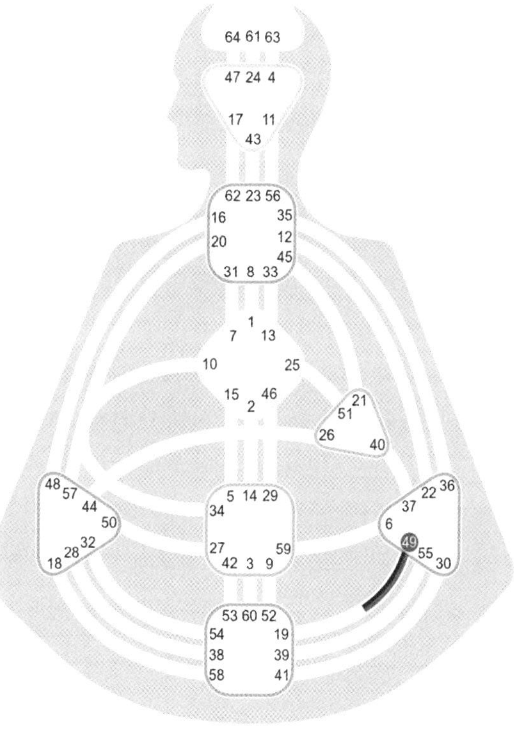

Abb. 99: Tor 49

Dieses Tor ist mit einer Menge schwarzer und weißer Energie verbunden. Für Tor 49 sind Regeln eben Regeln. Wenn du in einer Beziehung mit einem Partner mit Tor 49 bist, musst du dir über die Grundsätze der Beziehungsvereinbarung im Klaren sein. Wenn diese Prinzipien in irgendeiner Weise verletzt werden, wird Tor 49 seine Sachen packen und verschwinden, und kein noch so guter Kompromiss wird es dazu bringen, zurückzukommen. Die Revolution dieses Tors ist die Entscheidung, einen radikalen Statuswechsel vorzunehmen, wenn die Prinzipien es erfordern.

Tor 49 ist auch die Energie für andere Arten von Revolutionen. Revolutionen jeglicher Art im Human Design sind emotional. Das bedeutet, dass die Revolution mit Bedacht und Klarheit angegangen werden muss. Hier gibt es keine „spontanen" Impulse, sonst stürzt man direkt ins Chaos. Veränderungen sollten ganz bewusst herbeigeführt werden.

Affirmationen

- Veränderung ist ein notwendiger Bestandteil von Wachstum und Entwicklung.
- Ich treibe die Veränderungen in meinem Leben mit Mut und Klarheit an.
- Ich vertraue darauf, dass meine Schritte zur Veränderung entscheidend sind, um das zu schaffen, was ich mir für mein Leben vorstelle, und ich bin dankbar für alles, was ich gelernt habe und was ich noch bekommen werde.

Schriftliche Aufgaben

1. Funktionieren deine Beziehungen und Vereinbarungen so, wie du es willst? Wenn nicht, welche Gespräche musst du führen, damit sie wieder stimmig sind?
2. Bei all der radikalen Veränderung: Was musst du tun, um den Kern deiner Welt oder etwas Essenzielles in ihr zu erhalten?
3. Wie steht es um deine Verbindung zur Quelle? Musst du deine Verbindung vertiefen? Wenn ja, was wirst du tun?
4. Welche Änderungen müssen in deinen Geschäfts- oder Arbeitsverträgen vorgenommen werden? Was musst du tun, um dich auf diese Änderungen vorzubereiten?

Tor 50: Werte

I Ging: Der Tiegel
Astrologie: Waage/Skorpion
Biologie: Milz und lymphatisches System

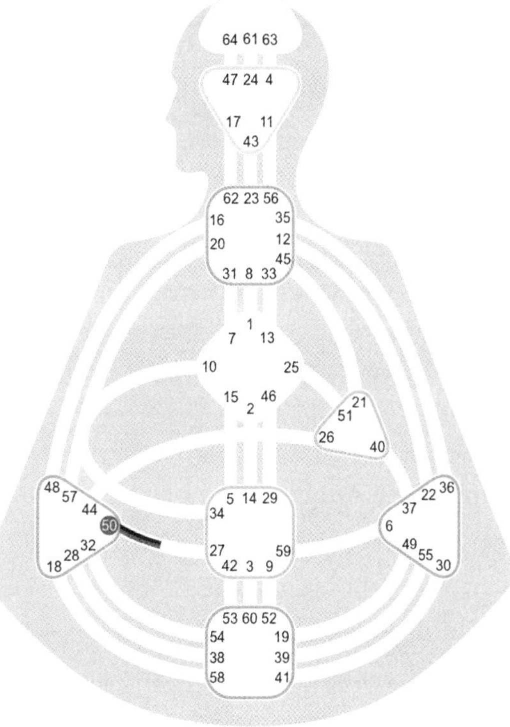

Abb. 100: Tor 50

Werte und Gesetze sind in Tor 50 gespeichert. Tor 50 hat wie sein Gegenstück, Tor 6, die Fähigkeit, die Aura anderer Menschen zu durchdringen. Wenn du Tor 50 aktiviert hast, wirst du die Regeln und Werte der Gemeinschaft befolgen. Selbst wenn du sehr viel individuelle Energie hast, zwingt dich die Energie von Tor 50, dich energetisch der Gemeinschaft anzupassen. Du wirst dich kümmern und sie unterstützen, auch wenn das nicht zu deinem Wesen gehört.

Tor 50 ist ein Tor der Liebe. Diese Energie kann sanft oder energisch sein, aber immer einflussreich. Die Werte der Gemeinschaft werden mit Liebe weitergegeben. Es mag sich nicht immer liebevoll anfühlen, aber ein Klaps auf den Hintern als Antwort auf einen Regelverstoß konnte ursprünglich liebevoll gemeint sein. Und das Ziel war, die Gemeinschaft zusammenzuhalten. Tor 50 opfert seine individuellen Bedürfnisse auf, um sich um andere zu kümmern. Hier wird nichts durchdacht. Es ist reiner Instinkt. Menschen mit Tor 50 haben sich in der Vergangenheit sehr viel um andere gekümmert, auch um solche, für die sie vielleicht nicht sorgen sollten.

Die Fürsorge von Tor 50 ist instinktiv und reflexartig. Die sakrale Reaktion schützt eine Person mit Tor 50 vor zu viel Fürsorge. Mit einem offenen Emotional-Zentrum lässt sich Tor 50 leicht mit Schuldgefühlen manipulieren. Es ist wichtig, dass eine Person mit Tor 50 auf die sakrale Antwort hört, um keinen Schaden zu nehmen, wenn sie sich um andere kümmert.

Tor 50 ist auch ein Tor der Angst. Es liegt in der Milz, intuitiv und „im Jetzt". Die niedrigste Energie dieses Tores kann die Angst sein, der eigenen Verantwortung nicht gerecht zu werden. Die tiefste Angst von Tor 50 ist, sich nicht genug um seine Lieben kümmern zu können.

Affirmationen

- Ich mache die Regeln für mein Leben.
- Ich kümmere mich zuerst um mich selbst und nähre mich, damit ich mich im Anschluss um andere kümmern und sie nähren kann.
- Alles, was ich für andere tue, tue ich zuerst für mich selbst, um meine Energie und Kraft zu erhalten.
- Ich entscheide aus Selbstliebe und liebe dann offenherzig.

Schriftliche Aufgaben

1. Nach welchen neuen Regeln willst du leben? Musst du neue Regeln für deine Beziehungen, deine Arbeit, deine Gesundheit, deinen Wohlstand und dein Wohlbefinden aufstellen?
2. Liebst du dich selbst? Musst du dich selbst mehr nähren? Hast du die Kraft und das Fundament, um mit ganzem Herzen zu lieben? Fühlst du dich in der Liebe sicher?

Tor 51: Schock

I Ging: Das Erregende
Astrologie: Widder
Biologie: Thymusdrüse

Tor 51 ist eines der interessantesten Tore im Human Design System. Es ist sehr wettbewerbsorientiert, projiziert Wettbewerbsenergie und ist der Schockaspekt beim Initiieren. Viele Menschen mit diesem Tor schockieren nur zum Spaß! Natürlich strahlt diese Energie auch auf den Träger von Tor 51 aus, sodass Menschen mit diesem Tor verstärkt schockierende Erfahrungen machen. Tor 51 kann viele schockierende Erfahrungen machen, die in seinem Leben etwas anstoßen. Ra Uru Hu hatte Tor 51, und er wurde

„geschockt", als er die Informationen über Human Design erhielt. Menschen mit einem Schock in ihrem Chart machen oft sehr intensive, lebensverändernde Erfahrungen, und spüren damit verbunden die spirituelle Liebe (Tor 25). Viele Menschen mit diesem Tor haben Nahtoderfahrungen gemacht oder eine andere erstaunliche Geschichte von Schock und Überleben erlebt.

So sehr wir uns auch gegen den Schock sträuben, der Schock spielt eine wichtige Rolle, um Dinge in Gang zu bringen. Schock ist dafür da, um die Dinge aufzurütteln. Als Reaktion auf den Schock verändern wir uns. Wenn wir uns nicht verändern, können wir bitter werden. Es ist vorprogrammiert, dass du neue spirituelle oder mystische Erkenntnisse haben wirst, wenn diese Energie in deinem Chart aktiviert ist.

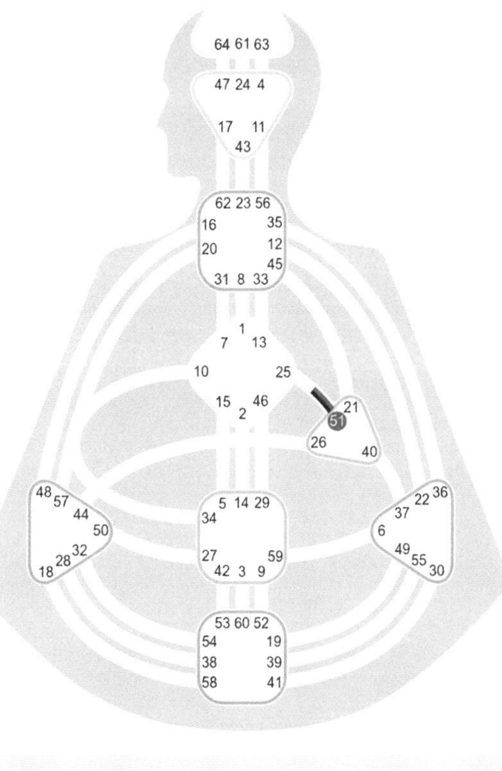

Abb. 101: Tor 51

Affirmationen

- Ich habe die innere Stärke, Schocks von außen abzuleiten.
- Ich bin die Manifestation des Spirituellen in körperlicher Gestalt. Ich bin mutig, standhaft und offen für die Ausdehnung des Geistes in mir.
- Mein Glaube und mein Mut inspirieren und initiieren andere.
- Meine Schwingung ist hoch und ich erhöhe die Schwingung anderer.
- Ich nutze alle meine Lebenserfahrungen als Katalysatoren, die mir helfen, zu wachsen und mich weiterzuentwickeln.

Schriftliche Aufgabe

Was hast du aus Schockierungen gelernt? Wie hast du Erschütterung in Stärke verwandelt? Wie hat dich der Schock zur spirituellen Liebe geführt?

Tor 52: Stille

I Ging: Der Berg
Astrologie: Krebs
Biologie: Nebennieren

Die Fähigkeit dieses Tores ist, lange Zeit sehr still und ruhig in Konzentration zu sitzen. Manchmal wird dieses Tor auch als „Couch-Potato-Tor“ bezeichnet.

Das Lustige an diesem Tor ist, dass es einfach nur still sitzt, ohne Fokus. Das Tor 52 eignet sich hervorragend zum Fotografieren von Wildtieren. Wenn du nicht gestört wirst, kannst du stundenlang versteckt sitzen und einfach nur beobachten und warten.

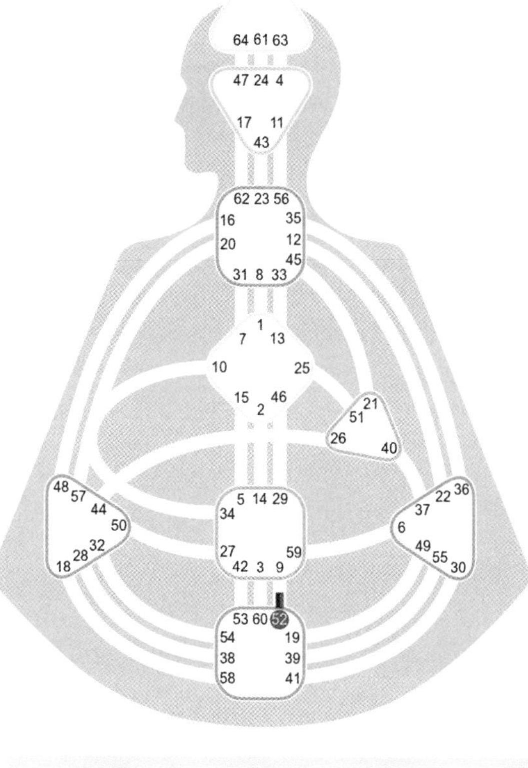

Abb. 102: Tor 52

Dies ist eine sehr kreative Energie, die dich dazu befähigt, dich zu konzentrieren. Konzentriere dich auf das Ziel, halte den Blick, warte in der Stille, bis der richtige Zeitpunkt gekommen ist, und dann, und nur dann, unternimmst du die richtigen Schritte.

Affirmationen

- Die Ruhe meiner Konzentration ermöglicht es mir, Muster und Strukturen zu erkennen.
- Mein Verständnis dieser Strukturen ermächtigt mich, effektiv zu arbeiten.
- Die Ruhe meiner Konzentration ist die Quelle meiner Kraft.

Schriftliche Aufgaben

1. Was musst du tun, um Ruhe in deinem Leben zu erschaffen?
2. Wenn du still wirst, welche Fragen kommen in dir auf? Welche Muster werden dir offenbart? Wie sehr spürst du dein Leben im Einklang mit der göttlichen Führung?

3. Definiere deine Macht. Wo bist du mächtig? Fühlst du dich wohl, wenn du Macht ausübst? Wenn nicht, warum? Und was hält dich davon ab, machtvoll zu sein?
4. Musst du deine Kraft verstärken? Wenn ja, wie?

Tor 53: Beginnen

I Ging: Die Entwicklung
Astrologie: Krebs
Biologie: Nebennieren

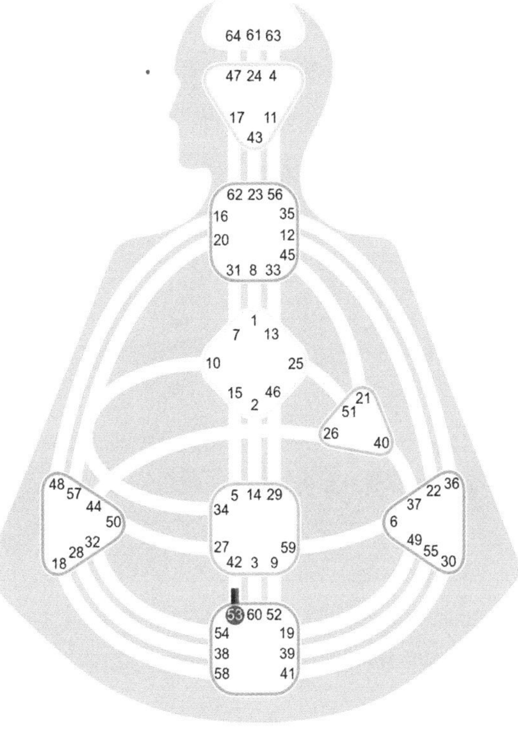

Abb. 103: Tor 53

Tor 53 enthält die Energie, um Dinge in Gang zu bringen. Wenn es reagiert, beginnt dieser Kanal immer, die richtige Erfahrung zu machen oder anderen die Energie des Anfangs zu bringen. Tor 53 ist voller guter Absichten. Tor 53 ist berüchtigt dafür, dass es Dinge anfängt und sich abmüht, sie zu Ende zu bringen. Es ist normal, dass dieses Tor alle möglichen unvollendeten Projekte im Haus herumliegen hat. Wenn Tor 53 gezwungen ist, etwas zu vollenden, kann es lange dauern und ein mühsamer Prozess sein. Die Energie für die Fertigstellung ist einfach nicht da. Aber wenn Tor 53 reagiert, setzt es die richtigen Dinge in Gang und zieht die richtigen Leute an, die das Projekt beenden werden. Dieses Tor ist ein großartiger Initiator oder Manager eines Projektbeginns. Setze Tor 53 aber nie für laufendes Projektmanagement ein.

Denke daran, dass die Energie für den Anfang weit vom Kehl-Zentrum entfernt ist. Das bedeutet, dass noch eine Menge an Energie benötigt wird für Vollendung und Ausdruck. Dies ist eine initiierende Energie. Ein Impuls für einen neuen Anfang.

Wenn der Impuls, anzufangen, richtig ist und daraufhin richtig gehandelt wird, dann werden sich alle Energien, Glücksfälle und Gelegenheiten auf magische Weise entfalten, um deinen Neuanfang in deinem Leben geschehen zu lassen.

Affirmationen

- Ich warte und folge meiner Strategie, um etwas zu beginnen.
- Ich lasse die Energie des Neubeginns zu und vertraue darauf, dass sich alle wichtigen Teile meines kreativen Prozesses auf magische Weise zusammenfügen werden, wenn ich meiner Strategie folge.

Schriftliche Aufgabe

Bleibe in dieser Woche auf die Energie des Neuanfangs und des Aufbruchs eingestimmt. Erlaube den Ideen, Offenbarungen, Inspirationen und Anfängen, deine Energie zu erhöhen, aber warte entsprechend deiner Strategie, bevor du loslegst! Mach dir eine Liste mit deinen neuen Ideen oder deinen neuen Inspirationen.

Tor 54: Antrieb

I Ging: Das heiratende Mädchen
Astrologie: Steinbock
Biologie: Nebennieren

Tor 54 ist der Sitz des Ehrgeizes. Es wird hart arbeiten, um seine Träume zu erfüllen und anerkannt zu werden. Die Ironie ist, dass es hier eigentlich nicht viel Energie gibt. Da dieses Tor arbeitet, um Energie bereitzustellen, und auf Willenskraft basiert, wird Tor 54 unermüdlich arbeiten, ohne Pause, bis es zusammenbricht.

Der projizierte Aspekt von Tor 54 kann ziemlich verbittert sein, aber es ist zu beschäftigt, um etwas dagegen zu tun.

Die höchste Energie von Tor 54 kann sehr schön sein. Wenn es anerkannt wird, ist es das Tor der Erleuchtung. Wenn die Träume von Tor 54 unterstützt und wertgeschätzt werden, ziehen sie unbegrenzte Möglichkeiten in Betracht. Natürlich müssen auch solche Träume anerkannt werden, sonst werden sie nur Träume bleiben. Wenn es anerkannt wird, kann Tor 54 große Dinge bewirken. Tor 54 kann eine initiierende Kraft in jedem

Vorhaben sein. Es ist der Visionär eines jeden Unternehmens.

Affirmationen

- Ich bin klar. Ich bin fokussiert. Ich bin bereit, alles zu tun, was es braucht, um meine Träume zu verwirklichen.
- Ich weiß, dass meine Klarheit in Verbindung mit meinen zielstrebigen Handlungen die perfekte Energie ist, um Wunder in meiner Welt zu schaffen.
- Ich werde gesehen, gehört und für das anerkannt, was ich zu bieten habe, und das Universum hat sich perfekt mit mir verbunden, um meine Träume wahr werden zu lassen.

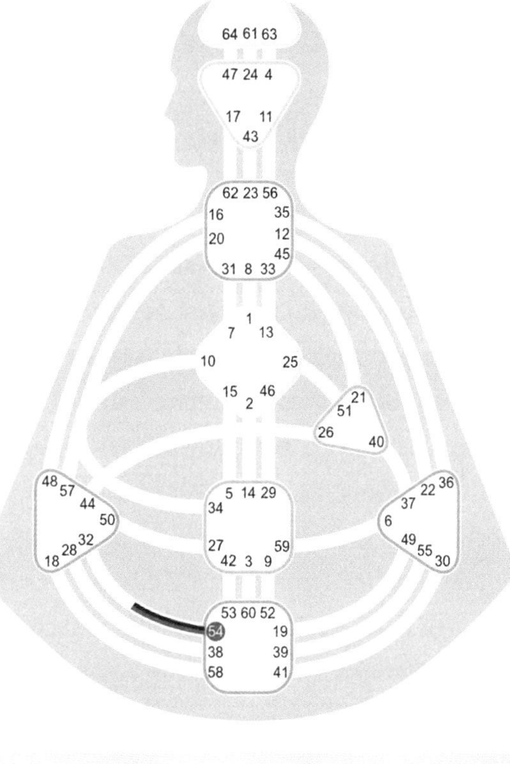

Abb. 104: Tor 54

Schriftliche Aufgabe

Welche Maßnahmen musst du ergreifen, um dir und dem Universum zu zeigen, dass du bereit bist, deine Träume zu verwirklichen?

Tor 55: Geist

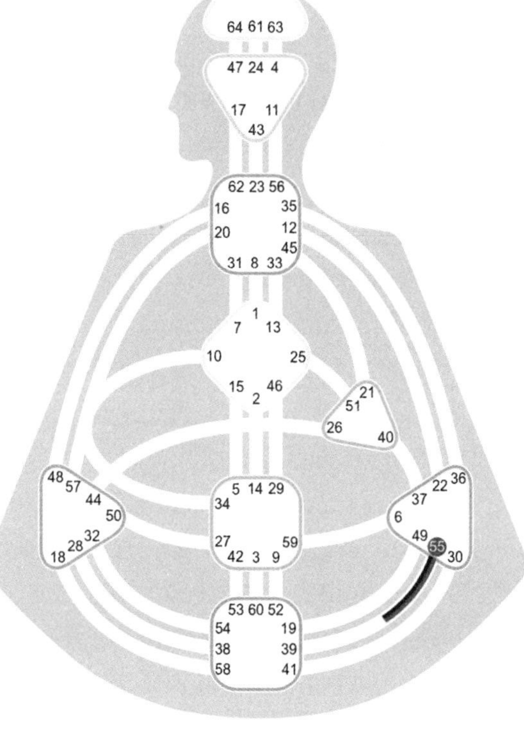

Abb. 105: Tor 55

I Ging: Die Fülle
Astrologie: Fische
Biologie: Nieren und Bauchspeicheldrüse

Tor 55 ist das Tor der Fülle im Geist. Es ist eine wunderschöne, machtvolle und potenziell weltverändernde Energie.

In seiner höchsten Energie ist dies die Erkenntnis, dass unendliche Fülle des Lebens existiert. Unser Bewusstsein und die Erkenntnis, dass der Geist die Quelle der Fülle in unserem Leben ist, kann uns augenblicklich von einem Zustand des Mangels in einen Zustand der Fülle versetzen. Es ist nur eine Frage der Perspektive.

Aber das ist eine Energie, in die wir oft erst hineinwachsen müssen. Die Energie für Geld und materielle Ressourcen ist eng mit der Energie für Arbeit im Sakral-Zentrum oder mit der Willenskraft im Herz-Zentrum verbunden. Wir sind zutiefst darauf konditioniert zu glauben, dass der einzige Weg, Reichtum und Ressourcen im Leben zu erschaffen, der reine Wille und harte Arbeit sind. Tor 55 stellt uns vor die spirituelle Frage, inwieweit wir bereit sind, auf die Fülle des Geistes zu vertrauen. Haben wir den Mut, loszulassen und das Göttliche zu empfangen?

Für diejenigen, die diese Energie in ihrem Chart aktiviert haben, kann dies eine lebenslange Aufgabe sein. Es erfordert Mut, gewohnte Handlungen loszulassen und auf den Geist als Quelle der Unterstützung zu vertrauen. Wenn du diese Energie aktiviert hast, musst du manchmal auf den richtigen Zeitpunkt oder die richtige Energie warten, um zu handeln. Das bedeutet auch, dass du manchmal auf eine Art und Weise handeln musst, die widersprüchlich erscheint.

Und du must lernen, mit den Glaubensproblemen umzugehen, die auftreten können, wenn du den traditionellen Weg, hart zu arbeiten, um Geld zu verdienen, meidest.

Letztlich lehrt uns diese Energie, dass wir uns nicht damit herumschlagen müssen, wie wir den Kuchen aufschneiden, wenn wir nicht genug Kuchen haben. Wir können einfach mehr Kuchen backen. Die Natur des Lebens ist grenzenlos reichhaltig. Das Bewusstsein von Spirit als Quelle ist das mächtigste Bewusstsein, das notwendig ist, um das kollektive Bewusstsein dazu zu bringen, die Möglichkeit der Fülle für alle auf globaler Ebene zu schaffen.

Affirmationen

- Ich bin mir der Fülle meines Geistes bewusst und ich weiß, dass, wenn ich mich auf diese Fülle konzentriere, alle meine Wünsche in Erfüllung gehen, und es unmöglich ist, Mangel oder Not zu erfahren.
- Ich fühle mich durch dieses Bewusstsein vollkommen unterstützt und erfüllt.
- Indem ich loslasse und Göttliches zulasse, kann sich die Fülle in allen Bereichen meines Lebens voll entfalten.
- Fülle ist mein Geburtsrecht und mein natürlicher Zustand.

Schriftliche Aufgaben

1. Welche Überzeugungen hast du darüber, wie es ist, voll und ganz unterstützt und reich zu sein? Musst du diese Überzeugungen mit dem in Einklang bringen, wovon du eigentlich weißt, dass es wahr ist? Was musst du tun, um Sorgen und Ängste vor Fülle loszulassen?
2. Wie fühlt es sich an, sich der Fülle des Geistes im Inneren bewusst zu sein? Wie sieht sie aus? Wie würde es dein Leben verändern, wenn du dir dieser erfüllenden Energie ständig bewusst wärst? Was musst du tun, um für diese Ebene des Glaubens und Vertrauens bereit zu sein?

Tor 56: Der Geschichtenerzähler

I Ging: Der Wanderer
Astrologie: Krebs/Löwe
Biologie: Schilddrüse und Nebenschilddrüse

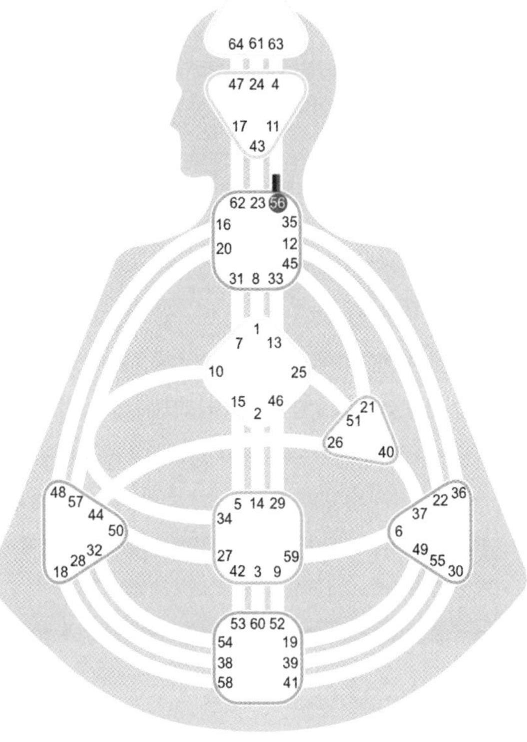

Abb. 106: Tor 56

Tor 56 ist eines der Tore von talentierten Lehrern. Tor 56 kann ein großartiger Lehrer sein, der Metaphern wirksam einsetzen kann, um zu lehren und etwas weiterzugeben. Tor 56 kann die Geschichten weitergeben, die der Menschheit helfen, ihre Erfahrungen auf dem Planeten zu verstehen.

Obwohl Tor 56 ein begnadeter Geschichtenerzähler sein kann, ist es für Menschen mit dieser Energie wichtig, sich daran zu erinnern, dass ihre Geschichten am besten gehört werden und in Erinnerung bleiben, wenn die Leute nach der Geschichte fragen. Eine Kehle, die nicht mit einem Motor-Zentrum verbunden oder undefiniert ist, könnte mit Tor 56 eine Person sein, die ständig redet und andere mit zu vielen Geschichten abstoßen kann.

Wenn Tor 56 nicht auf Einladungen oder Anerkennung wartet, um etwas mitzuteilen, kann es passieren, dass es andere mit seiner potenziell fesselnden Geschichte langweilt und sich verletzt fühlt, weil niemand zuzuhören scheint.

Affirmationen

- Ich warte darauf, meine Ideen und Geschichten den richtigen Leuten zu erzählen, die meine Inspiration und Erfahrung wertschätzen.
- Meine Geschichte ist ein wichtiger Teil meiner menschlichen Erfahrung, und ich ehre diese, indem ich auf die richtigen Umstände warte.
- Meine Worte und meine Vorstellungen sind wertvoll.

Schriftliche Aufgabe

Nutze deine Vorstellungskraft spielerisch, um dir alle Möglichkeiten aufzuzeigen, wie sich deine Träume erfüllen können. Erlaube dir, offen für grenzenlose Möglichkeiten zu sein, und übe dich darin, dir Geschichten darüber zu erzählen, wie du dir dein Leben vorstellst.

Tor 57: Intuition

I Ging: Das Sanfte
Astrologie: Waage
Biologie: Milz und lymphatisches System

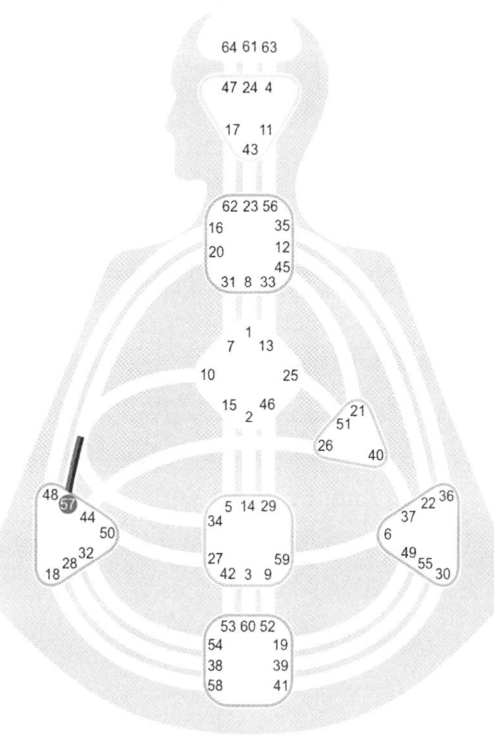

Abb. 107: Tor 57

Das Tor 57 ist das intuitivste Tor im Human Design System. Im traditionellen I Ging ist das 57. Hexagramm der sanfte Wind, der die Wolken aufreißt, damit die Sonne durchscheinen kann. Die durchdringende Intuition von Tor 57 ermöglicht es, die Wahrheit aufzudecken. Sie ist klar und im Jetzt. Manchmal nennen wir Tor 57 auch das Tor der Klarheit.

Ironischerweise, trotz seiner Fähigkeit, Klarheit zu schaffen, kann Tor 57 für sich genommen eine sehr unsichere und unklare Energie sein. Die meisten Menschen stellen ihre Intuition infrage. Sie ist nicht logisch. Die Intuition von Tor 57 ist im Jetzt, und das Jetzt verändert sich. Was in einem Moment die Wahrheit ist, muss in einem anderen nicht mehr die Wahrheit sein.

Menschen, die Tor 57 aktiviert haben, haben oft Schwierigkeiten, sich selbst und ihrer Intuition zu vertrauen. Deiner Human Design Strategie zu folgen, kann dieses Problem lösen. Mit deiner Strategie können die mentalen Aspekte der Unentschlossenheit in Tor

57 umgangen werden und du kannst die Vorteile deiner Intuition genießen, anstatt mit Selbstzweifeln zu ringen.

Menschen mit Tor 57 sind mit tiefgreifenden übersinnlichen Fähigkeiten ausgestattet. Es ist hilfreich zu sehen, was sonst noch im Chart zu finden, um herauszufinden, wie sich die übersinnlichen Fähigkeiten zeigen.

Tor 57 ist ein Tor der Angst, das in der Milz verwurzelt ist. Tor 57 fürchtet sich vor der Zukunft. Das kann auch die Ursache für den Mangel an Klarheit in Tor 57 sein. Wenn Tor 57 eine Zukunft sieht, die potenziell unklar oder beängstigend ist, kann es gelähmt sein. Wie bei allen anderen Ängsten auch, ist die Angst nur von kurzer Dauer, wenn man sie überwindet. Aber wenn man es nicht tut, kann man in der Angst stecken bleiben.

Affirmationen

- Ich vertraue mir selbst.
- Ich vertraue meiner Intuition.
- Ich vertraue auf die Zukunft.

Schriftliche Aufgaben

1. Wie fühlt sich deine Intuition an? Wie empfängst du intuitive Wahrnehmungen? Erstelle eine Liste mit früheren Ereignissen, bei denen du deiner Intuition vertraut hast und die Dinge gut gelaufen sind.
2. Gibt es irgendwelche intuitiven Ahnungen, die du gerade empfängst und die du beachten solltest?
3. Was musst du tun, um deine intuitive Wahrnehmung zu stärken?

Tor 58: Freude

I Ging: Das Heitere
Astrologie: Steinbock
Biologie: Nebennieren

Tor 58 ist die Energie für die Freude am Leben. Menschen mit diesem Tor haben immer ein Lächeln im Gesicht, wenn sie ihrer Strategie folgen. Diese Menschen sind von Natur aus froh und neigen dazu, die Dinge nicht zu ernst zu nehmen.

Doch wenn sie ihrer Strategie nicht folgen, kann die Lebensfreude von Menschen mit Tor 58 einen herben Dämpfer bekommen. Denn letztendlich ist es ein duales System. Menschen mit Tor 58 können zu den verbittertsten Menschen auf dem Planeten werden, wenn sie das Potenzial für Freude verstehen, aber nicht in der Lage sind, dieses auszuleben.

Die Freude kann wiederhergestellt werden, indem sie ihrer Strategie folgen und auf den richtigen Zeitpunkt für die Veränderung warten. Das Schöne an dieser Energie ist, dass sie aus der Energie der Beherrschung und Korrektur stammt. Tor 58 kann die gesamte kritische Energie des Logik-Schaltkreises nutzen, um Menschen zu helfen, Freude zu entdecken.

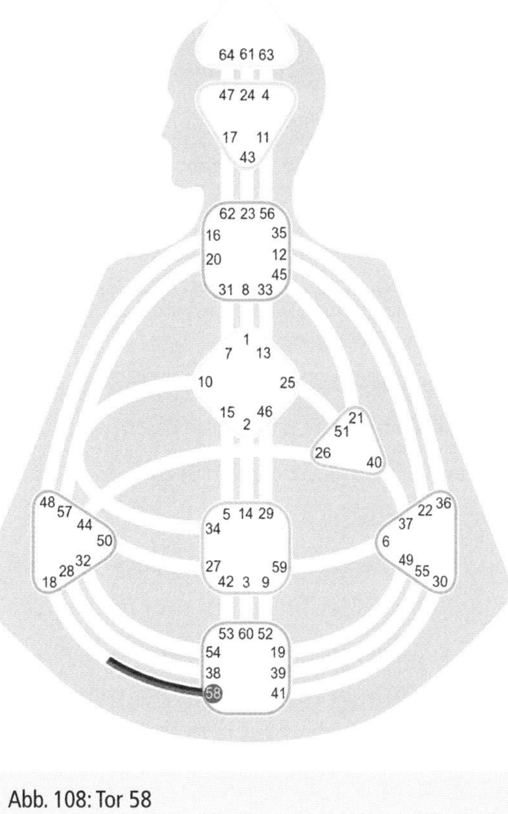

Abb. 108: Tor 58

Affirmation

- Ich bin dankbar für alles, was ich bin, alles, was ich habe, und alles, was ich erlebt habe.
- Ich erlaube der Freude, jede Zelle meines Wesens zu durchdringen, und ich bin voller Dankbarkeit für all meine Gaben.
- Ich entspanne mich und weiß, dass mein Leben ein Wunder und Teil meines göttlichen Erbes ist, und ich entspanne mich in dem Wissen, dass ein endloser Strom des Guten auf mich zuströmt.

Schriftliche Aufgabe

Mach eine Liste mit allem, wofür du dankbar bist. Nimm dir jeden Tag ein paar Minuten Zeit, um wirklich in diesem Ort der glücklichen Wertschätzung zu verweilen.

Tor 59: Sexualität

I Ging: Die Auflösung
Astrologie: Jungfrau
Biologie: Eierstöcke und Hoden

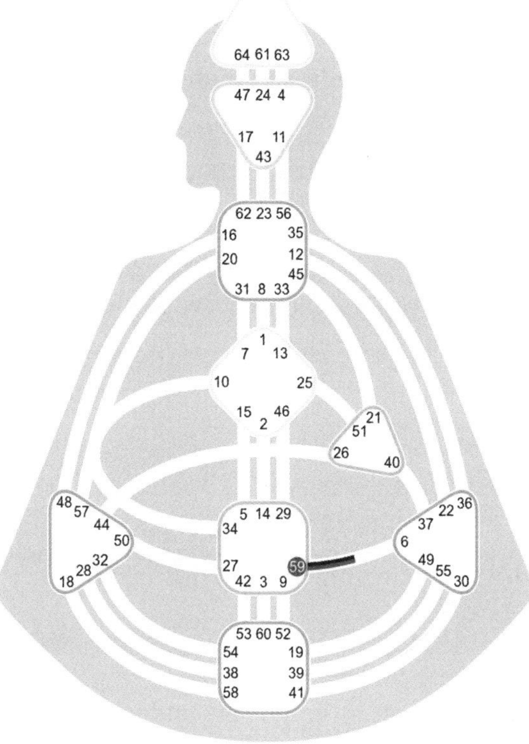

Abb. 109: Tor 59

Tor 59 ist das Tor der Verführung. Dies ist reine Lebensenergie, die Energie für Sexualität oder keine Sexualität.

Menschen mit Tor 59 versuchen, der Intimität auf den Grund zu gehen, aber die Untersuchung kann rein theoretisch sein. Tor 59 versucht, Intimität durch Ausprobieren zu meistern. Sie wissen vielleicht eine Menge über Intimität, aber nichts von ihrem Wissen ist wirklich praktisch.

Oder Tor 59 denkt nicht sonderlich an Intimität und braucht vielleicht andere, die es darauf aufmerksam machen. Viele Menschen mit Tor 59 haben das Gefühl, dass sie ihren Partner und ihre Beziehung erst richtig verstehen müssen, bevor sie sich auf Intimität einlassen können. Aus diesem Grund zieht Tor 59 es vor, eine romantische Beziehung mit jemandem einzugehen, der sein bester Freund ist. Wahre, tiefe Intimität findet Tor 59 am häufigsten mit einem Seelenverwandten.

Tor 59 genießt auch, seinen Partner oder seine Partnerin zu verführen und von ihm oder ihr verführt zu werden. Allerdings kann es einige Zeit dauern, bis Tor 59 sich auf ihn oder sie einlässt und sich mit ganzem Herzen für einen Menschen entscheidet.

Affirmationen

- Ich bin für Liebe empfänglich und warte darauf, zu Intimität eingeladen zu werden.
- Ich brauche Raum und Freiheit in meinen Beziehungen. Ich brauche Zeit, um zu wissen, dass meine Liebe echt ist. Das vertieft mein Verlangen nach Verbindung und Intimität.
- Ich ehre die Freundschaft, die die Grundlage meiner Liebe ist. Mein*e Partner*in muss mein*e beste*r Freund*in sein.
- Ich warte auf Klarheit und gehe mit großer Sorgfalt in meine Beziehungen.
- Liebe macht mir Spaß und ist verführerisch und ich genieße das Kribbeln, meine*n Partner*in zu verführen (und verführt zu werden).

Schriftliche Aufgaben

1. Welche Möglichkeiten der Beeinflussung würden dir, deinen Absichten und deiner Arbeit am besten dienen?
2. Welcher ist der nächste Schritt, um deine Ziele und Träume zu verwirklichen?
3. Woran must du arbeiten, damit du bereit bist, Dinge zu manifestieren?

Tor 60: Akzeptanz

I Ging: Die Beschränkung
Astrologie: Steinbock/Wassermann
Biologie: Nebennieren

Tor 60 ist die Energie für die alte oder etablierte genetische Energie. Dies ist der Ort im Chart, an dem die „alte" genetische Energie auf die „neue" genetische Information trifft, um eine Mutation zu erzeugen. Tor 60 ist konservativ und versucht, an dem festzuhalten, was sich bewährt hat, bevor es Veränderungen vornimmt. Tor 60 will sich weiterentwickeln, verändern und persönliches Wachstum auf eine Weise erfahren, die vorsichtig und überlegt ist. Das ist keine verrückte Veränderung um der Veränderung willen. Es geht um eine bewusste und praktische Entwicklung, die auch die Grenzen der Veränderung akzeptiert und das Beste daraus macht.

Affirmationen

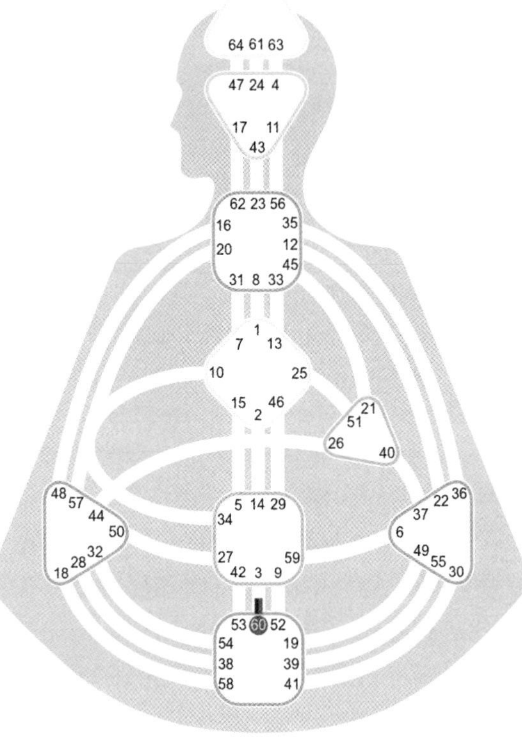

Abb. 110: Tor 60

- Ich bin ein Kind des Universums und mit allem verbunden. Wenn ich eine Eingebung erhalte, vertraue ich und weiß, dass ich die Fähigkeit habe, diese Eingebung in Form zu bringen.
- Inspiration und Manifestation geschehen gleichzeitig. Meine einzige Aufgabe ist, zu atmen, zu entspannen, zu vertrauen und zu wissen, dass alles in göttlicher Hand ist.
- Es ist meine Aufgabe, auf die Botschaften zu achten, die mir das Universum schickt, und einfach meiner Strategie zu folgen. Ich muss nicht wissen, wie sich meine Inspirationen manifestieren werden.
- Ich lasse alle Widerstände los und vertraue darauf, dass ich immer zur richtigen Zeit am richtigen Ort bin und das Richtige mit den richtigen Menschen tue.

Schriftliche Aufgaben

1. Fällt es dir schwer, wenn du nicht weißt, wie etwas ablaufen wird? Inwiefern schränkt das deine Kreativität ein?
2. Gibt es Umstände oder Dinge, die dich im „Wie?“ stecken bleiben und glauben lassen, dass du etwas nicht bekommen kannst?
3. Wo erlebst du Widerstand in deinem Leben? Wogegen wehrst du dich? Und warum?
4. Was kannst du tun, um mehr Leichtigkeit und Offenheit in dein Leben zu bringen?

Tor 61: Geheimnis

I Ging: Die innere Wahrheit
Astrologie: Steinbock
Biologie: Zirbeldrüse

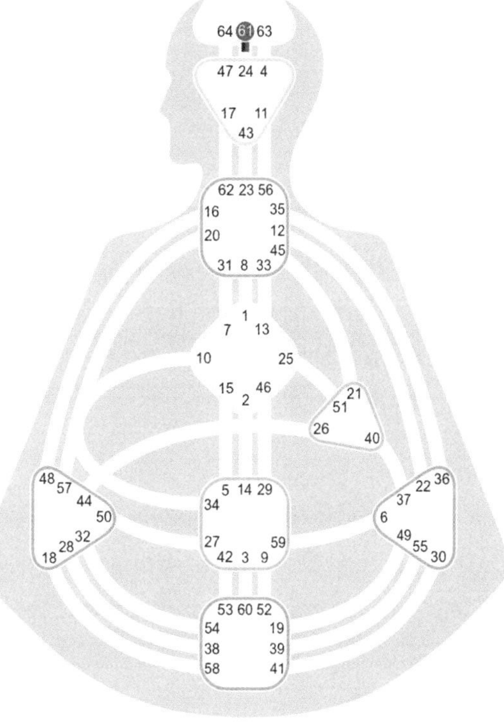

Abb. 111: Tor 61

Das Tor 61 ist die Anfangssequenz des mutativen Denkens und hat die Aufgabe, sein Wissen zu übermitteln, ohne den Vorteil der Logik zu nutzen. Tor 61 weiß, Punkt. Das ist das Ende. Und wenn du versuchst, Tor 61 dazu zu bringen, zu erklären, wie es weiß, verstehst du den Sinn nicht. Tor 61 strebt danach, das zu wissen, was wir nicht wissen können. Es hat die Energie, um Geheimnisse und sogar das Okkulte zu entdecken oder darüber nachzudenken. Aber wenn es ohne Aufforderung ausdrückt, was es weiß, finden wir es einfach ein bisschen seltsam.

Die Herausforderung von Tor 61 liegt darin, dass es die Gründe für alles erfahren will, aber auf Klarheit warten muss. Es kann Schritte überspringen und sich auf ein größeres Verständnis zubewegen, ohne die Schritte dazwischen zu kennen, die alles zusammenhalten könnten. Tor 61 muss auf das Wissen warten und wenn es die Einladung des Lebens nicht annimmt, in der Zwischenzeit einfach nur das Denken zu genießen, kann es bei dem Versuch, mehr zu verstehen, verrückt werden.

Tor 61 muss auf den richtigen Zeitpunkt warten, um zu wissen, ob das, was es weiß, wichtig ist. Ein wichtiges Mantra für Tor 61 ist: „Warum nach dem Warum fragen? Weil es Spaß macht, zu denken." Denke daran, dass das Denken hier oft einfach um des Denkens willen geschieht.

Natürlich ist dies ein mutatives Denken, also wird es sich zwangsläufig verändern. Der Schlüssel zur Anpassung bei der Mutation liegt darin, auf den richtigen Zeitpunkt und in diesem Fall auf die richtigen Leute zu warten, die Tor 61 einladen, sein Wissen zu teilen. Für dieses Tor ist es wichtig, sein Wissen so lange zu bewahren, bis jemand um Einsicht bittet.

Affirmationen

- In der Stille gebe ich mich dem großen Geheimnis des Lebens und des Göttlichen hin.
- Ich lasse die göttliche Inspiration über mich ergehen und höre mit großer Aufmerksamkeit und Wertschätzung zu.
- Ich vertraue darauf, dass ich die perfekte Inspiration erhalte und lasse sie einfach zu mir fließen.
- Ich bin dankbar.

Schriftliche Aufgabe

Fühlst du dich mit etwas verbunden, das größer ist als du selbst? Was musst du tun, um deine Verbindung zur Quelle zu stärken? Brauchst du eine tägliche Routine, um zentriert und verbunden zu bleiben?

Tor 62: Details

I Ging: Des Kleinen Übergewicht
Astrologie: Krebs
Biologie: Schilddrüse und Nebenschilddrüse

Das ist die Energie für Details – die kleinen Details, die dafür sorgen, dass sich Perspektiven entwickeln. Tor 62 fragt: „Was wäre, wenn wir es so machen würden? Was wäre, wenn wir das hier drüben hinstellen und alle Akten in diesen Korb legen würden? Könnten wir dann eine neue Ordnung herstellen?“ Auch wenn es nicht geordnet aussieht, weiß es, wo alles ist.

Dies ist das Tor des Computerprogrammierers oder des professionellen Organisators. Tor 62 hat immer ein praktisches Experiment am Laufen. Dies ist die Energie, um die Struktur und Anwendung des Experiments zu gestalten. Tor 62 bestimmt die statistischen Tests, die durchgeführt werden sollen, die zu verwendende Technik und die Art und Weise, wie die Daten aufgezeichnet werden sollen. Es ist die Energie, um Pläne und Ideen in einer organisierten, logischen Weise zu formulieren. Es verbindet die Energie aus dem Reich der Möglichkeiten mit dem Kehl-Zentrum und schafft durch Artikulation die Möglichkeit der Manifestation.

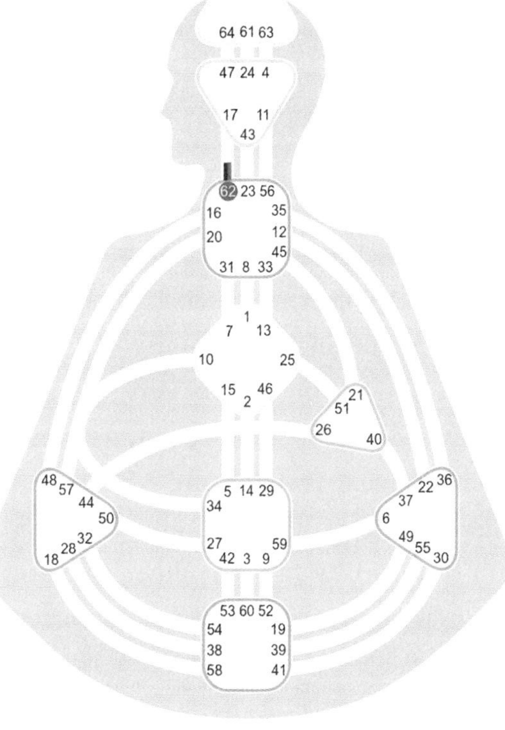

Abb. 112: Tor 62

Affirmationen

- Ich verwende meine Worte sorgfältig. Meine Worte geben meinen Träumen und Ideen eine Form.
- Meine Gedanken sind klar und geordnet, und ich finde und sage immer mutig die Wahrheit.
- Ich bin organisiert und habe viele praktische Lösungen für andere. Ich warte geduldig darauf, dass sie mich nach meiner Meinung fragen.

Schriftliche Aufgabe

Lass uns nochmal unsere Vision betrachten und unsere Entscheidung für unsere Träume in Worte fassen. Fasse deine Träume in Worte. Sie sind die Kraft der reinen Möglichkeit, die Dinge erschafft und in Worten ausgedrückt wird.

Tor 63: Zweifel

I Ging: Nach der Vollendung
Astrologie: Fische
Biologie: Zirbeldrüse

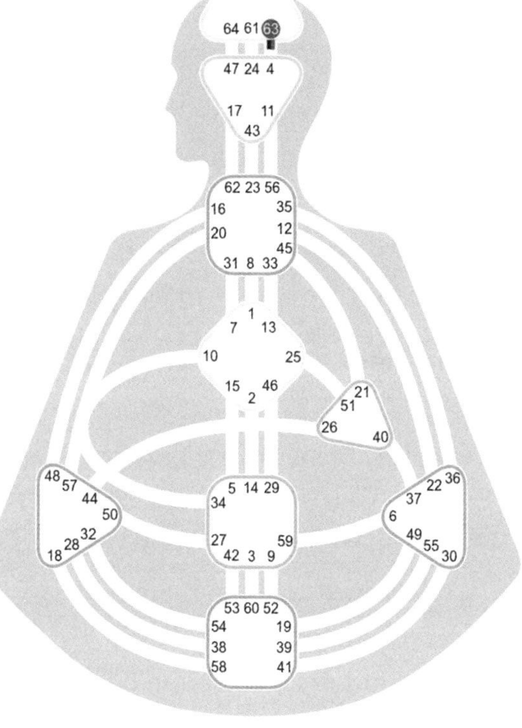

Abb. 113: Tor 63

Das Tor 63 enthält die Inspiration für die Logik. Das Tor 63 ist an sich schon voller Verdächtigungen und Zweifel, gefolgt von der Forderung nach Beweisen.

Dieses besondere Tor kann einige interessante Herausforderungen mit sich bringen. Zweifel und Misstrauen sind Energien. Und wie alle Energien im Human Design Chart fließen sie fast reflexartig. Menschen mit Tor 63 neigen dazu, an allem zu zweifeln und misstrauisch zu sein, auch bei ihren eigenen Einsichten und Fähigkeiten.

Obwohl dies ein wertvoller Prozess für die Logik ist, kann es eine schwierige persönliche Energie sein. Der Zweifel und das Misstrauen, die durch Tor 63 ausgedrückt werden, sollen auf Informationen gerichtet sein, nicht auf dich oder andere.

Wenn du Tor 63 in Kombination mit Tor 48 und einer offenen Krone sowie einem offenen Verstand siehst, hast du eine starke Kombination für mentale Blockaden und tiefe zwischenmenschliche Probleme. Denke daran, dass es sich um kollektive Energien handelt, die keineswegs auf dich selbst gerichtet sind. Der Zweck dieser Energien ist, den Ausdruck von Informationen in der Welt zu korrigieren.

Der andere Aspekt ist, zu erkennen, dass der Zweifel im Kopf nur ein Gedanke oder eine Idee ist und nicht unbedingt der Wahrheit entspricht. Die Zeit zeigt, ob ein Verdacht oder Zweifel gerechtfertigt ist. Du brauchst Beweise. Wenn du vor anderen frei deine Zweifel und Verdächtigungen äußerst, stößt das meist auf Widerstand. Zweifel bleiben besser in deinem Kopf, bis du Fakten hast und gefragt wirst, ob du sie teilen willst.

Affirmation

- Ich vertraue mir selbst und dem Universum.
- Ich vertraue darauf, dass durch stetiges Experimentieren Perfektion erfahrbar ist.
- Ich vertraue auf meine Eingebungen und mein Wissen. Ich bin anspruchsvoll, aber nicht misstrauisch.
- Ich weiß, dass alle Fragen Antworten haben. Ich vertraue auf elegante Lösungen und weiß, dass sie zur rechten Zeit bei mir sein werden und alles gut ist.

Schriftliche Aufgaben

1. Welche Erfahrungen hast du gemacht, die dich an dir selbst zweifeln ließen?
2. Welche Erfahrungen hast du gemacht, die dir gezeigt haben, dass dein inneres Wissen richtig ist? Welche sind deine Gaben, deine Stärken und deine Talente? Wo hast du bereits bewiesen, dass du etwas kannst, und was musst du tun, um Selbstzweifel loszuwerden?
3. Glaubst du an göttliche Führung? Glaubst du, dass alles einen Sinn hat?
4. Welche Fehler hast du erlebt, die dich letztendlich zu Perfektion und Meisterschaft geführt haben?
5. Was musst du tun, um Fehler als wichtigen Teil der Meisterschaft zu sehen?

Tor 64: Verwirrung

I Ging: Vor der Vollendung
Astrologie: Jungfrau
Biologie: Zirbeldrüse

Tor 64 ist das Tor des linken Auges und der rechten Gehirnhälfte. Informationen und Inspiration kommen in großen Stücken oder „Downloads“. Eine ganze Idee entsteht scheinbar aus dem Nichts, ohne die Zwischenschritte der Logik. In einem Moment ist da nichts, im nächsten Moment ist da eine große Idee.

Die Verwirrung und der Druck dieses Tores zeigen sich, wenn du versuchst, eine rechtshirnige Inspiration in eine lineare Abfolge zu zwingen. Es ist schwierig, das „Wie wird es geschehen“ dieser Art von Denken umzusetzen, wenn das Timing nicht stimmt.

Tor 64 hat sein eigenes Timing, und du kannst keine Manifestation oder gar ein Verständnis erzwingen, solange der richtige Zeitpunkt nicht da ist.

Die eigentliche Herausforderung dieses Tores besteht darin, sich damit abzufinden, dass wir nicht wissen, wie die Dinge ablaufen werden. Wir leben in einer Welt, die stark von Logik und der linken Gehirnhälfte geprägt ist. Uns wird gesagt, dass eine Inspiration nur dann „zählt“, wenn wir auch wissen, wie sie in die Tat umgesetzt werden soll. Tor 64 lernt also, entweder die Details zu erraten oder still zu sein.

Es gibt Strategien, die diese Art des Denkens unterstützen. Tor 64 denkt visuell, und visuelle Hilfsmittel können beim Lernen und beim Ausdruck helfen. Ein Kind mit Tor 64 kann lernen, logische und lineare Berichte zu schreiben, wenn es Karteikarten bekommt, auf die es seine Ideen schreiben kann. Das Kind kann die Ideen dann visuell ordnen, bis alles stimmt.

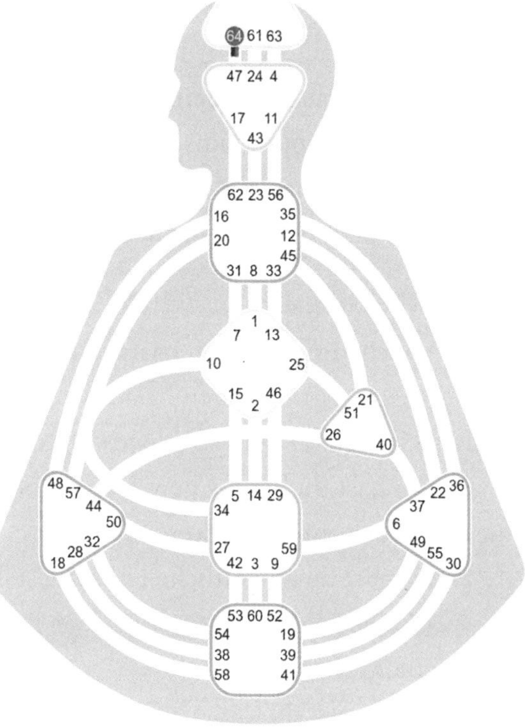

Abb. 114: Tor 64

Tor 64 verwirrt andere leicht. Wenn Tor 64 spricht, muss es oft „um den heißen Brei herum“ reden, bis es auf den Punkt kommt. Das kann für diejenigen, die versuchen, den Gedanken zu folgen, verwirrend sein. Tor 64 ist oft damit beschäftigt, große Ideen zu verwirklichen. Das können Kinder sein, die „unmögliche“ wissenschaftliche Experimente für eine Ausstellung machen wollen und Hilfe brauchen, um ihre große Idee in kleinere, handlichere Aufgaben zu zerlegen. Tor 64 kann mit sich selbst Frieden schließen, wenn es erkennt, dass Klarheit in Form einer Erleuchtung mit der Zeit kommen wird. Tor 64 muss nur warten und die Antwort wird kommen.

Als die repräsentative Energie der rechten Hemisphäre ist Tor 64 auch das Tor der Verbindung zum Überbewusstsein. Ein größeres Verständnis und ein wachsendes esoterisches

Bewusstsein können in Tor 64 Inspiration auslösen. Es ist nicht ungewöhnlich, dass du von einer Kraft inspiriert wirst, die größer zu sein scheint als du und aus göttlicher Quelle kommt.

Affirmationen

- Ich achte auf die Inspiration und weiß, dass erstaunliche Dinge passieren, wenn ich gespannt darauf warte, wie sich meine Inspiration manifestiert!
- Ich freue mich und bin gespannt, was das Universum bringt.

Schriftliche Aufgaben

1. Welche großen Träume hast du?
2. Vertraust du darauf, dass sie sich manifestieren werden?
3. Welche Strategien hast du, um in Freude zu bleiben, während du auf deine Manifestation wartest?

Die 64 Tore können dir mächtige Einsichten darüber geben, wer du bist, was dich antreibt und wo du bewusst wachsen und dich weiterentwickeln kannst. Wenn du mit diesen Energien arbeitest, denke daran, dass es immer die Möglichkeit gibt, jede dieser 64 Energien auf eine Weise zu nutzen, die dich unterstützt und stärkt.

Wenn du durch diese Tore liest, ist es wichtig, daran zu denken, dass jeder Mensch alle Tore hat. Wenn ein Tor aktiviert ist, bedeutet das, dass du diese Energie ständig erlebst. Wenn du ein offenes Tor hast, erlebst du diese Energie immer noch, nur auf eine flexible Weise.

Vielleicht hast du beim Durchlesen dieser Tore festgestellt, dass sich einige davon für dich sehr relevant anfühlen, auch wenn sie nicht in deiner Chart aktiviert sind. Wir alle werden von den Energien der Menschen um uns herum beeinflusst. Deine Liebsten und deine Familie tragen vielleicht Energien in sich, die du persönlich nicht aktiviert hast, die aber letztendlich Themen in euren Beziehungen schaffen. Ich empfehle dir, die Übungen für alle Tore zu machen. Denn Menschsein ist eine flexible Ausprägung aller Tore und ihrer Energien.

Kapitel 6

Die Schaltkreis-Gruppen

Ähnlich wie die elektrische Verdrahtung in deinem Haus oder auf einer Platine im Computer hat die Körpergrafik Kanäle zusammenhängender Energien, die zusammenarbeiten und „Schaltkreise" genannt werden. Diese Schaltkreise offenbaren die Entwicklung der Menschheit in der Vergangenheit und spielen eine wichtige Rolle bei der weiteren Entwicklung der Menschheit in der Zukunft. Indem du etwas über Schaltkreise lernst, erhältst du auch eine weitere Ebene von Informationen über dich selbst, deinen Zweck und deinen Platz im Puzzle der Menschheit.

Es gibt drei große Schaltkreis-Gruppen: den individuellen Schaltkreis, den Stammes-Schaltkreis und den kollektiven Schaltkreis. Jede dieser Schaltkreis-Gruppen spielt eine besondere Rolle beim Austausch von Informationen, Werten und Überlebensstrategien und sie alle arbeiten zusammen, um die Menschheit voranzubringen.

Im individuellen Schaltkreis geht es darum, Veränderungen auf der individuellen Ebene zu initiieren. Wenn eine Person eine neue Idee hat oder einen neuen Weg entdeckt, etwas zu tun, wird diese Energie im individuellen Schaltkreis dargestellt. Die Energie hier weicht von der Norm ab, sie verändert sich und inspiriert dadurch andere, sich zu verändern.

Wenn der Einzelne eine neue Perspektive oder eine andere Art, Dinge zu tun, entdeckt, bringt er diese Veränderung in den Stamm bzw. die Gemeinschaft ein, der durch den Stammes-Schaltkreis repräsentiert wird. Die Mitglieder der Gemeinschaft verbreiten die Veränderung dann in der gesamten Menschheit, dem kollektiven Schaltkreis.

Stell dir einen kleinen Stamm von Menschen vor, der in der weiten Prärie lebt. Es ist Frühling, und der Stamm bereitet sich darauf vor, sein Sommerlager aufzuschlagen. Bob, einer der Mitglieder des Stammes, ist ein wenig seltsam. Er ist nicht wirklich begeistert vom Zusammenleben. Er kümmert sich um seine Leute, aber er zieht oft los und macht sein eigenes Ding.

In diesem Jahr beschließt Bob, der in seinem Chart eine Menge individueller Schaltkreise definiert hat, sein Sommerhaus am Steilhang eines kleinen Baches zu errichten, weit weg von seiner Sippe. Er genießt die Zeit allein und entdeckt beim Bau seiner Unterkunft eine neue Methode, um einen großen Stein an einen Stock zu binden, und er entwickelt einen Hammer, der sich als große Hilfe bei der Fertigstellung seines Hauses erweist.

Roger, Bobs Bruder, kommt runter zum Bach, um Bob zu besuchen. Roger hat eine Menge Stammes-Schaltkreise in seinem Chart. Er will nur sichergehen, dass es seinem Bruder gut geht. Während er Bob besucht, sieht Roger den coolen neuen Hammer. Er ist erstaunt, wie nützlich er ist und erkennt schnell, dass dieses neue Werkzeug den Bau des neuen Sommerlagers viel einfacher machen wird. Er weiß, dass je schneller das Lager gebaut wird, desto mehr Zeit übrig bleibt, um Nahrung und andere Ressourcen für den Winter zu sammeln. Roger fragt Bob, ob er ihm einen Hammer bauen kann, den er mit nach Hause nehmen kann. Bob willigt ein und Roger nimmt den neuen Hammer mit nach Hause.

Nachdem er den Hammer sehr erfolgreich eingesetzt hat, hat Roger eine Menge zusätzlicher Zeit zur Verfügung und verdoppelt seine Jagdzeit. Er hat jetzt eine Menge zusätzlicher Felle und Pelze, die er mit anderen Stämmen tauschen kann. Als Roger seine Sachen packt, um auf seine Handelsreise zu gehen, beschließt er, seinen neuen Hammer in seine Satteltasche zu stecken. Er zeigt seinen Hammer mehreren anderen Stämmen, die ihn bitten, ihnen Hämmer im Tausch gegen Töpfe und andere wertvolle Waren herzustellen.

Roger kehrt mit vielen zusätzlichen Ressourcen für seinen Stamm nach Hause zurück.

Nach ein paar Jahren hat jeder Stamm seine eigene Variante von Bobs Hammer. Rogers Enkelin (die eine Menge kollektiver Schaltkreise hat) gründet eine Regierungsbehörde, um die Verwendung und Sicherheit von Hämmern zu regeln. Wenn eine Veränderung angenommen wird und sich erfolgreich vom Individuum auf den Stamm und vom Stamm auf das Kollektiv ausbreitet, entwickelt sich eine unverzichtbare Energie, und die Mutation wird zu einem festen Bestandteil der menschlichen Erfahrung und Teil der Geschichte der Menschheit.

Auf persönlicher Ebene helfen dir deine aktiven Schaltkreise und Tore zu verstehen, warum du so bist, wie du bist, was dich antreibt und warum bestimmte Themen in deinem Leben immer wieder auftauchen können. Deine aktiven Schaltkreise helfen dir auch dabei, deine Lebensaufgabe zu verstehen und herauszufinden, was du der Welt mitgibst.

Definierte Kanäle bringen Themen konstant in dein Leben. Alleinstehende Tore (eine Hälfte des Kanals) sind Themen, die in deinen Beziehungen wichtig sind. Du wirst immer von der anderen Hälfte des Kanals angezogen, und so wird das Thema des Kanals in deiner Beziehung auftauchen.

Die individuelle Schaltkreis-Gruppe

Mutation und Ermächtigung haben ihren Ursprung im individuellen Schaltkreis. Wenn ein großer Teil des individuellen Schaltkreises in dir aktiv ist, bist du hier, um anders zu sein – und um glücklich zu sein, musst du deine Einzigartigkeit voll zum Ausdruck bringen. Du fühlst dich anders als die meisten anderen Menschen und verhältst oder kleidest dich vielleicht sogar anders als die Norm.

Die Einzigartigkeit der Individualität bringt Veränderung. Weil sie energetisch ist, muss die individuelle Energie nichts „tun", um Mutation zu bewirken. Sie muss einfach nur „sein" und wirkt sich so auf andere aus.

Wenn jemand viele individuelle Definitionen in seinem Chart hat, kann er mit Depressionen zu kämpfen haben. Es kann sich schwer anfühlen, wenn du denkst, dass niemand so ist wie du und dich niemand „versteht". Das Wichtigste ist, zu verstehen, dass all das nur Energie ist. Der Einzelne kann von bewundernden Fans umgeben sein und sich trotzdem einsam und unverstanden fühlen, das ist einfach ein Teil der individuellen Energie. Es hat tatsächlich nichts mit dir persönlich zu tun!

Die individuelle Schaltkreis-Gruppe besteht aus drei Schaltkreisen: dem Integrieren-Schaltkreis, dem Zentrieren-Schaltkreis und dem Wissens-Schaltkreis. Wir werden diese Schaltkreise in Kapitel 7 näher erläutern.

Individuelle Schaltkreise geben anderen Kraft, wenn sie sich selbst voll entfalten. Wenn du viele individuelle Schaltkreise hast, ist es Teil deiner Aufgabe, deine einzigartigen Eigenschaften und Qualitäten voll zum Ausdruck zu bringen, ohne dich zurückzuhalten oder zu schämen. Das gibt anderen um dich herum die Erlaubnis, sich ebenfalls frei zu entfalten.

Der Einzelne kann seine Bestimmung nicht ausleben, wenn er versucht, so zu sein wie alle anderen. Das wäre nicht richtig und würde den Fluss der Evolution und Ermächtigung stoppen.

Eltern von Kindern, die sehr individuell sind, müssen ihre Kinder dabei unterstützen, ihre Einzigartigkeit voll zum Ausdruck zu bringen. Wenn Individuen unterdrückt und gezwungen werden, wie andere zu sein, können sie sich alleine, verbittert, frustriert oder wütend fühlen. Und das Kollektiv verpasst die Schönheit der Veränderung, die der Einzelne bewirken soll.

Das Timing ist entscheidend für jemanden mit vielen individuellen Schaltkreisen. Wenn etwas Neues in die Welt gebracht wird, muss das Timing stimmen. Die Individualität muss warten, bis sich die Dinge richtig anfühlen, bevor sie weitergegeben wird. Mutation ist spontan, aber die Anpassung erfolgt über längere Zeit. Es braucht Zeit, um herauszufinden, ob eine Veränderung für den Stamm und das Kollektiv von Nutzen sein wird.

Und die einzelne Person muss einfach sie selbst sein. Der Stamm und das Kollektiv werden entscheiden, ob die Veränderungen, die das Individium herbeigeführt hat, in einem größeren Rahmen funktionieren und auf Dauer Bestand haben werden.

Die individuellen Schaltkreise sind stark auditiv geprägt. Menschen mit einer hohen individuellen Ausprägung, vor allem in der Krone und im Ajna, sind auditiv Lernende. Sie können auch ihren eigenen internen auditiven Prozess haben.

Kinder mit individueller Definition reden oft mit sich selbst und machen viele sich wiederholende Geräusche.

Der individuelle Schaltkreis ist intuitiv hellsichtig. Das heißt, wenn du viel Individualität in deinem Chart hast, „weißt" du die Dinge oft einfach. Du weißt vielleicht nicht, *woher* du sie weißt, du weißt nur, dass du sie weißt. Dieses spontane Wissen kann logische Menschen verrückt machen. Individualität ist ganz und gar nicht logisch.

Affirmationen für die individuellen Schaltkreise

- Ich bin hier, um anders zu sein, und ich feiere meine Einzigartigkeit.
- Ich lasse meine innere Weisheit mit der Zeit wachsen und teile sie mit Menschen, die danach fragen.
- Ich bringe meine kraftvolle Einzigartigkeit frei zum Ausdruck und ich lasse mein Licht überall leuchten.
- Ich erlaube mir, so zu sein, wie ich bin, mit Vertrauen und Anmut.

Die Stammes-Schaltkreis-Gruppe

In Stammes-Schaltkreisen dreht sich alles um Familie, Werte, Fortpflanzung und Fürsorge. Dein Stamm besteht aus deinen Freunden, deiner Familie und deinen Nachbarn.

Menschen mit einer starken Stammesdefinition sehnen sich danach, Teil einer Gruppe oder eines Ganzen zu sein. Das sind die Menschen, die sich um die Familie oder die Nachbarschaft kümmern: die Pfadfinderleiterin, der Vorsitzende des Elternbeirats, der Koordinator der Nachbarschaftshilfe.

Die Stammesenergien sind für die Weitergabe von Werten, die Zuteilung und Verwaltung von Ressourcen, Verträgen und Vereinbarungen sowie für die Geburt und das Aufziehen von Kindern verantwortlich. Zu diesen Energien gehören auch Kochen, Erziehung, Sexualität und Arbeit.

Menschen mit einem hohen Anteil an Stammes-Schaltkreisen kümmern sich um andere. Sie fühlen sich zutiefst für die Menschen in ihrem Leben verantwortlich und können sich manchmal co-abhängig fühlen oder als solche wahrgenommen werden. Ein Stammesmensch tut alles, was nötig ist, um sich um seine Leute zu kümmern. Das Thema des Stammes-Schaltkreises ist Unterstützung.

Es gibt zwei Schaltkreise in der Stammes-Schaltkreis-Gruppe: den Schützen-Schaltkreis und den Ego-Schaltkreis. Wir werden in Kapitel 8 ausführlicher über diese Schaltkreise sprechen.

Bei der Stammesenergie geht es um die Verteilung und Verwaltung von Ressourcen im Laufe der Zeit. Der Stamm überlebt aufgrund seiner Ressourcen. Wenn du dein Getreide lagerst und verwaltest und es über die Wintermonate aufteilst, dann werden deine Freunde, deine Familie und deine Kinder den Winter überstehen. Wenn du gute Geschäftsentscheidungen triffst, hast du, falls sich die Situation ändert, Zugang zu weiteren Ressourcen und mehreren Quellen. Starke Stämme haben Notfallpläne zum Überleben.

Verträge wie Eheschließungen, Scheidungen, Abmachungen und Geschäftsabschlüsse sind alle Teil der Stammesenergie. Absprachen über Regeln und Werte sind ebenfalls Teil der Stammesenergie. Dazu gehören auch Glaubensrichtungen und religiöse Vorstellungen.

Sex und Sexualität sind ebenso in Stammes-Schaltkreisen verwurzelt. Ein Stamm überlebt auf Dauer, weil neue Nachkommen heranwachsen. Sexuelle Bindungen und Familienbeziehungen sind überdauernde Stammeswerte. Vereinbarungen über die Kindererziehung, die Ausbildung von Kindern und die Pflege von Kindern sind alle ein Teil der Stammesenergie.

Krieg und Frieden sind auch in den Energien der Stammes-Schaltkreise enthalten. Der Schützen-Schaltkreis bringt Stämme dazu, in den Krieg zu ziehen, wenn Ressourcen oder Werte bedroht sind. Auch Verträge, Frieden und Harmonie sind in der Stammesenergie verwurzelt, genauer in der Verbindung zwischen dem Emotional-Zentrum und dem Herz-Zentrum im Ego-Schaltkreis.

Affirmationen für die Stammes-Schaltkreise

- Ich fühle mich gut, wenn ich mit meinen Freunden und meiner Familie zusammen bin. Ich fühle mich gut, wenn ich mich um mich und andere kümmere.
- Ich setze mir für mich selbst gute Grenzen, damit ich mich besser um andere kümmern kann.
- Ich verwalte mein Geld und meine Zeit gut.
- Ich halte meine Versprechen.

Die kollektive Schaltkreis-Gruppe

In kollektiven Schaltkreisen geht es um das Überleben der Menschheit. Sie hat zwei Themen: Projektion und Reflexion. Sie projiziert, was als Nächstes kommt, basierend auf den Lehren aus der Vergangenheit. Sie reflektiert das Potenzial und die Möglichkeiten für die Zukunft. Und sie teilt diese über Inspirationsquellen und Ideen mit.

Die kollektive Schaltkreis-Gruppe enthält zwei Schaltkreise: den Verstehen-Schaltkreis und den Wahrnehmen-Schaltkreis. Wir werden diese Schaltkreise in Kapitel 9 genauer besprechen.

Der Verstehen-Schaltkreis ist per Definition logisch. Die linke Hemisphäre des Gehirns ist Teil des Verstehen-Schaltkreises. Beim Verstehen im Human Design System geht es darum, Muster zu verstehen, die sich im Laufe der Zeit wiederholen. Wir wissen zum Beispiel, dass der Frühling jedes Jahr nach dem Winter kommt und dass der Frühling eine gute Zeit ist, um etwas anzupflanzen. Dieses Wissen stammt aus wiederholten Erfahrungen im Laufe der Zeit. Diese Informationen sind vorhersehbar und beständig und ermöglichen es uns, Entscheidungen zu treffen, die uns am Leben erhalten. Beim Verstehen geht es um Muster, die es uns im Kern ermöglichen, uns immer weiter zu entwickeln und zum höchsten Ausdruck der Menschheit und Lebensfreude zu kommen.

Im Wahrnehmen-Schaltkreis dreht sich alles um die menschliche Erfahrung und er steht für die rechte Gehirnhälfte. Der Wahrnehmen-Schaltkreis drückt sich durch das Emotional-Zentrum aus und hat im Jetzt nur wenig Bewusstsein. Im Wahrnehmen-Schaltkreis geht es darum, mit der Zeit Klarheit zu erlangen. Er besitzt eine abstrakte und ganzheitliche Energie.

Im kollektiven Schaltkreis geht es ums Teilen. Aber es geht nicht um persönliches Teilen, wie wir es im Stammes-Schaltkreis sehen. Es ist reines, menschliches Teilen, die Art von Teilen, die in Situationen stattfindet, in denen es um das Überleben der Art geht. Wir sehen dieses Teilen in Zeiten von Chaos und Krisen. Der kollektive Kreislauf zwingt uns dazu, andere in Sicherheit zu bringen oder ihnen zu helfen, wenn es Probleme gibt. Menschen mit viel kollektiver Energie, vor allem im Verstehen-Schaltkreis, wissen intuitiv, wie man Dinge reparieren oder verbessern kann. Dieses Verständnis mag von anderen als Kritik aufgefasst werden, aber das Ziel des Kollektivs ist, die höchste Form der menschlichen Erfahrung zum Ausdruck zu bringen und eine unterstützende Infrastruktur für die die fortlaufende Entwicklung und den Reichtum der Menschheit zu schaffen. So schwer es auch zu verstehen sein mag, diese Kritik ist nicht persönlich gemeint. Und es ist nicht unbedingt so, dass hier die Fürsorge im Fokus steht, sondern eher der Ausdruck der perfekten Form. Weil wir alle eins sind, sind wir Teil des Kollektivs und erleben exakt das Gleiche, auch wenn wir uns als individuelle Menschen voneinander unterscheiden. Wir machen immer noch eine menschliche Erfahrung, die wesentliche Gemeinsamkeiten aufweist.

Affirmationen für den kollektiven Kreislauf

- Ich mag es, die Muster in allen Dingen zu sehen.
- Ich warte, bis es sich richtig anfühlt, neue Dinge auszuprobieren.
- Ich teile meine Ideen, Geschichten und Ratschläge mit den Menschen, die danach fragen.

Wie du siehst, sind alle Teile des Charts auf wunderbare Weise miteinander verbunden und wichtig für die Entwicklung der Menschheit. Die Schaltkreise geben dir einen Einblick in das, wofür du hier bist: Veränderungen herbeizuführen, zu unterstützen und größerer Strukturen für das Allgemeinwohl der Menschheit zu schaffen.

Die Lebensaufgabe der meisten Menschen beinhaltet Energien aus allen Schaltkreisen. Einige von uns sind in einem bestimmten Schaltkreis besonders stark definiert und dann hat das Thema dieses Schaltkreises einen großen Einfluss auf unser Leben.

Wenn du dir die Summe aller Schaltkreise anschaust, wird auch klar, dass jeder Mensch auf diesem Planeten eine wichtige Rolle in der Entwicklung der Menschheit spielt. Wir alle brauchen Menschen, die Veränderungen herbeiführen, sich um andere kümmern und größere Strukturen schaffen, um uns dabei zu unterstützen, uns sinnvoll zu organisieren. Letztlich kann sich das Puzzle der Menschheit nur zusammenfügen, wenn alle drei Teile sich voll entfalten und jeder Einzelne das höchste Potenzial seines Designs ausschöpft.

Kapitel 7

Die individuelle Schaltkreis-Gruppe

Die individuelle Schaltkreis-Gruppe enthält drei Schaltkreise: Integrieren, Zentrieren und Wissen. Jeder der individuellen Schaltkreise enthält das Thema Mutation, Transformation und die Fähigkeit, neue Ideen zu formulieren, wenn der richtige Zeitpunkt gekommen ist. Die einzelnen Schaltkreise haben eine bestimmte Aufgabe, die dir hilft zu verstehen, welche Art von Veränderung du herbeiführen sollst und welche unterschiedlichen Energien deine Fähigkeit beeinflussen, den Planeten zu verändern.

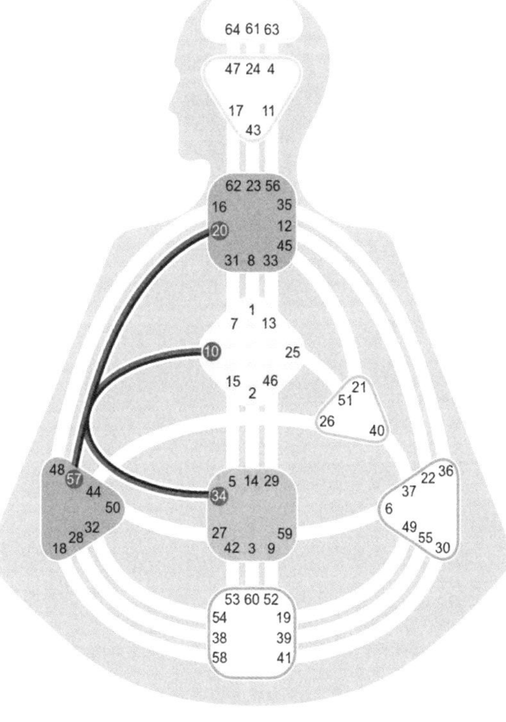

Abb. 115: Der Integrieren-Schaltkreis entwickelt unsere Selbstaufmerksamkeit

Der Integrieren-Schaltkreis

Der Integrieren-Schaltkreis ist sehr komplex und schwierig zu greifen, denn in ihm fließt die Energie der Seele der Menschheit. Es ist ein zutiefst esoterischer Schaltkreis und einer der schwierigsten, die es gibt.

Integration ist intuitiv, wird von der Lebenskraft angetrieben und von der Identität bestimmt. Als die Menschen entstanden sind, hatten sie nur den Integrieren-Schaltkreis. Das Thema der Integration ist der Satz „Ich bin“. Die Aufgabe des Integrieren-Schaltkreises ist, ein Bewusstsein für das eigene Ich zu entwickeln, das sich von anderen unterscheidet und sich bewusst ausdrückt.

Wenn wir unsere Identität nicht verkörpern, existiert sie als formlose, undifferenzierte Einheit. In menschlicher Gestalt erleben wir die Illusion, getrennt zu sein, und definieren uns über unsere Einzigartigkeit. Wir nehmen uns selbst als getrennte Menschen wahr, nicht als ein einheitliches Ganzes. Das ist die Macht der menschlichen Erfahrung. Indem wir uns als getrennt wahrnehmen, trennen wir uns nicht nur von einander, sondern auch von Gott. Wir suchen nach Erleuchtung, und durch den Integrieren-Schaltkreis werden wir gleichzeitig getrennt und bewusst vereint.

Praktisch gesehen ist Integration ein zutiefst individueller Schaltkreis. Menschen, die den Integrieren-Schaltkreis stark ausgeprägt haben, sind sehr mutativ und sehr individuell. Sie haben manchmal das Gefühl, nicht dazuzugehören. Menschen mit Integration brauchen Zeit, was vielleicht kontraintuitiv erscheint, da die Integration in der Milz (dem Zentrum für das Hier und Jetzt) verwurzelt ist. Integration braucht Zeit für innere Reflexion und die Entwicklung neuer Paradigmen, wenn neue Erfahrungen in den Archetyp des Menschseins „integriert“ werden. Und natürlich ist nicht nur der richtige Zeitpunkt wichtig, sondern auch zu reagieren. Dies ist ein generierter Schaltkreis.

Kanäle des Integrieren-Schaltkreises

- Kanal 34/57: Kraft
- Kanal 57/10: Überleben
- Kanal 34/20: Charisma
- Kanal 20/10: Erwachen

Oft fällt es Menschen mit viel Integrationsenergie schwer, zu reagieren oder überhaupt im Moment zu sein. Sie müssen sich erst integrieren, bevor sie wissen, was sie tun sollen. Wenn sie jedoch versuchen, im Jetzt zu handeln oder zu reagieren, kann das sehr frustrierend sein. Zeit, um zu integrieren oder sich sprichwörtlich in eine Höhle zu verkriechen, ist für diese Menschen sehr wichtig, vor allem auf zwischenmenschlicher Ebene.

Es ist nicht ungewöhnlich, dass Menschen mit definierten Integrations-Kanälen als selbstbezogen wahrgenommen werden. Sie sind nicht selbstsüchtig, sondern nur individuell veranlagt. Es ist nichts Persönliches. Es ist einfach die Art, wie die Energie dieses Schaltkreises funktioniert.

Die Verdrahtung in diesem Schaltkreis ist sehr komplex, da sich die Tore in verschiedenen Kanälen überschneiden. Das kommt in keinem anderen Schaltkreis vor.

Kanal 34/57: Kraft

Dies ist der Kanal des menschlichen Archetyps. Als die Menschenaffen entstanden, war es diese Energie, die die Entstehung der Menschheit ursprünglich definierte. Das ist die intuitive Lebenskraft. Dieser Kanal ist auch sehr auditiv und intuitiv. Menschen mit diesem Kanal sind häufig in irgendeiner Art von Beruf mit Audioproduktion tätig. Unangenehme Klänge können für Menschen mit diesem Kanal eine große Herausforderung sein, und das Schlimmste ist für sie, wenn sie ihr Gehör verlieren. Menschen mit diesem Kanal neigen dazu, hellhörig zu sein und Stimmen oder Gott hören zu können. Sie nehmen auch feinste Veränderungen in deiner Stimme wahr und können anhand deiner Worte und deines Tons Dinge über dich erahnen.

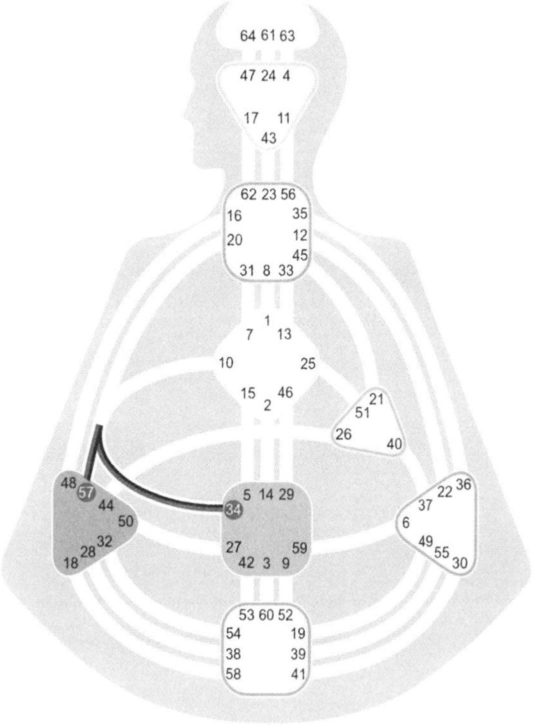

Abb. 116: Kanal 34/57 – Kraft

Tor 34: Macht

Tor 57: Intuition

Kanal 57/10: Überleben

In der Evolution des Menschen war dies der zweite Kanal, der sich entwickelte: die finale Form der Intuition. Dieser Kanal enthält das intuitive, perfekte Wissen darüber, wie man im Hier und Jetzt überlebt.

Wenn du jemandem folgen kannst, dann einem Menschen mit diesem Kanal. Er weiß immer, wie er überleben kann. Er kennt intuitiv den sichersten Weg aus einer Katastrophe oder den besten Weg um ein Hindernis herum.

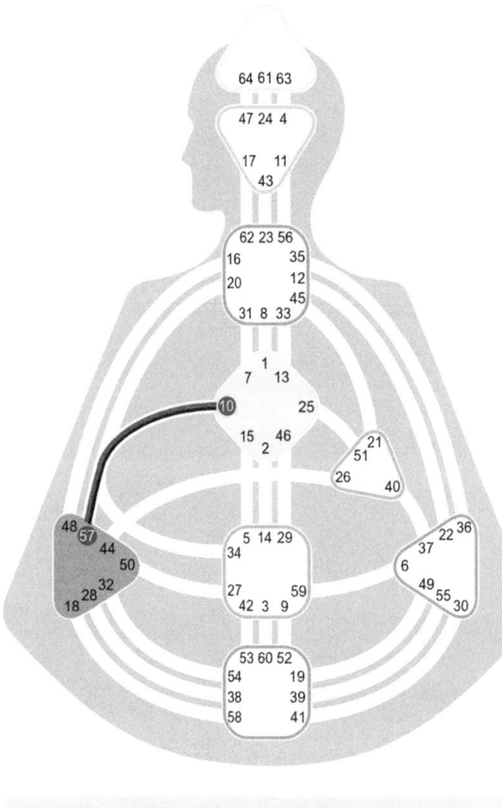

Abb. 117: Kanal 57/10 – Überleben

Menschen mit Kanal 57/10 sind Perfektionisten. Es ist normal, dass diese Menschen aufhören zu handeln, wenn sie denken, dass sie einen Fehler machen werden. Aber es ist mehr als nur die Angst, einen Fehler zu machen. Es ist ein tiefes Verlangen, etwas perfekt machen zu wollen, und sie wissen intuitiv, wie das geht.

Beachte aber, dass dieser Kanal nicht motorisiert wird und keine Verbindung zur Kehle hat. Er ist völlig projiziert. Wenn der Kanal 57/10 versucht, seine Perfektion mitzuteilen, hört ihm niemand zu. Nur durch die Einladung wird die Perfektion erkannt.

Da es sich um einen zutiefst individuellen Kanal handelt, können es Menschen sehr persönlich nehmen, wenn die Anerkennung ausbleibt und dazu die Angst kommt, etwas nicht perfekt machen zu können. Die Wahrheit ist aber, dass sie mutativ sind und völlig neue, einzigartige, perfekte Möglichkeiten bieten, die aber nicht angenommen werden, wenn Menschen mit diesem Kanal nicht eingeladen wurden, diese zu teilen.

Tor 57: Intuition

Tor 10: Selbstliebe

Spirituell gesehen ist die Energie dieses Tores sehr besonders. Im Milz-Zentrum dreht sich alles um die Energie zum Überleben. Das ist eine Energie, die wir mit anderen Lebewesen teilen. Im Kanal 57/10 ist unsere Intuition mit der Seele im Selbst-Zentrum verbunden. Wir sind die einzigen Lebewesen, die in der Lage sind, den Weg unserer Seele zu erahnen und zu wissen, ob wir die Bestimmung unserer Seele erfüllen.

Menschen mit diesem Kanal können sich ihres Lebensweges sehr bewusst sein und haben oft die Aufgabe, andere zu ermutigen, ihren Seelenweg zu entdecken und zu gehen.

Kanal 34/20: Charisma

Dies ist der mächtigste Kanal im Human Design System, der kontinuierlich generierte Energie zur Kehle transportiert. Dieser Kanal ist der Archetyp des Manifestierenden Generators, denn er ist der einzige Kanal der das Sakral-Zentrum direkt mit der Kehle verbindet. Kraft und Charisma sind in diesem Kanal enthalten, aber weil er mit dem Sakral-Zentrum verbunden ist, drückt sich die wahre Kraft in diesem Kanal in der Reaktion aus. Das bedeutet, dass diese Menschen zwar auf nachhaltige Weise sehr, sehr mächtig sind, aber sie können ihre mächtige Bestimmung nur wahrhaftig durchs Reagieren ausleben. Wenn sie mit Macht und Charisma initiieren, werden sie in große Schwierigkeiten geraten und niemand wird ihnen folgen. Wenn Menschen mit diesem Kanal ihre Macht und ihr Charisma nicht leben, können sie sehr, sehr frustriert werden. Im Inneren wissen sie, wie mächtig sie sind, aber sie können diese Energie nicht nutzen, wenn sie nicht reagieren.

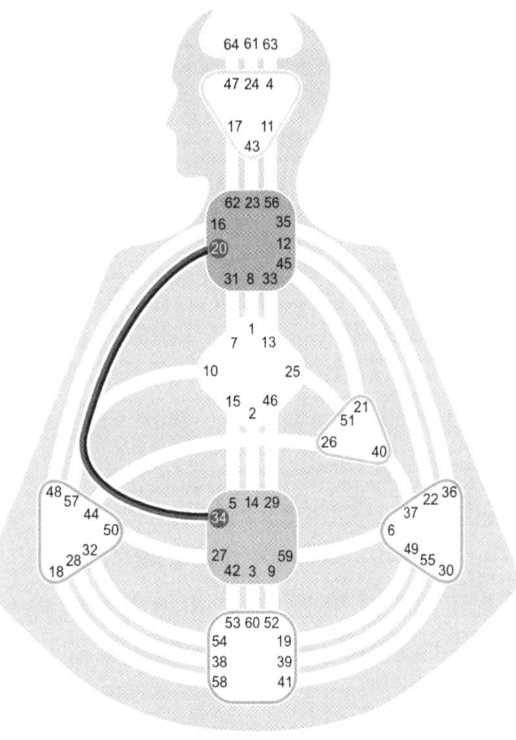

Abb. 118: Kanal 34/20 – Charisma

Die große energetische Aufgabe von Kanal 34/20 ist, Gedanken in Taten zu manifestieren, aber nur als Reaktion. Natürlich können diese Menschen mit Tor 34 mit Verbindung zur Kehle durch Tor 20, sobald sie aktiviert sind, sehr damit beschäftigt sein, Gedanken in Materie zu verwandeln. Die Strategie ist hier der Schlüssel. Der 34/20er, der nicht abwartet oder keinen Zugang zur Intuition in anderen Teilen seines Charts hat, kann sehr beschäftigt damit sein, einer Idee nach der anderen nachzujagen und so sein Kehl-Zentrum ausgebrannt und die Schilddrüse geschädigt haben, ohne etwas erreicht zu haben. Das ist möglicherweise der Don-Quijote-Kanal: ein endloser Kampf gegen Windmühlen, bis Einflüsse aus dem Rest des Charts sie ablenken (meistens der 57er- oder der 43/23er-Kanal).

Tor 34: Kraft
Tor 20: Metamorphose

In der Evolution des Menschen entwickelte sich der Kanal 34/20 nach dem intuitiven Überleben. Er ist die Lebenskraft, die der Kehle bereitgestellt wird. Es ist Energie (Aktivität aus dem Sakral-Zentrum), die sich zur Kehle bewegt. Die Energie des Handelns basiert hier nicht nur auf dem Überleben, sondern auf der nachhaltigen Lebensenergie. Das ist die Energie, die dafür sorgt, dass wir das haben, was wir zum Überleben brauchen.

Kanal 20/10: Das Erwachen

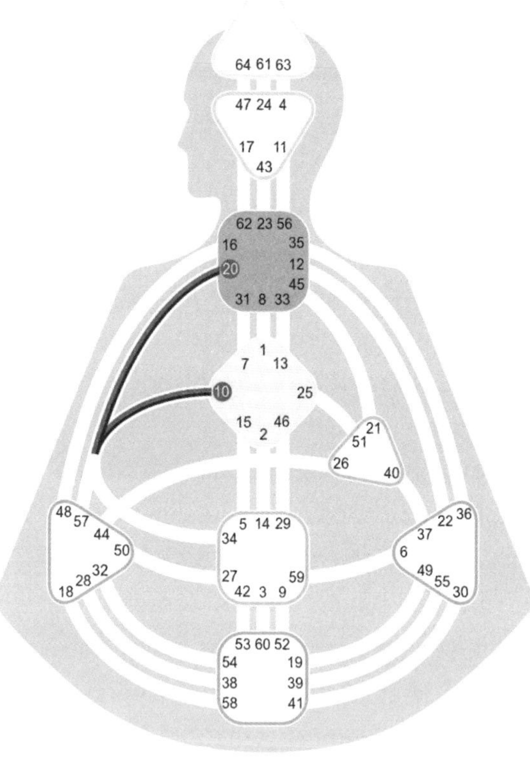

Abb. 119: Kanal 20/10 – Erwachen

Kanal 20/10, der Kanal des Erwachens, ist der letzte Kanal, der sich auf dem Weg vom Menschenaffen zum Menschen entwickelt hat. Mit diesem Kanal kommt die Vollendung des Selbst im Jetzt. Durch Tor 20 findet Individualisierung final ihren Ausdruck. Dies ist ein vollständig projizierter Kanal des Bewusstseins. Menschen mit dieser Energie haben eine tiefe Fähigkeit zu spirituellem Bewusstsein, Ermächtigung und Selbstliebe. Kanal 20/10 dient oft als Lehrer für Selbstermächtigung und Erleuchtung, aber seine Lektionen können nur geteilt werden, wenn jemand danach fragt. Wenn ein Mensch mit dieser Energie versucht, sein Wissen in die Welt hinauszudrängen, wird er oft ignoriert oder seine Aussage wird sogar als persönlicher Angriff gewertet.

Tor 20: Metamorphose
Tor 10: Selbstliebe

In Beziehungen kann dieser Kanal zu Problemen führen. Menschen mit dem 20/10-Kanal können für ihre scharfe Zunge und bösartigen Worte bekannt sein. Die Sprache für Ermächtigung oder Entmachtung liegt in diesem Kanal. Wenn du diese Energie hast oder jemanden liebst, der sie hat, dann achte besonders auf die Macht deiner Worte.

Dieser Kanal kann in einem individuellen Design definiert oder durch Elektromagnetismus in einer Beziehung vervollständigt werden.

So oder so, bringt der Kanal eine Energie, die Bewusstsein erfordert. Es ist einfach nur Energie und nicht persönlich gemeint. Innerhalb einer Beziehung die Aura des anderen zu verlassen hilft, wenn die Energie zu hart wird und die Worte verletzend werden – und das können und werden sie!

Immer wenn du eine bestimmte Energie vom Selbst-Zentrum zur Kehle hast, bist du potenziell verletzlich, denn die Stimme kommt direkt aus dem Sitz der Seele. Wenn der 20/10-Kanal spricht und nicht auf Anerkennung wartet, läuft er Gefahr, entweder nicht gehört oder kritisiert zu werden. Wenn du diese Erfahrung gemacht hast, kann es sein, dass du dich zügelst, dich selbst und deine Kreativität auszudrücken. Lerne zu warten, und die richtigen Leute werden dich immer nach deinen Erkenntnissen fragen.

Natürlich kann dieser Kanal auch der höchste Ausdruck von Integrität sein. Bewusstsein und Weisheit, die im Selbst verwurzelt sind, sind, wenn sie pur und absichtslos gelebt werden, letztlich die stärkste Energie im Human Design. Indem wir der eigenen Strategie folgen und wir selbst sind, kann der Kanal 20/10 andere dazu ermutigen, das Gleiche zu tun.

Der Zentrieren-Schaltkreis

Der Zentrieren-Schaltkreis ist ein kleinerer Schaltkreis. Er hat nur zwei Kanäle, aber sie sind sehr einflussreich. Zwei der drei Zentren sind Motoren: das Sakral-Zentrum und das Herz-Zentrum.

Der Zentrieren-Schaltkreis wirkt wie ein Strom. Menschen, die in den Energiestrom des Zentrieren-Schaltkreises hineingezogen werden, werden dazu beeinflusst, sich individuell auszudrücken, unabhängig von ihrer eigenen Definition. Der Zentrieren-Schaltkreis ist eine mutative Kraft, die letztendlich dazu dient, andere in die Liebe zu sich selbst und zur Seele einzuweihen, und er nutzt die Lebensenergie (sakrale Energie), um dies zu erreichen.

Die Fähigkeit, andere Auren zu durchdringen, wird nur von der Kraft des Schützen-Schaltkreises übertroffen. Wenn diese beiden zusammenkommen, ist das eine ziemliche Herausforderung, denn beide Schaltkreise drängen sich gegenseitig aus ihren natürlichen Energiebahnen. Der Stammes-Schaltkreis wird im Ausdruck individueller und umgekehrt. Der Zentrieren-Schaltkreis hat kein Bewusstseinspotenzial, also ist er rein mechanisch, das Selbst wird erfahren ohne es ausdrücken zu können. Der Zentrieren-Schaltkreis hat nichts anderes zu berichten als seine Erfahrungen; kein Bewusstsein, kein Ausdruck, kein Kanal zur Kehle. Es ist ein rein generierter Schaltkreis, der nur in der Lage ist, seinen Prozess als Reaktion zu teilen.

Der Zentrieren-Schaltkreis beinhaltet die mystische Bekehrung durch Erfahrung und Einweihung. Diese Erfahrungen können schockierend für einen selbst und für andere sein. Das Human Design System wurde aus einer solchen Energie geboren, einer Einweihung durch einen Schock. Es ist auch insofern individuell, als der Schock des Zentrieren-Schaltkreises je nach Perspektive ermächtigend oder entfremdend wirken kann.

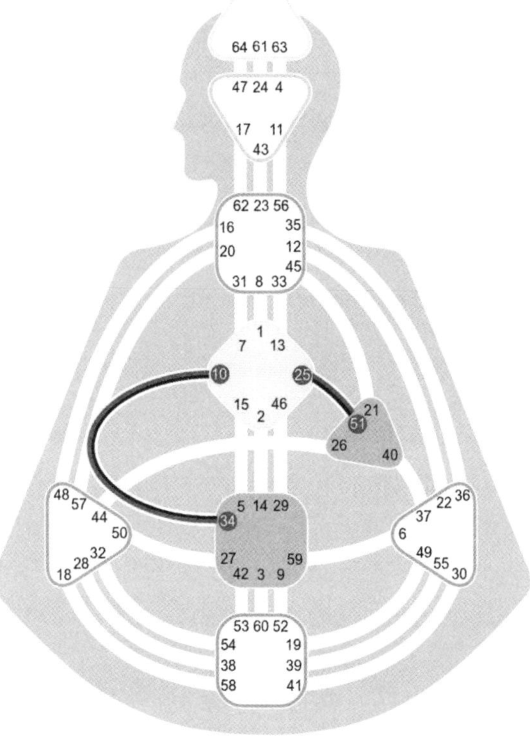

Abb. 120: Der Zentrieren-Schaltkreis ist darauf fokussiert, das Selbst zu verändern und zu verbessern

Da das Herz-Zentrum Teil des Schaltkreises ist, braucht das Sakral-Zentrum Ruhe, um seine Energie aufrechtzuerhalten. Die Ironie an der Kombination von Herz- und Sakral-Zentrum ist, dass du eine nachhaltige Arbeitskraft hast, die eine Pause braucht. Auch hier gilt: Strategie schützt das Individuum, und ein Sakral-Zentrum mit Willenskraft spricht auf Ruhepausen an.

Kanäle des Zentrieren-Schaltkreises

- Kanal 34/10: Erforschung
- Kanal 25/51: Einweihung

Der Zentrieren-Schaltkreis ist auch auf eine andere Weise ermächtigend. Weil hier die Liebe zu sich selbst und zur Seele vollendet, verinnerlicht und aufrechterhalten wird, kann der Zentrieren-Schaltkreis Menschen energetisch in die Selbstliebe führen, einfach indem sie da sind. Auch hier gibt es kein Überzeugen und Reden. Der Zentrieren-Schaltkreis wird andere dazu befähigen, sich selbst zu lieben, indem er einfach auf sie wirkt und so eine Veränderung herbeiführt.

Ein Beispiel: Bei der Stammesenergie geht es darum, sich für das Wohl des Ganzen aufzuopfern. Wenn der individuelle Schaltkreis in die Aura des Stammes eintritt, verwandelt sich die Fürsorge in eine Fürsorge für sich selbst.

Kanal 34/10: Erforschung

Die Kombination von Tor 34 (Macht) und Tor 10 (Selbstliebe) erzeugt einen Kanal, der dafür steht, dass man seinen Überzeugungen folgt. Dieser Kanal wird generiert und erst durch Reaktion kann die vollendete Form der Macht entstehen. Durch das Reagieren sind Menschen mit dieser Energie in der Lage, sich mit ihrer Macht richtig zu verhalten oder sich auf eine Art und Weise zu verhalten, die machtvoll korrekt ist. Dies ist ein sehr individueller Kanal, und wenn du in seiner Gegenwart bist und reagierst, wirst du dazu gebracht, dich richtig zu verhalten.

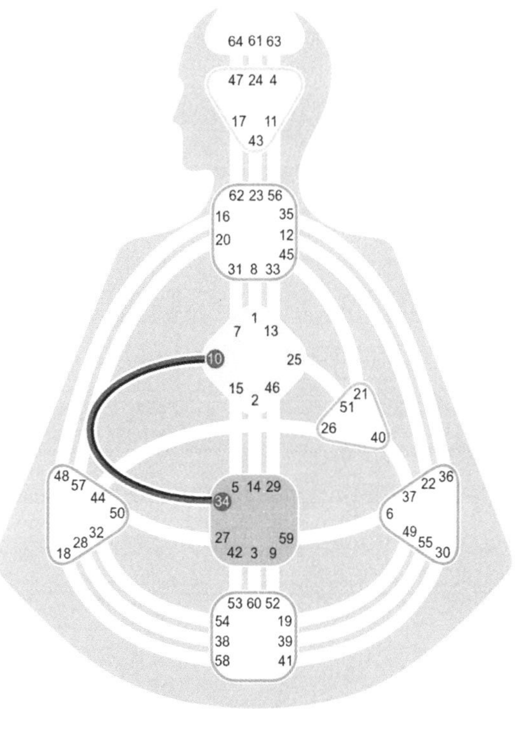

Abb. 121: Kanal 34/10 – Erforschung

Das Schöne an diesem Kanal ist, dass er rein generiert ist. Menschen mit dem 34/10-Kanal müssen nur richtig reagieren, um ihre Macht zu demonstrieren. Hier wird nichts weitergegeben und niemand überzeugt. Hier gibt es kein Kehl-Zentrum. Hier geht es um reine Ermächtigung durch Sein und Reagieren, und wie bei allen individuellen Schaltkreisen können diese Menschen andere ermächtigen, indem sie einfach der reinste Ausdruck ihres Selbst sind.

Tor 34: Macht
Tor 10: Selbstliebe

Du siehst, dies ist nur ein kleiner Teil der Integration. Hier gehen wir vom Prozess der Individualisierung zur Individualität über, handeln richtig und ermächtigen uns, indem wir sind.

Kanal 25/51: Einweihung

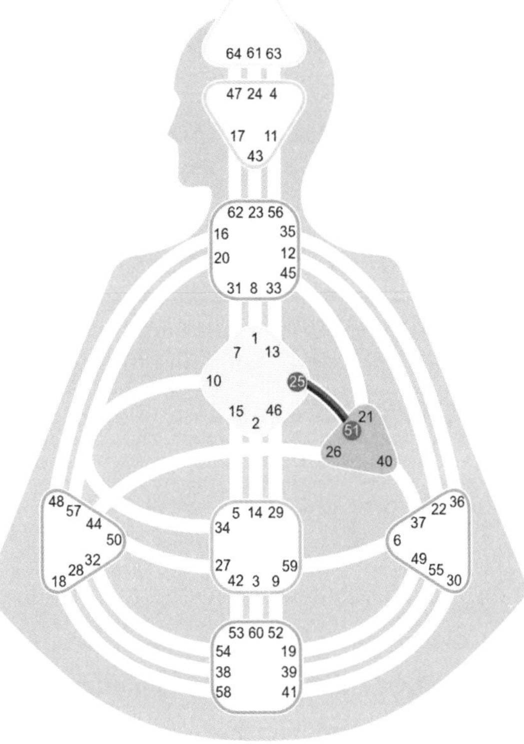

Abb. 122: Kanal 25/51 – Einweihung

Kanal 25/51 ist mystisch. Beachte, dass dies ein rein projizierter Kanal ist. Du musst nichts tun, um eingeweiht zu werden. Das Leben weiht dich ein.

Die Einweihung in diesem Kanal ist mit dem Herzen verbunden. Die Willenskraft des 25/51ers ist weniger im herkömmlichen Sinne gemeint. Es geht vielmehr um den Willen, die Einweihung zu überstehen.

Eine Initiation kann schockierend sein, das Leben dramatisch verändern und natürlich unerwartet passieren. Aber bei der Initiation geht es immer darum, den Menschen näher an das Spirituelle heranzuführen.

Manchmal wird er auch der Kanal des Schamanen oder der Priesterin genannt. Der Schamane und die Priesterin müssen den Ego-Tod „sterben", bevor sie in ihre Weisheit eintauchen können.

Tor 25: Spirituelle Liebe
Tor 51: Schock

Diese archetypische Energie sitzt in diesem Kanal.

In der Praxis kann der Kanal sehr wettbewerbsorientiert sein – oder auch nicht.

Denke daran, dass Energien im Human Design ein Thema haben. Das bedeutet, dass Menschen, die diese Energie haben, bei anderen Konkurrenzdenken auslösen können, ohne unbedingt konkurrenzfähig zu sein. Manchmal sind sie sogar überhaupt nicht konkurrenzfähig, aber andere konkurrieren definitiv mit ihnen.

Einfach dadurch, dass sie im Energiefeld präsent ist, wird die 25/51 die Einweihung aussenden und von anderen verstärkt. Wir müssen sie nicht suchen. Wir werden sie nie finden. Sie wird projiziert. Sie kommt zu uns, erschüttert uns und weiht uns ein (oder äußert sich in Bitterkeit ... die Energie ist ja projiziert).

Der Wissens-Schaltkreis

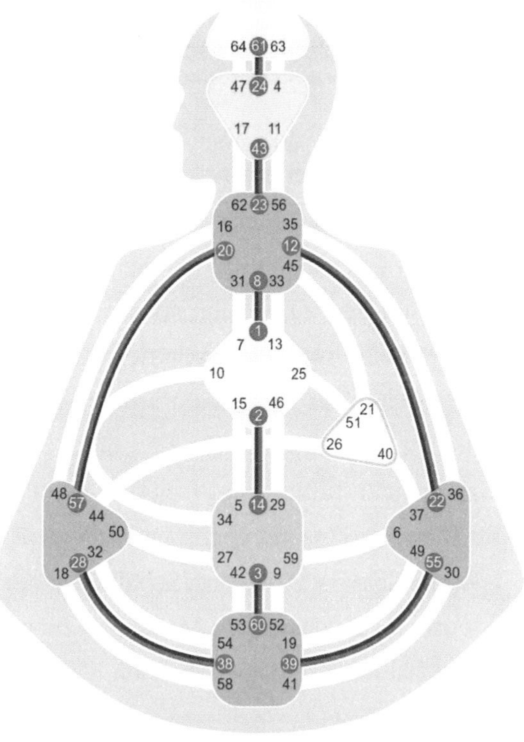

Abb. 123: Der Wissens-Schaltkreis verändert den Stamm und das Kollektiv, wenn der Zeitpunkt richtig ist

Der Wissens-Schaltkreis ist der letzte der individuellen Schaltkreise. Er ist der einzige individuelle Schaltkreis, der für die Übertragung und Umsetzung konzipiert ist und nicht für das Erleben, wie es beim Integrieren- und Zentrieren-Schaltkreis der Fall ist. Der Wissens-Schaltkreis mutiert den Stamm und das Kollektiv, wenn der richtige Zeitpunkt gekommen ist.

Timing ist alles im Wissens-Schaltkreis. In diesem Schaltkreis sehen wir beide Zentren für Zeit: die Milz, bei der es um das richtige Handeln im Moment geht, und das Emotional-Zentrum, dessen Energie erst ausgedrückt wird, wenn man sich Zeit genommen hat, um Klarheit zu gewinnen.

Der Wissens-Schaltkreis beinhaltet auch Kampf. Die Mutation muss kämpfen, um sich im Stamm oder im Kollektiv durchzusetzen. Denk mal darüber nach. Würden wir nicht um unsere Position streiten, wären wir voll von nutzlosen und möglicherweise gefährlichen Mutationen, die den Menschen nicht dienen. (Stell dir in der Biologie eine Welt voller Frösche mit fünfzehn Füßen und zwölf Augen vor, von denen die meisten nutzlos sind und im Laufe der Zeit sogar das Wohlergehen des Frosches gefährden könnten.) Eine sinnvolle Mutation muss sich gegen den Status quo durchsetzen können, um ihre Wirksamkeit zu beweisen.

Da Timing und Kampf ein Teil dieses Schaltkreises sind, kann man sich leicht vorstellen, vor welchen Herausforderungen Menschen mit einer ausgeprägten Definition dieses Schaltkreises stehen. Du musst vertrauen und auf den richtigen Zeitpunkt warten, um dein Wissen zu teilen. Wenn du das tust, giltst du als Genie. Wenn du es nicht tust, läufst du Gefahr, missverstanden zu werden.

Dies ist keine logische oder holistische Energie. Der Wissens-Schaltkreis weiß einfach. Und er weiß nicht, woher er es weiß. Er weiß nur, dass er es weiß.

Wenn jemand viele Definitionen des Wissens- und des Verstehens-Schaltkreises in sich vereint, entsteht eine Energie, die viel Zweifel mit sich bringt, sodass er womöglich starke Selbstzweifel entwickelt, bis er versteht, wie er verdrahtet ist.

Zweifel können nicht nur eine Herausforderung für den Wissens-Schaltkreis sein, sondern wie bei allen individuellen Schaltkreisen gibt es auch einen Kampf darum, gehört und verstanden zu werden. Wenn du hier bist, um etwas mitzuteilen, das du „weißt", das aber nicht logisch ist, von dem die Menschen noch nie gehört haben und für das es kein bestehendes Paradigma gibt, in das man es einordnen kann, dann kannst du dir vorstellen, wie schwer es für diesen Schaltkreis sein kann, verstanden zu werden und sich verstanden zu fühlen. Das Ergebnis dieser Erfahrung kann Melancholie sein. Stimmung und Melancholie sind wichtige Stichworte dieses Schaltkreises.

Zum Glück ist in diesem Schaltkreis ein gewisser Mangel an Fürsorge eingebaut. Das bedeutet nicht, dass diese Menschen nicht lieben. Wenn ein Individuum viel Stammesenergie hat, wird es dazu getrieben, sich zu verbinden und zu teilen. Aber ein Individuum ist von Natur aus nicht unbedingt fürsorglich und kann sich manchmal in seiner eigenen Mutation verlieren und die Wahrnehmungen anderer bis zu einem gewissen Grad übersehen. All das hängt natürlich stark davon ab, was sonst noch im Human Design Chart definiert ist.

Kanäle des Wissens-Schaltkreises

- Kanal 61/24: Wahrnehmung
- Kanal 43/23: Strukturierung
- Kanal 28/38: Kämpfen
- Kanal 57/20: Die Gehirnwelle
- Kanal 3/60: Mutation
- Kanal 14/2: Der Beat
- Kanal 1/8: Inspiration
- Kanal 55/39: Emotionen
- Kanal 12/22: Offenheit

Gehört zu werden und auf den richtigen Zeitpunkt für die richtigen Worte zu warten (oder auch nicht), ist eine Herausforderung für diesen Schaltkreis. Die andere Herausforderung ist das Zuhören. Ein Großteil des Wissens-Schaltkreis findet im Inneren der Person statt. Diese Menschen können sich durchaus in ihren Gedanken, Vorstellungen und Gefühlen verlieren. Es kann sich für andere frustrierend anfühlen, wenn sie versuchen, sich mit dieser Energie zu verbinden. Vergiss nicht, dass das „Ignorieren" kein wirkliches Ignorieren ist, sondern nur eine Eigenschaft von jemandem, der gerne und viel denkt und fühlt. Wenn du jemanden liebst, der sehr viel weiß, berühre ihn, um seine Aufmerksamkeit zu bekommen. Sein Nicht-Zuhören ist nichts Persönliches.

Die wichtigste Botschaft, die du jemandem vermitteln kannst, der viele Definitionen im Wissens-Schaltkreis hat, ist, dass es wichtig ist, dass er oder sie seine ihre Einzigartigkeit feiert. Diese Menschen sind hier, um anders zu sein. Und im Mechanismus der Evolution sind nicht alle Mutationen anpassungsfähig. Es wird einige Menschen geben, die einfach nur anders sind, und das ist auch gut so. Das wird nur dann zum Problem, wenn diese Menschen versuchen, jemand zu sein, der sie nicht sind.

Kanal 61/24: Wahrnehmung

Die 61/24 ist der Einweihungskanal im Wissens-Schaltkreis. Die Einweihungsenergie für diesen Schaltkreis beginnt in der Krone mit der Inspiration. Das Tor 61 gilt als eines der Tore des Wahnsinns (zusammen mit den Toren 63 und 64). Der „Wahnsinn" von 61 entsteht durch die ständige Frage „Warum?", die zu einer „wissenden" Inspiration führt, eine plötzliche Wahrnehmung von Informationen, für die es keine Beweise oder Logik gibt.

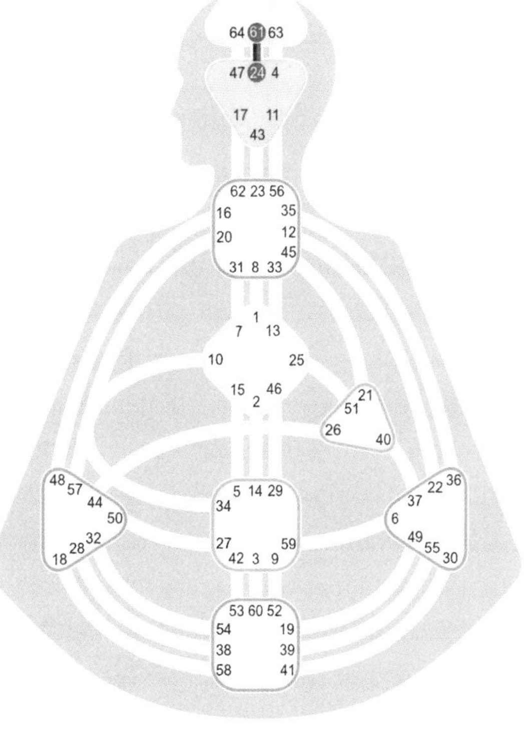

Abb. 124: Kanal 61/24 – Bewusstsein

Tor 24 federt das Wissen ab, konzentriert sich auf das Mögliche und füllt manchmal die Lücken in den Wissenssprüngen von Tor 61. Tor 24 hat von Natur aus ein gutes Zeitgefühl und wartet viel bewusster als Tor 61.

Denken ist für diesen Kanal wie eine Sportart. Gedanken fließen wie Wellen, ähnlich wie Emotionen im Emotional-Zentrum in Wellen wirken. Der 61/24er streckt seine Wahrnehmung aus, um zu versuchen, das Unbekannte zu erkennen. Das kann eine sehr geheimnisvolle und okkulte Wahrnehmung sein.

Das ist mutatives Denken. Es ist einzigartig und neu. Und weil jede Mutation schließlich den Test der Zeit und der Wiederholung bestehen muss, ist es ein Wissen, das auf den richtigen Zeitpunkt wartet. Da es sich in diesem Fall um eine Energie handelt, die anerkannt oder eingeladen werden muss, muss das Wissen des 61/24er auf eine Einladung warten, damit der Zeitpunkt wirklich der richtige ist.

Tor 61: Das Geheimnis
Tor 24: Rationalisierung

Wie bei allen individuellen Schaltkreisen handelt es sich um einen Kanal, der stark auditiv ist. Menschen mit dem 61/24er haben oft einen intensiven inneren Hörprozess. Es ist normal, dass die 61/24er eine Menge Lärm oder Stimmen in ihrem Kopf haben. Obwohl es für diesen Kanal schmerzhaft ist, als anders wahrgenommen zu werden (wie die Melancholie in seinen Charts zeigt), sollten Menschen mit dem 61/24-Kanal die Einzigartigkeit ihrer Individualität feiern.

Kanal 43/23: Strukturierung

Tor 43 ist der erste Energiefluss, der die Aufgabe hat, den inneren Hörprozess des Wissens-Schaltkreises in Worte zu übersetzen. 43/23 ist der erste Ausdruckskanal des Wissens-Schaltkreises. Er ist der Kanal, der das energetische Potenzial für die Übersetzung des individuellen Hörprozesses in Sprache enthält.

Alle Geräusche, all das wortlose Denken wird durch diesen Kanal gepresst und in Sprache ausgedrückt. Oder auch nicht. Menschen mit dieser Energie sagen oft: „Ich weiß, ich weiß, ich weiß ...“, und zwar sehr oft.

Die Schwierigkeit des individuellen Erkenntnisprozesses besteht darin, die Erkenntnis in Sprache zu übersetzen. Die Erkenntnis kommt sofort, wie eine plötz-

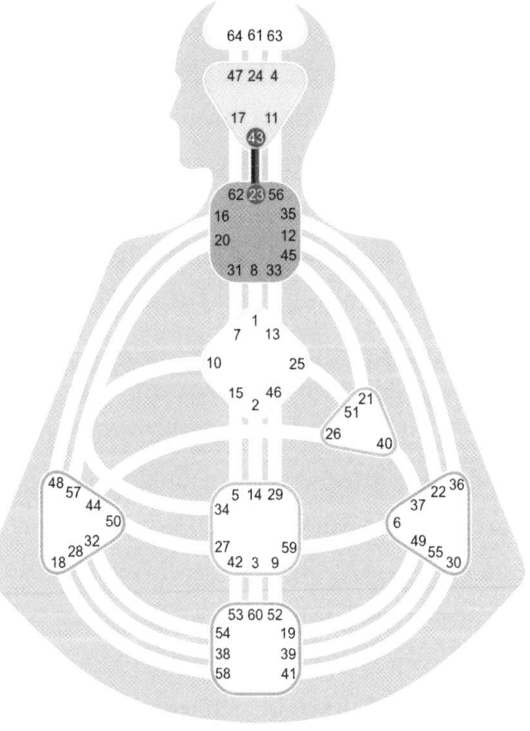

Abb. 125: Kanal 43/23 – Strukturierung

liche Erleuchtung. Wenn der Einzelne sein Wissen ohne Anerkennung oder Einladung mitteilt, kann es zu einem enormen Kampf werden, sich zu artikulieren oder verstanden zu werden.

Tor 43: Einsicht
Tor 23: Assimilation

Menschen mit dieser Energie dienen sich selbst und der Mutation, die sie in sich tragen, am besten, wenn sie auf den richtigen Zeitpunkt warten und anderen Menschen erlauben, dass diese sie nach ihrem Wissen fragen. Wenn sie nicht darauf warten, besteht die Möglichkeit, dass der Zeitpunkt für den Ausdruck ihres Wissens der Falsche ist und sie missverstanden werden.

Das Wichtigste, das eine Person mit dieser Energie tun kann, ist, darauf zu warten, dass andere das Wissen des 43/23ers erkennen und um Einsicht bitten. Das kann sich wie ein frustrierender Prozess anfühlen, aber es lohnt sich, zu warten. Es erspart ihr auf lange Sicht viel persönlichen Schmerz und Ablehnung.

Wir sind stark auf Wissen und Logik fixiert. Logik verlangt einen systematischen Ansatz und den Nachweis von Wissen. Das kann für Menschen mit dem 43/23er besonders schwierig sein. Sie wissen nicht, woher oder warum sie etwas wissen. Sie wissen es einfach. Für Kinder mit diesen Eigenschaften kann die Schule manchmal schwierig sein, weil sie nicht erklären können, wie sie wissen, was sie wissen. Sie müssen lernen, ihr Wissen selbst so sehr wertzuschätzen, dass sie darauf warten können, dass die richtigen Leute sie nach ihrem Wissen fragen.

Wie alle individuellen Kanäle ist auch der 43/23er sehr auditiv und lernt am besten durch Zuhören, aber manchmal hat dieses Zuhören seinen eigenen Willen. Menschen mit diesem Kanal wollen hören, was sie hören wollen. Und wenn sie es einmal gehört haben, verlieren sie sich in Gedanken.

Manchmal nennen wir den 43/23er den Kanal des Nicht-Hörens. Es geht nicht darum, dass diese Menschen dich nicht hören, sondern darum, dass sie sich in ihren eigenen Gedanken verlieren und die Außenwelt ausblenden können. Eine sanfte, liebevolle Berührung ist meist alles, was nötig ist, um ihre Aufmerksamkeit zu bekommen.

Natürlich sind diese Menschen hier, um Veränderungen herbeizuführen. Das Respektvollste, das du für einen 43/23er tun kannst, ist, ihn zu fragen, was er weiß. Und gib ihm Zeit und Raum zum Nachdenken. Er liebt es, zu denken. Er muss denken.

Vergiss nie, dass die Krone und der Verstand keine Orte der Entscheidungsfindung sind. Dort gibt es keine Motoren. Nur Wahrnehmung und Gedanken. Das Leben wird nicht hier entschieden.

Kanal 28/38: Kämpfen

Der Kanal des Kämpfens ist eine dieser Energien, die wirklich viel Bewusstsein brauchen. Es ist auch wichtig, dass jemand, der diese Energie hat, versteht, dass jeder irgendwann in seinem Leben mit etwas zu kämpfen hat. Es geht nicht darum, etwas zu vermasseln, etwas falsch zu machen oder immer den schweren Weg zu gehen.

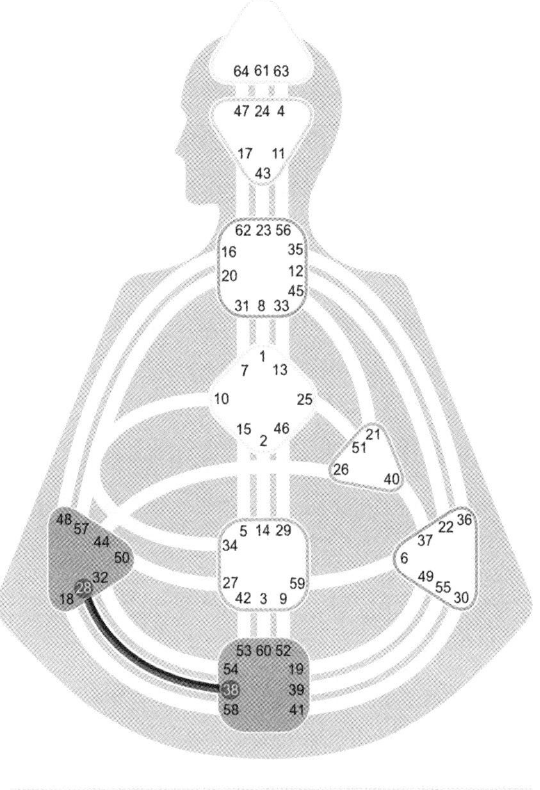

Abb. 126: Kanal 28/38 – Kämpfen

Die Energie des Kämpfens in diesem Kanal ist in erster Linie direkt mit der Möglichkeit, sich weiterzuentwickeln, verbunden. Menschen mit diesem Kanal sind letztlich dazu bestimmt, sich weiterzuentwickeln. Aber jede Art von Veränderung oder Mutation muss auf Widerstand stoßen, um sie zu testen und sicherzustellen, dass sie auf persönlicher (und schließlich auf kollektiver) Ebene tatsächlich eine gute Veränderung ist.

Beim ersten Kampf im Kanal 28/38 geht es darum, zu testen, was übernommen werden kann und was nicht. Es ist wichtig, dass du dich daran erinnerst, dass deine persönlichen Kämpfe in diesem Kanal dem Allgemeinwohl dienen.

Der zweite Kampf in diesem Kanal ist der Kampf um den Sinn des Lebens. Du fragst dich, ob der Kampf die Anstrengung und die Ausdauer wert ist, die nötig sind, um durchzuhalten und ihn zu überstehen. Das kann manchmal zu leichtsinnigen Experimenten mit dem Sinn des Lebens führen, bis der Wert des Lebens entdeckt wird.

Menschen mit dieser Energie lernen meistens ihre Lektionen über das Überleben und den Wert des Lebens und teilen sie mit anderen. Viele Coaches, Therapeuten und Motivationsredner erzählen die Geschichten ihrer persönlichen Kämpfe, um Menschen zu helfen, sich zu verändern und den wahren Wert des Lebens zu erkennen.

Tor 28: Kampf

Tor 38: Der Kämpfer

Wenn Menschen diese Energie haben und sie nicht verstehen, kann das manchmal zu Verbitterung führen. Menschen mit dieser Energie müssen auf Anerkennung oder eine Einladung zum „richtigen" Kampf warten, sonst kann es sich so anfühlen, als würden sie ständig kämpfen und kämpfen.

Richtige Kämpfe mögen sich anstrengend anfühlen, aber sie sind das Leid letztendlich wert. Wenn ein Mensch mit einem 28/38er eingeladen wird, seine Einsicht mitzuteilen, kann er den individuellen Schaltkreis tatsächlich transpersonalisieren. Die Einladung macht möglich, dass der wahre Wert des Lebens mitgeteilt werden kann und zwingt das Individuum letztlich dazu, diesen zu schätzen. In ihrem höchsten Ausdruck liebt diese Energie die Herausforderung. Einfach ist langweilig und sinnlos.

Kanal 57/20: Die Gehirnwelle

Tor 57 und Tor 20 sind beide Teil mehrerer Schaltkreise, daher ist die Verdrahtung in diesem Kanal ziemlich komplex. Im Wissens-Schaltkreis funktionieren diese Energien anders als in anderen Schaltkreisen.

Dieser Kanal ist reine Intuition für das Kehl-Zentrum. Sein Bewusstsein ist durchdringend, weitreichend und im Jetzt. Wenn Menschen mit dieser Energie kommunizieren, sprechen sie aus ihrer Intuition und einem Gespür für das, was in der Zukunft kommen wird.

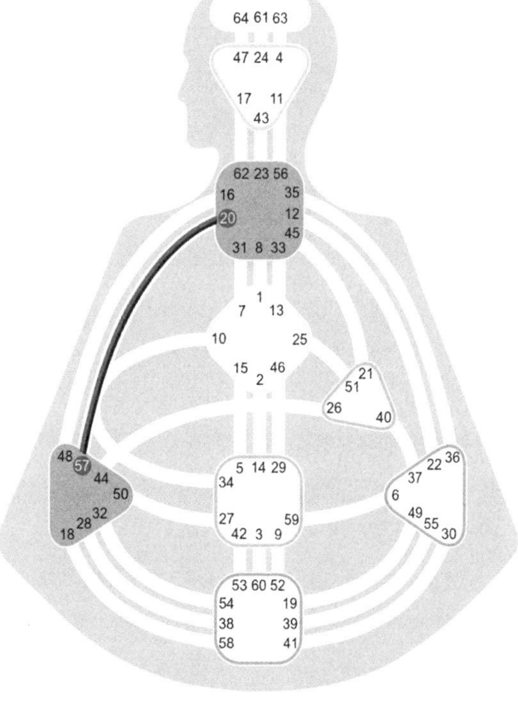

Abb. 127: Kanal 57/20 – Die Gehirnwelle

Normalerweise kümmert sich die individuelle Energie nicht darum. Sie ist eine Energie, die mit dem Selbst und der Erfahrung des Selbsts beschäftigt ist. Aber im Wissens-Schaltkreis sehen wir eine andere Möglichkeit für diese Energie. Im Energiestrom von der Wurzel über die Milz bis zur Kehle verspürt der 57/20er den Druck, die richtigen Leute mit den richtigen Fähigkeiten intuitiv zu vereinen, damit etwas ausgedrückt werden kann, das in manifestierter Form sehr wertvoll ist.

Tor 57: Intuition
Tor 20: Metamorphose

Mit anderen Worten: Die Entdeckung des Kanals des Kämpfens, dass das Leben wertvoll ist, zwingt den 57/20er aus seiner Individualität heraus in eine Energie der Wertschätzung, und der 57/20er kann Menschen im Auftrag, diesen Wert auszudrücken, zusammenzubringen.

Menschen mit dieser Energie tun gut daran, wenn sie darauf warten, dass andere sie um ihre Einsichten und Beiträge bitten.

Kanal 3/60: Mutation

Der 3/60-Kanal ist auf genetischer Ebene ein sehr wichtiger Kanal und hat die Fähigkeit, die Welt zu verändern. Er ist einer der beiden Kanäle, die dafür sorgen, dass die sakrale Reaktion von Natur aus veränderbar ist. Wenn die Energie des 3/60-Kanals eingeschaltet ist, reagiert er auf Veränderung oder Mutation.

Tor 60 begrenzt die Ausdehnung des elektromagnetischen Tor 3 und reagiert nur, wenn die Mutation gut und anpassungsfähig zu sein scheint.

Die 3/60 ist eine der drei Formatenergien. Die Formatenergien arbeiten in Impulsen und verstärken die Energie des Sakral-Zentrums. Wenn diese Energien pulsieren, sind sie kraftvoll und lebendig

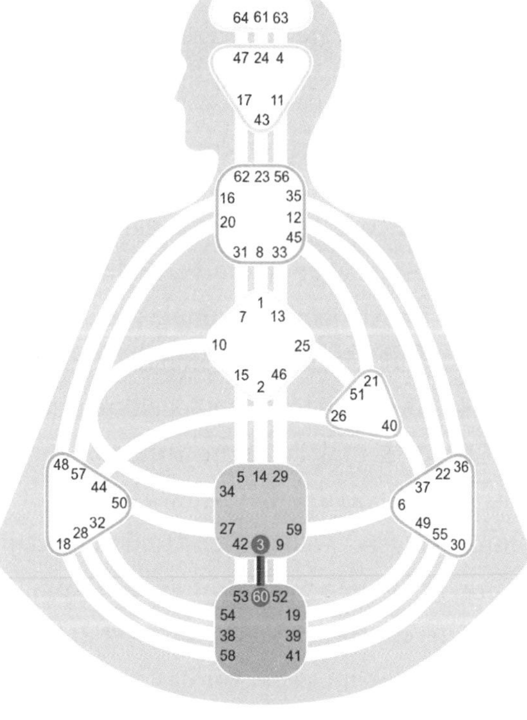

Abb. 128: Kanal 3/60 – Mutation

und bereit, Dinge zu erledigen. Wenn diese Energien gestört sind, ist es schwer, Dinge zu erledigen, als ob die Adrenalinenergie der Wurzel und die Lebenskraft-Energie des Sakralen nicht verfügbar wären. Zum Leidwesen der Menschen mit dieser Energie müssen sie normalerweise weiterarbeiten, auch wenn die Energie erschöpft ist.

Tor 3: Neuordnung

Tor 60: Akzeptanz

Der 3/60er reagiert auf Arbeit und Fortpflanzungsmöglichkeiten, die gute Entwicklungssprünge mit sich bringen. Auf rein genetischer Ebene geht es bei dem Kanal 3/60 um genetische Mutation, und wenn diese beiden Energien zusammenkommen, um sich fortzupflanzen, bringen die Nachkommen neue Energie und neues genetisches Material mit.

Was die Arbeit angeht, so spricht der 3/60-Puls auf Arbeit an, die transformativ und mutativ ist. Menschen mit dieser Energie haben oft ungewöhnliche Berufe, die die Welt verändern können, oder wollen dies tun.

Wie bei allen Mutationskanälen gibt es auch in diesem Kanal eine Energie der Expansion und auch des Widerstands. Tor 3 geht mit dem Wunsch nach Veränderung hinaus und Tor 60 integriert die Veränderung im alten genetischen Material und stabilisiert die Mutation.

Kanal 14/2: Der Beat

Dieser Kanal hat in gewisser Weise die glücklichste aller Energien im Chart. Im 14/2er-Kanal geht es darum, Ressourcen zu erzeugen und zu verwalten – in der Regel Geld, aber auch jede andere Ressource, die mit Wohlstand verbunden ist.

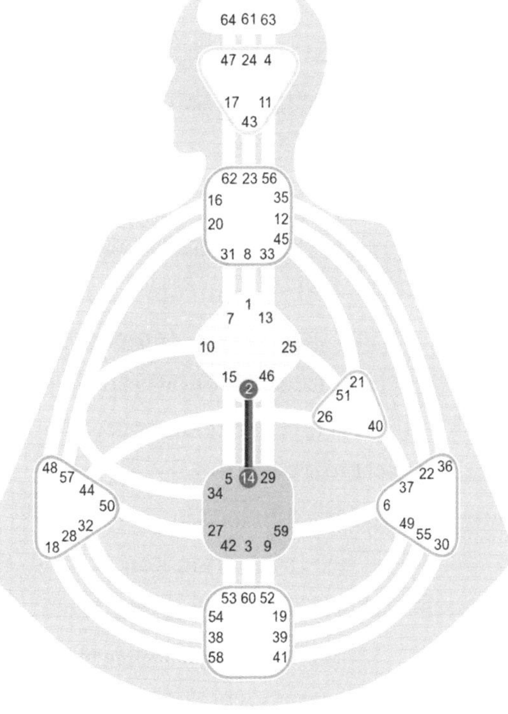

Abb. 129: Kanal 14/2 – Der Beat

Der 14/2er wirkt, um die Richtung der Seele zu energetisieren (Verbindung zwischen Sakral und Selbst). Dieser Kanal reagiert auf mutative Arbeits- oder

Lebensmöglichkeiten, die Ressourcen hervorbringen, die das Beschreiten des Seelenwegs erleichtern. Es ist viel einfacher, deinem Weg zu folgen, wenn du die nötigen Ressourcen hast und dir keine Sorgen um Geld machen musst.

Tor 14: Leistungsfähigkeit
Tor 2: Hüter der Schlüssel

In diesem Kanal gibt es sowohl Energie für die Arbeit, um Geld zu verdienen, als auch Energie für die Verwaltung oder Verteilung von Geld. Wenn beide zusammenarbeiten, entsteht enormes Potenzial, Ressourcen zu generieren. Alleine arbeitet Tor 14 sehr hart daran, Geld zu verdienen und zu sparen, während Tor 2 es ausgibt.

Dieser Kanal ist die Energie des Einzelnen, der die Welt wirklich beeinflussen kann. Neigst du dazu, anders zu sein, häufe Geld an – denn Geld gibt dir die Macht, Einfluss zu nehmen, und bewahrt dich vor dem Schmerz des Andersseins.

Erinnere dich daran, dass dies ein rein generierter Kanal ist. Die Energie in diesem Kanal ist kraftvoll und mutativ, aber nur als Reaktion auf etwas. Erst durch die Reaktion geschieht die richtige Arbeit, um Veränderungen herbeizuführen.

Kanal 1/8: Inspiration

Kanal 1/8 entsteht aus der Seelenausrichtung aus dem Selbst-Zentrum und der Lebenskraft aus dem Sakral-Zentrum. Es handelt sich um einen mutativen Ausdruck mit enormer Yang-Energie, der ständig unter Druck steht, einen kreativen Beitrag für die Welt zu leisten.

Der Kanal der Inspiration kommt aus der Seele. Ein Mensch mit diesem Kanal spricht aus seiner Seele und kann leicht verletzt werden. Er möchte so akzeptiert werden, wie er ist, und für seinen Beitrag anerkannt werden. Wenn das nicht der

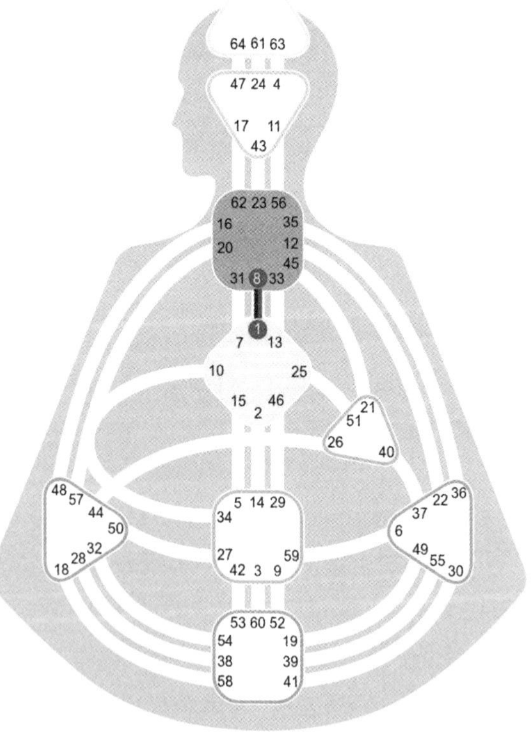

Abb. 130: Kanal 1/8 – Inspiration

Fall ist, wird er vielleicht nie seinen Beitrag leisten. Dies ist eine projizierte Energie. Die Mutation dieses Beitrags kann nur Einfluss nehmen, wenn er anerkannt und eingeladen wird. Ist die Energie mit einem Motor verbunden, hat sie eine bessere Chance, gehört zu werden, aber sie ist immer noch verletzlich.

Menschen mit dieser Energie sind inspirierend und haben die Aufgabe, kreative Vorbilder zu sein. Selbst wenn ein Beitrag nicht vollständig angenommen wird, inspiriert sein voller Ausdruck als kreatives Vorbild andere und kann der Katalysator für Mutation in der Welt sein.

Tor 1: Selbstausdruck

Tor 8: Beitrag

Der 1/8er muss seine Kommunikationsfähigkeiten entwickeln, um richtig gesehen zu werden. Bei Individualität wissen wir, dass das schwer sein kann. Die Herausforderung, ein Akteur des Wandels zu sein, besteht darin, neue Paradigmen zu formulieren. Hier geht es darum, sich auszudrücken (oder auch nicht), wenn du anerkannt wirst.

Wenn der 1/8er nicht auf die richtige Anerkennung wartet, besteht die Gefahr, dass er aus den Tiefen der Seele heraus erzählt und nicht wertgeschätzt oder gehört wird.

Kanal 55/39: Emotionen

Die 55/39 ist eine zutiefst emotionale Energie, die Höhen und Tiefen erleben kann. Sie ist eine kraftvolle und kreative Energie, wenn die Stimmung richtig ist. Hier gibt es Energie für Musik, Poesie und andere kreative Unternehmungen.

Die kreative Energie hat zwei verschiedene Arten von Zyklen. Dieser Kanal wird durch einen inneren kreativen Zyklus unterbrochen, der sich manchmal wie Melancholie anfühlen kann. Es gibt auch einen äußeren kreativen Zyklus, der

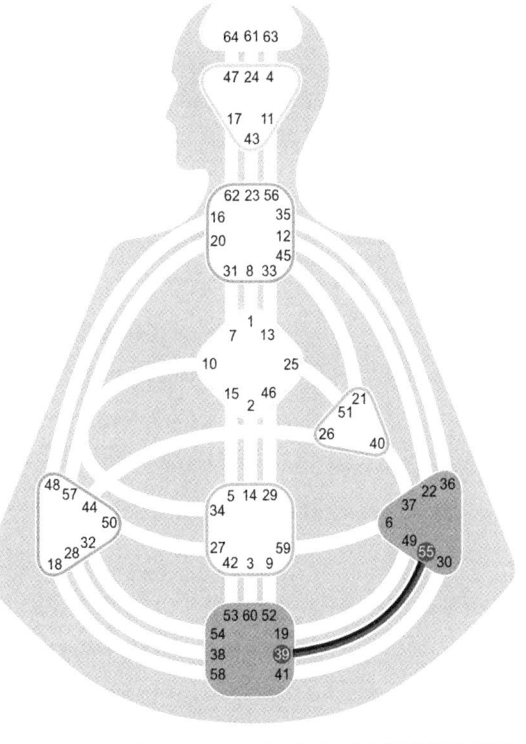

Abb.131: Kanal 55/39 – Emotionen

fröhlich, überschwänglich und ausdrucksstark sein kann. Beide Zyklen sind entscheidend für den kreativen Prozess.

Die wirkliche Herausforderung bei dieser Energie ist, die Natur der kreativen Zyklen zu verstehen. Wenn diese Energie in einen inneren Zyklus fließt, kann es leicht passieren, dass du fälschlicherweise glaubst, deprimiert zu sein, oder du denkst, dass etwas „falsch" mit dir ist.

> Tor 55: Geist
>
> Tor 39: Provokation

In dem Moment, in dem du dir Gedanken darüber machst, wo du in deinem kreativen Zyklus stehst, und zu sehr in die Melancholie abrutschst, kannst du dich selbst depressiv machen.

Da diese Energie auch emotional ist, sind die richtige Stimmung und der richtige Zeitpunkt für den Ausdruck sehr wichtig. Die Mutation dieser kreativen Energie kann geteilt und angenommen werden, wenn das Timing und die Stimmung passen. Wenn nicht, kann sich hier eine enorme Spannung aufbauen und der Ausdruck dieser Energie wird entweder ignoriert, provokant (auf eine schlechte Art und Weise) oder er kann selbstzerstörerisch sein.

Dieser Kanal ist weit vom Kehl-Zentrum entfernt und daher ist der richtige Zeitpunkt von anderen abhängig. Menschen mit dieser Energie müssen auf Anerkennung warten, bevor sie ihre Kreativität teilen können. Das kann ein Gefühl der Frustration oder Melancholie auslösen. Menschen mit dieser Energie haben oft das Gefühl, dass niemand die Kreativität, die sie zu bieten haben, haben will.

Auf der spirituellen Seite geht es in diesem Kanal auch um Mangel und Fülle. Denke daran, dass es in jedem Kanal einen energetischen Schub und Zug gibt, ein System von energetischen Prüfungen und Abwägungen, um sicherzustellen, dass eine Mutation gut ist. Tor 55 enthält eine zutiefst mystische Möglichkeit der Fülle, während Tor 39 mit der potenziellen Energie für Mangel, Schnäppchen und Horten reagiert.

Weil Fülle und Essen oft miteinander verwoben sind und dieser Kanal sehr emotional ist, kann emotionales Essen manchmal eine Herausforderung sein. Sich dieser Tendenz bewusst zu werden, kann dabei helfen, das emotionale Essen zu beenden.

Das Ziel des gesamten Kanals ist, die Menschen wieder in den Fluss der Fülle zu bringen. Dieser Kanal ist nicht nur zutiefst emotional und kreativ, er kann auch ziemlich provokativ sein. Bei der Provokation in diesem Kanal geht es darum, Spannungen und den Status quo aufzubrechen und das Bewusstsein für Spiritualität als die Quelle von allem wiederherzustellen. Wenn ein Mensch mit diesem Kanal in der richtigen Stimmung ist, kann die Energie zutiefst magisch und alchemistisch sein.

Kanal 12/22: Offenheit

Der Kanal 12/22 ist der einzige manifestierte Individualkanal (Motor zur Kehle). Er ist zutiefst gefühlsbetont und muss auf die richtige Stimmung warten, um zu sprechen. Das Thema dieses Kanals ist der Selbstausdruck. Menschen mit dieser Energie können über ihre Gefühle, ihre kreativen Beiträge und das, was sie einzigartig macht, sprechen nur, wenn sie in der richtigen Stimmung sind.

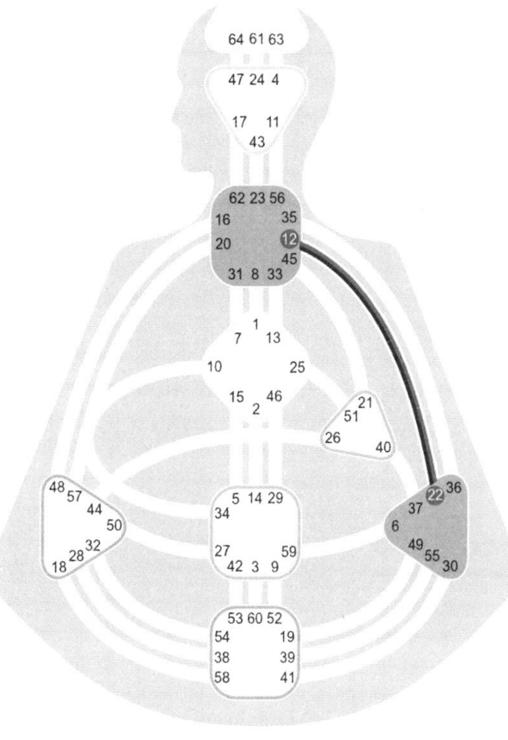

Abb. 132: Kanal 12/22 – Offenheit

Wenn die Stimmung richtig ist, wird diese Energie gehört und kann ziemlich transformativ sein. Aber wenn Menschen mit dieser Energie in einer schlechten Stimmung versuchen zu kommunizieren, endet der Versuch leicht in Wut. Hier steckt eine Menge potenzieller Ärger drin.

Aber es gibt auch Anmut und Charme. Der 12/22er ist so konzipiert, dass er auf die richtige Stimmung wartet und sich dann mit Leidenschaft, Schönheit, Anmut und mehr artikulieren und ausdrücken kann, was die Menschen um ihn herum tief beeindruckt.

Tor 12: Vorsicht
Tor 22: Offenheit

Das Thema dieses individuellen Prozesses ist die Artikulation. Das Individuum kämpft damit, in Worte zu fassen, was so neu und einzigartig ist. Wenn es noch kein Beispiel gibt, das man dabei verwenden kann, ist es schwer, anderen die Veränderung näherzubringen.

Wie wir im gesamten individuellen Prozess gesehen haben, ist das richtige Timing entscheidend für die richtige Mutation. Dies ist mit diesem Kanal besonders schwierig, da er die Verbindung zwischen Motor und Kehle ist. Das ist eine intensive Energie mit Höhen und Tiefen. Bei dieser Energie ist es manchmal schwer, ans Informieren zu denken und sich dann erst auszudrücken.

Auch hier gibt es Schüchternheit. Es kann eine verborgene Art von Schüchternheit sein, eine, die andere nie vermuten würden, die sich in diesem Individuum verbirgt. Die Schüchternheit entsteht durch den Kampf um die Artikulation. Es ist nicht ungewöhnlich, dass Menschen mit diesem Kanal entweder Hör- oder Sprachprobleme haben.

Musik, Leidenschaft, Poesie und intensive Kreativität fließen in diesem Kanal. Menschen mit dieser Energie können auch sehr romantisch und sogar verführerisch sein. Aber auch hier gilt: Timing ist alles.

Auf spiritueller Ebene verbindet diese Energie die Stimme auch mit dem Überbewusstsein. Manchmal spricht der Einzelne einfach für die Quelle und channelt Botschaften. Die Quelle ist ständig bestrebt, sich auszudehnen, und der Einzelne spielt eine wichtige Rolle als Bote für diese Ausdehnung.

Kapitel 8

Die Stammes-Schaltkreis-Gruppe

In der Stammesenergie dreht sich alles um Liebe, Verbindung und Familie. Sie enthält die Energie für die Schaffung von Ressourcen, für nachhaltige Fürsorge und, wenn nötig, auch für Krieg. Die Stammes-Schaltkreis-Gruppe enthält zwei Schaltkreise: den Schützen-Schaltkreis und den Ego-Schaltkreis. Diese beiden Schaltkreise helfen dir zu verstehen, wie du liebst und wie du tickst.

Der Schützen-Schaltkreis

Der Schützen-Schaltkreis, der auch als Verteidigen-Schaltkreis bezeichnet wird, enthält die Energie, die das Leben auf diesem Planeten aufrechterhält. In diesem Schaltkreis sind Sex, die Sexualität, die Bindung, die Kindererziehung, der Krieg und natürlich die Verteidigung verankert. Auch die Beschaffung von Ressourcen für den Stamm sowie Werte, Regeln, Gesetze, Verantwortung und das Kochen werden diesem Schaltkreis zugeschrieben.

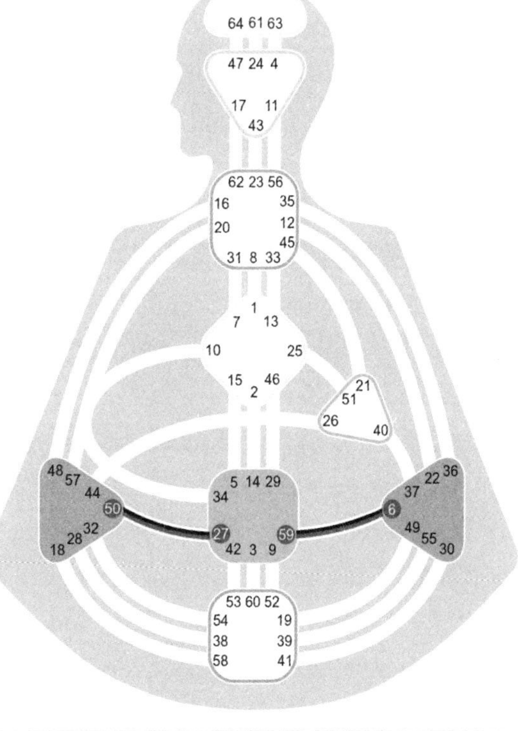

Abb. 133: Der Schützen-Schaltkreis

Der Schützen-Schaltkreis ist der Leim, der die Familie und den Stamm zusammenhält. Er ist einer der Sitze der Liebe im Chart. Die Liebe des Schützen-Schaltkreises ist wild und mächtig, die Art von Liebe, die Müttern übermenschliche Kräfte verleiht und die Männer in den Krieg ziehen lässt.

Hier finden wir auch die Energie für Sex und sexuelle Eroberung und alle Strukturen von Sex und Fortpflanzung. Die Energien des Schützen-Schaltkreises zeigen uns, dass Sex Konsequenzen auf Leben und Tod hat und nur überlegt vollzogen werden sollte.

Die einzigen Energiezentren im Schützen-Schaltkreis sind das Sakral-Zentrum und das Emotional-Zentrum. Die Energie im Schaltkreis ist ein rein generiert. Sie ist nachhaltig – das muss sie auch sein. Kinder zu erziehen erfordert kontinuierliche Energie. Du kannst nicht einfach aufhören, sonst werden die Kinder sterben. Die Liebe, die hier erzeugt wird, ist Teil dieser Nachhaltigkeit. Im Namen der Liebe engagieren wir uns nachhaltig für die Pflege und Erziehung von Kindern und sind zutiefst an einem guten Ergebnis interessiert.

Kanäle des Schützen-Schaltkreises

- Kanal 59/6: Vervielfältigung
- Kanal 50/27: Erhaltung

Im Schützen-Schaltkreis finden wir aber auch die Energie für den Krieg. Ressourcen und Stämme müssen geschützt und verteidigt werden. Die Kriegshandlungen, die aus dieser Energie heraus begangen werden, sind eigentlich die größten Taten der Liebe. Die Kriegerinnen und Krieger geben ihre Lebenskraft für das Wohl des Stammes auf. Genau wie beim Sex ist auch die Energie für den Krieg eine sehr überlegte, denn die Folgen sind lebensverändernd.

Alles im Schützen-Schaltkreis ist für den Stamm. Hier gibt es keine Individualität und auch keinen größeren Wunsch, der Menschheit zu helfen. Dem Schützen-Schaltkreis ist egal, was in der Welt vor sich geht, solange die Familie sicher, gut ernährt, gebildet und glücklich ist.

Die Energien des Schützen-Schaltkreises sind sehr, sehr mächtig. Sie sind in der Lage, in die Aura von Menschen einzudringen. Wenn du in der Energie des Schützen-Schaltkreises stehst, zwingt sie dich, deine Individualität aufzugeben und dich anzupassen. Dies ist die Energie, die jeden dazu veranlasst, sich wie an Omas Familientisch zu verhalten. Nimm deine Ohrringe ab, bedecke deine Tattoos und sei „normal“. Das sind die Regeln des Stammes. Das Mantra hier lautet: „Wenn du in Rom bist, mach es wie die Römer.“

Kanal 59/6: Vervielfältigung

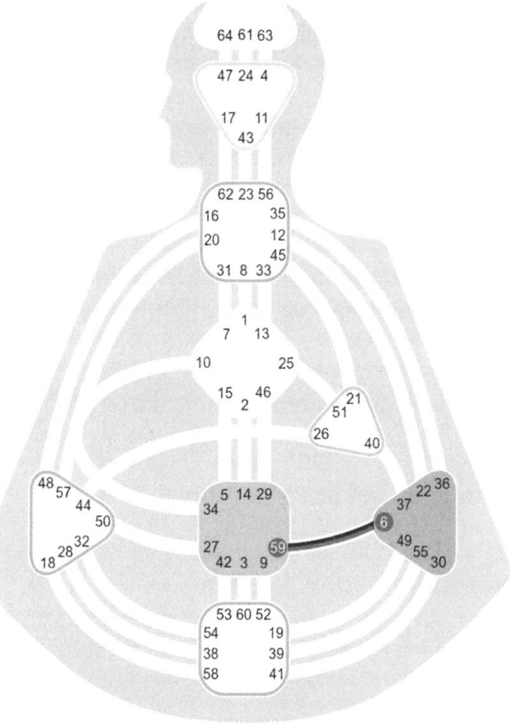

Abb. 134: Kanal 59/6 – Vervielfältigung

Dieser Kanal ist der Archetyp der maskulinen Energie. Hier haben wir die Energie für die Bereitstellung von Ressourcen, Krieg und Sex.

Tor 59 ist ohne Tor 6 nicht emotional. Es kann im Moment und spontan entscheiden.

Doch dieser Teil des Schaltkreises ist auch emotional. Er gewinnt mit der Zeit Klarheit. Kriege sollten gekämpft werden, nachdem man Zeit hatte, sich wirklich Klarheit über die Probleme zu verschaffen. Ein Krieg, der spontan geführt wird, ohne Zeit für Klarheit, kann rücksichtslos, tödlich und zerstörerisch sein.

Das Gleiche gilt für die Sexualität. Sex ist ursprünglich nicht als spontaner Akt gedacht. Auch für ihn entsteht Klarheit erst mit der Zeit. Die Konsequenzen von Sex werden durch die Werte des Stammes geregelt. Sex, der nicht mit den Regeln des Stammes übereinstimmt oder unbedacht geschieht, kann sich auf den ganzen Stamm auswirken. Stell dir einen Teenager vor, der Sex hat und schwanger wird, und dann müssen die Großmutter und die Tanten das Kind großziehen.

Wie du dir vorstellen kannst, können die Naturen von Sex und Krieg kompliziert sein, wenn nicht auf emotionale Klarheit gewartet wird. Sex und Krieg sind verführerisch, aber beides kann schlimme Folgen haben.

Tor 59: Sexualität
Tor 6: Widerstand

Dies betrifft auch die Bereitstellung von Ressourcen, welche auch Teil des Stammes-Schaltkreises ist. Der 59/6er demonstriert seine Liebe, indem er arbeitet und sich um Essen und Schutz kümmert. Das ist fürsorglich, aber nicht nährend. Die Liebe des 59/6ers kümmert sich um Ressourcen und Arbeit, um zu geben (und natürlich, um mit Sex belohnt zu werden). Nichts davon ist persönlich. Es geht nur um Energie.

Kanal 50/27: Erhaltung

Während Sex, Fortpflanzung und Krieg emotional sind und Zeit für Klarheit brauchen, ist die andere Seite des Schützen-Schaltkreises, der Kanal der Erhaltung, intuitiv, unmittelbar und nährend. Die Energie des Archetyps der guten Mutter ist in diesem Kanal enthalten. Dies ist die Energie für Gute-Nacht-Küsse, Gute-Nacht-Geschichten, Schokoladenkekse und das wachsame Auge der Mutter, die dem Kind bei den Hausaufgaben hilft.

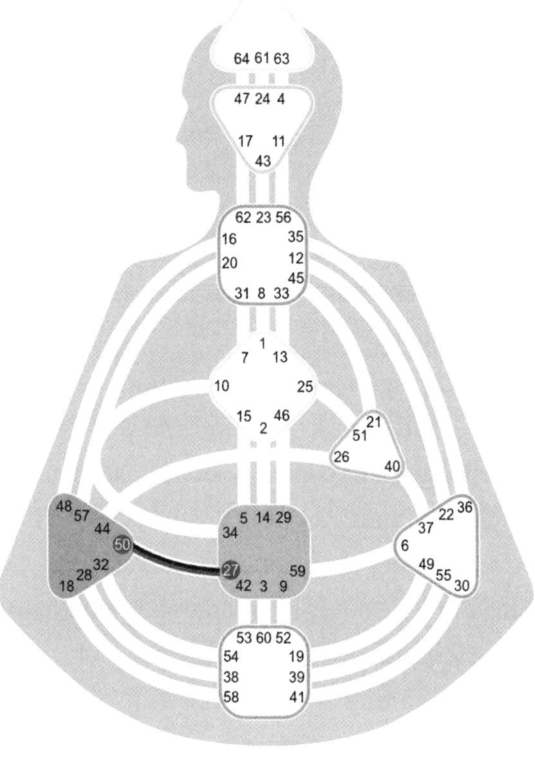

Abb. 135: Kanal 50/27 – Erhaltung

Beim Kanal 50/27 geht es auch um die Vermittlung von Werten und Bildung. Der Antrieb des 50/27er ist die Erhaltung des Stammes. Ein Stamm überlebt, um sich fortzupflanzen, wenn er gut ernährt und gebildet ist und die Werte des Stammes an die nächste Generation weitergegeben werden können. Für die Fortpflanzung braucht es Zeit, aber sobald das Kind geboren ist, ist sofort intuitive Pflege für das Überleben notwendig.

Das ist auch die Energie des Gerichtssystems, der Fairness und der Regeln. Sie ist nicht emotional. Das Gesetzbuch siegt über Moral. Faire Regeln können nur ohne Emotionen umgesetzt werden. Regeln sind Regeln. Tor 50 ist der Kessel, in dem der „Eintopf der Werte“ gekocht wird. Tor 27 ist die Kelle, mit der die Werte ausgeschöpft werden.

Tor 50: Werte

Tor 27: Verantwortung

Werte an sich sind schön, aber sie müssen auch weitergegeben werden. Die Weitergabe von Werten ist auch entscheidend für die Erhaltung der Stammeseinheit.

Der Ego-Schaltkreis

Der Ego-Schaltkreis beinhaltet das Emotional-Zentrum, das Herz und die Wurzel. Es geht um Kreativität und darum, Abmachungen in materielle Form zu bringen, wenn der richtige Zeitpunkt gekommen ist. Der Ego-Schaltkreis hat, wie der Schützen-Schaltkreis, bestimmte Aspekte, über die wir erst mit der Zeit Klarheit erhalten.

In Stammes-Schaltkreisen geht es darum, den Stamm über Generationen zu erhalten, und der Ego-Schaltkreis stellt die Ressourcen und Vereinbarungen bereit, die das Fundament des Stammes bilden.

Im Ego-Schaltkreis finden wir die Energie für Ehrgeiz, Arbeit, Verkauf, Geld, Ressourcenzuteilung und -management sowie die Energie für die Ehe, soziale Verträge und Abmachungen.

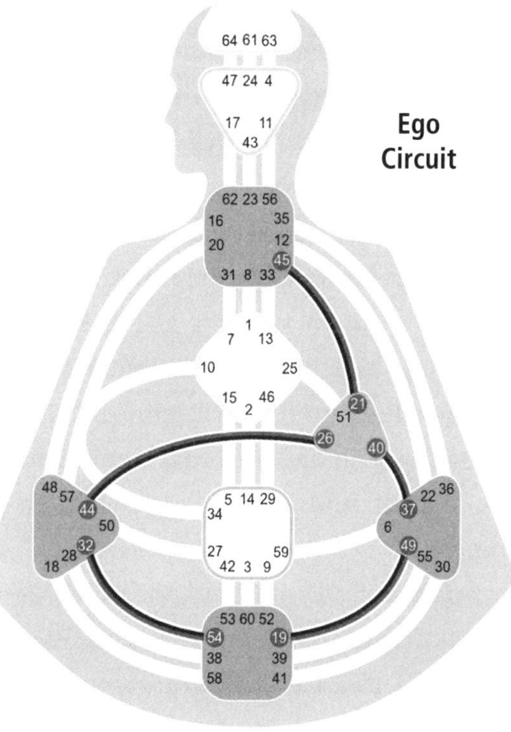

Abb. 136: Der Ego-Schaltkreis

Die Teile des Ego-Schaltkreises, die mit Ehrgeiz, der Anbahnung von Geschäftsideen, dem Verkauf und dem Ressourcenmanagement zu tun haben, sind nicht emotional. Aber die Teile des Ego-Schaltkreises, in denen es um Stammesvereinbarungen geht, wie z. B. Eheschließungen und Geschäftsabschlüsse, sind emotional. Auch hier gilt: Lass dich nicht auf eine Beziehung ein, vor allem nicht auf eine potenziell langfristige, ohne auf Klarheit zu warten. Sonst drohen Unruhen und Krieg.

Kanäle des Ego-Schaltkreises

- Kanal 54/32: Transformation
- Kanal 44/26: Vertrauen
- Kanal 19/49: Liebe und Heirat
- Kanal 40/37: Das Schnäppchen
- Kanal 45/21: Der Geldkanal

Kanal 54/32: Transformation

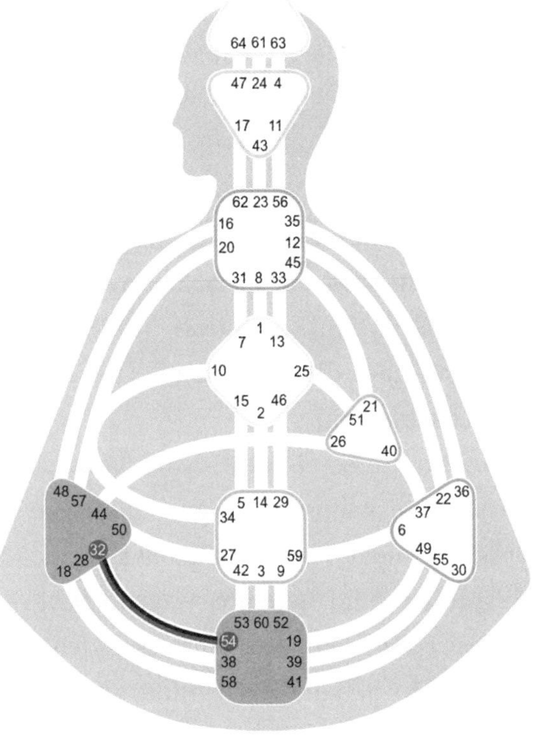

Abb. 137: Kanal 54/32 – Transformation

Der Kanal der Transformation ist ein projizierter Kanal, der nach Anerkennung strebt. Integrität kann in diesem Kanal auch ein wichtiges Thema sein. Oft werden Menschen mit diesem Kanal zu Workaholics, da sie glauben, dass sie sich durch harte Arbeit ihre beruflichen Träume erfüllen können. Die Herausforderung besteht darin, die Energie für die Erfüllung zu finden. Denn die einzige Energie in diesem Kanal kommt aus der Wurzel, und die Kehle ist sehr weit entfernt.

Als Teil des Ego-Schaltkreis ist dieser Kanal die initiierende Energie für Produktivität und Geschäftsgründung. Wir beginnen mit Tor 54, das für Ambition steht, und gehen zu Tor 32, der Energie für große Geschäftsideen. Wenn Tor 32 einen Traum von Tor 54 intuitiv als große Idee wahrnimmt, erlebt es ein Gefühl der Dringlichkeit, zu arbeiten und zu arbeiten, bis es die richtige Anerkennung bekommt. Aber hier gibt es keine Energie.

Und dennoch existiert hier Potenzial für Magie. Die Energie für große Geschäftsideen und Ambitionen ist weit vom Kehl-Zentrum entfernt. Diese Energie muss also darauf warten, dass andere sie sehen und erkennen. Wenn du diese Energie in deinem Chart hast, hast du wirklich große Ideen, aber du musst warten, bis diese Ideen von anderen gesehen und verstanden werden. Die Erfüllung deiner Träume kann und wird geschehen, wenn du dem Universum die Details überlässt.

Tor 54: Antrieb

Tor 32: Kontinuität

Wenn du diese Energie hast, ist es wichtig, dass du deine Energie genug ehrst, um deine Träume zu träumen. Teile sie nur mit denen, die sie wertschätzen, und du wirst die Erfüllung all deiner kühnsten Träume erleben.

Natürlich ist die Versuchung groß, deine Träume in die Welt hinauszuschreien und sie zu „manifestieren“. Drängeln funktioniert nie. Du musst Vertrauen haben. Wenn der Kanal der Transformation erkannt wird, hat er die Fähigkeit, große Ideen und Visionen zu teilen, um neue, große Unternehmen zu schaffen. Träume werden in Produkte und Produktivität umgewandelt.

Kanal 44/26: Vertrauen

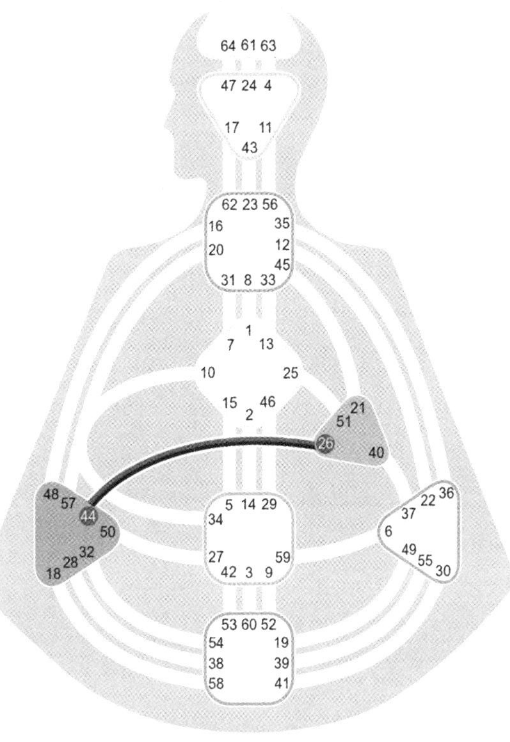

Abb. 138: Kanal 44/26 – Vertrauen

Wenn wir uns im Ego-Schaltkreis nach oben bewegen, nimmt die Energie zu. Der Kanal 44/26 ist sehr komplex. 44/26 ist die Energie für den Verkauf und das Präsentieren von Ideen. Ein Großteil der Energie in diesem Kanal dreht sich um den Verkauf guter Ideen.

Sie ist auch die Energie für Wahrheit und Integrität, für das Verstehen der Lektionen aus der Vergangenheit und für die Weitergabe dieser Lektionen. Viele Filmemacher, Historiker und Journalisten besitzen diese Energie.

Mit der 44/26 haben wir das intuitive Bewusstsein, eine Idee in Form zu bringen. Die Energie besteht darin, die Aufmerksamkeit des Stammes zu gewinnen und ihn davon zu überzeugen, dass die Ideen tatsächlich gut und es wert sind, dass man sich ihnen widmet, Ressourcen einsetzt und mit ihnen arbeitet.

Der 44/26er kann überzeugen, verführen oder sogar Tricks anwenden, wenn es nötig ist, um die Aufmerksamkeit anderer zu bekommen. Dies ist eine sehr einflussreiche Energie mit einer kraftvollen Fähigkeit, gute (oder schlechte) Ideen zu verkaufen. Der 44/26er kann ein mächtiger Vertreter der Integrität sein oder ein Betrüger, der den Stamm zu einer schlechten Idee verführt.

Tor 44: Energie

Tor 26: Der Trickser

Kanal 19/49: Liebe und Heirat

Wenn das Flirten von Tor 19 auf die Werte und die Bewertung von Tor 49 trifft, kann mit der Zeit eine Entscheidung getroffen werden, ob man sich bindet oder nicht.

Die rechte Seite des Ego-Schaltkreises schließt das Emotional-Zentrum und die Energie für das Zustandekommen von sozialen Verträgen und Vereinbarungen ein. Kanal 19/49 ist die Energie für den Aufbau und die Aufrechterhaltung von intimen emotionalen Verbindungen. Da er im Emotional-Zentrum verwurzelt ist, sehen wir, dass das Eingehen von emotionalen Verträgen wie der Ehe eine emotionale Entscheidung ist, die im Laufe der Zeit richtig getroffen werden sollte.

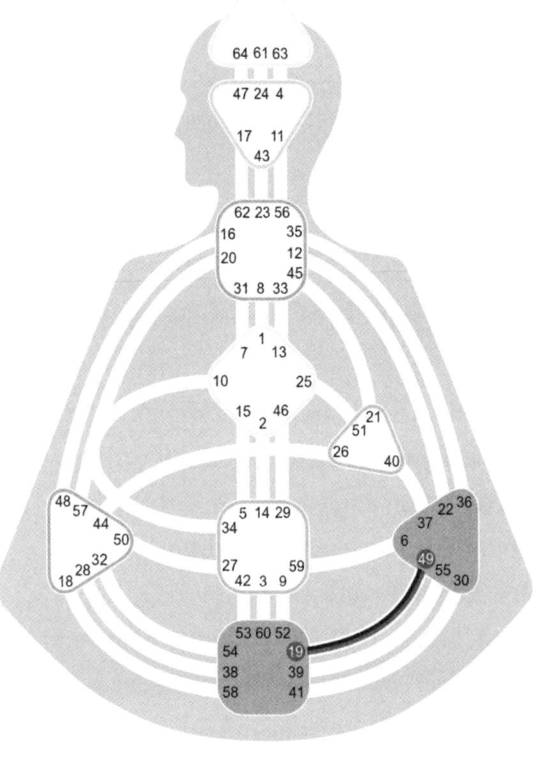

Abb. 139: Kanal 19/49 – Liebe und Heirat

In traditionellen Kulturen wurde der Bund der Ehe mit zeitgebundenen Ritualen gefestigt. Noch bis vor Kurzem gab es für Dates und das Umwerben eines Menschen feste zeitliche Regeln und Vorschriften. In Kanal 19/49 steckt die Energie, um Regeln fürs Flirten, für Dates, Bindungen und sogar Scheidungen aufzustellen.

Die Ehe ist ein Abkommen von Stämmen, das die Grundlage für die erfolgreiche Vereinigung von Familien und Ressourcen schafft. Diese Vereinbarungen bilden auch die Grundlage für das Gebären und Aufziehen von Kindern.

> Tor 19: Begehren
> Tor 49: Grundsätze

Die Regel für den Erfolg in Beziehungen ist, sie über einen längeren Zeitraum einzugehen, und im Kanal 19/49 sehen wir auch, dass Intimität die Grundlage für langfristige Bindungen ist. Beziehungen sind Arbeit. Die Intimität des 19/49ers schafft die Verbindung, die die Arbeit der Beziehung lohnenswert macht. Paare mit dem 19/49 genießen die Gesellschaft ihrer Partnerin oder ihres Partners besonders. Selbst der Gang zum Supermarkt kann für Paare mit dieser Energie zu einer intimen Begegnung werden. Für Außenstehende kann das oft wie eine Co-Abhängigkeit wirken.

Obwohl sich auch die Energie für eine Scheidung in diesem Kanal befindet (und aktiviert werden kann, wenn die Beziehung falsch eingegangen wird), kann eine Scheidung für Menschen mit diesem Kanal aufgrund dieser tiefen intimen Bindung ein sehr schwieriges und schmerzhaftes Ende bedeuten.

Kanal 40/37: Das Schnäppchen

Der 40/37 ist ein häufiger und sehr wichtiger Kanal. In diesem Kanal befindet sich die Energie für Vereinbarungen und Verträge. Bei diesen Vereinbarungen geht es um Arbeit, um die Bereitstellung von Ressourcen und um schriftlich festgehaltene Bindungen und Verträge, die sich alle um den Stamm drehen. Die Energie für den Ehevertrag ist auch in diesem Kanal enthalten.

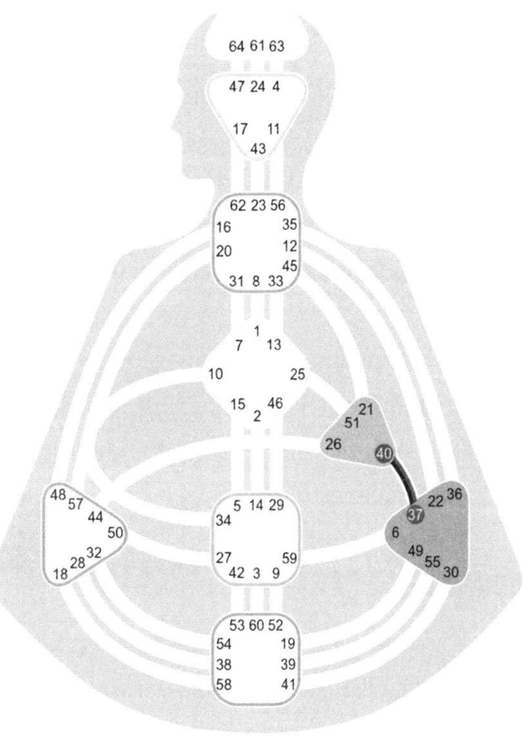

Abb. 140: Kanal 40/37 – Das Schnäppchen

Da dieser Kanal das Herz-Zentrum und das Emotional-Zentrum verbindet, fließt hier Energie für Arbeit und die Schaffung von Ressourcen, wenn die emotionale Energie dies unterstützt. Das bedeutet, dass nach einer gewissen Zeit des Wartens auf Klarheit die richtigen Vereinbarungen getroffen werden können, um die materiellen Ressourcen für den Stamm zu schaffen.

Es ist wichtig zu erkennen, dass der Ehevertrag in seiner ursprünglichen Form ein Geschäft war, das zwei Familien oder Stämme verband und Ressourcen schuf. In diesem Kanal werden Vereinbarungen getroffen und Ressourcen werden ausgetauscht. Dies ist der Ursprung der Mitgiftvereinbarung („Ich heirate deine Tochter und du

Tor 40: Einsamkeit

Tor 37: Freundschaft

gibst mir zehn Schafe“). Immer wenn der 40/37er Teil der Beziehungsenergie ist, spielen Abmachungen und Vereinbarungen eine wichtige Rolle bei der Aufrechterhaltung der Beziehung. Wenn dieser Kanal vorhanden ist, werden Beziehungen durch Vereinbarungen geschlossen oder gebrochen.

Weil die Energie des Verhandelns bei diesem Kanal so natürlich ist (vor allem, wenn sie im unbewussten Muster liegt), machen Menschen mit dieser Energie immer wieder Geschäfte, oftmals ohne die anderen betroffenen Parteien zu informieren. Diese Unachtsamkeit kann zu einem gebrochenen Herzen oder zu Enttäuschungen führen, weil der 40/37er oft das Gefühl hat, dass die Leute ihn immer im Stich lassen oder sich nicht an ihren Teil der Abmachung halten. Im Umgang mit dem 40/37er ist es sehr wichtig, dass du dich immer an deine Vereinbarungen hältst. Denk daran, dass dies ein emotionaler Kanal ist, der zum Herzen führt.

Die Wahrheit ist, dass man kein Schnäppchen oder Geschäft machen kann, wenn nicht beide Parteien an der Vereinbarung beteiligt sind. Bei dem 40/37er ist es wichtig, dass alle Abmachungen laut und mit einer klaren, ehrlichen, einvernehmlichen Vereinbarung getroffen werden. Sonst gibt es keine Abmachung.

Wenn du jemanden mit dem Kanal 40/37 kennst, ist es immer einfach, seine Unterstützung zu gewinnen, wenn du ihm ein Schnäppchen oder einen Deal anbietest. Das ist besonders nützlich, wenn du ein Kind mit diesem Kanal hast.

Kanal 45/21: Der Geldkanal

Der Kanal 45/21 ist der letzte im Ego-Schaltkreis. Er ist das Ausdruckstor oder die Stimme dieses Schaltkreises. Da es bei der Energie dieses Schaltkreises darum geht, Ressourcen für den Stamm zu schaffen, sagt dir der 45/21er, was im Besitz des Stammes ist und was nicht.

Der Kanal 45/21 besitzt eine sehr interessante Energie und kann in einer Beziehung oft eine schwierige Einstellung mit sich bringen. Bei den beiden Energien geht es darum, Ressourcen zu verwalten und zu schaffen. Aber dieser Kanal ist im Herz-Zentrum verwurzelt. Hier liegt die Möglichkeit eines willensstarken Kampfes um Kontrolle. Für beide Energien ist es wichtig zu erkennen, dass keine von ihnen ohne die andere Macht hat. Ein Schatzmeister (Tor 21) ohne einen König oder eine Königin (Tor 45) ist ein Kontrollfreak, und ein König

Tor 45: Der König oder die Königin
Tor 21: Der Schatzmeister

oder eine Königin ohne einen Schatzmeister ist nur eine hübsche Galionsfigur.

Wenn diese Energie in einer Beziehung zusammenkommt, gibt es oft Streit um Ressourcen, z. B. darüber, wie oder wann Geld ausgegeben wird. Wenn Tor 45 und Tor 21 jedoch jeweils ihre einzigartigen Gaben der Kontrolle und des Einflusses erkennen, kann die Energie dieses Kanals eine mächtige Führung zum Wohle aller Stammesmitglieder sein.

Die höchste Energie dieses Kanals ist der Überfluss an Ressourcen für alle und Zeit zum Ausruhen. Schließlich ist sie das Herz-Zentrum in seiner stärksten Ausprägung.

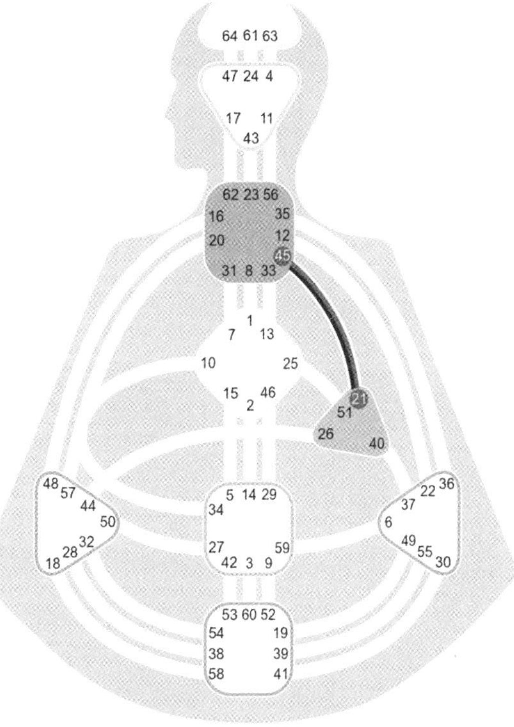

Abb. 141: Kanal 45/21 – Der Geldkanal

Die Stammesenergie ist sehr einflussreich und kann einen starken Antrieb für Beziehungen, Liebe und Geld erzeugen. Wie du siehst, sind dies die Energien, die uns verbinden und uns zu Familien oder Stämmen machen. Wenn du verstehst, wie diese Energien funktionieren, und die Macht von Liebe, Sex, Krieg und Geld in dieser Schaltkreis-Gruppe erkennst, bekommst du einen tieferen Einblick in das, was hinter Streit und Konflikten auf dem Planeten steckt. Mit der Erkenntnis, dass all das nur Energie ist, können wir vielleicht neue Wege finden, einander zu nähren und zu unterstützen.

Kapitel 9

Die kollektive Schaltkreis-Gruppe

Die kollektive Energie unterstützt die Schaffung der Infrastruktur für die Organisation von Institutionen wie Schulen, Regierungen sowie für die Nutzung der gesamten menschlichen Erfahrung und wissenschaftlichen Methoden. Die kollektive Schaltkreis-Gruppe hat zwei Schaltkreise: Verstehen und Wahrnehmen. Beide stehen für eine ganz eigene Art und Weise, wie wir als Menschen etwas „wissen" können. Wenn du deine Definition in diesen beiden Schaltkreisen verstehst, kannst du herausfinden, warum du weißt, was du weißt, und schließlich lernen, deinem inneren Wissen zu vertrauen.

Der Verstehen-Schaltkreis

Im Verstehen-Schaltkreis, der auch als Logik-Schaltkreis bezeichnet wird, geht es darum, Informationen weiterzugeben, die sich im Laufe der Zeit durch Wiederholung als wahr erwiesen haben. Diese Informationen sind wichtig, um kulturelle Muster, Gesetze und Gewohnheiten zu etablieren.

Alles, was wir wissen, wurde uns vom Kollektiv mitgeteilt und ist im Laufe der Zeit verifiziert worden. Die Welt ist geordnet und durch Logik strukturiert. Das Leben ist wie ein großes Muster. Es besteht aus Konsistenz, Duplikation und Ordnung, und all das ist im Verstehen-Schaltkreis enthalten.

Der Verstehen-Schaltkreis enthält zwei Motoren, das Wurzel-Zentrum und das Sakral-Zentrum. Da es sich um einen Generator-Schaltkreis handelt, besitzt er das Thema der Meisterschaft. Meisterschaft entsteht nur im Laufe der Zeit durch Wiederholung und Korrektur.

Wenn du dem Fluss des Verstehen-Schaltkreises von der Krone durch die Körpergrafik und zurück zum Kehl-Zentrum folgst, erkennst du energetische Schritte einer wissenschaftlichen Methode. Der Verstehen-Schaltkreis beginnt mit Verdacht und Zweifeln („Kann das wahr sein?“), gefolgt von inspirierenden Ideen und einer Hypothese, die im Laufe des Schaltkreises als richtig erwiesen werden muss und sich im Laufe der Zeit entwickelt. Sobald sich die Hypothese als richtig erwiesen hat, wird sie dem Kollektiv durch die Führung im Alpha-Kanal vermittelt (7/31).

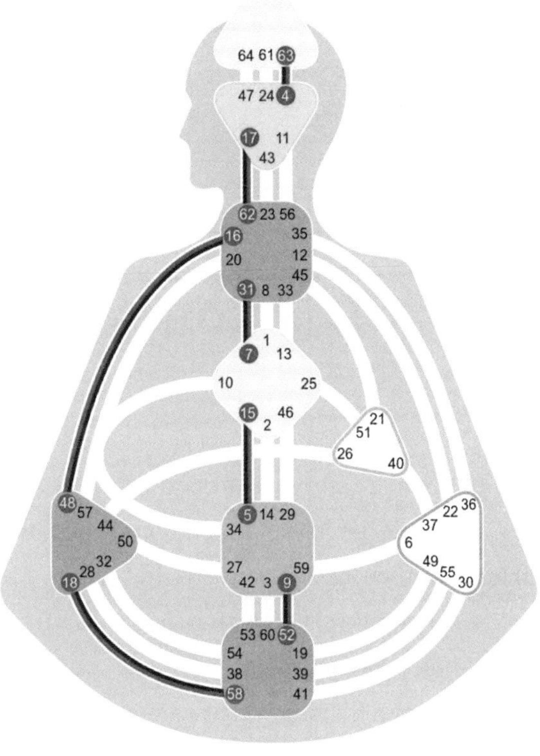

Abb. 142: Der Verstehen-Schaltkreis

Worüber wir uns mit dem Verstehen-Schaltkreis einigen, schafft Stabilität für den Aufbau der Strukturen, die die Gesellschaft und Kulturen aufrechterhalten. Wir sind uns zum Beispiel einig, dass Matheaufgaben immer auf eine bestimmte Weise ausgerechnet werden, um immer die gleiche Antwort zu erhalten. Deshalb einigen wir uns auch darauf, wie wir die Zinsen für Schulden und Kredite berechnen.

Die Beobachtung natürlicher Muster hilft uns zu wissen, dass wir Sonne, Wasser und guten Boden für unsere Nahrung brauchen. Mit diesem Wissen können wir die Zukunft bis zu einem gewissen Grad vorhersagen, damit wir Entscheidungen für unser Überleben treffen können.

Wir verlassen uns auf logische Fakten. Das Emotional-Zentrum ist nicht Teil des Verstehen-Schaltkreises. Logik ist nicht emotional. Wir müssen nicht leidenschaftlich für sie argumentieren; die Logik spricht für sich selbst. Die Gültigkeit der Logik ergibt sich aus der Zeit und der Wiederholung, wodurch wir uns sicherer fühlen, was die Zukunft betrifft. Anhand der Muster der Vergangenheit können wir vorhersagen, was auf uns zukommt.

Der logische Prozess ist mit Schmerzen verbunden. Es liegt in der Natur der Sache, dass Logik zuerst auf Widerstand stoßen muss, um sich als richtig zu erweisen. Du kannst dich nicht einfach inspirieren lassen und denken, dass deine Idee richtig ist, ohne Beweise zu haben. Hinter den logischen Toren in Krone und Ajna arbeiten keine Motoren, wie bei allen mentalen Toren im Human Design, und daher besitzen sie nicht die Energie, die Arbeit der Wiederholung zu leisten, um zur Meisterschaft zu gelangen. Was aus dem Kopf kommt, sind Ideen, die erst noch bewiesen werden müssen.

Der logische Verstand kann nur Meinungen teilen, die überprüft werden können. Menschen mit vielen Meinungen stoßen oft auf Widerstand, bis sie beweisen können, dass sie recht haben.

In der Logik liegt eine wunderschöne Perfektion. Der perfekte Ausdruck einer Idee führt uns mit der Zeit zur Freude am Leben. Etwas zu meistern fühlt sich gut an. Leichte und mühelose Meisterschaft, die Leichtig- und Mühelosigkeit mit sich bringt, ist großartig. Aber um Meisterschaft zu erreichen, braucht es Zeit, Übung und Korrektur. Wie ein Musiklehrer, der seine Schülerin oder seinen Schüler ein Stück immer und immer wieder spielen lässt, bis es richtig ist, oder wie ein Redakteur, der eine Überarbeitung nach der anderen vornimmt, so verlangt die Logik Korrektur und Perfektion.

Kanäle des Verstehen-Schaltkreises

- Kanal 63/4: Logik
- Kanal 17/62: Akzeptanz
- Kanal 16/48: Talent
- Kanal 18/58: Urteil
- Kanal 9/52: Fokus
- Kanal 15/5: Rhythmus
- Kanal 7/31: Der Alpha

Die Korrektur der Logik ist unbequem. In diesem Kreislauf steckt die Energie für das, was sich wie Kritik anfühlt. Niemand mag eine rechthaberische, kritische Person. Aber wir alle lieben Korrekturen, die zur Perfektion führen, wenn wir darum bitten.

Die Logik ist als Teil des kollektiven Schaltkreises von Natur aus von anderen abhängig. Du kannst nicht einfach etwas im Laufe der Zeit allein beweisen. Wenn du ein Wissenschaftler bist, musst du dich bei deinen Experimenten auf die finanzielle Unterstützung anderer verlassen. Prüfer und Redakteure sind dazu da, die finanziellen oder kreativen Hypothesen anderer zu korrigieren. Und am Ende soll der ganze Prozess geteilt werden, damit wir alle von den Informationen profitieren, die im Laufe der Zeit gesammelt und korrigiert wurden.

Eine Person mit viel Definition im Verstehen-Schaltkreis wird sich gezwungen fühlen, Einsichten mitzuteilen. Der Schlüssel ist, darauf zu warten, dass man dazu aufgefordert wird. Es ist ein energetischer Impuls. Keiner wartet gerne. Aber wenn das richtige Wissen zur richtigen Zeit geteilt wird, ist es sehr wirkungsvoll. Das richtige Wissen, das anderen aufgezwungen wird, wird ignoriert oder abgelehnt.

Kanal 63/4: Logik

Dies ist die einleitende Sequenz des Verstehens. Wenn du den wissenschaftlichen Prozess von seinen Anfängen bis zur Vollendung verfolgen würdest, ist der 63/4er die Inspiration für die Erstellung einer Hypothese. Der Kanal der Logik beginnt im Kopf mit einer Frage, gefolgt von einem Bedürfnis nach einem Beweis, der im restlichen Schaltkreis demonstriert und schließlich geteilt wird.

Dies ist ein sehr visueller Kanal. Er wird mit Träumen und manchmal auch mit Wahnsinn in Verbindung gebracht.

Tor 63: Zweifel

Tor 4: Antworten

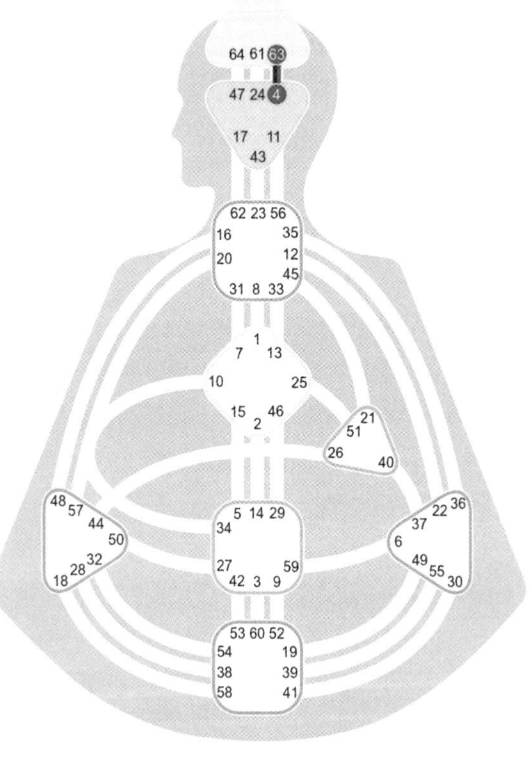

Abb. 143: Kanal 63/4 – Logik

Der Druck, etwas beweisen zu müssen, und daraus resultierende Verdächtigungen können eine Herausforderung sein, wenn das Kronen-Zentrum undefiniert ist.

Kanal 17/62: Akzeptanz

Der Kanal der Akzeptanz verleiht dem Beginn des Verstehen-Schaltkreises eine Stimme. Dies ist die verbale Formulierung der logischen Hypothese oder Frage. Beachte, dass es sich immer noch um eine Frage handelt. Im Geist gibt es keine Kraft, sondern nur Ideen.

Wie bei allen Dingen, die aus dem Verstand heraus gesprochen werden, werden diese Ideen projiziert und nur dann richtig gehört und umgesetzt, wenn sie eingeladen oder anerkannt werden.

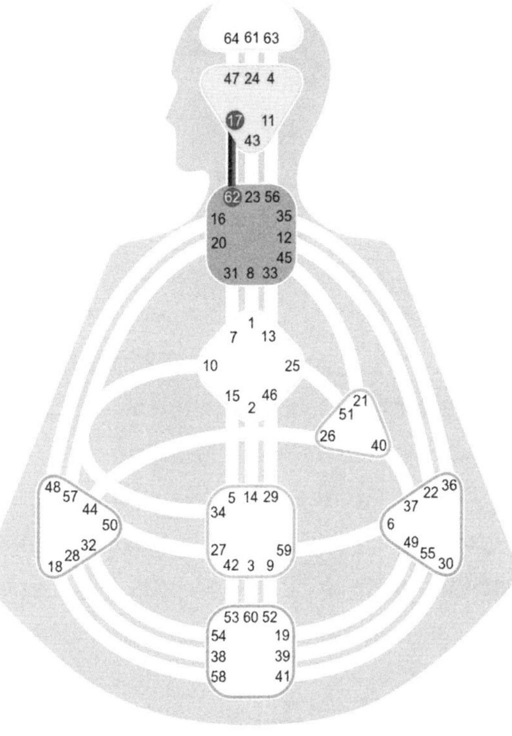

Abb. 144: Kanal 17/62 – Akzeptanz

Hypothesen ohne Beweise sind reine Mutmaßungen. Unbewiesene Ideen kann man ausprobieren, wenn sie einmal erfragt wurden, aber sie stoßen auf heftigen Widerstand, wenn nicht nach ihnen gefragt wurde.

Verstehen sehnt sich nach Energie. Alle Energien in diesem Schaltkreis funktionieren am besten entweder als Reaktion oder durch Anerkennung. Ohne diese Schlüsselaktivierungen sind die Ideen nur Worte, die vom Winde verweht werden.

Tor 62 hat wie Tor 17 Ideen, aber weil jetzt eine Verbindung zum Kehl-Zentrum existiert, verbessert sich das Potenzial für den Zugang zu Energie. Tor 62 ist das Tor der praktischen, organisatorischen Antworten, und Menschen mit dieser Energie haben die Fähigkeit, Dinge zu organisieren und praktische Wege zu finden, um die Ideen von Tor 17 umzusetzen.

Der Fluss des 17/62ers führt uns von den Spekulationen und Vermutungen in Tor 17 zu einer praktischen Antwort in Tor 62. Beachte, dass es sich immer noch nur um eine mögliche Antwort handelt, nicht um *die* Antwort, da es hier keine Energie oder Handlung gibt.

Tor 17: Meinungen
Tor 62: Details

Das kann eine herausfordernde Energie sein. Sie teilt gerne Meinungen. Aber nicht jeder will sie hören. Wenn du unbedingt deine Gedanken teilen musst, frage immer zuerst, ob es in Ordnung ist, sie zu teilen. Das kann mögliche Probleme dieser Energie erheblich abschwächen.

Kanal 16/48: Talent

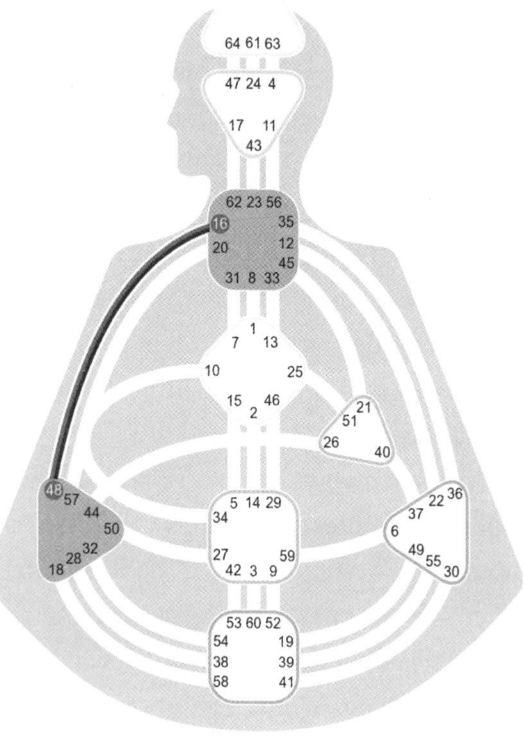

Abb. 145: Kanal 16/48 – Talent

Hier bringen wir den intuitiven Ausdruck des Wissens in die Kehle. Beachte, dass dieser Kanal keinen direkten Zugang zu Energie hat. Das bedeutet, dass Talent und Meisterschaft von anderen zum richtigen Zeitpunkt anerkannt werden müssen.

Tor 16 hat in Verbindung mit Tor 48 die Energie, um Meisterschaft korrekt und mit Begeisterung auszudrücken und anderen zu vermitteln. Ohne Tor 48 fehlt Tor 16 die Tiefe der Meisterschaft und der intuitiv richtige Ausdruck. Talent zeigt sich im Laufe der Zeit durch Praxis, aber es kämpft auch um Ressourcen und Geld, denn es muss gesehen werden, damit es gefördert werden kann. Die Kunst ist immer auf der Suche nach Geld und Unterstützung. Deshalb sind Shows und Ausstellungen für Künstler aller Art so wichtig. Sie müssen gesehen werden.

Dieser Kanal steht für den intuitiven Ausdruck eines Talents, das im Laufe der Zeit Wiederholung erfährt. Talent ist roh und ohne Übung unentwickelt. Jeder Mensch hat eine Art von Talent. Die Frage ist nur, bist du bereit zu üben, um ein Meister zu werden? Meisterschaft entsteht mit der Zeit.

Tor 16: Fähigkeiten

Tor 48: Tiefe

Die Energie für Begeisterung und Tiefe ist in diesem Kanal enthalten. In diesem Kanal gibt es auch das richtige Timing. Drücke die Tiefe des Talents nicht mit Enthusiasmus aus, bevor du geübt und Meisterschaft erlangt hast – sonst siehst du albern aus.

Kanal 18/58: Urteil

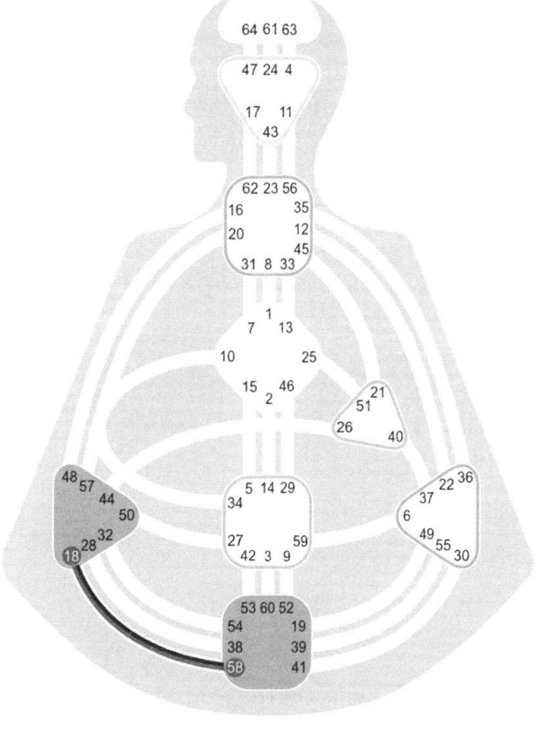

Abb. 146: Kanal 18/58 – Urteil

Dieser Kanal kann für diejenigen, die diese Energie in sich tragen, eine große Herausforderung darstellen. Zunächst einmal solltest du beachten, dass dieser Kanal sehr weit unten in der Chart liegt und keinen Zugang zur Kehle hat. Hier spielt das Wurzel-Zentrum eine Rolle im Schaltkreis.

Eine der Herausforderungen des Verstehens ist, Energie in die Kehle zu bekommen. Deshalb ist das Wissen so zerbrechlich; es muss bewiesen werden und stößt auf Widerstand, bis es sich bewährt hat.

Der Kanal des Urteils ist rein projiziert, d. h. er dient am besten, wenn andere ihn einladen. Er enthält die intuitive und energetische Fähigkeit, die Dinge zu korrigieren, um einen perfekten Ausdruck der Lebensfreude zu schaffen.

Tor 18: Korrektur
Tor 58: Freude

Stell dir vor, wie schwer es sein muss, andere dabei zu beobachten, wie sie etwas nicht perfekt machen, obwohl du genau weißt, wie es besser ginge – aber du kannst nichts sagen, um es zu korrigieren, es sei denn, du wirst anerkannt oder gefragt! Diese Energie kann besonders herausfordernd sein, vor allem wenn du auch die Energie für Meinungen (Tor 17) in deiner Chart aktiviert hast.

Diese Energie ist für Projektoren besonders schwierig. Die Quintessenz dieses Kanals ist, dass du auf Anerkennung warten musst. Wenn du nicht wartest, läufst du Gefahr, dass andere sich von dir angegriffen fühlen, und niemand wird gerne kritisiert. Das Schöne an diesem Kanal ist, dass die Korrektur in Tor 18 zu Tor 58, der Freude am Leben, führt. Wenn Tor 18 darauf wartet, anerkannt zu werden, macht es den Weg frei für den vollendeten Ausdruck der Lebensfreude, das energetische Ergebnis in der Wurzel.

Kanal 9/52: Fokus

Diese Energie ist eine Formatenergie der Wurzel. Sie pulsiert und ist damit an- oder ausgeschaltet. Sie ist die Energie für Fokus und Konzentration (oder auch nicht). Wenn ein Impuls die Energie aktiviert, aktiviert er das Sakral-Zentrum und Dinge werden erledigt. Wenn die Energie ausgeschaltet ist, kann es schwierig sein, etwas zu lernen oder zu meistern.

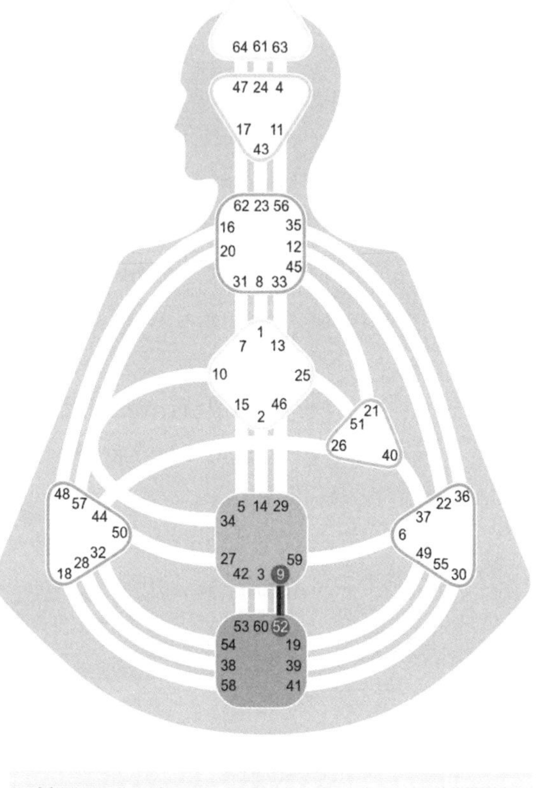

Abb. 147: Kanal 9/52 – Fokus

Mit diesem Kanal beginnt die Energie, in die Mitte des Charts zu fließen. Der logische Prozess hat sich bewährt, und wir sind auf dem Weg zum Ausdruck durch die Lebenskraft (vom Sakral-Zentrum zur Kehle). Wir teilen das Wissen mit dem Kollektiv. Erinnere dich daran, dass es darum geht, eine Hypothese, die wahr ist, oder das Talent, das wir beherrschen, mit anderen zu teilen.

Fokus und Konzentration des 9/52er dienen dem Lernen und dem Wiederholen von Handlungen, damit sich Muster als kollektives Verhalten etablieren können. Damit lesen wir in Büchern oder Forschungsjournalen von Experimenten und wenden die Ergebnisse im Leben selbst auch an.

Tor 9: Fokus

Tor 52: Stille

In den nächsten drei Kanälen geht es um die „Umsetzung“ von Wissen in Gruppen.

Kanal 15/5: Rhythmus

Der Kanal 15/5 ist der einzige Kanal, der in allen Lebensformen enthalten ist. Er ist die Energie des Rhythmus der Natur selbst. Wenn du über die natürliche Welt nachdenkst, ist sie von Rhythmen geprägt. Sie wird von Rhythmen beherrscht. Die Sonne geht jeden Morgen auf und jeden Abend unter. Pflanzen wachsen nach den Jahreszeiten. Tiere haben ihre tägliche Routine. Dies ist die Energie von z. B. Jahreszeiten, Wetter, Fortpflanzung und Genetik.

Menschen mit der 15/5 brauchen Rhythmen, um sich sicher zu fühlen. Der Rhythmus gibt dem Sakral-Zentrum und der Arbeitsenergie die Richtung vor.

Durch den Kanal des Rhythmus fließt eine Energie, die im Chart sehr wichtig ist. Er ist ein tantrischer Kanal – ein Kanal, welcher der Lebenskraft (Sakral) eine Richtung (Selbst) gibt.

Wir haben mehr Kontrolle über diese Energie, was uns einzigartig unter den Lebewesen macht. Wir können aus dem natürlichen Rhythmus ausbrechen. Die Elektrizität und andere Erfindungen des modernen Lebens haben uns von den natürlichen Rhythmen entfernt, aber möglicherweise mit Folgen, die die gesamte Menschheit betreffen.

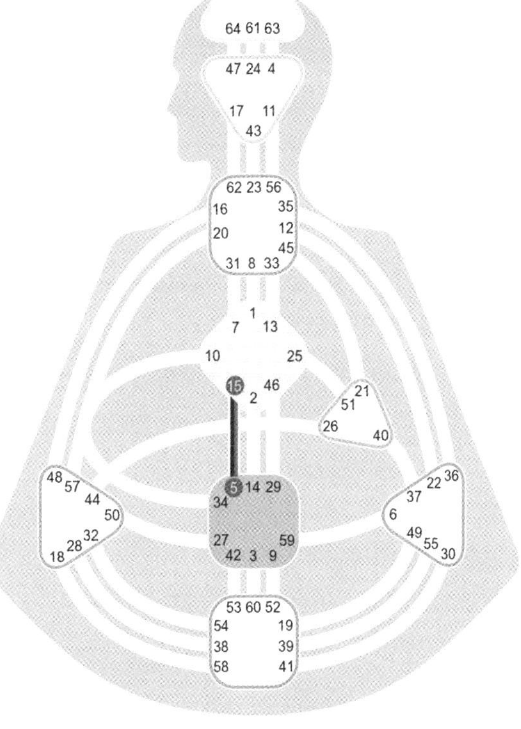

Abb. 148: Kanal 15/5 – Rhythmus

Bei dieser Energie geht es darum, die Menschheit mit der Natur in Einklang zu bringen. Wenn wir uns von der natürlichen Ordnung entfernen, besteht die Gefahr, dass die Menschheit darunter leidet. Dieser Archetyp will, dass wir unseren freien Willen ausüben, aber uns daran erinnern, dass wir tief mit der natürlichen Welt verbunden sind. Wir können uns nicht über die Kräfte der Natur hinwegsetzen.

Tor 15: Extreme
Tor 5: Muster

Menschen mit dieser Energie haben in der Regel eine tiefe Verbindung zur Natur und zu Tieren und sie brauchen diese Verbindung, um ihrem Geist eine Richtung zu geben. Wenn du diese Energie hast, kann es dir helfen, oft draußen zu sein, um entspannt und klar zu bleiben. Das gilt besonders für Kinder.

Auch die Liebe zur Menschheit befindet sich in diesem Kanal. Mit dieser Energie sehen wir, dass der vollste Ausdruck unserer Liebe zu unseren Mitmenschen Teil des Menschseins ist und dass der Ausdruck dieser Liebe tief mit der natürlichen Welt verbunden ist.

Das Human Design Chart zeigt uns, dass wir als Menschen nur dann stark, verbunden und ausgerichtet bleiben, wenn wir ernährt werden und über ausreichende Ressourcen verfügen. Es ist ganz natürlich, dass wir uns gegenseitig ernähren und beschützen.

Menschen mit dieser Energie haben auch eine ungewöhnlich große Aura und fallen energetisch auf. Sie werden wahrgenommen. Das ist wichtig, denn schließlich ist diese Energie für den Fortbestand der Menschheit unerlässlich. Weil diese Energie so eng mit allen Säugetieren und der Natur verbunden ist, können Menschen mit dieser Energie oft mit Tieren kommunizieren, Pflanzen und Kräuter nutzen und haben sogar eine enge Verbindung zum Elementarreich.

Dies ist eine magische Energie; der Archetyp der Feen, Gnome und Elfen. Menschen mit dieser Energie sind oft überzeugte Umweltaktivisten, die versuchen, das Kollektiv mit der Natur in Einklang zu bringen.

Kanal 7/31: Der Alpha

In diesem finalen Ausdruck des Verstehen-Schaltkreises entsteht Führung durch Meisterschaft und bestätigte Wahrheiten. Hier haben wir die letzte Ausprägung des Wissens: die demokratische Führung. Die Führung hier muss anerkannt werden, sonst ist sie nicht effektiv. Es handelt sich nicht um eine Diktatur oder eine extreme Herrschaft. Es handelt sich um eine Führung, die von den Menschen aufgrund bewiesener Wirksamkeit im Laufe der Zeit anerkannt wurde.

Die Tore 7 und 31 müssen zusammenarbeiten. Tor 7 gibt Tor 31 die Richtung

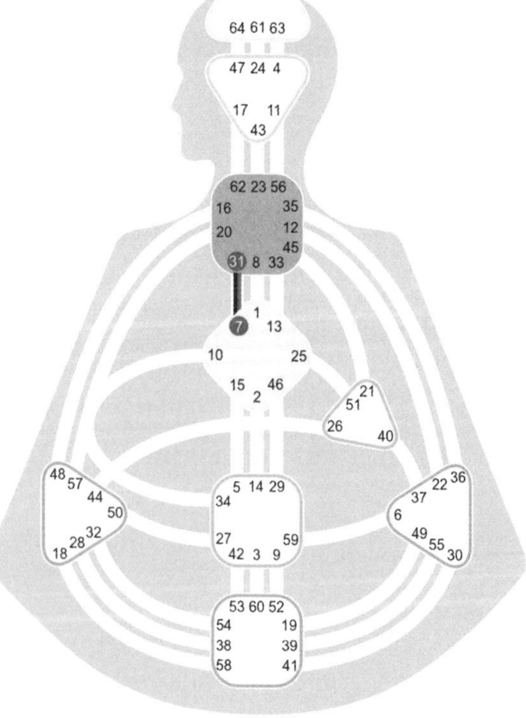

Abb. 149: Kanal 7/31 – Der Alpha

vor und unterstützt es bei der Führung. Keiner von beiden kann allein die Führung übernehmen. Tor 31 ohne Tor 7 hat die Stimme eines Anführers, aber keine Richtung; die 7 ohne die 31 kämpft darum, gehört zu werden.

Tor 7: Selbst in der Interaktion

Tor 31: Demokratie

Der ultimative Ausdruck der Menschlichkeit in Gruppen ist die Demokratie, und die 7/31 wird von anderen auserwählt. Diese Führungsenergie entsteht, wenn eine Gruppe von Menschen entscheidet, sich führen zu lassen. Wenn jemand mit der 7/31 versucht, Führung zu erzwingen, kommt es zu einer Revolution und einem neuen Regime, das nicht logisch ist; es hat sich nicht bewährt, muss logischerweise neu anfangen und sich als effektiv „beweisen" – sonst wird es gestürzt.

Es ist wichtig zu verstehen, dass der höchste Ausdruck der Selbstbestimmung in der kollektiven Schaltkreis-Gruppe die Demokratie ist, und es hilft uns zu verstehen, dass alle Menschen letztendlich die Freiheit haben wollen, sich selbst auf eine Art und Weise führen zu lassen, die gleichberechtigt und fair ist. Das ist nicht nur eine Philosophie oder ein Glaube. Demokratie ist formvollendete und wunderschöne Menschlichkeit.

Der Wahrnehmen-Schaltkreis

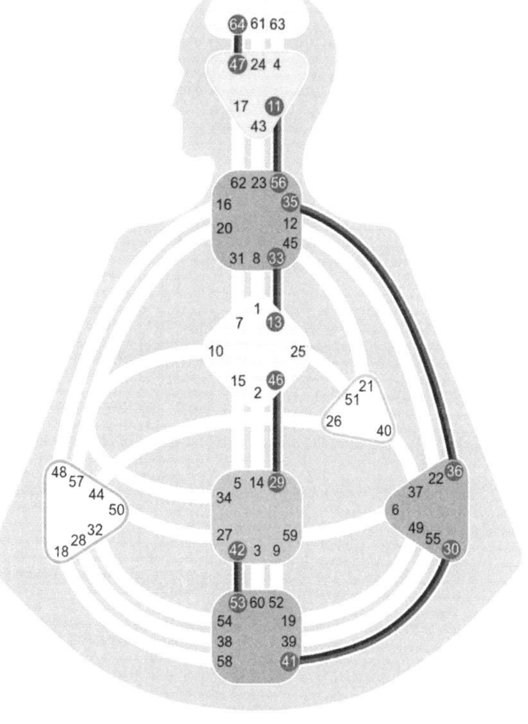

Abb. 150: Der Wahrnehmen-Schaltkreis

Der Wahrnehmen-Schaltkreis, der auch als Sinnfinden-Schaltkreis bezeichnet wird, ist der zweite Teil der kollektiven Schaltkreis-Gruppe. Der Wahrnehmen-Schaltkreis erhält seine Energie aus der Wurzel, dem Sakral und dem Emotional-Zentrum. In diesem Schaltkreis geht es darum, Geschichten über die Vergangenheit zu erzählen und neue Erfahrungen in die Menschheitsgeschichte zu integrieren.

Der Wahrnehmen-Schaltkreis ist ganzheitlich, rechtshirnig, sinnlich und erfahrungsorientiert. Offenbarungen, ein größeres Verständnis, Aha-Momente und Neugierde sind hier enthalten.

Da es in diesem Schaltkreis vor allem um neue Erfahrungen und Neugier geht, besteht die Gefahr, dass deine Tagträume an Bodenständigkeit verlieren und Chaos entsteht, wenn du nicht deiner Strategie folgst. Zum Glück gibt es andere Schaltkreise, um die Tagträume des Wahrnehmen-Schaltkreises zu erden und die Ideen, die hier entstehen, zu manifestieren.

Auch wenn wir alle Aspekte dieses Schaltkreises in uns tragen, steht die westliche Kultur diesem Schaltkreis sehr voreingenommen gegenüber. Wir sind zutiefst darauf konditioniert, auf „logische", lineare und strukturierte Weise zu lernen. Menschen, die stark durch den Wahrnehmen-Schaltkreis geprägt sind, haben oft Schwierigkeiten, ihre Gedanken zu artikulieren und Handlungsimpulse zu kontrollieren (vielleicht denkst du an den niedrigen Ausdruck dieses Schaltkreises in Form von „ADS/ADHS").

Kanäle des Wahrnehmen-Schaltkreises

- Kanal 64/47: Abstraktion
- Kanal 11/56: Neugier
- Kanal 53/42: Reifung
- Kanal 29/46: Entdeckung
- Kanal 13/33: Der Verlorene Sohn
- Kanal 15/5: Fantasie und Begierde
- Kanal 35/36: Vergänglichkeit

In Wahrheit sind beide Arten des Denkens notwendig – das logische und das sinnliche. Die Erfahrungen des Wahrnehmen-Schaltkreises fließen in die Logik ein, um festzustellen, ob es duplizierbare Muster gibt. Manchmal gibt es Muster im Wahrnehmen-Schaltkreis, während es in anderen Fällen nur darum geht, eine Erfahrung zu machen.

Die Energie in diesem Schaltkreis ist die Energie, die es dem Einzelnen ermöglicht, die Grenzen der menschlichen Erfahrung zu überschreiten, und die es uns allen ermöglicht, diese Erfahrung zu nutzen und sie zu einem Teil unserer eigenen Lebensgeschichte zu machen.

Wir müssen keine olympischen Athleten sein, aus Flugzeugen springen oder die Schallmauer durchbrechen, um den Mut, das Engagement und den Mumm zu schätzen, die nötig sind, um solche Erfahrungen zu machen. Wir können die Geschichten im Fernsehen sehen oder darüber lesen und sind bewegt davon, dass das, was eine Person erlebt, für die ganze Menschheit möglich werden kann.

Kanal 64/47: Abstraktion

Der 64/47er ist die initiierende Energie im Wahrnehmen-Schaltkreis. Hier sehen wir die rechte Seite des Gehirns von ihrer besten Seite. Die Energie dieses Kanals beginnt mit der Verwirrung (Tor 64). Die Verwirrung der Abstraktion oder des Wahrnehmen-Schaltkreises entsteht durch das Erleben einer komplexen Idee in einem sehr kurzen Zeitraum.

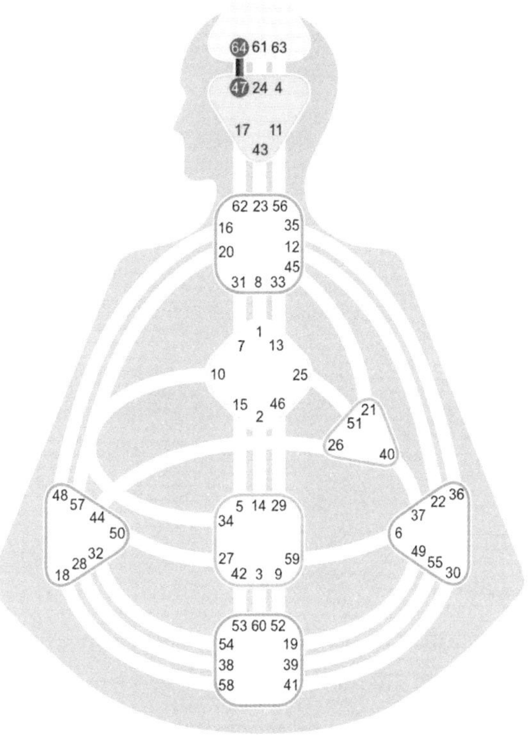

Abb. 151: Kanal 64/47 – Abstraktion

Eine abstrakte Idee ist ganzheitlich und nicht linear, aber die Herausforderung bei der Abstraktion besteht darin, eine große Idee in einen linearen Prozess zu verwandeln, der weiterverfolgt werden kann.

Eine zweite Herausforderung der Abstraktion ist die Beantwortung der Frage: „Wie setzen wir diese Idee um?" Eine Inspiration kann schwierig und herausfordernd erscheinen, wenn man nicht Schritt für Schritt weiß, wie man sie in die Tat umsetzt. Was nützt es, einen großen Traum zu haben, wenn er unmöglich groß erscheint? Mentale Niederlagen und negatives Denken sind eine geringe Energiefrequenz des „Denkens in Möglichkeiten" und sind auch in diesem Kanal zu finden.

Tor 64: Verwirrung

Tor 47: Realisierung

Damit die großen Ideen von Kanal 64/47 verwirklicht werden können, sind ein Bewusstsein für Möglichkeiten und die Bereitschaft, zu warten, bis die Verwirrung vorbei ist, entscheidend. Der 64/47er kann auf wunderbare Weise offen für Wunder sein, wenn er versteht, dass das „Wie" erst dann kommt, wenn der richtige Zeitpunkt gekommen ist, und dass kein noch so sehr erzwungenes Denken es hervorbringen wird.

Kanal 11/56: Neugier

Die Inspiration des Wahrnehmen-Schaltkreises wird durch den Kanal der Neugierde, den 11/56er, ausgedrückt. Im Gegensatz zu seinem Gegenstück, dem Verstehen-Schaltkreis, geht es beim Wahrnehmungs-Schaltkreis nicht um Fakten oder Daten. Hier geht es um den Kanal des Geschichtenerzählens und um die Energie des Suchens (und nicht immer des Findens).

Menschen, die diesen Kanal haben, müssen verstehen, dass sie keine Antworten haben, sondern lediglich die Geschichten ihrer Erfahrungen. In diesem Schaltkreis geht es um die Prozesse des Lebens, nicht darum, Antworten oder Muster zu finden.

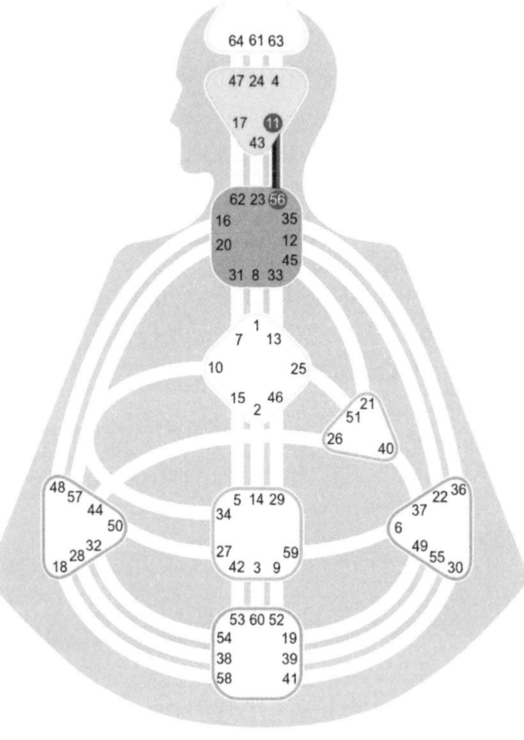

Abb. 152: Kanal 11/56 – Neugier

Es ist wichtig, daran zu denken, dass es sich um einen projizierten Kanal handelt. Die Geschichten und Ideen des 11/56ers werden am besten gehört, wenn sie eingeladen werden. Manchmal vergessen Menschen mit dieser Energie, auf die Einladung oder Anerkennung zu warten, sodass andere sich von ihren Geschichten oder Metaphern abgestoßen fühlen.

Diese Energie soll mit anderen geteilt werden. Wenn diese Energie in dir definiert ist, ist es verlockend zu glauben, dass alle deine Ideen dir gehören und du sie umsetzen willst. Wenn du das tust, wirst du am Ende nur frustriert und ausgebrannt sein. Teile deine Ideen und Geschichten mit denen, die dich danach fragen. Wenn du mit dem Erzählen wartest, werden alle deine Ideen von den Menschen umgesetzt, die deine Ideen brauchen, und du wirst dafür belohnt werden!

Tor 11: Ideen

Tor 56: Der Geschichtenerzähler

Kanal 53/42: Reifung

Manche von uns sind hier, um Dinge zu beginnen. Einige von uns sind hier, um sie zu beenden. Und manche von uns können die gesamte Aufgabe auf einmal erledigen. Dies ist die Energie, die den Impuls für eine Erfahrung in Gang setzt. In diesem Kanal ist die Energie für Anfänge und Enden enthalten.

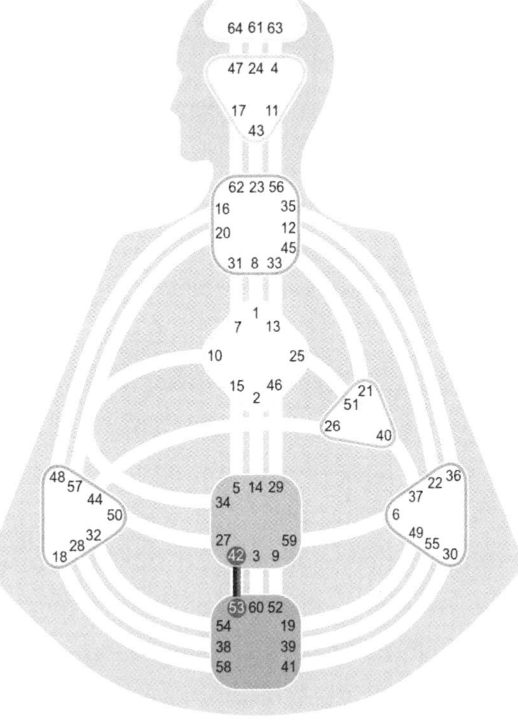

Abb. 153: Kanal 53/42 – Reifung

Dieser ist ein generierter Kanal. Weil sich im Wahrnehmen-Schaltkreis alles darum dreht, eine Erfahrung zu machen, um etwas zu lernen, muss die richtige Erfahrung durch eine Reaktion begonnen werden. Wenn du die Erfahrung auf dem richtigen Weg beginnst, wirst du entweder die Energie, haben, die du brauchst, um sie zu beginnen und zu beenden, oder dein Sakral reagiert darauf, eine Erfahrung mit den richtigen Leuten zu machen, die dir die richtige Energie zur Verfügung stellen.

Während Tor 53 damit kämpft, fertig zu werden, kämpft Tor 42 damit, anzufangen. Zusammen sind 53/42 eine großartige Energie, um Dinge zu erledigen, aber wenn du nicht reagierst, können beide Energien stecken bleiben, was zu Frustration führen kann. Wenn du nicht auf deine sakrale Antwort wartest, hast du nicht die Energie, eine Erfahrung zu beginnen oder zu beenden. Da wir kollektiv wir viel Wert darauf legen, ein „Macher“ zu sein oder jemand, der „die Arbeit erledigt“, kann es sein, dass Menschen, die diese Energie nicht richtig nutzen, hart verurteilt werden.

Tor 53: Dinge beginnen
Tor 42: Dinge zu Ende bringen

Kanal 29/46: Entdeckung

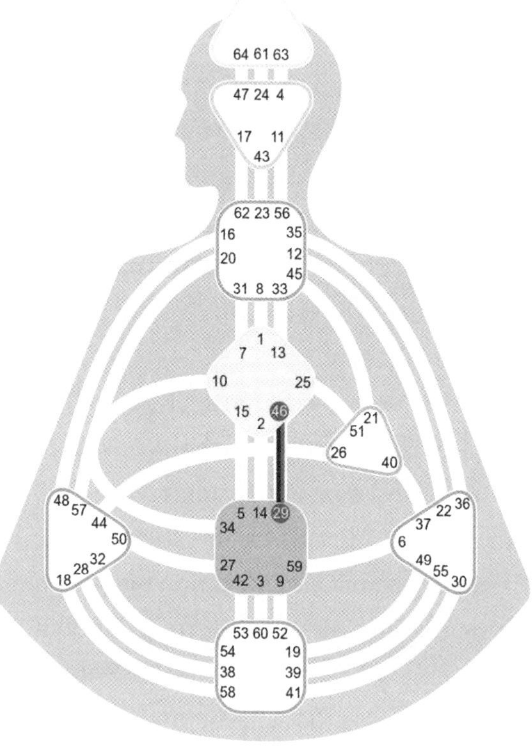

Abb. 154: Kanal 29/46 – Entdeckung

Der Kanal der Entdeckung wird manchmal als „der Kanal des Erfolgs, wo andere scheitern, und des Scheiterns, wo andere erfolgreich sind" bezeichnet. Menschen, die diese Energie in sich tragen, haben die Fähigkeit, durch Ausdauer, Entschlossenheit und schiere harte Arbeit erfolgreich zu sein. Und sie lassen es einfach aussehen, obwohl sie hart dafür gearbeitet haben.

Weil sie es einfach aussehen lassen, gehen die Leute davon aus, dass 29/46er sich nicht viel Mühe geben, und dass sie einfach Glück haben. Und tatsächlich können sie viel Glück haben. Der 29/46er ist darauf ausgelegt, zur richtigen Zeit am richtigen Ort zu sein und zu reagieren. Aber du darfst nicht unterschätzen, wie viel Vorbereitung nötig ist, um überhaupt am richtigen Ort zu sein.

Weil sie von Natur aus von anderen Menschen leicht Anerkennung erhalten, versuchen viele Menschen mit diesem Kanal, ihr Licht zu dämpfen, um „gewöhnlich" zu erscheinen. Dafür müssen sie aber eine enorme Menge an Energie abschalten. Denk daran, dass das Sakral-Zentrum der stärkste Motor des Körpers ist.

Beim 29/46er geht es auch darum, dort zu versagen, wo andere erfolgreich sind. Der 29/46er kann kläglich daran scheitern, „normal" zu sein, denn er ist darauf ausgelegt, außergewöhnlich zu sein.

Tor 29: Durchhaltevermögen
Tor 46: Körperliebe

Beim 29/46er geht es darum, eine körperliche Erfahrung zu machen. Er ist ein tantrischer Kanal. Die Hingabe in Tor 29 führt zu Tor 46, der Liebe zum Körper. Der 29/46er hat ein tiefes intuitives Wissen darüber, dass der Körper ein Vehikel für die Seele ist und dass das Leben eine Erfahrung ist, die man im Körper ausgiebig genießen kann. Das bringt die Energie für Sinnlichkeit, Tanz, Yoga oder jede Art von Bewegung.

Wenn der 29/46er reagiert, ist der Körper voller Schwung und Leben. Wenn er seiner Strategie nicht folgt, verändern sich die Körperformen. Der Körper weiß, wenn die Seele aus dem Gleichgewicht geraten ist, und wenn das Sakral-Zentrum sich nicht über diesen Kanal ausdrücken kann, können wir seltsame Körperprobleme wie Skoliose oder andere komplexe Störungen im Körper beobachten.

Kanal 13/33: Der verlorene Sohn

Der Kanal des verlorenen Sohnes ist einer der Ausdruckskanäle des Wahrnehmen-Schaltkreises. Bestehend aus Lebenserfahrung, ist der Kanal des verlorenen Sohnes der Spiegel des 11/56, des Kanals der Neugier, der auf Gedanken und Ideen basiert.

Kanal 13/33 ist der wahre Geschichtenerzähler, der die Geschichte der Reise erzählt und die gewonnenen Erkenntnisse nutzt, um Orientierung zu geben.

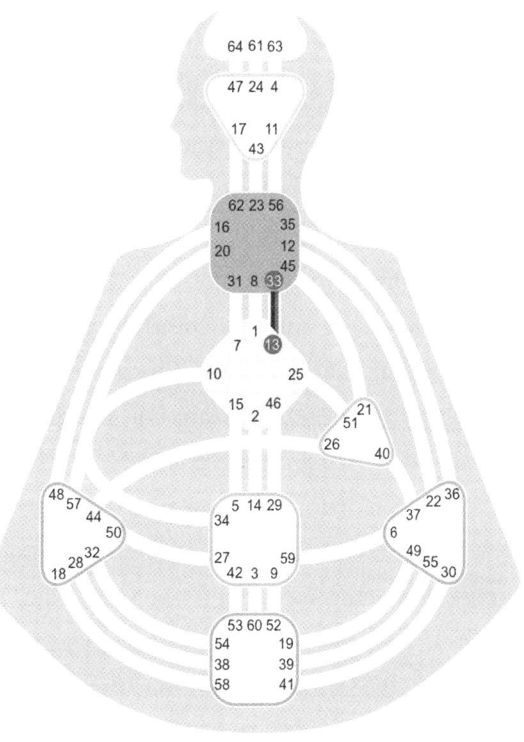

Abb. 155: Kanal 13/33 – Der verlorene Sohn

In diesem Kanal haben wir die Energie, eine Geschichte der Vergangenheit zu bewahren. Menschen mit diesem Kanal haben einen Hang zur Vergangenheit. Sie können Sammelalben erstellen, oder die Reisen aufzeichnen, die sie auf andere Weise festhalten.

Menschen mit dieser Energie sind oft die Bewahrer der Traditionen in ihrer Familie. Wenn diese Energie in einer Familie fehlt, könnte es schwierig sein, Familientraditionen zu bewahren. Dieser Kanal gibt uns die Energie, zuzuhören und dann zu führen, wenn wir darum gebeten werden. Das ist die Energie des Zeugen und des Richtungsgebers. Diese Energie ist gut, wenn du als Coach oder Therapeut arbeitest.

Tor 13: Der Zuhörer

Tor 33: Privatsphäre

In seiner höchsten Energie blickt der Kanal des verlorenen Sohnes zurück und erinnert sich, indem er die Geschichte einer Lebenserfahrung lebendig hält. In seiner niedrigsten Energie bleibt er in der Vergangenheit stecken, schaut ständig zurück und macht sich Sorgen, dass sich die Vergangenheit wiederholt. Da dieser Kanal das Selbst mit der Kehle verbindet, ist er auch anfällig für das Urteil und die Kritik anderer.

Kanal 41/30: Fantasie und Begierde

Der Kanal der Fantasie und Begierde ist eine mächtige Energie im Chart. Mit der Energie dieses Kanals beginnt das Human Design Jahr. Und obwohl es sich um eine enorm kreative Energie handelt, ist sie nicht in der Nähe des Verstandes angesiedelt. Mit anderen Worten: Die Energie, die uns den Anstoß gibt, etwas Neues zu schaffen, erfordert eine andere Art von Kraft als das Denken. Wir können uns den ganzen Tag Gedanken machen – das tun wir alle. Aber Denken ist etwas ganz anderes als Handeln. Im Kanal der Fantasie und des Verlangens geht es darum, etwas Neues zu tun, nicht nur darüber nachzudenken.

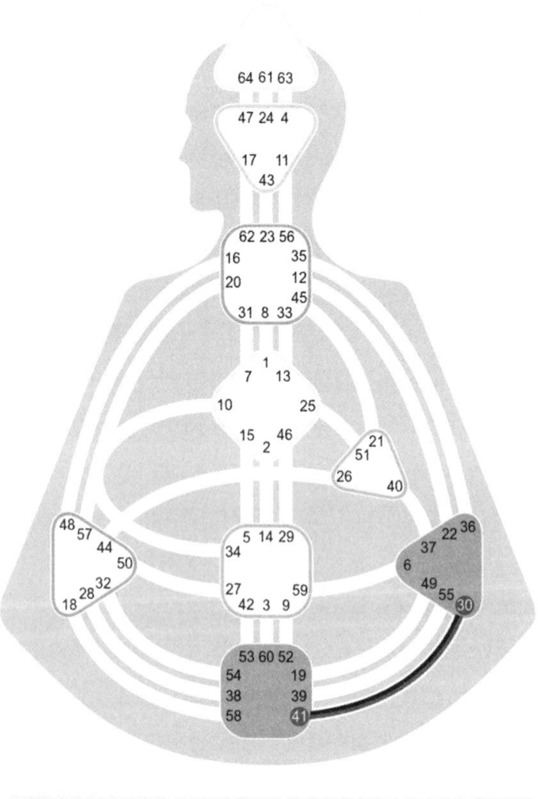

Abb. 156: Kanal 41/30 – Fantasie und Begierde

Dieser Kanal ist sehr intensiv und das Burn-out hat hier seinen Ursprung. Normalerweise brennen Menschen mit dieser Energie andere Menschen aus, aber manchmal können sie auch selbst ausbrennen.

Wenn diese Energie in einem Chart enthalten ist, macht sie alles andere im Chart intensiver. Sie verstärkt die gesamte Persönlichkeit.

Der 41/30-Kanal muss richtig genutzt werden. Obwohl seine Energie feurig und intensiv ist, befindet er sich ganz unten im Chart, was bedeutet, dass er auf den richtigen Zeitpunkt warten muss, um sich richtig auszudrücken.

Menschen mit dieser Energie können starke Träumer sein, die Geschichten von neuen Erfahrungen und Abenteuern in die Welt bringen. Oder sie leben in einem ständigen Zustand des Chaos, stürzen sich in das falsche Abenteuer und verletzen sich und andere. Da es sich um einen emotionalen Kanal handelt, der im Sakral-Zentrum verwurzelt ist, müssen Menschen mit dieser Energie auf Klarheit warten, bevor sie handeln. Wahre Kreativität ist ein durchdachter, bewusster Prozess und kein spontaner Schuss ins Blaue.

Tor 41: Fantasie

Tor 30: Sehnsucht

Die Fantasie in diesem Kanal regt oft die Fantasie derjenigen an, die von dieser Energie beeinflusst werden. Wenn du diese Energie in deinem Chart hast, werden andere Menschen oft in ihrer Fantasie mit dir sprechen und dann darauf schwören, dass diese Gespräche wirklich stattgefunden haben. Wenn du diese Energie hast, ist es wichtig, dass du dich klar ausdrückst. Vergewissere dich immer, dass die andere Person wirklich verstanden hat, was du gesagt hast, und sich nichts zusammenreimt, was sie glaubt gehört zu haben.

In seiner höchsten Energie ist dieser Kanal extrem kreativ, leidenschaftlich und innovativ. Er hat die Macht, die Welt mit seiner Intensität und seinem Antrieb anzuzünden. Es ist wichtig, den richtigen Zeitpunkt abzuwarten, um diese initiierende Energie zum Ausdruck zu bringen.

Kanal 35/36: Vergänglichkeit

Die Energien in diesem Kanal haben zwei große Herausforderungen: Langeweile und Überdruss. Diese Herausforderungen können eine ruhelose Energie erzeugen, die dazu führt, dass jemand so aussieht oder sich so fühlt, als würde er durch die Gegend springen.

Tor 35: Veränderung

Tor 36: Krise

Natürlich ist dies ein ausdrucksstarker, emotionaler Kanal, mit einer direkten Verbindung vom Emotional-Zentrum zum Kehl-Zentrum. Jedes Mal, wenn das Emotional-Zentrum definiert wird, wissen wir, dass Warten eine Rolle spielt.

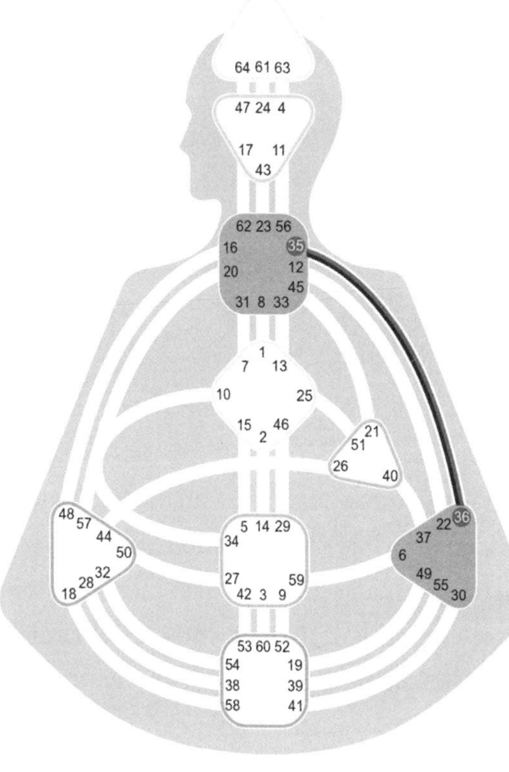

Abb. 157: Kanal 35/36 – Vergänglichkeit

Der Kanal der Vergänglichkeit wartet auf den richtigen Zeitpunkt, um dem richtigen Verlangen nach Abwechslung nachzugehen. Wenn der richtige Zeitpunkt gekommen ist, haben wir etwas Neues und Aufregendes, das wir der Geschichte der Menschheit hinzufügen können. Das sind die Geschichten, die uns erfreuen, uns unterhalten und unser Verständnis der menschlichen Erfahrung erweitern. Diese Geschichten können emotional und ergreifend sein und uns letztendlich in jeder Hinsicht inspirieren.

Aber es gibt auch impulsive und aufgedrehte Energie in diesem Kanal. Wünsche, die ausgedrückt werden, ohne den richtigen Zeitpunkt abzuwarten, können manchmal verletzend, gefährlich und zerstörerisch sein. Natürlich werden auch mit der niedrigen Energie Geschichten erzählt. Wenn jemand mit dieser Energie gelangweilt oder überdrüssig ist, kann er Chaos verursachen, indem er sich in Dinge stürzt oder abhaut und den kompletten Lebensstil wechselt. Das ist eine Unruhe, die immer auf der Suche nach etwas Neuem ist, bis sie von dem Neuen gelangweilt ist.

Mit zunehmender Reife können wir natürlich besser entscheiden, worauf wir uns einlassen. Das A und O ist, zu warten, bis es sich richtig anfühlt, zu handeln. Und andere wissen zu lassen, was du vorhast.

Die Schaltkreise und Kanäle im Chart helfen dir, die Themen zu entdecken, die in deinem Leben wichtig sind, und zeigen dir, wie du liebst, was dir wichtig ist und was du mit der Welt teilen willst. Diese tiefere Auseinandersetzung mit dir selbst kann dich dazu befähigen, neue Entscheidungen in deinem Leben zu treffen, die deiner Wahrheit entsprechen. Wenn sich dir neue Möglichkeiten bieten, hast du jetzt eine ganz neue Ebene der Selbsterkenntnis, die dir helfen kann, ein Leben zu gestalten, das viel mehr mit dem übereinstimmt, was du wirklich willst und brauchst.

Teil Vier

Die Punkte verbinden

Kapitel 10

Die Summe aller Teile

Human Design ist ein komplexes System, das mit allen möglichen Details und Informationen gefüllt ist. Es ist leicht, sich von all den komplizierten Elementen deines Charts ablenken zu lassen und die größere Botschaft zu übersehen, die in diesem erstaunlichen Dreieck versteckt ist.

Jeder Aspekt von Human Design ist faszinierend, kraftvoll und fesselnd, genau wie jeder und jede einzelne von euch, aber die wahre Schönheit des Systems liegt in seiner Einfachheit. Sei du selbst. Folge der Entscheidungsstrategie, die deinem Typ entspricht, und du wirst nicht nur entdecken, wer du wirklich bist, sondern auch perfekt auf ein Leben ausgerichtet sein, das eine authentische Manifestation der Bestimmung deiner Seele in dieser Inkarnation ist.

Das Chart offenbart uns, dass wir uns selbst lieben und der Richtung unserer Seele folgen, wenn wir uns selbst treu sind. Das energetische Ergebnis dieser Selbstachtung und dieses Bewusstseins ist eine Welt, in der wir alle eine natürliche Liebe für die Menschheit zum Ausdruck bringen, die tief mit den natürlichen Abläufen dieser Erde im Einklang steht. Dies ist eine Welt, in der wir uns in Gruppen zusammenfinden, die fair, demokratisch und gleichberechtigt sind; in der wir uns um unsere physischen Körper kümmern können und für unsere eigene physische Realität verantwortlich sind; in der wir mehr als genug Ressourcen und Unterstützung haben, die wir gerne miteinander teilen – und das alles, weil wir auf einer tieferen, seelischen Ebene verstehen, dass wir unendlich von der Quelle versorgt werden (und das alles nur, weil wir uns selbst lieben).

Wenn du entdeckst, wer du wirklich bist, und dein Leben so gestaltest, dass es diese Wahrheit widerspiegelt, trägst du zum Reichtum der Welt bei.

Jede und jeder von euch ist ein wichtiges Teil dieses göttlichen Puzzles. Du bist wichtig. Und die Welt braucht dich so, wie du wirklich bist.

Eine der häufigsten Fragen, die mir gestellt werden, lautet: „Was kann ich tun, um etwas in der Welt zu verändern?" Ich antworte immer: „Fang damit an, dass du dein wahres Selbst am besten zum Ausdruck bringst." Dein Human Design Chart stellt dein Potenzial dar. Auf der Reise des Lebens geht es darum, dein wahres Ich zu entdecken und mutig ein Leben zu erschaffen, das mit deinem authentischen Selbst im Einklang steht. Das ist der Kern des persönlichen Wachstums und der Entwicklung auf diesem Planeten.

Wenn wir dieses Potenzial nicht ausschöpfen, weil um uns alles nach ständiger Expansion und Wachstum strebt, machen wir vor allem die Erfahrungen, die wir brauchen, um den Sinn unseres Lebens zu entdecken. Der Archetyp des Menschen, wie er im Chart definiert ist, zeigt uns, dass wir manchmal kämpfen müssen, um den Sinn unseres Lebens zu entdecken. Wenn wir unser menschliches Potenzial nicht ausschöpfen, neigen wir dazu, mit unserer Gesundheit, unserem Reichtum, unseren Beziehungen, unserer kreativen Entfaltung oder sogar unserer spirituellen Verbindung zu kämpfen zu haben. Unsere Kämpfe sind dazu da, damit wir lernen und wachsen, und nicht, um am Leid festzuhalten. Im Chart gibt es kein Tor des Leidens.

Was uns als Spezies auszeichnet, ist unsere Fähigkeit, uns bewusst weiterzuentwickeln. Alles auf diesem Planeten hat einen Plan. Wenn du dir ein Human Design Chart ansiehst und es mit dem eines Säugetiers vergleichst, wirst du sehen, dass wir die gleichen Energien haben. Was uns von anderen unterscheidet, ist, dass unsere Entscheidungen nicht nur vom Überlebensinstinkt bestimmt werden, wir aber dennoch intuitiv wissen, ob wir in diesem Leben die Bestimmung unserer Seele erfüllen. Wir wissen instinktiv, wenn wir von unserem Weg abgekommen sind. Das Gefühl, nicht im Einklang mit unserer Seelenaufgabe zu sein, erzeugt in uns eine Unruhe, die uns dazu inspiriert, die Wahrheit zu entdecken.

Aufgrund unseres Bewusstseins und unserer energetischen Einzigartigkeit als Menschen haben wir immer eine Wahl. Wir können unserem authentischen Selbst treu sein oder nicht. Wir können die höchste Energie unseres Charts ausdrücken oder nicht. Wir können weiterhin Kämpfe kämpfen, die uns helfen, den Sinn unseres Lebens zu definieren, oder wir können uns in die natürliche Verbindung zwischen unserer einzigartigen Energie und der Energie der Welt entspannen und ein leidenschaftliches, freudvolles Leben erschaffen. Wir haben immer eine Wahl. Selbsterkenntnis ist der Schlüssel zu freudvolleren, glücklicheren Entscheidungen.

Wir alle sind ein holografisches Abbild des göttlichen, wiederverwerteten Sternenstaubs, der Teil eines größeren Ganzen ist. Was wir individuell auf mikrokosmischer Ebene tun, beeinflusst den Makrokosmos des Lebens auf der Erde. Wir sind, wer wir sind, weil wir die Summe von mehr als sieben Milliarden großartigen Bewusstseinsaspekten sind. Wenn genug von uns einen bestimmten Bewusstseinszustand haben, manifestiert er sich auf der irdischen Ebene. Es gibt Armut, weil genügend von uns im Bewusstsein verarmt sind. Wir befinden uns im Krieg, weil genug von uns mit ihrem Bewusstsein Krieg führen. Wir erschaffen einen Lebensstil, der global gesehen nicht nachhaltig ist, weil genug von uns nicht nachhaltig bewusst leben, getrennt von der Wahrheit, die wir sind.

Wenn du etwas in der Welt bewirken und eine Welt des dauerhaften Friedens und der Fülle schaffen willst, musst du zuerst damit beginnen, ein Leben zu führen, das das Bewusstsein widerspiegelt, was du in der Welt sehen willst. Mit anderen Worten: Du musst in deinem Leben in jeder Hinsicht in Fülle, friedlich und authentisch sein. Wenn du in diesem Bewusstseinszustand lebst, trägst du zur entscheidenden energetischen Menge auf der Erde bei. Und wenn genug von uns bewusst erfüllt, friedlich und authentisch leben, werden wir einen radikalen Wandel auf unserem Planeten erleben.

Das größte Geschenk, das du der Welt machen kannst, bist du.
Dein wahres Selbst.
Frage nicht, was die Welt braucht. Frage, was dich zum Leben
erweckt ... und dann geh los. Denn was die Welt braucht,
*sind Menschen, die zum Leb*en erwachen.

Howard Thurman

Ein kurzer Blick in die Zukunft

Der Archetyp des Menschen entwickelt sich weiter, und wir stehen an der Schwelle zu neuer Energie und neuen Möglichkeiten für die Menschheit. Bis zum Jahr 2027 wird sich das Energiefeld des Menschen auf ganz neue Weise verdrahtet haben.

Ein Teil dessen ist eine Veränderung in der Körpergrafik, wir entfernen uns von dem Milz-Zentrum für Intuition und Überleben. Das Emotional-Zentrum entwickelt sich zu unserer neuen Quelle der Intuition. Das bedeutet, dass wir uns nicht mehr von Angst leiten lassen, sondern von einem Bewusstsein, das uns dabei unterstützt, das zu tun, was sich gut und richtig anfühlt.

Es wird sich nicht mehr richtig anfühlen, dass Kinder auf unserem Planeten verhungern, dass Krieg normal ist oder dass Leid ein akzeptabler Teil des Menschseins ist. Im Human Design ist die Evolution nicht nur ein darwinistischer Prozess. Die Evolution des Menschen findet zuerst im Bewusstsein statt. In den letzten hundert Jahren haben sich die Anzeichen für einen Bewusstseinswandel verstärkt, und noch viel deutlicher in den letzten zwanzig Jahren.

Wir lernen, dass wir dazu bestimmt sind, Freude und Unterstützung als unseren natürlichen Zustand zu erfahren, dass wir eins sind und dass unser Mindset ein entscheidender Teil unserer co-kreativen Möglichkeiten ist. Wir stehen buchstäblich an der Schwelle zu einer ganz neuen Art des Menschseins. Diejenigen von uns, die jetzt leben, haben die wichtige Aufgabe, das neue Potenzial der Menschheit einzuläuten. Wir sind Geburtshelfer und Führer in eine neue Welt.

Aber um unsere Rolle in diesem Übergang zu spielen, müssen wir unsere einzigartigen Aufgaben ohne Verfälschung erfüllen und ohne in alten Mustern und Ängsten festzustecken. Wenn du dir vorstellst, dass das Füllebewusstsein Gewicht und Masse hat, zeigt die Waage Mangel an. Je mehr Menschen persönliche Fülle erfahren, desto mehr gewinnt das Füllebewusstsein an „Gewicht“ und desto mehr bewegen wir uns darauf zu, dass alle Menschen persönliche Fülle auf allen Ebenen erfahren.

Die Arbeit, die du tust, um dein großartiges Selbst zu entdecken und zum Ausdruck zu bringen, ist die wichtigste Arbeit, die du für dich und den Planeten tun kannst. Wenn du dich selbst liebst und ein radikal authentisches Leben führst, trägst du dazu bei, eine neue Welt mit nachhaltigem Frieden und Wohlstand für alle zu schaffen.

Sei du selbst. Liebe dich selbst. Du bist wichtig.

Ressourcen

Weitere Informationen zu den Toren, Kanälen und Profilen sowie dein persönliches Human Design Chart findest du unter: **www.quantumalignmentsystem.com.**

Über die Autorin

Karen Curry Parker ist eine international bekannte Leiterin von On- und Offlinekursen, Rednerin und Trainerin. Ihr unkomplizierter und unbeschwerter Ansatz hat Tausenden von Menschen geholfen, komplexe spirituelle Konzepte auf ihr tägliches Leben anzuwenden und ihr angeborenes, volles Potenzial zu aktivieren. Seit 1985 lehrt sie Menschen, wie sie in ihre Kraft kommen und entdecken können, wer sie wirklich sind. Sie ist die Schöpferin des Trainingssystems *Human Design for Everyone*, dem *Quantum Alignment System* und Autorin mehrerer Bücher, darunter *Inside the Body of God* und *EFT for Parents.*

Karen ist eine Manifestierende Generatorin, die dort ist, wo auch immer ihr Sakral-Zentrum sie hinführt. Besuche www.quantumalignmentsystem.com für weitere Informationen und Tipps.